体育美學

胡小明

東文選

体育美學

胡小明 著

1987年, 中國 四川教育出版社

한국어판 서문

　전세계에 울려퍼진 서울올림픽의 《손에 손잡고》 노래소리가 아직 가시기도 전에, 《아주웅풍亞州雄風》이라는 노래가 다시 북경에 울려퍼졌다. 온 세계는 모두 황색인종이 더이상 경기장에서 등한하게 여길 종족이 아니라는 것을 길이 느끼게 될 것이다.

　이때 졸작 《체육미학》이 다행히도 한국어로 번역되어 출판된다니, 아시아 문화교류의 촉진에 유익한 시도가 되리라고 말하지 않을 수가 없다.

　현대사회는 이미 스포츠가 전인류가 공동으로 공유하고 있는 귀중한 재산이라고 여기고 있으며, 바야흐로 나날이 발전되어 성숙된 문화형태가 되었다. 유구한 역사의 체육제도는 공정한 경쟁의 스포츠규칙, 승리하고도 교만하지 않고 패배하고도 좌절하지 않는 스포츠의 기풍, 노력하고 진취적인 스포츠정신 및 스포츠활동을 통한 갖가지 풍부하고 다채로우며, 특수한 의식과 예절생활의 활력이 충만한 문화예술공연과 엄숙하고 진지한 과학연구 등, 이 모든 것은 전부 문명의 진보를 대표하고 있다.

　스포츠는 일종의 특수한 심미문화현상으로서, 다른 것으로 대체할 수 없는 거대한 매력을 지니고 있어 수많은 사람이 도취하여 빠져들도록 하고 있다. 그러나 사물은 왕왕 완전하게 사람의 선량한 의지에 따라서 발전되는 것은 아니다. 인류의 심신을 전면적으로 발전하도록 만드는 훌륭한 사업인 스포츠가 때때로 승부에 집착하여 위협을 받고 있다. 약물복용·경기장의 소란·폭력과 공포가 수시로 독소처럼 경기장을 침범하고 있다. 이는 체육의 방향이 도대체 대중의 건강이냐, 아니면 극도로 상업화된 프로경기냐는 등의 궁극적인 목표에 관한 중대한 문제이기도 하며, 또한 각국의 스포츠계에서도 논란이 그치지 않는 문제가 되었다. 이와 같은 연유로 나는 이 책을 써야겠다는 생각을 갖게 되었다.

미美는 인류의 정신영역 중에 최고의 경계이다. 체육을 인류의 영원한 사업으로 삼기 위해서는 이 항로의 과정 속에서 응당 처음부터 끝까지 미美로써 항로를 잡아나가야 한다. 오직 이렇게 해야만 비로소 아름다운 신체와 아름다운 운동, 아름다운 체육정신, 아름다운 체육문화를 꽃피울 수 있다. 본서는 바로 이런 생각을 좇아서 토대를 구축하였으며, 주로 체육활동 중에 객관적으로 존재하는 심미대상, 주체적인 심미의식, 스포츠를 통한 미의 창조라는 이 세 방면으로 논술하고 있다. 체육미학이라는 이 학문은 단지 금세기 중엽에 소수국가 속에서 연구가 시작된 것이어서, 부족된 곳이 있음을 면하기가 어렵다. 만일 사람들의 흥미를 불러일으킬 수 있고, 더 나아가 새로운 관점을 끄집어낼 수 있다면 더이상 즐거움이 없겠다.

졸작은 연변대학의 민영숙閔永淑 교수의 정성스러운 번역으로 적지않이 광채를 더하였으며, 특히 東文選 출판사의 辛成大 선생 또한 이 책을 위하여 많은 심혈을 기울이신 것으로 알고 있다. 이분들에 대하여 나는 지금까지 만나뵙지는 못하였으나 진심으로 감사의 뜻을 전하고 싶다.

1990년 9월 中國成都體育學院에서   胡小明

I

체육미학개론

　체육은 체질을 증강시키고 운동기술의 수준을 높이며, 문화생활을 풍부하게 하는 것을 목적으로 하는 일종의 사회실천활동이다. 아울러 사람의 체력體力과 지력智力의 조화발전, 재능·취미와 심미능력審美能力의 발전을 추구하는 일종의 교육과정이기도 하다.

　체육은 형태와 기능상으로부터 사람의 신체를 완전하게 하며, 더욱이 건강미를 넘치게 한다. 운동을 할 때면 유기체의 쾌적감을 생성시킬 수 있으며, 활발하고 명랑한 양질의 정서를 가지게 되며, 사람에게 미감을 준다. 체육 중에는 즐거움을 가르치는 여러 가지 항목들이 있으며, 그 교육작용은 심미의 과정중에 완성된다. 체육은 신체운동을 특수한 수단으로 삼아 동작에 구체적 형상을 펼쳐보이므로써 보는 사람에게 심미감을 느끼게 해준다. 체육 가운데의 충분한 전시적 현실미現實美는, 또한 각 예술의 대상이 되기도 한다.

　체육이 취급하고 있는 미학문제는 매우 많다. 예를 들면 사람의 신체형태, 각 운동항목과 체형과의 관계, 운동장소·기재器材 및 복장의 설계, 광선과 색깔과의 조화배치, 교학敎學과 훈련중의 미육美育, 관중의 심미정취에 대한 시합경기의 영향, 체육운동에 표현되는 예술작품에 대한 창작과 감상 등등이다.

　사회의 물질적·문화적 생활수준이 끊임없이 높아감에 따라 사람들은 고도의 문명적 정신생활을 요구하게 되고, 체육 가운데 예술적 요소를 끊임없이 부여하므로써, 오래된 몇몇 전통종목까지도 점차 예술화되었다. 체육활동에 대한 사람들의 날로 증진되는 심미수요를 만족시키기 위해 경기의 연출과 시합을 마치 문예 프로그램을 감상하는 것처럼 관람하도록 하여, 지금은 매우 많은 심미적 특징이 강한 종목들이 만들어져 있다. 예를 들면 리듬체조·매스게임·곡예(acrobatic)·아이스 댄싱·발레스키·수중발레(synchronized swimming)·보디빌딩 등의 체육활동을 덧붙여 사람의 매력을 끌고 있다.

인류는 장기간에 걸친 사회실천과정에서 체육을 창조해냈고, 아울러 체육의 사회현상적 심미가치를 날로 증가시켜왔다. 체육활동이 사람에게 제공해 주는 심미수요는 기타 다른 심미대상으로는 대체할 수 없는 것이다. 그래서 사회는 우리들이 미학이론을 운용하여 체육 가운데의 미적현상을 분석하고, 체육의 심미가치를 충분히 인식하며, 그 규율을 탐구하여 새로운 교차학과, 즉 체육미학을 정립시켜 나갈 것을 요구한다.

체육미학의 건립

체육은 미학을 요구한다

체육은 비교적 복잡한 사회문화현상으로서, 과학·예술과 동등하지는 않더라도 현대 사회생활의 발전에서 이들과 밀접한 관계를 맺고 있다.

과학화라는 것은, 여러 가지 과학적 방법이 체육의 영역내에 유입되어 운동해부학·운동생리학·운동의학·운동생물화학·운동생물역학·체육심리학·체육사학·체육관리학·체육경제학·체육통계학·체육사회학 등 대량의 교차학과를 형성하므로써 체육활동의 객관적 규율을 깊이 인식하여 견실한 기초를 다져놓은 것을 말한다.

예술화라는 것은, 체육활동 중에 흩어져 있는 심미의식을 마치 예술처럼 더욱 집중적으로 선명하게 표현하여 점차적으로 증가되는 심미수요를 만족시키고, 더욱더 많은 사람들이 체육활동에 참가하도록 유도하므로써 체육사업의 발전을 촉진시킨다는 것을 가리킨다. 체육은, 미학이 예술화의 이론적 근거를 제공해 줄 것을 요구하며, 또한 미학의 지지를 받을 것을 요구한다. 이로써 과학화와 예술화는 인류의 사회생활이라는 광할한 공간에서 그 양날개를 유감 없이 펼치게 된다.

체육의 과학화와 예술화의 목적은, 근본적으로는 전면적이고도 조화발전적인 인간을 배양해내는 것이다. 우리들이 배양하고자 하는 인간은 원대한 이상과 건전한 체력, 어느 정도의 과학문화지식을 가져야 할 뿐 아니라 비교적 높은 예술적 수양을 갖추고 있으며, 미의 규율을 운용하여 세계를 개조할 수 있어야 한다.

체육미학은 사람들이 체육활동 중의 미를 인식하도록 도와주어야 할 뿐 아니라, 체육과 유관한 심미활동을 적극적으로 지도해야 한다.

사회가 발전함에 따라 체육은 나날이 더욱 중요시되어지고 있다. 우리가 체육미학을 연구하는 것은 체육의 예술화에 대한 요구에 적응하기 위함이며, 또한 체육이 인류의 정신문명에 중요한 작용을 발휘하도록 하기 위함이다. 그것은 체육활동을 통하여 사람에게 심미교육을 진행시키고, 사람의 심신을 날로 아름답고 완전하게 만들어 전면적으로 발전적인 새로운 인간을 만들어낸다. 동시에 동작과 기술을 아름답고 규범적으로 이끌어내어 운동경기의 질량質量을 향상시키고, 세계적으로 선진수준에 이르도록 도와준다.

그러므로 체육활동의 심미적 특징 및 형성과 발전의 규율을 과학적으로 천명하고, 체육활동 중의 미의 감상능력·창조능력·표현능력을 배양한다. 그리고 체육을 통해 사람의 형체와 동작 및 자태를 더욱 아름답게 완성시켜 나가, 미학으로 하여금 체육이 더한층 좋은 정신문명의 건설에 이바지하도록 하여 체육미학의 임무를 다하도록 한다.

체육미학의 건립과 발전은, 사회적 수요의 정도에 따라 결정된다. 체육은 인류의 생존요구에 의해 싹텄으며, 인류발전의 수요에 부응하여 형성되었다. 체육은 인류 자신이 향수하고자 하는 바를 만족시키기 위해 더욱 고급화·다양화의 방향으로 발전되었으며, 날로 심미감에 내재된 새로운 기능을 갖추게 되었다. 체육미학은 기타 여러 신흥학과新興學科와 마찬가지로 탄생될 수밖에 없는 필연적인 조건을 갖추고 있었던 것이다.

미학은 체육이론을 만드는 데 필수적인 보충연구이며, 체육사업의 발전을 추진하는 데 중요한 작용을 한다. 체육미학은 체육과학의 체계 중 기초이론의 일부분이며, 그 체계 중의 기타 과학과 밀접한 연계성을 가지고 함께 유기적 통일체를 조성한다.

체육미학은 체육과학의 한 분야로서 비교적 참신한 학과이다. 체육미학의 건립은 현대 체육발전의 요구이며, 인류문명의 발전이 새로운 단계에 이르렀음을 알려주는 상징적 형태이다. 이로써 체육미학은 앞으로 풍부한 체육실천을 통하여 이론상에 충실을 기할 것으로 보인다. 그것은 인류 체육수준의 향상을 촉진하며, 각 항목의 운동이 끊임없이 최고로 완미完美한 형식을 추구하므로써 이에 공헌할 것을 촉진한다.

미학연구의 새로운 영역을 개척한다

미美라고 하면 사람들은 으레 건축·조소·회화·음악·희극·문학 등의 예술을 생각한다. 그렇다면 체육에는 어떠한 미美가 있는가?

넓은 체육관에서 고대의 공격과 방어의 격투 동작을 연출하는 무술을 보자. 동태動態의 형상, 동정動靜, 빠르고 느림, 선명한 리듬감 등이 함께 어우러져 신형神形을 겸비한 민족적 풍격을 나타내 주어 관중으로 하여금 찬탄을 금치 못하게 한다.

체조선수가 빛깔 고운 양탄자 위에서 도약하거나 공중회전하는 모습, 또는 평균대 위에서 조화로운 곡선을 연출하거나 가볍고 유연한 동작을 연출할 때, 우리는 그 아름다움의 극치를 엿볼 수 있다

피겨 스케이팅은 즐거운 음악과 함께 다양하게 변화하는 몸의 자태, 경쾌한 리듬, 아름다운 복장이 조화를 이룬, 즉 소리·색·빛·형形으로 조성된 운동도안으로서 미적 향수를 느끼게 한다.

정채로운 구기시합은 왕왕 관중의 열광하는 외침으로 시작해서 환호하는 물결 속에서 끝나기도 한다.『정말 아름다운 동작이야!』하는 관중의 자자한 칭찬은, 그러한 심령상의 미적 감수感受가 어떠한 예술품의 뛰어난 예술성에 대한 감동보다도 절대 뒤지지 않는다는 것을 표명해 준다. 운동선수가 능수능란하게 공을 다루는 기술과 교묘한 전술이 배합되어 관중에게 깊은 인상을 주고, 사람들은 그로 인해 흥분의 여운 속에서 만족을 느끼므로써 미적 향수를 얻게 되는 것이다.

근육이 우람한 역도선수, 몸집이 다부진 레슬링선수, 그리고 트랙 경기장의 어깨가 떡벌어지고 늘씬한 던지기선수 또한 아름답게 느껴질 수 있을까? 그렇다. 그들의 용맹스럽고 힘찬 동작이 보통사람으로서는 힘든 어려운 정도를 넘어서 좋은 성적을 얻었을 때, 그들의 강건함과 날램에 경탄하지 않을 수 없을 것이다. 그것은 일종의 역량적力量的 미美인 것이다. 로댕(Rodin, François Auguste Roné)은 그의 《예술론》에서 『힘과 미는 이따금 함께 결합한다. 그러므로 진정한 미는 결국 힘이

있는 것이다』라고 하였다. 운동이 행해지는 어느곳에서든 우리는 〈힘〉의 미를 볼 수 있다.

체육활동 중에는 미적현상이 대량으로 광범히 존재하고 있어 갖가지 경기종목이 예술과 밀접하게 연관되어져 있고, 경기장은 사람들이 심미활동을 진행시킬 수 있는 중요한 장소가 되었으며, 아울러 예술창조활동을 위한 독특하고도 풍부한 매력이 넘치는 활동의 장場을 제공해 주었다. 그럼에도 불구하고 이것이 미학연구의 새로운 영역이 된다고 할 수 없는 걸까?

현대과학은 급속도로 발전하여 첨단과학이 끊임없이 발전되고 있다. 각종 과학 및 그 방계학문은 종횡으로 걸쳐져 있으며, 점차 상호간에 보완되고 결합되어 서로의 능력을 더욱 잘 나타내 주고 있다. 인류가 언급한 객관세계의 각 방면마다 일종의 전문적 과학이 있어 연구진행중이다. 체육과학의 연구범위도 계속해서 확대되고 있고, 관련성이 있는 영역도 갈수록 넓어져 끊임없는 분화와 종합 속에서 더욱 복잡하고 광대한 체계를 형성하였다.

엥겔스는 일찍이 이렇게 단언하였다. 『한 민족이 과학의 최고봉에 서려면, 이론적 사유를 하지 않으면 안 된다.』(《마르크스·엥겔스 전집》 제20권 384쪽) 따라서 체육활동 중에 대량으로 존재하는 미를 감상하는 것에 대한 이론연구의 진행이 매우 필요하며, 체육미학의 대상을 명확히 해야지 결코 미학은 〈일반화〉되어서는 아니 되며, 그것은 완전한 이유를 가지고 때에 편승하여 생겨난 것이라야 한다.

체육은 사람들의 원기왕성한 생활에 없어서는 안 될 부분이며, 그 중에는 풍부한 심미요소를 포함하고 있다. 심미관계에서 체육을 인식하는 것은 이론상으로 체육의 본질을 파악하는 중요한 방법 중의 하나이다. 미학은 사람들이 체육을 인식하도록 도와주며, 그 실질實質을 더욱 잘 이해하고 판단하며 통찰하게 해준다. 미학의 체육이론적 연구에의 참여는 체육을 더욱 완전하고 풍부하게 뒷받침해 주는 충분한 근거를 마련해 준다.

사회실천의 발전에 따른 객관적 수요와 인류 지식의 풍요함은 심미객

체의 대상과 현상의 범위를 확대시켜 주었고, 심미의식 역시 발생··변화
되고 있다. 비록 예전에는 일반적으로 미학을 철학의 한 분야로 간주하
였으나, 근년에 들어 어떤 것들은 구체적인 예술부문의 미학으로 독립·
발전하였고, 사람들의 각종 실천활동과 구체적으로 상관있는 사회미학도
생겨나기 시작하였다.

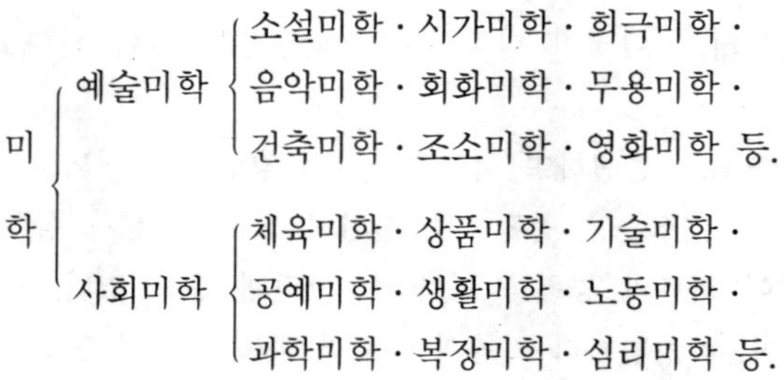

이렇게 미학은 갈수록 세분화되어 현실에 대한 사람들의 심미관계를
더욱 깊이있게 나타내 주고, 더욱더 높은 수준의 철학적 개괄을 진행하
여 그에 따른 조건을 제공해 준다.

체육미학은 미학의 한 분야이며, 체육학의 일부분이기도 하다. 그것은
사람이 체육영역내에서 어떻게 심미활동을 진행시켜 가는지를 탐구하는
새로운 학문분야이다. 그것은 현대 체육과학의 조성부분이면서 미학을
사회에 실제로 응용하는 참신한 영역이기도 하다.

체육실천에 있어서의 체육미학은 참신한 이론이고, 미학이론에 있어서
의 체육미학은 응용학문으로서 미학이 체육의 발전을 촉진시키는 데
이바지한다.

체육미학의 건립은 체육발전에 따른 요구이기도 하면서 미학발전에
따른 요구이기도 하다. 사회가 발전함에 따라 미학은, 그 유구함에도
불구하고 새로운 학문으로서 우리들 생활의 각 부문에 침투하고 있다.
이것은 사람들이 심미활동을 진행하는 각 영역에서 연구를 전개할 것을
요구하며, 새로운 자료를 얻으므로써 미학 자체의 내용을 끊임없이 풍부
하게 한다.

체육미학의 연구대상과 방법

하나의 새로운 학문을 건립하기 위해서는, 우선 그 연구대상을 명확히 한 후 정확한 방법을 채택하여 연구를 진행시켜 나가야 한다.

연구대상

『연구대상을 살펴보면, 각 학문은 일단 시작하면 두 가지 문제를 연구해야 한다. 하나는 〈이 대상이 존재하는가〉라는 것이고, 또 다른 하나는 〈이 대상이 도대체 무엇인가〉 하는 것이다.』(헤겔 《미학》 제1권 29쪽)

체육미학의 연구대상은 상호연계된 아래의 세 가지 방면을 포함하고 있다.

먼저 객관적 방면에서 체육활동 중에 실제로 존재하는 미를 연구하여 심미대상을 정확히 인식한다. 본서에 실린 2장·3장·4장의 내용이 이와 관련이 된다.

다음은 주관적 방면에서 체육활동 중의 미감을 핵심적 심미의식으로 간주하고 연구한다. 이에 관해서는 본서의 5장·6장에서 집중적으로 다루었다.

그 다음은 심미의식을 어떻게 이용하여 재창조하느냐, 즉 심미의식의 체육실천에 대한 반작용에 관한 문제를 연구한다. 본서의 7장·8장에서는 체육과 미학·예술과의 유관한 문제를 주요내용으로 삼아 토론하고, 인류의 심미활동 중에서 체육이 어떻게 커다란 작용을 발휘하도록 하는가에 대하여 살펴보기로 한다.

세심한 독자들은 이미 본서에서 토론하고자 하는 심미대상의 범위가 비교적 크며, 내용 역시 풍부하리라는 것을 발견하였을 터이다. 원인은 간단하다. 미가 없고 미감이 없으니 심미의식을 물체화하는 예술창조활동 역시 진행시킬 방법이 없기 때문이다. 그러므로 체육미학의 연구 가운데에서 먼저 체육 속의 특유한 심미대상을 파악하고, 체육활동 중에 대체 심미가치를 지니고 있는 것이 어떤 것인가를 분명히 밝혀야 한다. 그런 다음에야 비로소 체육활동과정에 있어서의 미감분석을 이야기할 수 있고, 결국에는 가치있는 성과를 얻게 된다. 따라서 체육활동 중의 미를 연구하는 것은 우선적이고 기본적이며 필수적인 단계이다. 이러한 의의상에서 볼 때 심미대상에 대해 아무리 강조해도 지나치지 않을 것이다.

체육은 신체운동을 통해 진행하는 교육이며, 체육의 주요대상은 인간의 신체이며, 신체는 운동을 거쳐 비로소 체육의 목적에 이를 수 있다. 분명히 운동은 체육의 기본수단이며 체육과정 중의 외재적 표현형식이며, 체육을 기타 다른 교육방식과 구별짓는 주요한 특징이다. 신체운동의 형식은 끊임없이 발전·변화하여 가지각색의 운동종목을 탄생시킴으로써 풍부한 문화적 가치와 미학의 요소를 드러내었다.

인간의 신체운동이 바로 체육의 존재방식이며 체육의 구체적 표현수단이므로, 체육 중의 심미대상은 주로 운동을 하고 있는 사람이다.

인간은 만물의 영장이고 그 신체는 조화의 극치이며, 모든 자연계 가운데의 미美의 대성大成이다. 그것의 완전한 조화로움과 풍부한 생기와 역량은, 완전한 대자연이 변증적으로 존재하는 하나의 가장 정교한 축소판이며, 사회생활의 가장 기본적이고 가장 활동적인 실체이다. 로댕은 《예술론》에서 『자연 중의 어떠한 것이라도 감히 인체와 비할 수 없다. 인체는 그 자체의 힘 또는 미美로써 각각 다른 의상意象을 불러일으킬 수 있다』고 하였다. 자기의 육체에 대한 인류의 이해와 감상은 나무랄 데가 없으며 정상적이고 자연스러운 것이다. 인류의 형체는 길고 오랜 역사발전을 거쳐 심미의 대상이 되었고, 항구적 매력을 가지게 되었다.

인간의 형체구조는 복잡하며 동태動態는 천변만화한다. 운동하고 있는 인체에는 일체의 운동하고 있는 물질이 나타낼 수 있는 미가 집중적으로 모아진다.

체육미학 중에서 신체미와 운동미는 연구의 중요한 대상이다.

체육영역내에서 심미활동을 진행하려면 자기의 특정한 심미대상이 있어야 하고, 체육미학을 건립하기 위해서는 우선 체육 중의 미를 연구해야 한다. 〈신체〉와 〈운동〉은 체육의 양대 요소이므로 신체운동을 떠나서는 〈체육〉이라는 추상개념은 생각할 수 없고, 신체미와 운동미를 체육활동의 가장 기본적이고 가장 중요한 심미대상으로 여기지 않으면 체육미학의 연구에 착수하기가 매우 어렵다. 그러므로 체육미학을 연구하려면 우선 신체미와 운동미를 선정하여 돌파구로 삼아야 한다. 이로써 기초를 삼고 체육미학이라는 큰 집을 지어야 공중누각이 되지 않는다.

심미대상이 되는 이른바 체육미는, 사실상 신체미와 운동미로 조성된다. 그리고 신체미와 운동미는 각각 한 단계 낮은 미를 포함하고 있다.

$$
\text{체육미}\begin{cases} \text{운동미} \begin{cases} \text{경기미 · 형식미 · 행위미 · 환경미 ·} \\ \text{동작미 · 기술미 · 복장미 · 기재미 등.} \end{cases} \\ \Big\Uparrow \\ \text{신체미} \begin{cases} \text{건강미 · 체형미 · 자태미 · 체질미 ·} \\ \text{근육미 · 모발미 · 피부미 · 형체미 등.} \end{cases} \end{cases}
$$

운동미는 신체미의 기초 위에서 연출될 수 있는 것이므로, 다시 말하자면 운동미는 바로 신체미를 표현한다고 할 수 있다. 체육미는 신체미와 운동미를 제약하여 인류가 신체운동으로써 특유한 수단을 삼아 진행하는 문화활동 중에 표현되어지는 미의 총칭이 되었다.

생물학의 각도에서 볼 때, 인간의 신체는 자연미의 특징을 갖추고 있다. 운동미는 건장한 신체를 형상화하는 과정중에 도현되어지며, 기술과정의 측면에서 볼 때 자연계의 어떤 객관적 규율성을 따르고 있다. 그러나 총체적으로 인식해 볼 때, 그것은 반드시 사회미를 표현하는 체육미의 제약에 따른다. 신체미를 유지할 수 있는 기간은 유한하며, 때때로 운동미는 시공상에서 순식간에 사라져 버린다. 그러나 체육미는 사회가 발전함에 따라 영구한 매력을 갖게 된다.

체육활동 중의 특유한 심미대상에서 산생되는 특유한 심미의식을 연구하는 것도 마찬가지로 매우 중요하다. 체육미학 자체는 바로 체육활동 중의 심미의식의 계통화와 이론화이다.

체육심미활동 중의 주체와 객체는 모두 심미체험이라는 특수한 상황을 획득할 수 있다는 것에 국내외의 연구자들이 모두 주목하고 있다. 운동경기와 연기의 심미가치는 이미 사람들이 긍정하고 있는 것이며, 관중의 심미취미·심미평가 및 기타 미학과 유관한 여러 가지 문제 역시 체육연구가들의 눈 앞에 펼쳐져 있다. 그러나 우리는 오히려 이 방면의 이론연구는 거의 아무것도 하지 못했다.

그 주요한 원인은 심미의식의 핵심이 되는 심미감수가 심미대상으로부터 비롯되는 일종의 복잡한 심리활동이기 때문이다. 심미주체 자체는 여러 가지 개체의 특수한 조건(예를 들면 생활경험·세계관·심리적 특징인 개성·문화교육의 정도 등)의 제약을 받으며, 심미감수·심미취미·심미능력·심미관념·심미이상으로 갖가지의 차이를 나타낸다. 그러므로 심미의식의 연구는 전체 미학연구에서 미약한 방면이며, 그것은 현대심리과학의 진전에 의거한다.

다행스러운 것은 현대체육을 지탱하고 있는 강대한 학문군學問群이 우리로 하여금 우세를 갖게 한다는 점이다. 생리학과 심리학은 체육활동 중의 응용에 있어 그 깊이와 넓이 모두 무용·희극·잡기雜技 등 표현예술부문에서의 응용을 넘어서고 있으며, 이것은 우리가 미감 생산의 생리·심리기제心理機制를 연구·토론하고 인간의 신체활동이 어떻게 미감을 일으키는가 하는 등의 문제를 연구하는 데 좋은 요건을 제공해 주고 있다. 체육은 인류의 건강수준을 향상시킬 뿐만 아니라 인류의 사상·감정방면을 풍부하게 하여 대량의 연구작업이 기대된다.

창조미를 연구대상으로 삼는 것은 중요할 뿐만 아니라 필요불가결한 요소이다. 체육미학은 미학이론을 체육실천에 응용하여 체육 중의 미와 미감을 인식해 나갈 뿐만 아니라, 새로운 심미대상을 창조하여 이론의 지도를 진행한다. 이것은 중국 특유의 사회주의적 체육미학이 지니고 있는 발전방향이다. 심미의식은 체육실천에 반작용을 보이며, 그 중요한 표현형식은 미육美育이다. 본서에서는 〈체육 중에서 미육을 진행시킨다〉라는 장에서 이 중요한 문제를 살펴볼 것이다. 그밖에도 예술이 심미의식의 가장 집중적인 표현이라는 사실에 근거하여, 객관세계에 대한 인류의 심미의식은 대부분 각 예술품 속에 기록·보존되어졌으며, 인류의 심미활동의 발전중에 일어나는 중요한 작용을 촉진시켰으며, 그로 인하여 체육활동의 심미가치를 높여 필연적으로 예술에 이바지하도록 하였다. 이것은 체육과 예술과의 연계와 구별을 연구하고, 운동선수와 연기자 들의 차이를 비교하여 각종 운동경기 중의 〈예술성〉을 높이도록 노력하고, 더욱 많은 〈예술적 요소〉를 첨가시키며, 아울러 더욱 높은 심미가치를 지닌 〈예술화〉 운동 등등을 창조할 것을 요구한다.

요컨대 체육미학의 연구대상은 사회적 필요에서 비롯되는 원대한 목표에 의해 결정되며, 이것은 현대체육의 기능을 충분히 발휘하여 인류의 체육사업이 더욱더 완미完美한 방향으로 나아가게 한다.

<hr>

연구방법

<hr>

대상이 확정되었으면, 방법의 문제를 다시 거론해 보자.

첫째, 미학연구법이다. 일반적으로 미학연구는 이론과 실제를 결합하고 역사와 논리를 통일하는 방법을 많이 운용한다. 경험묘사적 방법이나 비교분석적 방법 등은 모두 이에 속한다. 미학이 철학으로부터 분화되어 나와 아직 최종적인 분화가 형성되지 못하였으므로, 어떠한 미학이라도 일정한 철학을 기초로 삼으며, 매우 훌륭한 성과연구도 철학가들에게서 진행되었다. 그러므로 중국의 미학계도 이러한 방법의 운용을 제창한다는 것이 정확하다는 바는 의심의 여지가 없다. 우리는 이것을 전통적 철학연구방법, 혹은 정성분석법定性分析法이라 칭할 수 있다. 이러한 방법의 내용과 장점은 이미 사람들이 숙지熟知하고 있는 바이다. 일찍이 1백 년 전에 엥겔스(Engels, Friedrich)는 《마르크스(Marx, Karl Heinrich) 정치경제학》이란 글에서 이러한 〈역사 혹은 논리에 의거한〉 방법을 역사발전에 의한 자연적인 실마리라고 여기고, 다음과 같이 평가하였다.『이러한 형식의 장점은 비교적 명확하다는 것이다. 왜냐하면 이것은.

바로 현실의 발전에 따르기 때문이다. 하지만 실제상으로 이러한 형식을 많이 운용하다 보면 비교적 통속적이 되기 쉽다. 역사는 항상 도약적으로, 그리고 복잡하게 전진한다. 만약 반드시 여러 모로 그것을 따른다면, 형세는 분명히 대수롭지 않은 수많은 자료에 주목하게 될 뿐만 아니라 사상의 진행과정도 끊어지게 될 것이다. ……그러므로 논리적 연구방식이 유일한 적용방식이다. 그러나 이러한 방식은 사실 다름 아닌 역사적 연구방식으로 역사적 형식 및 집산작용集散作用을 일으키는 우연성에서 벗어난 것에 불과하다.』(《마르크스·엥겔스 선집》 제2권 122쪽) 또한 그 운용에서 양자兩者는 통일되어 불가분의 관계임을 설명하고 있다. 이론과의 연계에 있어서는 모든 연구방법에 적용되는 것은 말할 필요도 없다.

본서에서는 역사유물주의를 운용하여 체육미體育美의 역정歷程을 탐색하고자 할 뿐만 아니라, 체육미학을 일반미학이론과 논리적 통일과의 연속성을 유지하여 추상적 이론을 실제와 결합하고자 한다. 이후의 탐색에서도 필자의 주관으로 역사와 논리의 통일적 방법을 사용하게 될 것이다. 그러나 체육미학 자체의 특수한 규율성으로 말미암아 더욱 많은 방법을 채용하여 보충연구하게 되므로 아마 더욱 유리한 발전이 있게 될 것이다.

둘째, 〈계통론〉 등의 새로운 방법이다. 우리들이 알기로는 〈계통론〉·〈정보론〉·〈통제론〉은 고도의 추상적인 일반형식의 틀로서 적용성이 상당히 강하다. 체육 중의 미를 정보로, 심미의식을 참여통제의 반결합으로, 심미활동을 하나의 계통으로 볼 수 있다. 사물 표상간의 서로 근사한 정도에 근거하여, 혹은 그 내용진행의 단계적·순서적 수직과 종적 분류에 따라 일정한 안정성과 독립성을 갖출 것을 요구하고, 분란현상으로 하여금 가까운 단계의 상호연계와 규율에 의거하여 자기의 위치를 찾을 수 있게 한다. 아울러 반결합 기능을 가진 그물 모형을 조성하여 그것으로 하여금 지도의의와 예측가치를 가진 체계가 되도록 한다. 이것은 그야말로 인간을 투영한 청사진이다. 그렇다. 이것은 체육미학에 있어서 비교적 긴 일단의 시간내에 다만 한 장의 청사진으로서, 그 효과를 발휘할 수 있는 큰 집을 짓는 데 그것을 합용合用하기에 족한 재료로 제출한 바가 없었다.

기타 모호한 수학과 소비구조이론 등은 미학연구 가운데 이제 겨우 시험단계에 지나지 않는다. 새로운 방법의 시도를 제창하는 것은 긍정할 만하나, 어떠한 것을 끌어들이거나 운용하므로써 그 결과를 평가하는 면에 있어서는 커다란 작업의 완성이 요구된다.

셋째, 자연과학적 실험방법이다. 이 방법의 장점은 실험을 중복할 수 있고 정량분석定量分析할 수 있다는 데에 있으며, 정성연구定性研究가 데이터를 제공해 주므로 사회심미심리·심미경험 등의 방면을 연구하고 있어 특히 흡인력이 강하다. 실험은 객관적 설득력이 있으며, 그로 인해 과학성을 띠게 된다. 연구자의 작업과정은 다른 연구자들의 중복진행으로부터 복제復制를 거쳐 그 객관성을 검증해낸다. 실험자는 왕왕 대량의 시도를 거치고, 아울러 실험을 중복하여 우연한 오차의 영향을 상쇄한다. 대량의 실험데이터가 주는 통계학적 처리는 체육과 유관한 심미경험의 실증연구로 하여금 정량화定量化 단계에 진입하도록 한다. 그러나 사람의 심미감수가 여러 가지 복잡하게 얽히고 상호 긴밀하게 침투하는 서로 다른 요소의 종합적 영향으로부터 오기 때문에, 고립적으로 몇몇 요소를 끄집어내어 단독으로 수량분석을 측정·진행하는 것은 정확한 결론을 이끌어내는 데 있어 매우 곤란하다. 그러므로 실험방법과 정량분석은 거시정성연구巨視定性研究의 보충에 비교적 알맞다.

비록 이렇다 하더라도 체육미학에서 자연과학의 방법을 채용하여 측량하고 데이터를 분석하는 것은 점점 일반적 추세로 되어간다. 그 원인은 그것의 연구대상이 현실미의 일부분이기 때문이기도 하고, 한편으로는 그것 자체가 자연과학을 포함하는 커다란 체계 가운데에 처해 있기 때문이기도 하다.

체육미학의 발전은 체육과학체계 중 기타 유사한 학문의 발전에 의거한다. 체육과 관련있는 학문 중에서 체육미학은 철학·윤리학·역사학·사회학·심리학·교육학과 매우 밀접한 관계가 있다. 체육활동 가운데의 미는 인체 고유의 기능이 합리적으로 발휘된다는 전제하에 나타나고,

그 심미평가는 인체의 잠재적 능력과 인체운동의 한계를 충분히 이해하는 과학적 기초 위에서의 건립을 요구하므로, 체육미학은 운동해부학·운동생리학·운동생물역학·형태학 등의 학문과 매우 밀접한 연계성을 가지고 있다. 체육활동은 운동가의 표현에서 비롯되는 것으로서 관중과의 사이에 일종의 복잡한 심미관계를 세워야 하며, 체육심미심리의 연구에 있어 매우 중요하다. 이외에 체육미학은 또 유전학·우생학·인류학·민족학·인체측량 등과도 불가분의 관계를 가지고 있다.

국외의 일부 학자들은 이미 체육학문군體育學問群의 우세에 주목하고 있으며, 또한 자연과학의 방법을 체육미학의 연구에 운용하고자 노력하고 있다. 예를 들면 일본의 나가오 기보우(中尾喜保)는 《현대체육학연구법》의 〈체육미학의 연구방법〉이라는 장章에서 다음과 같이 상세히 논술하였다.

동작미動作美에 대한 평가는, 미술계에서의 창작에 대한 평가와 마찬가지로 완전히 객관적으로 혹은 상응한 숫자로써 반영하기가 불가능하다. 그러므로 사실상 체육미학 전문가의 주관적 판단을 빌어 이 점을 이해할 수 있다는 결론을 내릴 수밖에 없다. 그리고 이 때문에 내용의 분석과 자료 교류의 연구는 일정한 정도상에서 그 영향을 받는다. 이외에 연구경험의 축적과 다른 사람의 연구성과의 계승은 이중적 곤란으로 바뀐다. 이것은 아마 이 학문연구의 가장 치명적인 약점일 것이다. ……그러므로 과학적으로 미를 분석하기 위해서는 반드시 두 가지 방법을 병행해야 한다. 즉 추상법과 객관자료법이다. 전자는 인문과학의 방법을 차용한 것이라 말할 수 있고, 후자는 자연과학의 방법을 도입한 것이라 할 수 있다. 후자의 장점은 깊이가 없는 전문지식을 가진 사람으로 하여금 객관적 평가를 진행하도록 해준다는 데에 있고, 동시에 자료의 교류와 축적에 대해서도 커다란 장점이 있다. ……연구자료의 상호교류와 축적 및 타인의 성과를 심도있게 연구할 때 우선 고려해야 할 것은, 단지 자기만이 알고 있는 개념들을 버려야 한다는 것이다. 추상적 기록으로 발표된 성적은 가능한 한 자료의 수량화 범위내에서 될 수 있는 대로 그 수량화를 쓴 것만 같지는 못하다. 이렇게 비록 전문가가 아니더라도 자기의 수준에 근거할 수 있고, 수량화된 자료의 통일된 표준에 따라 일반적 평가와 분석을 진행할 수 있다. 미술계 중에서, 특히 미학분석 중에서 수량반영數量反映 방면에서의 노력은 반드시 필요한 것이다. ……자연과학의 수단으로써 운동과 동작미에 대한 연구를 할 때, 수량분석의 객관적 자료를 얻기 위하여 상용하는 방법은 동작촬영과 사진분석 등이다. 소위 촬영과 분석은, 우선 연속촬영기법을 써서 연구대상이 되는 동작을 영화필름에 담는 작업이 끝난 후, 필름을 커다란 증폭기에 넣어 증폭된 영상을 통해 동작이나 자세 등에 대한 분석을 한다. 이러한 방법은 동작의 분류와 자세에 대해 수량반영을 하게 할 뿐만 아니라 모종의 정도상에서 동작에 대한 미학분석에 새로운 길을 열어준다. 그러나 그 결점은 모든 운동 및 그 동작에 대한 본질적인 부분 분석이 곤란하다는 것이다.

그는 두 가지 연구방법의 장단점을 분석한 후에, 또한 운동생물역학으로부터 차용한 연구방법을 소개하였다.

 (1) 다른 유형의 분석   일련의 동작을 촬영한 후, 그 필름을 현상하여 하나의 슬라이드를 만들어 그 화면에 대해 구도분석한 다음, 그것이 도대체 어떤 종류의 자세미에 부합되는지를 본다. 이를 위하여 우선 구도론構圖論 중에 보았던 미의 형식이 몇 개조로 구성되는가를 분명히 밝힌 다음, 이 도안들을 화면에 찍힌 자세와 비교하여 운동자세에서 어떤 부분에 어떠한 수정이 필요한가를 측정한다. 용구에는 미의 전형적인 도안과 운동을 분석하는 속성필름이 필요하다. 소위 미의 전형적인 도안은, 구도론에서 고려된 11종의 전형을 일정한 규범에 따라 문자 내지는 모형화로 형성하는 것이다. 11종의 미의 전형은 다음과 같다. 단순·복잡·협조·균형·조화·점증·통일·혼란·대비·대칭·주된 것과 투차적인 것. 속성필름은 100㎜ 이상의 망원렌즈로 촬영한 정면상正面像이고, ……그런 다음 찍힌 대상을 50㎜ 정방형의 좌표지 위에 놓고, ……필름을 환등기에 투시하여 신체 크기와 같은 형상을 만든 후, 검사자는 영사기와 영사막 사이에 서서

……투시된 형상의 자세 주위선을 키모그래프상의 단선單線으로 바꾸어, 이 단선도와 앞서 말한 모식도를 비교하여 어떠한 유형에 속하는지를 판명하고 문제점을 지적해낸다.

(2) 순환계산기　　이른바 순환계산기라는 것은, 바로 피측정자 신체 표면에 미리 확정된 부위(측정점)를 일정한 시간내에 놓고 각각 자동적으로 꺼지는 작은 전등이 운동을 함과 동시에 이 운동과정을 영상 혹은 사진으로 찍는다. (동일한 원판에 여러 차례 노출한다.) 그런 다음 영화필름을 현미경필름검열기 안에 넣고 키모그래프상의 각 측정점의 동작궤적動作軌迹을 수량방식으로 분석한다. 만약 사진으로 동일 화면상의 각 측정점의 운동궤적을 측정한다면, 서로 다른 유형의 운동은 서로 다른 미의 전형 모식도를 써서 대조·비교한다.(《現代體育學硏究法》大修館 1979년판)

현대 과학기술의 급속한 발전은 체육미학의 연구에 매우 유리한 조건을 제공해 준다. 여러 가지 방법의 시도는 유익하며 제창할 만한 가치가 있다.

외국에서의 체육미학의 발전현황

　체육과 미는 옛부터 긴밀한 관계를 유지해 왔다. 그러나 체육을 미학이 응용연구의 영역으로서 추상적 이론을 끌어낸 것은 20세기 하반기의 일이다. 1950년에서 1985년까지의 자료만 보더라도, 일반적으로 사회·경제·문화가 발달하고 체육사업의 발전이 비교적 빠르며 경기수준이 비교적 높은 국가는, 이론상으로 체육활동의 미를 연구하는 데 대해 매우 큰 흥미를 가지고 있다. 이것은 역시 체육과학 연구가 고도로 분화되고 깊이 탐구된 결과라 할 수 있다. 의식형태가 다르기 때문에 연구대상·방법과 결과에 있어서도 나라마다 차이가 있다. 대표성을 띤 양대 유형으로 대략 소련 및 동구권 국가, 일본 및 서방국가로 나눌 수 있다.

소련 및 동구권 국가

　소련의 미학가들은, 미학은 현실 가운데의 아름다운 사물, 세계에 대한 사람의 심미인식적 특징과 미적 규율에 따라 창작을 진행하는 일반 원칙이며, 미학의 대상은 사회역사의 실천적 발전과 인류지식의 총체적인 진보에 따라 날로 확대된다고 여기고 있다. 교육부문은 줄곧 체육과 미육美育의 배합에 중점을 두고 체육운동 중에 표현되는 심미기능이 점점 더 많은 사람으로 하여금 적극적으로 사회생활과정에 참여토록 한다고 여긴다. 일찍이 제2차 세계대전 직전에 인체미에 관한 쟁론이 체육계에 파급되었다. 1962년 소련의 《接班人》(후계자라는 뜻)이란 잡지 제12기에 《역량·건강·미》라는 제목의 글이 발표되었다. 소련공산당·중앙선전부 부부장과 마르크스·레닌주의연구원 원장을 맡고 있는 저명한 미학가 오가로프(Ogaryov)는, 이 글에 날카로운 비판을 가하였다.

　일찍이 20년대 말과 30년대 초에 우리나라에 〈문화주의〉와 유사한 운동이 나타났었다. 당시 고르키(Gorki, Maxim)를 주축으로 한 소련 여론계는 〈육체숭배〉를 결연히 반대하였다. 그러나 체육과 운동경기는 전면적이고 조화로운 발전을 하는 인간의 노정을 따라 발전을 거듭하였다. 우리의 목표는 전면적이고도 조화로운 발전을 하는 인간인 것이다.(오가로프의 《미학문제》 모스크바, 1974년)

　많은 사람들이 체육미학의 연구는 사회주의 체육의 목적과 임무에 부합되어야 한다는 데 의견을 모으고 있다.

　1963년 플랭킨은 《체육미학》을 출판하였는데, 광의의 〈신체문화〉적 각도에서 체육 중의 미를 탐구·토론하였다. 그후에 사라프는 1978년에 《운동미학》이란 책을 출판하였는데, 운동경기 방면으로부터 또 다른 방도를 열어주고 있다. 80년대 초까지 출판된 책을 보면, 로부차니츠의 《운동연출의 미학》, 무라요프의 《운동과 인간의 신체미》 및 《피겨 스케이팅의 무용기술》《올림픽의 문화프로그램》《예술과 운동》 등 미학과 예술에 관계된 여러 저작이 쏟아져 나왔다. 많은 사람들이 마르크스의 《1844년 경제학──철학수고》를 주요 근거로 하여 자신의 책 가운데 논술하므로써, 이를 유력한 무기로 삼아 체육에 막대한 영향을 끼치는 미美의 신비를 제시하려 했다. 어떤 연구자들은 완전히 새로운 각도에서 출발하여 체육사업의 발전에 장애가 되는 전통적 순기술純技術의 관점을 비판하고, 체육과 운동미의 본질에 대한 연구는 바로 운동기술 현상과 운동예술에 대한 종합적 연구이며 운동과 동작이 어우러진 미는, 그 기능의 확실한 지표를 표현하여 운동기술의 발전수준을 헤아릴 수 있다고 여기고 있다. 근년들어 체육학술연구 간행물에 체육미학에 관한 문제를 다룬 글이 수시로 실리고 있다. 그리고 많은 체육학교에 미학과가 개설되었다.

　연구의 심도를 더함에 따라 그 범위도 부단히 확대되고 있다. 전문적으로 운동경기의 연출만을 다룬 저작들도 나오고 있다. 예를 들면 1982년에 출판된 비치체의《운동과 심미활동》이란 책의 제1장에서는 〈미의 본질〉로서, 미의 본질·미와 운동의 개념·미학연구의 방법·예술활동 등의 새로운 관점을 밝혔다. 제2장에서는 〈운동선수의 활동과 심미내용〉으로서 운동과 예술의 관계, 시합활동 중에서 운동선수가 느끼는 심미감수를 논술하고 아울러 운동선수와 연기자에 대해 비교연구하였다. 제3장에서는 〈운동연출의 심미〉인데, 주로 관상觀賞의 각도에서 분석하고 운동경기 관람에 대한 관중의 일반적 특징을 말하고, 아울러 관중을 분류하여 그 심미의식을 중점적으로 연구하였다. 작자는 이 책은 세 명의 철학박사로부터 출판을 추천받은 것으로『이 책은 심미활동의 본질, 운동미를 표현하는 규율, 운동연출의 심미기능, 미육의 수단이 되는 운동 및 기타 문제를 분석하였다』고 하였다. 그리고 그는 책 속에서 무라요프(Moraworf)·로부차니츠·사라프 등의 관점에 반대를 표명하였다.

사라프와 스토피야로프가 편저한《운동미학도론》역시 사람들의 주목을 끌었다. 이 책은 1984년에 출판된 전문저작이며 동시에 체육대학 운동미학과정의 새로운 교재이기도 하다. 작자 중의 한 사람인 사라프는 철학박사 학위를 가지고 있고 다년간 체육미학을 연구하여 전문저작을 많이 펴냈으며,《체육이론과 실천》등의 학술간행물에 논문도 자주 발표하여 비교적 조예가 깊다. 그러므로《운동미학도론》은 일정한 정도상에서 소련의 최근 체육미학 연구의 수준을 대표한다고 할 수 있다. 이 책은 모두 5장으로 나뉜다.

제1장은 〈미학과 운동과학 중에서 운동미학의 지위〉로 보통미학과 그와 관련성이 있는 이론에 관하여 논하였다. 운동미학의 대상과 임무를 논급한 부분은 비교적 잘 썼다.

제2장은 〈운동미학의 내용 및 인간의 의식 중에서의 반영〉으로 〈운동현상의 심미평가〉와 〈미의 기본표준 및 운동영역내에서의 응용〉의 2절로 나누었다.

제3장은 〈운동영역의 심미활동과 미학 중에서의 지위〉인데, 〈완성된 동작의 완미完美〉〈예술 중에서의 운동의 반영〉〈심미각도에서 시합과 경전을 조직한다〉〈운동환경의 미〉〈인간의 미를 형성한다〉등 5절로

나누었다. 그 중 운동선수의 동작기교의 표현성 및 그것과 동작을 연출하는 선수의 예술형상에 관한 논술은 자못 무게가 있다.

제4장은 〈운동미육〉으로, 사회주의 국가이론의 연구는 인식을 요할 뿐만 아니라, 객관세계의 기본특색을 개조할 것을 요한다고 말하고 있는데 이것은 제창할 만한 가치가 있다. 하지만 이 장은 너무 지나치게 광범위한 논술을 하고 있어 체육이라는 특수한 영역내에서의 미육을 실시하는 조치에 관해서는 제시하지 않고 있다.

제5장은 〈운동 심미가치의 작용〉으로 운동의 심미가치는 그 연출요소에 있으며, 이 연출요소가 사람의 흥미를 끄는 원인이 된다. 운동의 심미성과 그 기능은 연계를 갖고 있어서 각 종목의 발전에 대해 심원한 의의를 지니고 있을 뿐 아니라, 운동 중의 심미요소 작용에는 계속적으로 증강하는 경향이 있기 때문이라고 인식하고 있다. 마지막으로 사회환경이 운동심미활동에 미치는 영향을 말하고 있는데, 자산계급학자의 관점을 유감없이 맹렬하게 공격하면서 단지 사회주의제도하에서만이 운동은 비로소 정상적으로 심미가치를 표현할 수 있다고 인식한다.

소련의 미학연구는 50년대 중기부터 아주 활발해져서 미학대상은 예술로부터 심미관계에까지 이르고, 다시 사회에 유익한 노동의 모든 형식에까지 이른다. 소련 미학가들은 공산주의 교육에서 미육美育의 중요한 지위 및 덕육德育·지육智育·체육體育과의 관계를 논증하였고, 그 자체는 기타 교육의 내용을 함유하고 있으며 직접적으로 전면적인 조화발전적 개성을 배양할 수 있으므로, 현대의 과학기술조건하의 편면적이고 기형적인 발전에 관한 문제를 해결한다고 여기고 있다. 체육영역내에서 미학의 흥기는 그것이 교조주의의 속박을 깨뜨리고 있으며, 유익한 탐색과 혁신을 진행하고 있음을 설명하고 있다. 소련 체육미학연구의 특징은, 지도사상이 명확하여 기본적으로는 마르크스주의의 인식론을 따르면서 서로 다른 학술적 견해를 발표하여 유익한 논쟁을 전개하고 있다. 그러나 경기활동의 관람과 감상 방면에만 집중연구하여 신체운동에 대한 기본적인·심미특징을 소홀히 하고 있다. 아마도 장기적인 서방의 체육미학연구에 대한 전면적 부정이 신체미에 대한 정상적인 연구에 영향을 미친 듯하다.

동구 각국의 체육이론은 소련과 일맥상승하여 그 영향을 매우 깊이 받았다. 예를 들면 폴란드는, 심지어 비체육간행물에도 소련의 학술계에서 영향력이 있는 모스크바 중앙체육학원 부교수 사라프의 글 〈체육운동미학을 논함〉을 실었다.(《변증법과 인도주의 잡지》 1984년 제6권 제1기) 동독·불가리아·헝가리 등 국가의 이론연구는 다소 특색이 있다. 그 중 동독의 운동미학연구는 비교적 특출하다.

독일은 철학·미학·심리학·체육 방면 등의 위대한 학자와 훌륭한 논저를 발전시킨 요람이었고, 예전부터 이론적으로 빈틈이 없는 것으로 정평이 나 있었다. 바움가르텐(Baumgarten, Alexander Gottlieb)이 미학이라 명명하고, 칸트(Kant, Immanuel)가 《판단력비판》을 저술한 이래 근대 서방의 미학은 독일을 미학의 산실로 여겨왔다. 동독의 체육사업의 발전은 비교적 빨라서 여러 차례 올림픽을 개최하였으며, 국제경기시합에서의 성적도 우수하고 그 이론연구 역시 타국의 추종을 불허하였다. 적지 않은 학자들이 저술로써 여러 가지 공통성을 가진 체육과 예술을 결합하여, 갖가지 예술이 운동을 소재로 하는 작품을 창조할 것을 고무하고, 서열이 있는 신체활동과 조화로운 배합을 하여 체육활동 특유의 독특한 매력을 발휘할 것을 호소한다. 예를 들견 국가올림픽위원회 예술전문위원 호니는 음악·조형예술·문학 및 기타 미의 예술이 모두 체육과 결합해야 한다고 여긴다. 미감이 특별한 작용을 일으키는 영역 —— 예를 들면 곡예·체조·피겨 스케이팅·로울러 스케이팅·리듬체조 및 학교의 체육활동 방면 —— 에서 리듬과 운율의 역량을 갖춘 음악은 효과를 촉진하는 면에 있어 큰 힘이 된다고 그는 생각한다.(동독 《운동의학과 체육건강》 1979년 제1기) 간행물에는 종종 비교적 심도있는 글이 발표되기도 하는데, 예를 들면 귄터 비트(Günter Witt)의 《운동미학의 대상시술》과 같은 것이 그것이다.

체육미학은 마르크스·레닌주의 미학의 일부분이며, 체육활동의 미를 연구하는 것은 미학에 대한 충실한 공헌이다. 아울러 운동미학은 문예과학과 체육과학의 교차지점이며 자신의 독자적인 대상을 가지고 있다. 체육활동 중의 주·객체 심미관계는 사회존재의 제약을 받으며, 그로 인하여 다음과 같은 세 방면에 비추어 연구를 한다. 1) 운동의 특성이 표현해내는 객관적 심미가치 2) 운동 중의 주관적 심미능력과 심미활동 3) 체육활동이 인류사회의 심미의식에 미치는 영향. 연구를 할 때에는 마르크스·레닌주의 문화이론·예술사와 각 예술과학·신체문화이론·운동교육학 및 각 운동종목의 이론을 운용하는 데 주의해야 한다.(《체육이론과 실천》 동독 1975년 제8기)

일본 및 서방 국가

일본에서는 일찍이 1950년 체육학회의 《체육의 과학》 창간호에서, 니시다 마사아끼(西田正秋)가 〈체육미학의 제창〉이란 논문을 발표하여 미학을 체육학의 영역으로 끌어들이는 대담한 시도를 하였다. 60년대 이래 일본의 체육계는 이론연구의 바람이 크게 일어나 국외의 자료를 광범위하게 수집하여 체육미학에 관한 전문저작이 쏟아져 나왔다. 그리하여 이 영역의 연구상에서 일약 세계의 선두에 서게 되었다. 이미 출판된 책들을 보면 이께우에 긴지(池上金治)의 《체육미학》《건강미학》《미의 비례》(協同出版株式會社, 1966년), 마쓰다 기시(松田義之)의 《체육미학》(道和書院, 1971년), 고바야시 신지(小林信次)의 《체육미학》(消遙書院, 1973년) 등이 있다. 이께우에 선생의 저작은 생리학과 결합하여 인체의 형식미를 다루었으며, 의식주衣食住를 실행하는 각 방면에서 가치있는 건강미 단련방법을 편성하였고 체육실천 중에서 미학을 운용할 것을 강조하였다. 마쓰다 교수는 주로 해부학의 방면에서 신체미를 다루었는데, 그 저작이 비록 체육활동 가운데 형식미의 내용을 조금밖에 언급하지 못했다 하더라도 인체 각 부분의 해부학적 특징을 크게 다루어 〈신체의 표준체형〉〈체형의 관찰〉〈이상적인 체형〉〈체구 측정〉 등을 주로 논술하여 전체적으로 생물학적 관점이 많다. 서로 비교해 볼 때 고바야시 신지의 책이 이론성이 강하다. 그의 《체육미학》의 내용을 일목요연하

게 간추려 보면 다음 6장으로 나뉜다.

제1장은 주로 인류의 생활과 교육의 각도에서 체육미의 의의를 논증하였다. 그리고 체육미학 연구의 필요성과 체육미학을 구성하는 기본적인 내용 및 체육미학의 목적을 명백히 서술하였다.

제2장은 주로 체육미학의 이론적 기초를 밝혔다. 즉 미학 중에 미의 본질과 미의 특성 등과 관계된 내용, 미의 욕구·의식·감수·표현·내용과 형식 등의 각 방면을 따로 나누어 논술하였다.

제3장은 체육활동 가운데 미적 현상의 여러 층차層次 및 그 의의를 분석하고, 이러한 내용을 부문별로 나누고 정리하여 도표로 만들어 그들 상호간의 유기적 관계를 반영하도록 하였다.

제4장은 체육의 기본원리를 운용하여 성질·목표·학습·교육자·피교육자 등 여러 방면에서 체육미의 구성성분에 대하여 논술하였다.

제5장은 어떻게 체육의 미를 형성하는지에 대해 종합적·기초적·체험시적體驗時的·완성시적完成時的 등 서로 다른 몇 개의 방면에서 구별하여 설명하고, 아울러 체육미를 형성하는 여러 가지 조건을 제시하였다.

제6장은 체육미의 가치를 중점적으로 논술하였다. 미의 성질방면·교육방면·표현방면·학습방면으로 나누어 논증하고, 미로 하여금 어떻게 하면 체육과 일치를 이룰 수 있는가 하는 실제효용 등의 문제를 다루었다.

이상에서 살펴본 바와 같이 이 책은 학교체육에 중점을 둔 각도에서 씌어진 것이다.

주의할 만한 것은 일본에서는 체육미학의 전문저작뿐만 아니라, 가쓰베 토쿠미(勝部篤美)의 《운동미학》과 같은 전문저작도 보이고 있다. 50년대부터 80년대까지 《체육의 과학》 등의 간행물에서는 체육미학의 연구논문이 부단히 발표되었다. 체육원리연구회는 운동미에 대한 학술토론회를 전문적으로 조직하여 1977년에 논문집을 출판하였는데 그 중에는 독특한 견해가 많다. 예를 들면 긴도우 에이오(近藤英男)는 운동미는 기술의 일부분이 되고, 자연미·예술미와는 서로 다른 형태와 구조를 가지고 있으며, 공간상 특수한 유리성游離性으로 인하여 독립적 창조와 감상가치를 가지고 있다고 여긴다. 그리고 아사다 후루오(淺田隆夫)는 심미의식의 방면에서 운동미와 그 유형을 논급하고 있으며, 아베 고마사(阿部公正)는 운동미의 역사를 고찰하였고, 가와무라 에이오(川村英男)는 비교학적 각도에서 일본의 운동미 등을 논하였는데 모두 나름대로의 견해를 가지고 있다. 특히 주목을 끄는 것은 일부 학자들이 체조·스키·농구·축구·매스게임·격기格技 등 운동종목들의 미를 다루었다는 것인데, 이것은 체육영역에서 미학이 왕성한 생명력을 가진 중요한 발걸음을 내딛는 데 큰 힘이 되고 있다.(《운동미학론》不昧堂, 1977년)

재미있는 것은 〈체육〉과 〈미학〉이라는 두 단어는 맨 처음 일본인이 접목시킨 후에 중국에 전해진 것으로, 오늘날 우리가 볼 수 있는 체육미학 전문저작도 역시 일본이 가장 많아 근접한 동방문화 교류에 용이하다는 특징을 나타내고 있다.

유럽의 체육미학연구는 자유로우면서 산만하여 어떤 것은 혼란스럽게 만들기도 한다. 1974년 영국에서 출판된 체육미학론 문집 중의 표제들을 살펴보면 《미학과 교육》《체육과 미학》《예술과 운동》《움직임의 미》《경기 보도의 언어》《운동과 예술 중의 〈열연〉에 관한 개념》《대중체육과 예술》《경기와 미의 개념》《미학과 운동》《체육활동과 유관한 예술품》 등등(《운동미학문선》 런던, 1974년)이 있다.

미국과 캐나다는 주로 1972년 보스톤에서 이루어진 국제운동철학연구회의 연차대회에서 체육미학 방면의 글이 보고되고, 해당 학회의 기관간행물 역시 체육활동 중의 미학문제를 연구의 중요한 방면으로 삼아, 체육미학과 유관한 글들을 싣는 데 상당한 지면을 할애하고 있다. 예를 들면 칸트는 《예술과 체육활동의 미학 응용》에서 체육에는 어느 정도 예술적 특성이 있다고 하였고, 가이스킨과 마스트센의 《체육활동과 유관한 예술품》에서는 체육연출 가운데에서 예술작품을 산생해내는 매개를 찾을 수 있다고 하였다. 그리고 토머스(Thomas)는 예술과 운동을 탐구하는 경험의 본질에 착수하여 《운동미의 경험》을 써냈고, 이외에 카푸프는 운동경기의 목적과 부가된 미의 문제에 관하여 논하였으며, 칩은 체육활동은 미학방면에서 매우 신기하고 독특한 특징을 지니고 있다고 하였다. 로버트는 관람의 각도에서 산타야나 주관주의 미학으로써 체육활동을 연구하여 《운동과 미감》이란 제목의 논문을 썼다.(PSSS 《운동철학잡지》 권1 1974년, 권2 1975년)

유럽의 어떤 체육이론연구가는 미학문제에 매우 관심을 가지고 자기의 저작 중에 항상 언급하고 있는 사람도 있다. 예를 들어 먼로(Monro)는 《체육》 제3장에서 〈미학의 고려〉에 대해 전문적으로 논하였는데, 그는 서방 현대미학에서 매우 영향력 있는 미학가 수산 랭그의 부호론(즉 『예술은 감정의 부호이다』라는 이론)에서 출발하여 체육활동 중의 〈자아표현〉과 〈창조력〉을 분석하여 체육은 일종의 미를 추구하는 운동임을 설명하고 체육의 미학요소와 미육방식美育方式을 논하였다. 그는 운동지각의 감수상으로부터 나아가 미의 체험을 논하고, 체육의 내용과 형식을 인류의 아름다운 감정의 논리·도화圖畫로 그려내고자 하는 특색이 있다.(A.D. 먼로 《체육》 제3장·제7장, 런던, 1979년)

또 영국의 저명한 체육이론가 엔드루즈(Andrews, Thomas)는 《체육운동시론》에서 체육과학의 연구를 여섯 가지로 나누었는데, 그 중 한 가지가 체육실천의 범주에서 다룬 〈철학과 미학〉의 연구이다.

1984년 올림픽 과학대회가 미국 서부지역의 유지인 시 오리건 대학에서 거행되었는데, 대회의 주제는 운동·건강·행복이었다. 주목을 끈 것은 교차학문 분야의 회의에서 〈체육과 미학〉이라는 주제로 벌인 한 차례의 토론이었다. 이외에 〈체육철학〉과 〈오락 일소를 위한 체육〉 등의 주제토론에서도 체육미학과 유관한 내용이 적지 않이 다루어졌다.

종합적으로 볼 때 소련 및 동구권 국가와 서방 국가, 이 양대 유형은 비록 체육미학에 대해 적극적인 태도를 갖고 있긴 하지만 의식형태가 다르므로 말미암아 분명한 차이를 드러내고 있다.

서방 국가의 미학 유파는 매우 많아서 그 학설도 다종다양하다. 설사 적지 않은 사람들이 각 지식영역의 최신 성과를 섭취하여 구체적 분석과 연구가 매우 세밀하며, 특히 정량화 연구상의 성적이 현저하다고는 하나 개괄적·종합적 이론이 결여되어 있고 계통적인 이론체계가 부족하다. 체육미학연구 중에는 개척성을 띤 견해가 많이 있으며, 연구와 응용의 무조직상태로 말미암아 제멋대로여서 어느것이 옳고 그른지를 결정하기 어려워 체육활동의 실천에 있어 올바른 지도를 기대할 수 없다. 서방의 체육미학에 대하여는 역사유물주의 관점에서 분석하여 그 오류를 비판하고, 신중하게 그 합리성을 흡수해 나가야만 정말로 서방의 것을 유용하게 할 수 있을 것이다.

미학의 연원은 인류 상고시대까지 거슬러 올라갈 수 있으나, 현재에 이르기까지 국내외 미학가들이 기본적 관점에서 많은 차이를 드러내고 있어, 미학체계는 아직도 형성과 발전단계에 놓여있다. 따라서 연구하는 각종 문제의 내재된 연계 및 기타 과학과의 연계와 구별이 충분히 제시되지 못하고 있다. 중국의 미학연구는, 최근 몇 년간 겨우 정상을 회복하여 체육 등 응용영역 방면의 미학연구에 있어 개척단계에 머물러 있다.

그러므로 체육기초이론을 확립 강화하고 인간의 전면적인 발전을 촉진시키기 위해서 체육미학의 연구전개는 매우 필요한 것이다.

II

체육미体育美

체육미는 다양한 체육활동 중에 표현되어지는 미의 총칭이다.

체육은 인류문화의 조성부분이고 일종의 상대독립적인 사회현상이며, 신체운동을 수단으로 진행하는 교육과정이다. 이러한 문화형태·사회현상과 교육과정의 어떤 부분은 동시에 인류 심미활동의 조성부분이기도 하다.

체육영역에는 독특한 심미대상이 있으며, 체육미는 그들에 대하여 종합적으로 개괄을 하면서 자신은 어떤 구체적 심미대상이 아니라, 바로 예술미가 각 예술작품에서의 미의 총칭인 것과 마찬가지로, 체육미는 풍부하고 다채로운 체육활동의 미의 총칭으로서 현실생활 가운데 기타 영역 중의 미와는 구별된다.

체육미의 유물사관

　체육은 일종의 사회실천활동으로서 그것의 발전과 사회의 발전은 동보적同步的 관계를 가지고 있으며, 인류의 경제활동과는 아주 근본적인 인과관계를 가지고 있다. 체육미의 교향사시交響史詩를 중주重奏할 때 역사유물주의를 운용하여 보이지 않는 〈경제의 화음〉을 울리도록 해야 한다.

　유물사관은 일정한 역사시기의 물질경제 생활조건으로서, 일체의 역사사변歷史事變과 관념이나 일체의 정치라든가 철학과 종교를 설명한다.(《마르크스·엥겔스 선집》 제2권 537쪽)
　유물사관의 기본원리는『물질생활의 생산방식이 모든 사회생활·정치생활·정신생활의 과정을 제약한다.(《마르크스·엥겔스 선집》 제2권 82쪽)

　역사유물주의는 과학적 역사관으로서 체육미의 기원과 맹아·형성·발전 등의 역사과정을 인식하는 정확한 방법이다.
　물질생활의 생산방식은 체육의 변화·발전에 대해 결정적인 작용을 하며, 아울러 인류사회의 각 역사시기의 체육의 내용과 성질 및 그 특징을 제약한다.
　원시사회에서 노동은 인류사회를 창조하였고 인간과 동물을 본질적으로 구별지었으며, 체육이라는 사회현상의 산생에 심후한 기초를 마련해 주었다. 혹자는 〈첫번째 기본조건〉을 제공해 주었다고 말하기도 한다.(《마르크스·엥겔스 선집》 제3권 508쪽) 원시공동사회는 생산공유제였으나, 생산력 수준의 지극한 저하로 말미암아 입고 먹는 것에만 온 정력을 기울였으므로, 이 시기에는 생산활동과 유리된 행위는 존재할 수 없었다. 그러므로 여러 가지 다양한 신체활동은 노동과 긴밀한 연관선상에 놓여있다. 신체훈련은 원시교육의 주요한 부분으로서 그 활동형식은 오늘날의 체육과 유사하지만, 목적은 체질증강이나 건강증진을 위한 것이 아니라 생계를 도모하기 위한 기능을 기르기 위한 것이었고, 간단한 노동에 필수적으로 준비해야 하는 일환, 즉 유년기에 진행하는 달리고 뛰고 던지는 등 신체의 기본운동능력의 훈련으로서 주로 생산기능의 전수를 위한 것이었다. 객관적으로 볼 때 이것은 체질증강의 효과는 있었지만 실지로는 생계수단의 학습이었으며, 노동에 참가하는 준비과정에 있어 필수적인 일환으로서 엄격히 말하면 노동기술교육이지, 건강의 수준을 높이기 위한 체육활동이 아니었다. 그러나 체육의 맹아는 이러한 원시적 신체활동 형식 가운데서 싹텄다. 동시에 생존의 요구를 만족시키므로써 신체활동을 진행하는 매우 공리적인 성격을 띠었지만, 심미적인 요소도 내포하고 있었다.

원시상태에서의 신체훈련은 생산실천활동 중에서 없어서는 안 될 중요한 기초단계를 형성하고 있다. 어린시절의 단련을 거쳐 민첩하고 건장한 신체, 날카로운 관찰력, 용감한 정신, 지혜, 숙련된 노동기술 및 협동심 등등을 기르게 되는 것이다. 그것은 이미 끝낸 생산활동에 대해서는 복습이 되고, 미래의 생산활동에 대해서는 예습이 되는 것으로 원시인의 진화과정 중 필수적인 교육방식이다.

이때, 인간은 기본적으로 공리적 안목을 가지고 이 교육과정을 보았으며, 실용적 목적을 위해서 신체활동을 하였으므로 그의 미美에 대해서는 무심하였다. 《장자·산목山木》에서는 『그 아름다운 것은 스스로 아름다운 척하므로 나는 그녀가 아름다운 것을 모르겠고, 그 추한 것은 스스로가 추한 것을 알아 심덕이 있으므로 나는 그녀의 추함을 모르겠다 其美者自美, 吾不知其美, 其惡者自惡, 吾不知其惡』고 하였다. 생활이 점점 윤택해지고 여유가 생기면서 일부 신체활동은 유희의 성격을 띠게 되고, 오락의 수단이 되면서 미와 미감이 더불어 출현한 것이다.

노예제도 사회에서는 원시사회에서 싹튼 체육의 맹아에 뿌리를 두고 있는데, 이는 생산력이 진보된 결과이다. 노예제 생산관계의 기초는 노예주가 일체의 생산자료를 점유하고, 노예는 압박받고 착취당하는 사고팔 수 있는 상품이었다.

고대 그리스의 경기장면이 얼마나 열광적이었던가, 고대 올림픽의 옛터가 얼마나 넓었던가는 논하지 않더라도, 당시 경기에는 단지 충분한 여유가 있는 소수의 〈자유민〉만이 참가할 수 있었고, 노예는 강제적으로 야만적이고 잔인한 격투에 참여하여 귀족들에게 눈요기거리를 제공해 주는 것 외에도, 귀족이나 부자 들에 의하여 힘든 노동을 하도록 시달림을 당해 건강과 생명을 해치기도 하였다. 이러한 의의에서 볼 때 노예들이 종사한 경기활동과 현대과학의 의의상에 있어서의 체육과는 상당한 차이가 있다.

전쟁과 제사는 경기활동의 전개에 직접적인 영향을 주었고, 유한계급에게는 일종의 오락성을 띤 유희가 되게 하였다. 당시의 경기활동은 건강이나 장수를 위한 것이 아니라 강한 체력을 얻기 의한 신체훈련이었으며, 종교제사와 군사훈련활동과 밀접하게 관련되어져 왔다.

그러나 물질생산의 진보는 문화의 발전을 가져다 주었고, 사람들은 이제 더이상 의식衣食에만 매달리지 않게 되었다. 조직적인 운동경기를 의식하는 가운데 독자적인 심미가치를 나타내게 된 것이다. 유명한 고대 그리스의 경기를 예로 들면, 강렬한 심미의식을 표현해내고 있으며, 각 예술활동과 일체가 되어 인류의 심미 역사 가운데 찬란한 한 페이지를 구성하고 있다.

봉건사회의 생산관계는 변화가 발생하는데, 노예는 조세를 갖다바치는 농민이 되어 일정한 범위내에서 노동방식을 선택할 수 있으며, 스스로 노동의 강도를 파악하여 생리적 극한을 넘지 않도록 한다. 마르크스는 노동은 인간과 자연간의 물질교환의 과정이라고 말하면서 다음과 같이 지적하였다.『인간은 자신이 만든 일종의 자연력으로 자연물질에 대립한다. 이렇듯 자신의 생활에 유용한 형식상의 자연물질을 점유하기 위해서 인간은 그 자신의 자연력 즉 팔과 다리, 머리와 손을 운동한다.』(《마르크스·엥겔스 전집》 제23권 202쪽) 이러한 체력노동은 신체건강에 유익한 방향으로 발전하며, 아울러 일정한 정도에서 체육에 대한 인간의 요구로 대체되었다. 한편, 노예주계급은 봉건통치자로 상승하여 문화생활상에 있어서 더욱 고차적인 요구를 하게 되므로써, 원래의 군사훈련의 경기에서 오락성을 띤 유희로 발전하여 정신적인 즐거움을 누리려는 욕망을 만족시키게 되었다.

봉건사회에서 봉건주封建主는 기본적인 생산자료를 점유하고 있으나, 생산자를 완전히 점유하지는 못했다. 농민은 노예에 비해 자유가 있었고, 어느 정도 독립경제와 생산도구를 가지고 있었다. 어업·수렵·유목·채집·농장·집약농업 등등의 각종 생산은 모두 인체의 근육활동이 제공하는 동력에 주로 의지하였다. 형식이 다양한 체력노동은 인간의 신체에 대해 객관적으로 체육과 유사한 효과를 가지고 있었다. 사회는 또한 발달된 체육사업을 요구하지도 않았다. 사람들은 오락을 위해서 경축일에 다양한 전통체육 종목을 많이 창조하였다. 예를 들면 중국 민간에 오랫동안 유전되어 오는 용주龍舟놀이·제기차기·그네타기·줄넘기·마술馬術·씨름·공놀이·연날리기·용등龍燈놀이 등등은 신체를 건강하게 하기 위한 것과는 거리가 먼 계통적 조직활동이었다. 궁정·민간·소수민족 지구에서 일찍이 유행한 전통 종목을 종합적으로 보면 기본적으로 오락성이 매우 강한 유희였으며, 이러한 유희의 출현은 일정한 정도상에서 심미의식에 영향을 주었으며 관상성觀賞性이 비교적 강했다. 이외에 통치계급은 그 통치구조를 유지하기 위해서 군사적 필요성으로 각종 신체훈련활동을 하였다. 이 시기의 체육은 단지 산발적이고 고립적인 신체활동형식이었으며, 서서히 완만하게 움직여 온 생산력은 체육이라는 사회현상으로 하여금 독립적이고 완전한 형태를 갖출 수 없게 하였고, 그로 인하여 체육미는 그 빛을 발할 수 없었다.

중국의 노예사회와 봉건사회는 본질적으로 차이가 있지만, 서구와 비교해 볼 때 이러한 차이는 매우 미미한 것으로서 의식형태상에서 보면 현저한 차이는 없고 거의 일맥상통한다.

중국의 오랜 미학사상과 전통적 심미관념은 비록 변혁을 거쳤다고는 하지만 아직까지도 체육활동에서 그 영향을 발휘한다.

자본주의 사회는 인류역사의 발전과정 중 객관적 경제규율이 결정하는 하나의 필연적 단계이며, 자산계급은 역사상에서 매우 혁명적 진보작용을 일으켰으며, 부패한 봉건생산관계를 일소하고 공전空前의 속도와 규모로 생산력을 발전시켰으며, 아울러 체육으로 하여금 어린 묘목에서 하늘을 찌를 듯한 거목으로 성장하게 하였다.

자본주의의 생산방식 중에서 생산자료의 사용과 공업화생산 자체는, 이미 사회화되어 일계열의 개인행동으로부터 일계열의 사회화한 행동으로 변하여 체육의 사상과 이론의 계통화를 촉진하였고, 체육의 방법과 수단은 전체화·다양화되었으며, 체육은 인류사회에서 상대적으로 독립된 문화·교육형태가 되었다.

인류의 지혜를 대표하는 근대과학기술의 급속한 발전은, 체육으로 하여금 상대독립적 이론계통뿐만 아니라 그 이론의 지도를 받는 분과연구分科研究를 하도록 하였으며, 각 경기종목은 귀납분류되고 규칙은 명확해졌으며 그 과학성은 점점 커져서 정식으로 체육의 수단이 되었다. 더욱 중요한 것은 체육이 문화사업이 되어 정책방침이 서게 되고 지식체계가 세워졌다는 것이다.

체육은 이 시기에 이르러 가장 성숙하였고 완비되었으며, 비로소 자신만의 구조를 형성하여 자기의 체계와 특징을 갖추게 되었다고 말할 수 있다.

선진적인 과학기술로 무장하여 창조해낸 자본주의의 생산력은 체육의 질적 향상을 이루었으며 스스로 체계를 세우게 되었다. 교육이 과학의 궤도에 오르고, 체육도 역시 당시 생물학의 발전과 계몽시기의 교육사상의 도움을 받아 자신의 건신이론健身理論을 새로이 세웠다. 조직기구의 건립, 정책방침의 제정, 법령조약의 공포, 경기장 시설의 건축에 강력한 경제적 배경이 있었다. 체육의 수단(신체운동)은 간단한 것에서 복잡한 것에 이르기까지, 단조로움에서 다양함까지, 분산에서 집중까지, 실용적인 것에서 오락에 이르기까지 양적인 것으로부터 질적인 변화의 과정이 있었다. 이렇게 하여 과학적이고 완전하며 독립적이고 계통적인 체육이 형성된 것이다.

체육이 독립적 사회형태가 되면서 체육활동 중에 분산되어 존재하고 있던 미도 점차로 모아져, 기타 다른 어떠한 영역과도 다른 독립적 심미 대상이 되었다. 미학은 이 시기에 서방에서 탄생한 것이다. 뿐만 아니라 1750년 바움가르텐이 〈미학〉을 제창한 지 2세기가 지난 후에야 체육미는 미학연구가들의 주목을 받게 되었다.

체육미의 산생과 발전의 각 단계는, 그 시대의 의식형태·문화사조 등과 직접 혹은 간접적으로 관계가 있다. 체육미와 정치·종교·전쟁·예술·교육 등 그 발전에 영향을 미치는 제요소의 연계는 매우 중요한 것이다. 그리고 체육발전에 대한 생산방식의 작용은 본원적이고, 최종의 결정적인 역량의 의의상에서 표현할 때 그것은 근본적으로 체육의 발전규모와 수준을 결정하며, 사람들은 체육활동 중의 심미취미를 결정한다.

체육미의 사회성

　사회는 인류가 일정한 물질생산활동을 기초로 조직한 상호연계된 유기체이다. 그리고 체육은 이 유기체 속에서 생성 발전된 것이다.

　인간은 사회적 산물이다. 인간은 조직이 있어야만 비로소 노동을 생산해낼 수 있고, 노동의 생산과정 속에서 비로소 인간과 인간은 연계를 가지고 의식과 언어의 싹을 틔울 수 있었으며, 결국에는 동물계와 분리되어 나오게 된 것이다. 사회적 산물이라는 것은, 인간의 일정한 사회조건의 영향하에서 형성된 생활수요 · 감정 · 습관 · 이상 등도 역시 사회발전의 일정한 단계에서의 산물이며, 체육미도 역시 예외는 아니라는 것이다.

　체육은 인류사회에 필요한 산물이며, 인류 특유의 진화과정 중에 없어서는 안 될 촉매제이다. 사회를 이탈한 체육미의 탄생과 발전은 불가능한 것이다. 체육은 독특한 사회실천활동이며, 인류 역사상에 아로새겨져 인류사회의 물질문화생활 가운데 없어서는 안 될 부분이 되었다. 체육미도 인류사회생활의 진보에 따라 생성된 것이다.

　체육미는 사회실천의 산물이며 인간의 능동적 창조의 결과로서, 그 본질상에서 말할 때 인간과 무관한 자연속성을 나타내지 않고 객관적 사회가치와 사회속성을 가지고 있다. 체육미는 일종의 객관적 사회존재로서 레닌은 사회존재의 객관성을 다음과 같이 논증하였다.

　　소위 객관적이라는 것은 의식이 있는 생물의 사회(즉 인간사회)가 의식이 있는 생물의 존재에 의하지 않고 능히 존재 · 발전할 수 있다는 것을 가리키는 것이 아니고, ……사회존재가 인간의 사회의식에 의존하지 않는다는 것을 가리킨다.(《레닌선집》 제2권 331-332쪽)

체육활동을 할 때 인간의 사회성은 그 행위가 일정한 사상지도하에서의 유의식有意識・유목적적有目的的 자각활동이라고 표현할 수 있다. 이것은 인간의 자각적인 능동성의 객관적 표현이다. 인간에게는 본능적인 활동이 있으나, 인간의 주된 행위의 특징은 본능적인 것이 아니다. 그것을 단순히 지체肢體와 기관器官의 동작이라고는 표현할 수 없으며, 그것은 일정한 사상지배하의 유의식・유목적적 자각활동이라고 할 수 있다. 자각적 의식과 목적은 인간의 체육활동에서 특유한 내적 조종요소이다. 게다가 이러한 사상과 의도는 의식활동의 대상으로서 신체활동의 행위와 나눌 수 있다.

인간의 자각적 능동성은 인간의 활동을 동물의 활동과 구분짓는다. 그러므로 체육의 목적상에서 볼 때 그것은 선명한 사회성을 띠고 있다는 것을 알 수 있다.

체육은 추상화된 개념으로서, 사회에 근거하여 신체가 진행하는 배육과정培育過程을 맞춘다. 철학적 의의로써 인식할 때 체육목적(주체는 객체의 대상성對象性 요구를 개조한다)・운동수단(주체는 객체의 중개에 작용한다)・건신효과(주체의 목적이 객체대상 중에서 실현된다) 이 세 가지 요소는 체육의 기본과정을 구성한다. 그 중 가장 중요한 것은 체육의 기본수단이 되는 운동으로 사회성을 지니고 있다.

체육목적을 가지고 진행하는 운동은 자기의 신체의 자연규율에 대한 인식과 길들임이다. 인간이 능히 신체를 지배하고 조종하여 자기의 목적에 따라 신체를 개조하여 그로 하여금 자기에게 복무할 수 있도록 할 수 있는 까닭은, 인간이 신체의 자연규율에 근거하여 신체의 각종 물질적 속성과 역량을 이용하므로써 자신에게 복무하는 각종 운동수단으로 전환시켜 신체에 다시 반작용을 하기 때문이다. 그러므로 체육의 각종 운동수단은 비록 자연계의 물질속성과 역량에 근원하지만, 또한 인간의 이성과 실천의 창조물이므로 자연계의 순수하고 자재적自在的인 물질대상보다 차원이 높다. 그러므로 운동 중에 표현되어지는 미는 주로 사회미라고 할 수 있다.

인간은 자기의 생존과 발전을 위해서 신체를 단련할 때 혼자서 고립적으로 진행하지 않았다. 인간은 사회적 존재로서 그 본질은 언제나 인간과 인간 사이의 사회관계의 총화로부터 구성되었다. 그러므로 어떠한 운동을 하든지 일정한 사회조건을 배경으로 하여, 본질상 유목적적 사회성을 띤 체육활동을 거쳐 체질을 증강하므로써 인류 자신의 문제를 해결하고 인류의 사회생활에 있어서 건전한 물질적 기초를 세운다. 인류는 자신의 신체를 간단히 자연계에 적응시켜 나간 것이 아니라 신체활동을 사회화시켜 나간 것이다.

운동은 체육의 물질수단으로서 인간의 대상성과 활동 자체에서 창조된 인공제조물을 거쳐, 인간의 사회요구를 체육의 대상에 전달하는 안정적이고 계승성을 띤 중간 매개물이다. 운동의 작용과 의의는 인체단련·체력증강에 있으며, 인간은 운동이 체육대상에 작용하여 자기의 목적에 부합하고 자기의 요구에 적합하도록 변화시킨다. 그러므로 운동은 자연발생적 운동이 아니며, 또한 생물의 본능적 표현도 아니다. 그것은 인간 자신이 미리 생각한 목적·용도·방안에 따라 진행하는 신체활동이며, 의도와 목적에 경주傾注하여 그로 하여금 체육의 물질적 외각이 되도록 한다. 그리고 운동은 체육의 최종적인 목적이 아니라 운동을 거쳐『근육과 골격을 단단히 하며, 나아가 감정을 조화롭게 하고 의지와 지식을 늘려』(모택동毛澤東 《체육의 연구》) 문화적·오락적 요구를 만족시켜 주며 인류의 심미활동에 조건을 제공해 준다.

그렇다면, 인체의 생물성은 체육미의 사회성에 영향을 미칠 수 없을까?

체육은 인류사회가 길고 오랜 역사를 거치면서 창조된 것으로서 노동과 마찬가지로 그 작용대상은 자연이지만, 그 성질은 역시 사회적이다. 그러므로 체육의 대상이 자연속성을 가진 인간의 신체로서, 그 효과는 주로 생물성을 띠므로 체육은 〈자연〉에 귀결되며 나아가 체육 중의 미는 〈자연미〉이다, 라는 결론은 성립할 수가 없는 것이다.

대리석에서 우리는 자연미를 느낄 수 있다. 그러나 일단 가공을 하게 되면, 이것은 사회미를 반영하지 않을 수 없게 된다. 만약 가공 후의 돌에 작자의 심미의식이 집중표현되어 예술작품이 되었을 때, 예술미는 바야흐로 그 빛을 발하게 되는 것이다.

마찬가지로 자연계의 고등생물인 인간의 신체는 자연미를 나타낼 수 있다. 그러나 일단 우리가 이것을 개조하면, 그것은 사회미적 요소를 나타내고, 그 중 어떤 것은 심미의식에 경주하여 심미대상의 운동형식을 창조해내므로, 예술미와 정도상의 차이는 있지만 극히 유사한 빛을 발하게 된다.

총체적으로 볼 때 체육과 예술의 목적과 임무는 다르다. 체육은 일종의 현실미이고 현실생활 중의 사회미이다.

```
         ┌ 현실미 ┬ 자연미 ----------------------------- 신체미
         │        └ 사회미 ┬ 체육미
미 ┤               └ 기타미
         │
         └ 예술미 ┬ 표현예술 ---------------------------- 운동미
                  └ 기타예술
```

미학계에서는 일반적으로 미는 그 성질의 차이에 따라 현실미와 예술미로 나눌 수 있으며, 그 중 현실미는 자연미와 사회미를 포함한다고 여기고 있다. 체육미가 인류의 현실 사회생활 중의 미에 속하고 비록 자연미·예술미와 일정한 관계가 있지만, 그것이 인체의 자연속성 혹은 어떤 운동종목(음악이나 무용 등 표현예술의 침투로 인한)들이 비교적 많은 예술적 요소를 지녔다는 이유로 그것을 자연미 혹은 예술미라고 칭할 수는 없다.

체육은 신체운동을 매개수단으로 진행하는 교육으로서 〈신체운동〉에 의지하여 스스로 체계를 세우는데, 일상생활을 위해서 체력노동 중의 신체활동과는 대체될 수 없는 것이다.

이 점은 대단히 중요하다.

바로 이 점 때문에 우리는 체육이 인류문명이 발전하는 가운데 산생하는 단계적 산물이라고 말할 수 있는 것이다. 그것은 근대에 이르러서야

상대독립적으로 완비된 사회문화형태가 되었고, 이전에는 노동기능과
군사훈련에서 이탈하지 못하고 겨우 오락경기나 교육활동 중에서 표현되
어 나온 맹아상태였던 것이다.

결국 우리는 신체문화(Physical culture)의 각도에서 체육미의 사회성
을 설명해야 한다.

아라크세가 주편한 《체육운동사휘》 제9조에서 신체문화(Physical
culture)는『넓은 의미의 문화의 한 조성부분으로 신체등작을 여러 가지
로 연습하여 인간의 생물학과 정신의 잠재력의 범주·규율·제도와 물질
시설을 제고한다』고 하였다.

신체문화라는 단어는, 이미 전통적 생물학의 개념을 초월하여 광의의
문화와 사회의 개념으로 해석해야 한다.

이외에 경기문화(Sports culture)가 있는데, 즉『시합의 범위내에서 인간
의 생물학과 정신능력을 발휘하여 공명을 추구하거나 기록하여 훈련의
범주·규율·제도와 물질시설을 강화한다』(《체육운동사휘》 제10조)고
하였다. 운동문화(Motor culture)는『운동과 관련된 인간의 기교·능력·
지식의 총칭이며, 교육의 결과로 변형된 복잡다양한 형태의 능력이다.』
(《체육운동사휘》 제89조)

고대의 체육은 모호하여 혼연일체의 신체방면과 유관한 문화현상이라
고 표현할 수 있다. 사람들은 달리고, 뜀뛰고, 던지고, 힘을 겨루었는데
햇빛·공기·물을 이용하여 단련하였으며, 심지어는 영양과 화장으로써
보건保健하기도 하였다. 체육미는 이러한 활동을 하는 가운데 싹텄다.

무술의례巫術儀禮, 원시 토템숭배는 원시인류의 유일한 정신생산활동
으로서 인류의 심미감정은 이로부터 싹텄다. 원시의 교육활동은 문자나
언어에 의지할 수 없었으므로, 주로 신체동작으로 시범을 보여주므로써
생존기능을 가르치고 배웠으며, 신체의 유의식적有意識的 과정중에 극히
완만하게 체육의 맹아가 싹텄고 동시에 미美가 자라났던 것이다.

플레하노프(Plekhanov, Georgij Valentinovich)는 《주소 없는 편지》
에서 다음과 같이 피력하였다.

　　원시미개인은 호랑이의 가죽·발톱·이빨 혹은 들소의 가죽과 뿔로써 자기를 치장하는데, 이는 자신의 재주와 유력함을 암시하는 것으로서 날래고 교묘한 것을 잡은 사람은 날래고 재주있는 사람이고, 힘이 센 것을 잡은 사람은 힘있는 사람이 되는 것이다.

　　원시인이 맨 처음에 점토·유지油脂, 혹은 식물의 즙액을 온몸에 발랐던 것은 이것이 유익했기 때문이다. 후에 이렇게 몸에 바르는 것이 아름답다고 여겼기 때문에 심미의 쾌감을 느끼기 위해 신체에 바르기 시작했다.

　　신체문화는 신체단련 혹은 체육 혹은 육체적 문화표현체, 체육의 가장 광의의 개념…… 등등으로 아직까지도 일치된 견해가 없다.

　　테일러(Taylor, Elizabeth)는 1964년 출판된 《경기》라는 책에서, 광의의 신체문화는 유희·경기·체조와 무용 등의 신체활동을 포함하며, 협의로는 수욕水浴·공기욕空氣浴·일광욕日光浴·안마按摩 및 화장술 등을 가리키는 것으로 심신의 발전을 추구하는 문화영역에 속한다고 하였다. 이것은 의료·위생·미술·희곡 등의 영역에까지 관련되고 있어 그 범위가 굉장히 넓다는 것을 알 수 있다. 그러므로 동독의 찌이글러(Ziegler, Karl)는 1965년 출판된 《체육이론》 중에서 신체문화는 신체를 보편적으로 단련하고 성격을 도야하는 사회체계로 보고, 신체발육 지도(체육)·보건·오락·경기·과학연구 지식체계 이렇게 다섯 부분으로 나누었다.

　　결론적으로 말하면, 신체문화는 단순한 체육(특히 학교체육)의 교육개념을 초월하여 인류의 신체활동에서 창조된 물질적·정신적 재부財富의 총칭이다. 그것은 체육미의 사회속성을 표시하는 동시에 체육심미활동을 인류문화의 커다란 계통 속에 넣어 그 가치를 확정하였다.

체육활동 중의 진선미

체육 중에는 대량의 미가 있다. 우리가 진일보하여 그것에 대한 깊은 이해를 하기 위해서는 진·선·미의 관계를 명확히 밝히는 데서부터 착수해야 한다. 그것의 관계와 구별을 인식하면 미의 형상이 선명하게 우리의 눈 앞에 펼쳐질 것이다.

소위 진眞이라는 것은 객관세계에서의 자신의 변화·발전규율을 가리킨다. 객관사물의 규율을 반영하여 과학성을 가지고 있다고 할 수 있다. 체육활동은 인체운동의 규율에 부합되어야 하며, 연령·성별의 차이에 따른 생리적·심리적 특징에도 부합하여 환경·장소설비·영양·신체 조건 등 객관적인 여러 요소의 제약을 받아 이 방면에서 표현되는 미는 선과 미의 기초가 된다. 체육미학의 연구는 인체기능·형태 및 그 변화의 생물과학의 연구를 떠나서는 연구성과를 기대하기 어렵다. 그러므로 체육활동의 과정은 규율에 부합하는 객관사물이며, 동시에 일정한 자연규율과 사회규율을 체현하므로 과학인식의 대상이 될 수 있다. (과학의식은 바로 진眞이다.)

소위 선善이라는 것은, 인류가 실천활동중에 추구하는 공리가치를 가리킨다. 체육활동은 인간의 체질을 증강하며, 운동기술의 수준을 높여주고 사회문화생활을 풍부하게 하여 선으로 표현되어진다. 일부 체육사體育史는 사회의 요구에 응하여 책으로 씌어졌는데, 근본적으로 사회이익을 대표하는 선을 나타내고 있다. 체육은 인간의 유의식·유목적적 활동으로서 사회의 공리요구와 공리목적을 나타내며, 윤리의식의 대상이 되어 사람으로 하여금 공리평가와 윤리행위를 취하도록 한다. (도덕의식이 바로 선善이다.)

진은 객관사물의 규율이며, 객관적 규율은 과학성을 반영해낸다. 선은 실천상에 있어 인간의 목적에 부합하는 것으로서 사회이익에 합치되어 공리성을 나타낸다. 그리고 미는 객관규율을 파악할 때 인간의 목적에 일치되는 풍부한 감염력을 가진 생동적인 형상이다. 체육활동은 인간의 능동성과 창조성을 체현하는 구체적 형상이며, 감수 중에서 일으키는 인간의 감정은 인식과 서로 통일된 심미유쾌이지, 직접적·즉각적으로 진행하는 이론개괄 혹은 의지행동이 아니다. 체육활동 중의 진·선·미는 차례대로 진행되며, 진을 기초로 선이 구현되고 미가 표현되어진다.

예를 들어 우리가 하나의 체육활동을 할 때 모든 과정은 반드시 진을 전제로 우선 장소시설을 준비해야 하고, 운동선수는 훈련을 하고, 규칙을 만들고, 심판을 배정하는 등등의 과정을 거쳐야만 시합을 진행할 수 있다. 시합은 공리목적을 가진 것으로서 시합을 통하여 훈련성적을 점검하고 각종의 기록을 깨뜨리며, 운동선수의 경기경험과 상호간의 우의를 증강시킬 수 있다. 아울러 문화생활을 풍부히 하고 정신문명을 촉진하는 등의 공리성이 바로 선이다. 운동선수의 건강한 몸과 마음에 이르러서는 영활한 동작, 생동적 형상, 넓은 스타디움, 사람을 흥분시키는 분위기 등등은 인간이 객관적 세계를 개조함에 있어서의 지혜·역량·창조적 재능을 나타내어 사람의 미감을 불러일으키는 심미대상이 된다.

혹자는, 진·선·미는 왕왕 객관대상이 나누어질 수 없으므로 체육미가 진과 선에 자연스럽게 융합되었다고 말한다.

예를 들어 수영은 우선 진을 추구한다. 과학적 의식에서 볼 때 빨리 헤엄칠수록 좋다. 이렇게 되면 복장에 있어 적게 입을수록 저항력이 줄어들기 때문에 좋지만, 옷을 입지 않을 수는 없다. 도덕의식으로부터 우리는 선을 추구해야 하므로 사회윤리에서 받아들여지는 범위내에서 복장을 착용해야 한다. 진과 선의 조화로운 통일 속에서 운동선수가 그 정도에 알맞을 때 비로소 심미의식이 발생하는 것이다.

체육활동 중에 긴밀하게 상호연관되어 있는 진·선·미를 강조할 때 동시에 구분을 지어보아야 한다.

보통 코치는 좋은 성적을 얻기 위하여 운동선수에게 〈목숨을 걸고〉 힘에 부치도록 운동할 것을 요구한다. 객관적 생리규율에 위반되어 건강에 해를 입게 되었을 때, 이것은 〈진〉과 〈선〉의 모순을 반영해낸다. 마찬 가지로 사람들이 각종 구기종목·복싱·오토바이 경주 등의 경기활동을 관람할 때, 심미를 위해서 선을 고려하지 않는다면 중상 내지는 사망에 이르는 사고를 수반할지도 모른다. 어떤 체육활동은 간순히 신체단련을 위한 것으로서 일개인이 야외에서 달리거나, 혹은 방에서 혼자 기氣를 행하면서 단지 진에 부합하므로써 선에 도달하려는 목적만을 고려하고 미는 추구하지 않는다. 등산이나 항해 등의 각종 탐험활동은 신체건강을 위한 것도 아니고, 남에게 보이기 위한 것도 아닌 인간이 완강하게 대자 연의 오묘한 신비를 탐색하고자 하는 반복시도로서, 무수히 많은 생명의 대가를 치르면서 진리를 탐색하는 과정중에 선과 미가 수반되는 것으로 일정치가 않다.

이것은, 진·선·미는 각자 상대독립성을 지니고 있다는 것을 설명해 준다. 체육활동 중에서 우리는 종종 눈 앞의 이익에만 급급하여 객관규 율을 위반하기도 하고, 심미의 요구를 윤리의 요구로 대체하기도 한다. 이것은 진선미는 상호 긴밀한 연관을 맺고 있으면서도 대체될 수 없다는 것을 반영해 준다.

주의할 것은 서방 미학이 항상 논의해온 미와 진의 관계문제는, 중국 고대의 미학사상 중에서 아주 미미하게 출현했었다는 것이다. 중국은 옛부터 진과 선의 통일을 추구해왔으므로 진이 선을 포함하며, 선은 반드시 진이어야 한다고 여겼다. 동시에 미와 선의 통일을 강조하여 항상 심미를 사람의 고상한 정신품격·도덕정조와 연관시켰으며, 심미의 식 중에 순결한 도덕감을 관철시킬 것을 요구하였다. 이것은 독자적으로 형성된 매우 귀중한 정신적 재산으로서, 지금까지도 중국의 체육활동 중에서 좋은 작용을 발휘하고 있다. 그러나 이렇게 선으로 표현된 윤리 도덕은 봉건사회의 의식형태 중에서 장기간 동안 속박을 받아 금욕주의 의 설교가 되는 상황이 있기도 하였다. 이것은 미감의 표현을 억압하였 으며 심미활동에 불리한 영향을 주었다. 그리하여 다년간 체육활동 중에 서 덕육德育으로 미육美育을 대체하였으며, 감정의 표현을 중시하지 않고 체육의 심미요구에 대해서는 소홀히 하였으며, 오락과 감상의 문제를 중요한 위치에 올려놓고 연구하지 않았다. 그리고 체육미학이 80년대에 이르러서야 건립된 것 등등은 모두 그 역사적 원인이 있는 것이다.

본장을 끝내기 전에 다시 한 번 체육미가 진·선과 서로 결합된 구체적 형태를 살펴보자.

체육미와 선의 결합은 효과상에서 주로 건강미 혹은 간칭하여 〈건미健美〉라고 한다.

아라크세는 《체육운동사휘》 제4조에서 『체육은 단련 그 자체를 보면 생리학이라 말할 수 있으나 방법은 교육학이고, 효과는 생물학이며, 조직과 활동은 사회성을 띠었다고 말할 수 있다. 또한 그 중심은 인간이다』라고 하였다. 사실, 체육은 전체뿐 아니라 개체단련이라는 국부로부터 보더라도 그 효과는 생물학의 범위를 넘어선다. 체육은 체질을 증강하여 건강의 수준을 높이는 효과를 얻는다. 국제위생조직이 내린 건강의 정의를 보면 신체적으로 병이 없어야 할 뿐 아니라, 심리적 혹은 주위 사회환경의 안정까지도 언급하고 있다. 건강은 체육이 선을 추구하는 데 있어 특수한 목표이며, 건강미는 〈몸과 마음이 모두 편안할〉 때 나타나는 미로서 사회적 공리성을 띤 심미요구를 반영하고 있다.

체육은 심신의 건강·정상발육과 서로 연계를 가지고 있어, 건강의 실현과정은 실제상으로 인체가 자연에 적응하고 자연을 개조하는 요구에 따르는 완미完美의 발전과정으로서, 완미는 미의 추구 속에서만 실현된다. 체육은 건강과 심미의 교육이며, 체육미는 주로 신체운동을 통해 생겨나는 건강미이다. 체육의 매력은 인체의 건강미를 주로 표현하는 데 있다. 비록 어떠한 건강이라도 모두 미적인 것은 아니지만, 광의의 의미에서 볼 때 일체 미적인 것은 모두 건강하다. 건전한 심신과 아름다운 감정은 인간의 전면적 발전에 필수적인 것이며, 체육운동에 따르는 직접적인 효과이다.

신체미가 지니고 있는 공리적 성격을 띤 의의도 역시 건강미를 반영한다. 건강미는 체질증강이라는 체육의 주요 목적과 사회에서 요구하는 효과를 반영해 주며, 선과 미가 체육 중에서의 고차원적인 통일임을 반영해 준다.

체육에 대해 말할 때, 건강은 일종의 미의 요소이다. 건강은 예로부터 힘이 있다는 것을 가리키며, 아울러 유쾌하고 평안하다는 뜻을 함유하고 있다. 글자상에서 볼 때 건강은 인간의 신체와 정서 양방면에 관계하고 있으며, 심신의 편안함을 요구한다. 건강한 신체는 체내의 각종 요소의 평형으로부터 오며, 건강은 신체내에서 느낌이 없을 때일수록 고도로 원만한 정도에 달할 수 있다. 이로써 건강은 조화와 평안을 반영한다는 것을 알 수 있다.

건강미는 체육활동 중에 현저히 드러나는 심미특징이다. 그것은 체육이 기타 영역의 미와 구별되는 주요한 표시이며, 체육기가 기타 심미대상에서 구별되는 특질이기도 하다. 체육활동은 건강미를 심미평가의 척도로 사용하는데, 그것은 인간의 신체 각 부위에 견줄 수 있고 각종 동작의 자태 및 운동효과를 측정할 수도 있다. 건健과 미美는 체육에서 상보적이므로 분리할 수 없는 것이다.

건강미는 사람에게 체육활동의 흥미를 불러일으킨다. 『건전한 정신은 건강한 체력과 기백이 깃들어 있다.』신체단련시 신체활동으로부터 발생되는 쾌적함과 여러 유익한 정서는 건강미의 즐거움을 누리게 해준다. 러시아의 미학가 체르니셰프스키(Chernyshevskii, Nikolai Gavrilovich)는 《현실에 대한 예술의 미학적 관계》에서 『건강은 인간의 마음 속에서 영원히 그 가치를 잃지 않을 것이다』라고 하였다.

광의의 의미에서 말할 때 체육활동의 모든 방면이 건강이라고 할 수 있으며, 〈체육미〉는 심지어 〈건강미〉와도 동등할 수 있다 하더라도 구체적 심미대상이 되는 건강미는 주로 인간의 신체상에 반영된다. 그러므로 제3장에서 말하고자 하는 〈신체미〉를 바로 건강미의 견실한 기초로 보고, 건강미를 마치 영혼과도 같이 신체미 가운데 덧붙였다.

체육 중의 미와 진의 결합은, 주로 기술미技術美로 표현된다. 체육 중의 기술은 신체운동의 능력을 합리적으로 운용하여 최고의 효과를 낼 수 있는 유효한 방법이다. 신체단련·기록갱신·아름다운 동작의 완성은 모두 과학적 기술을 요한다.

예술에 예술미가 있듯이 기술에도 기술미가 있다. 기술미는 체육활동의 진실성에 대한 인간의 심미요구로서 일종의 현실미에 불과하다. 〈더욱 높이, 더욱 강렬하게, 더욱 집중적으로, 더욱 전형적이고 이상적인〉 특징은 없으며, 사실상 과학규율상의 미에 부속되는 것이다.

기술은 과학규율에 부합해야 하고, 심미의식을 불러일으켜야 비로소 미가 된다. 그래서 기술의 진과 미는 혼동되어서는 안 된다. 미는 진을 전제로 하고 미적 사물은 진리성을 띤 내용을 포함하지만, 이것이 결코 미와 진을 동등시하는 것은 아니다. 사실상 미가 되는 데 필요한 전제가 되는 진은 과학적 인식의 진과는 조금 다르다. 심미평가가 요하는 진은 단지 대상의 외부 형태와 상관된 일정한 정도의 인식이며, 우리의 심미감수를 일으키는 데 족한 진이다. 체조 중의 미를 감상할 때 생리학이나 해부학의 과학원리에 정통할 것을 요구하지는 않는다. 다만 그것은 인간의 마음을 흥분시키는 형상상의 미를 발현할 뿐이다. 그러므로 우리는 단지 심미대상에 대해 대체적으로만 이해하면 될 뿐이며, 그의 외부형태에 대해 비교적 명석한 감수를 하면 우리의 심미정감을 불러일으킬 수 있다.

결론적으로 말하면 아름답지 못한 것은 생명력이 없으며, 과학을 말하지 않고 미학을 강구하지 않는 운동은 수명이 짧다. 건강에 무익하고 객관규율에 위배되는 신체운동은 체육에 포함시킬 수가 없다.

Ⅲ 신체미 身体美

신체미는 인류의 건강한 신체에서 드러나는 미이다. 그것은 몸의 양호한 생리와 심리가 종합되어 드러나는 건강의 미이다.

체육활동 중에는 생명력이 충만해 있는 신체미가 나타난다. 이러한 미는 주로 운동과정중에 표출되어지는데, 단련을 통해서만 비로소 얻을 수 있다.

신체미의 연구는 인체 표면의 형태적 미에만 국한되는 것이 아니라, 골격·근육·피부·모발 등을 포함하여 성대와 용모·복장·장식물 등 그와 유관한 일체의 것을 포괄한다. 신체의 꾸밈, 미용(예를 들면 화장) 등은 비록 신체미와 유관하며 광의의 〈신체문화〉의 범주에 속하지만, 엄격히 말하면 그것은 체육의 내용이 아니며 게다가 신체미의 주요 내용이 아니므로 대략적으로 다루겠다.

신체미의 개념 및 가치

   글자로 볼 때 〈신체미〉와 〈인체미〉는 거의 동일하다고 볼 수 있으나, 실지로는 여러 가지 차이가 있으므로 〈신체미〉를 완전히 독립된 하나의 개념으로 보아야 한다.

   신체미는 생명활동을 능히 진행할 수 있는 유기체로부터 표출되는 미로서, 그것은 해부학적 특징과 신진대사의 생리규율에 엄격히 부합될 것을 요구한다. 그리고 그것은 예술작품 중의 인체미의 원천을 창조·개괄·제련하는데, 그 표준은 시대성이 있으며 또한 상대적으로 안정성이 있다.

   인체미는 예술가공과정 중의 개념으로 일반적으로 정태적静態的이며, 예술가의 형상사유가 작품 가운데 응고된 결정이며, 주로 회화·조소 등을 통해 사람의 시감각기관에 작용한다.

   인체미는 주로 인체 표면의 윤곽미를 가리키며, 신체미는 생기있는 정체整體를 점차적으로 관통하는 것이다. 신체미는 정신미·심령미·행위미 등의 개념과 대응되며, 인체미는 사람과 기타 사물속성의 개념과 구분할 수 있고 동식물 및 자연계의 기타 물질의 미와 구별된다. 미술습작 중에서는 습관적으로 인체, 즉 누드를 인물초상과 구별한다. 이것은, 즉 신체미는 동태적 인체미이고 인체미는 정태적 신체미이며, 신체미는 인체미의 원류이고 인체미는 신체미의 승화라 말할 수 있다.

   신체미는 육체미·누드미와 현격한 차이가 있다. 육체미·누드미 등의 개념은 생물성을 띤 본능욕망의 의미가 농후하며 학술토론의 어휘로서는 적합하지가 않다.

   체육은 대대로 유의식·유조직·유목적적으로 인류의 신체미를 형상화하였고, 각 예술부문은 그 승화를 각시대 심미이상의 인체미에 반영하였다. 신체미를 반영하여 예술화한 작품은 인류 자신의 심미평가에 대한 역사기록이 되었다. 체육은 신체미를 창조하는 적극적인 동력이며, 신체미를 표현한 예술품은 인간의 심미 항도航道를 밝혀주는 등대가 된다.

신체미는 주로 신체 윤곽을 표현하는 인체미를 포함할 뿐 아니라 인체미가 포괄하지 못하는 내용까지도 다룬다. 동시에 신체미는 현실 중의 독특한 심미대상이 되어 체육활동이라는 사회문화현상과 뗄 수 없는 관계를 가지고 있으며, 체육미학의 가장 기초적인 연구영역이다. 그러므로 신체미에 대한 전문적인 연구가 필요하다.

신체는 인류에게 있어 가장 초기의 심미대상이다. 신체미는 우리들 자신의 신체를 대상으로 한 것으로 현실생활 중에서 비교적 쉽게 파악할 수 있는 미이다. 그러나 지금까지도 우리는 신체미에 대한 인식이 상당히 보잘것 없으며 불완전하다.

어떠한 신체가 아름다운가? 왜 아름다운가? 어떻게 해야 그것을 아름답게 할 수 있는가? 이러한 문제에 대한 해답은 적잖은 미학가들에게 어려운 문제로 남아있다. 신체미의 연구는 현실생활 중의 미에 착안하여 미학연구를 실제의 사회와 연계를 가지고서 그에 따른 새로운 영역을 개척해야 한다.

신체미에 영향을 주는 가장 주요한 요소는 체육이며, 신체미의 배양과 가장 직접적인 연계를 가진 것은 체육부문이므로 미학은 체육의 원리 중에 침투되었다. 다나는 《예술철학》에서 『체육교사는 진정한 예술가이다. 그들은 인체를 강하게 단련시키고 행동을 신속히 하고 저항력을 길러줄 뿐만 아니라, 대칭과 우아함을 추구한다』고 하였다. 그는 또 신체미 및 그것을 표현하는 예술이 체형의 완전함에 주의하며 정상적인 활동능력 등 유익한 특징을 갖추고 있다고 지적하면서, 『모든 특징 중 가장 유익하고 문제가 없는 것은 조금의 결함도 없는 건강이며 생기발랄한 건강이 가장 좋다』고 하였다.

신체미와 인류의 건강이상은 서로 일치하며 신체상의 모든 결함, 예를 들면 기형적인 변태·발육불량·고질적인 질병 및 비위생적인 복장과 규율이 없는 생활방식에서 오는 여러 가지 나쁜 결과 등등을 배척한다.

인류의 신체는 대代를 거듭할수록 완미完美해졌다. 신체미의 연구는 인류학·민족학·우생학·유전학·해부학·심리학·생물역학 등의 광범위한 과학지식과 관련되어 있어서, 사람들이 정확한 신체심미관념을 수립하는 데 도움이 되며 건강한 예술창작에도 도움이 된다. 그리고 유전학·우생학·형태학·의료학 등에 새로운 근거를 제공해 주므로써 체육적 소질을 높이는 데 이바지한다. 신체단련활동의 광범위한 전개는 현대의 대공업생산이 신체에 미치는 나쁜 영향을 보상해 주며, 그것은 물질문명과도 관계가 있다. 신체미의 연구는 물질문화생활이 일정한 수준까지 발전하고, 사회가 일정한 문명의 정도를 갖추고 있을 때만이 비로소 가능하다.

체육은 몸을 튼튼히 하고 장수를 누리는 작용이 있으며, 체질을 증강시키고 민족의 건강수준을 높인다. 체육이 인류의 문화활동에서 충분히 그 작용을 발휘하는 데 있어 신체미의 연구는 필요한 과제이다. 다른 한편으로는 체육단련 역시 신체미가 이상적 표준에 접근하는 데 필요한 기본적인 수단이다.

신체에 대한 심미평가는 사람들이 체육활동에 참가하는 열정을 불러일으킬 수 있다. 현대 서방에서는 호리호리한 신체를 아름답다고 여겨 남자는 탄탄한 근육을 단련하고, 여자는 다이어트와 소식하는 체육단련이 성행하여 어떻게든 마른 몸매를 유지하려는 것이 거의 〈사회의무〉처럼 되어, 이것이 취직할 때나 일을 할 때 사람들에게 일종의 능력이 있고 일을 잘 처리할 것 같은 느낌을 준다고 한다. 이것은 사회요소가 신체심미관념에 대해 일정한 영향을 미치고 있다는 것을 말해 준다. 한편 신체심미관념도 체육활동의 전개에 영향을 미친다. 생활수준이 비교적 높은 일부 국가는 여가로 체육활동을 즐긴다. 그들은 이것을 〈신체오락〉이라 부르며, 신체미에 대한 연구도 그에 따라 일종의 객관적 요구가 되었다.

신체미의 연구는 운동경기의 수준을 높이는 데 그 가치가 있다. 운동경기 수준의 고저는 금메달을 얼마나 땄느냐로만 지표를 삼는 것은 아니다. 규칙의 규정에 근거하여 매번 올림픽을 거행하는 동시에 상응하는 예술활동이 행해지며 가무를 연출하기도 한다. 또한 체육을 제재로 하는 미술작품과 영상작품 등이 전시되어 신체운동의 미를 마음껏 표현해내고 있다. 많은 국가들이 이를 위해 체육조직내에 예술위원회를 설치하였다. 이것은 바로 체육과 운동경기를 인류의 문화현상이라고 보는 것이라 할 수 있다. 체육이 예술과 얼마나 잘 결합되었는가는 그 나라의 체육이 얼마나 발달되었는가를 가늠할 수 있는 표지가 된다.

아름다운 신체는 아름다운 운동을 수반한다. 사람들은 더욱더 아름다운 신체운동을 요구한다. 현대사회에서 체육의 경기활동은 관상성觀賞性이 증강되고 오락성이 더욱 풍부해졌으며, 경기연출자와 관중 쌍방의 직접 혹은 주요한 목적이 건신健身에만 있는 것은 아니다. 사람들은 경기관람을 정신의 향수로 여기고 있다. 그러므로 예술성이 비교적 강하고 신체미를 확연히 드러내 주는 새로운 항목이 대량으로 계속해서 나오고 있다. 예를 들면 리듬체조·피겨 스케이팅·스키의 점프·수상스키·수중발레·보디빌딩 경기 등등은 사람들이 매우 좋아하는 것들이다. 이외에 체조·다이빙·무술武術 등의 경기종목은 신체미에 대해 비교적 고차원적인 요구를 하고 있어 시합할 때도 일정한 〈인상점수〉가 있다. 그러므로 신체미의 연구는 이러한 종목의 발전에 유리하며, 연기효과를 높이는 데 도움을 주고 시합중에 신체미의 결여로 평점에 영향을 주는 것을 모면할 수 있다.

체형에 대해서 비교적 엄격할 것을 요하는 경기종목은, 운동선수가 제재를 선택할 때 신체미의 요소를 고려해야 한다.

이외에 신체미는 체육의 효과를 점검하는 중요한 지표가 된다. 가장 완전하고 이상적이며 전면적이면서 조화롭게 발전한 신체는 말할 것도 없이 미학의 표준으로써 측정해야 한다.

신체미에 대한 역사상의 인식

신체미는 인류역사상 가장 오래된 심미대상이다.

자연사물 중 가장 높은 단계로 발전한 미는 바로 인류의 신체미이다. 인간은 만물의 영장이며 완벽성이 가장 강하고 개체성이 매우 현저하므로 인하여 신체미는 대자연 중 가장 고차원적인 미美이다.

신체에 대한 심미관념은 역사의 흐름과 긴밀한 연관이 있다. 인류가 미개하였을 때 인간은 자신의 생물성 규율에 대한 인식이 매우 피상적이어서, 공리功利와 심미요구를 위해 심지어는 자신의 몸까지 기꺼이 손상하는 때도 있었다. 예를 들어 중국 고대 오월吳越 지방의 수영을 하는 장정들 사이에서는 예리한 조개껍질이나 돌조각으로 피부에 문신을 그리는 것이 성행하였다. 남아프리카의 노래와 춤을 잘하며 경기에도 능란한 바토크 부락은 앞니가 없거나 뽑은 사람은 추하다고 여긴다. 마카롤로 부락의 부녀자들은 입술에 구멍을 뚫어 금속 혹은 대나무로 만든 커다란 고리를 끼운다.

플레하노프는 『공리로써 사물을 대하는 것은 심미관점으로 사물을 대하는 것에 우선한다』고 지적하였다. 그는 《주소 없는 편지》에서 민족학 자료를 많이 들어 설명하고 있는데, 원시인의 신체심미관은 노동생활에서 발생된 것이며 처음에는 실용적이었다가 후에 심미적으로 되었다.

뜨거운 햇빛과 벌레의 침해로부터 신체를 보호하기 위해 원시인은 점토·유지油脂와 식물즙액을 온몸에 발랐다. 전사들은 온몸에 피칠을 하므로써 적을 위협하고 여자들의 환심을 샀다. 예를 들어 『일부 야만부락은 사냥을 성공리에 마친 뒤 반드시 죽은 동물의 선혈을 온몸에 발랐다.』 『원시시대의 전사는 전쟁터에 나가거나 전쟁춤을 준비할 때 반드시 자신의 몸을 붉은색으로 칠했다.』 이렇듯 신체가 출생증·사진·비망록 등등의 작용을 하도록 하기 위하여 원시적 외과 의료수단 중에서 문신이 발달하였다.

『원시인은 자신의 피부에 도말하고 그림을 그릴 뿐만 아니라, 자기의 신체에 일정한 혹은 매우 복잡한 문신을 새겨넣었다. 그들이 이러한 문신을 새긴 것은 분명히 자기를 꾸미기 위한 것이었다.』그러나 최초의 목적은 씨족관계를 표시하기 위한 것이며, 뿐만 아니라『야만인은 문신을 통해 자기의 씨족관계를 나타냈으며 아울러 자신의 일생을 그려냈다고도 말할 수 있다. ……그의 얼굴·목·어깨·팔과 양다리에, 그리고 등과 앞가슴에 그가 일찍이 참가했었던 전쟁터에서의 활동과 전투의 기록을 가득 그렸다.』이후부터『문신이 새겨진 피부를 보면서 심미의 쾌감을 체험하기 시작했다.』자기의 역량·용기·재주를 증명하고 표현하기 위해서 사냥꾼들은『짐승의 가죽으로 자기의 몸을 덮었고 짐승의 뿔을 자기의 머리 위에 붙였으며, 짐승의 발톱과 이빨을 자기의 목에 걸고 다녔다. 심지어는 깃털을 자기의 입술이나 귀, 혹은 코 사이에 끼워 넣기도 했다.』그리고 수렵에 종사하지 않는 부녀자들은 자기의 입술과 콧구멍에 구멍을 뚫어 풀줄기나 작은 막대기 혹은 골편을 끼워넣었다. 후에는 남녀 모두 금속의 고리를 자신의 사지와 목에 주렁주렁 달았다. 『때때로 복식에 신경을 쓰는 여인을 만날 수 있는데, 그녀들의 몸 전체에 이러한 장식이 있어…… 몸에는 돌출된 부분이 하나도 없고 피부에도 주름진 곳이 한 군데도 없다. 그러나 이를 위해서 구멍을 뚫은 것은 아니다.』근대에서는 아프리카의 원시부락에서『남자는 색채가 선명한 털로써 자기의 두발을 장식하고 이빨을 검은색으로 물들이고, 멋부리기 좋아하는 여자는 반드시 알몸으로 걷는데 팔에는 구리로 된 팔찌를 하고 머리에는 하얀 구슬꿰미를 쓰고 있는』것을 볼 수 있다.(플레하노프《주소 없는 편지》중 네번째 편지)

상술한 자료가 설명해 주듯 원시인들은 신체의 장식을 중시했을 뿐만 아니라, 기꺼이 자기의 피부를 손상시키는 유치한 방법으로 여자들의 환심을 샀으며, 신체 자체에 내재되어 있는 천연적인 미는 비교적 소홀히 하였다.

신체와 유관한 미학사상은 사실상 문자가 생긴 이후어야 비로소 유전되어 내려왔다. 신체미에 대한 인식은 역사문화가 유구한 곳에서 비교적 깊이있게 탐구할 수 있다. 이는 아프리카·라틴아메리카 등지의 문자자료에서 선명히 보이는데, 여기서는 동서양의 구분이 뚜렷하지 않으며 실제상으로는 주로 유럽·아시아를 비교한 것이다.

신체미에 대한 서방의 인식

전술한 바와 같이 문자가 발명되기 이전에 신체미에 대한 관념이 어렴풋하게나마 존재하고 있었다. 원시사회의 나체 인물작품상은 주로 여성이었다. 그 형상은 고풍스럽고 간단하여 모권제 씨족사회의 특징을 반영해내고 있다. 프랑스의 그리말디 동굴에서 출토된 2만 년 전에 제작된 나체 여인의 조각상과, 루셀 동굴에서 출토된 손에 뼈와 뿔을 들고 있는 나체 여인의 부조浮彫에서 그 일반적인 것을 찾아볼 수 있다.(李浴《西方美術史綱》)

계급사회로 진입하면서 남성의 나체상이 점점 많아졌다. 인류 문화발전이 가장 고조된 고대 그리스시대는 신체미를 충분히 나타내는 경기활동과, 신체미를 충분히 표현하는 예술이 전무후무한 커다란 발전을 이루었으며, 사상가들은 자유로운 분위기에서 신체미에 대한 자기의 관점을 발표하였다.

저명한 미학가이며 예술사가인 빙켈만(Winckelmann, Johann Joachim)은, 아름답고 맑은 하늘이 그리스인에게 준 것은 최초의 발전이며 매우 빠른 신체단련은 이러한 체형에 아름다운 자태를 부여하였다고 생각하였다. 스파르타 청년들은 유아기부터 강보에 싸지 않았으며 일곱 살 때부터는 땅바닥에서 잠을 자고 유년기부터 씨름과 수영훈련을 받았다.

성대한 시합은 그리스 청년 전부에게 체육단련에 참가하도록 하는 강경한 독촉이었으며, 법률은 올림피아 경기를 위한 10개월의 준비기간을 요구하였다. 이러한 준비는 시합이 거행되는 지방에서 진행되었다.

고대의 가장 유명한 경기모임은 펠로도네소스 반도 서안지대의 올림피아 산곡에서 거행된 것이다.

경기학교는 예술가의 학교가 되었다. 이러한 학교에서 젊은이들은 신체단련을 하였다. 철학가와 예술가는 모두 그쪽으로 나아갔다. 소크라테스(Socrates)는 수많은 아테네의 청년들을 가르쳤으며, 페이디아스(Pheidias)는 아름다운 청년들로서 그의 예술을 풍부하게 하였다. 모두가 거기에서 근육의 운동·몸의 곡선을 연구하였고, 몸의 외형 혹은 청년 전사들이 모래판에 남겨놓은 인기印記의 윤곽을 연구하였다.

이러한 단련을 거쳐 신체는 건강하고 매력적인 외형을 얻게 되었다. 그리스의 대가들은 이러한 군더더기살이 없고, 비대하지 않은 외형을 그들의 조상彫像에 부여하였다. 10일마다 스파르타 청년들은 반드시 알몸으로 검찰관의 검사를 받고, 검찰관은 살찌기 시작하는 사람이 있으면 그에게 소식할 것을 요구하였다.

동시에 그리스인의 의복양식은 신체의 자연발육을 조금도 제한하지 않았다. 아름다운 체형의 성장은 오늘날 감싸는 복장, 특히 현대의 목·엉덩이·발을 제한하는 것과 같은 제한을 전혀 받지 않았던 것이다.

엘리스에서는 항상 미의 경연을 벌였는데, 상품은 미네르바 신전 가운데의 무기를 걸었다. ……게다가 아리스토텔레스(Aristoteles)가 지적한 바와 같이 그리스인은 그들의 아이들에게 회화를 배우게 하였는데 그들은 회화학습이 인체미를 날카롭게 관찰, 판단하는 데 도움을 준다고 믿었기 때문이다.

고대 그리스 역사가 플루타르코스(Plutarkhos)는 신체단련의 상황을 기록하였다. 소녀들도 달리기·힘겨루기·원반던지기·창던지기 등을 연습하였는데, 그 목적은 그녀들이 후에 아기를 가졌을 때 그녀들의 건강한 신체에서 자양분을 섭취하여 더욱 건장하게 자라도록 하기 위한 것이었다. 설사 소녀들이 공개적으로 벗었다 하더라도 그동안은 절대 보지도 않았고, 무슨 정당하지 못하다든가 시기가 적절하지 못하다는 마음을 절대로 가지지 않았다.

종족·환경·시대 등 사회적 요소로부터 예술의 발전·변화를 연구하는 데 뛰어난 프랑스의 학자 다나는, 그의 저서 《예술철학》에서 체육활동 중의 신체미가 예술의 발전을 이끌어낸다는 데 대한 논술을 설득력 있게 피력하였다.

젊은이들은 대부분의 시간을 수련장에서 씨름·달리기·뜀뛰기·복싱·원반던지기를 하므로써 적나라한 근육을 더욱 강건하고 유연하게 단련하는데, 그 목적은 가장 튼튼하고 가볍고 민첩하며 가장 건강미가 넘치는 신체를 단련하기 위한 것이다. 이 방면의 교육에 있어 그리스인보다 성공한 곳은 없다.

그리스인의 이러한 특유한 풍토는 특수한 관념에서 발생되었다. 그들에게 있어 이상적인 인물은 사색을 잘하는 두뇌 혹은 예리한 감각을 지닌 사람이 아니라, 혈통이 좋고 발육이 좋으며 균형이 잡혔으면서도 민첩하며 각종 운동에 능통한 신체를 가진 사람이었다.

이러한 사상이 조각예술을 발생시켰으며, 상을 한 번 탄 운동선수에 대해서는 조각을 하여 기념하였다. 상을 세 번 탄 선수에게는 본인의 얼굴을 조각하였다.

그 당시의 사람들은 목욕탕에서나, 수련장에서나, 신을 경배하는 춤을 출 때나, 대중적 경기를 할 때에 보통 나체나 나체의 동작을 보았다. 그들이 특히 중요시하고 좋아했던 것은 힘이나 건강을 표현하는 활발한 형태와 자세였다. 그들은 육체가 이러한 형태로 성장되고 이러한 자세로 배양되기를 갈망하였다. 3,4백 년 동안에 조각가들의 육체미 관념은 이렇게 수정·개선·발전하였다. 그러므로 그들이 결국 인체의 이상적 모형을 발견할 수 있었던 것은 이상할 것이 없다. 오늘날 우리들의 이상적인 인체에 대한 관념은 그들로부터 얻어진 것이다.

기원전 5세기에서 4세기 중엽, 그리스인들이 번영기에 있을 때 그들은 거리낌 없고 담담한 태도로써 나체형상을 대할 수 있었으며, 사람들에게 건강의 순수한 미감을 주었다. 후세 사람들은 이렇게 하기가 매우 힘든데 그것은 습속과 심리적 습관이 이미 달라졌기 때문이다.

　　기원전 6세기는 내용이 풍부한 고대 그리스 미학사상이 형성되었던 시대이다. 사람들은 보편적으로, 지력이 낮은 것은 물론이고 신체가 약한 것을 치욕으로 여겼다. 고대 로마의 시인 유베날리스는 지금까지도 유행하는 명언『건전한 정신은 건전한 신체에 깃든다』라는 말을 남겼는데, 이것은 그들이 지력과 신체의 전면적 발전에 대한 사상적인 개괄, 설명이라 할 수 있다. 이 사상은 고대 그리스 전성기를 풍미했으며, 당시 사회가 추구하는 목표가 되었다. 그러므로 체육훈련은 이 목표에 도달하는 필수적인 수단으로 여겨졌다. 이러한 인식은 그리스에서의 체육의 지위를 다져놓았다.

　　고대 그리스 유물주의 사상의 중요한 대표적 인물 데모크리토스(Demokritos)가 일찍이 기원전 4세기에 신체미는 자연미가 된다고 말하면서 사회미·정신미와 밀접한 관계가 있다고 인식하였다. 그의 명언『신체의 미가 만약 총명이나 재지才智와 결합되지 않으면 동물적인 물건일 뿐이다』라는 말은, 우리에게 신체미에 대한 편면적인 추구를 방지해 주는 경종을 울린다. 그는 또 신체미에는 연령의 특징이 있으며, 주로 젊은이의 신체에 반영된다고 여기면서『신체의 힘과 미는 젊은이들의 장점이며, 지혜의 미에 이르러서는 나이든 사람들의 특유한 재산이다』라는 말을 하였다.《고대 그리스·로마 철학》

　　철학가 소크라테스는, 예술가는 살아있는 인체의 각부분이 굴신屈伸하고 긴장하고 풀어주는 자세, 그리고 안색과 감정을 모방해야만 조각이 진실해지고 생동적이라고 여겼다.(크세노폰(Xenophon)《회고록》) 그는 또『신체미로부터 일하는 것에 이르기까지 아름다워야 하며 나아가 미적 지식으로까지 발전한다. 비록 궁극적인 미의 표준은 없지만 필경 미는 발전적 체계에 속한다』고 하였다.《체육사상사》

　　저명한 철학가 플라톤(Platon)의 교육사상 중에서 체육은 중요한 지위를 차지하고 있다. 그는 국가를 방어하기 위해서는 신체 건강한 전사를 단련해야 하며, 완벽하고 조화로운 발전을 위한 인간이 되기 위해서는 몸을 튼튼히 해야 할 것을 강조하였다. 플라톤이 아테네의 경기학교에서 강의한 많은 말들은 그의『체조로써 신체를 단련하고, 음악으로써 심령을 도야한다』는 교육이상을 표명해 주고 있다. 플라톤은 심령미와 신체미의 조화일치는 가장 아름다운 경계라고 지적하였다《문예대화집》

그리고 아리스토텔레스는 직접적으로 신체미와 경기를 함께 연관시켜 『청년의 신체미는 경기와 체력을 위해서 신체적 작용을 추구하고 있다. ……다섯 가지(오종경기) 모두를 능히 하는 선수가 가장 아름답다』고 하였다.《체육사상사》 그들은 아름다운 신체가 아름다운 까닭은 그것이 유익하기 때문이라고 생각하고 공리와 심미 양면에서 신체미를 연구하였다.《문예대화집》

많은 학자들이 신체의 형식미를 강조하고 신체에 대한 심미평가를 구체화하였다. 고대 그리스의 유명한 의사 갈레노스(Galenos, Klaudios)는 그의 《의서醫書》에서 『사실상 많은 의학자·철학자 들의 학설에 따르면, 신체미는 확실히 각부분 사이의 비례대칭에 있다』고 하였다.

고대 로마 신플라톤학파 철학가인 플로티노스(Plotinos)는 진일보하여 인체의 형식미가 표출해내는 생명력 있는 광휘를 인식하였고, 신체미의 중요한 특징까지도 언급하였다. 그는 《구권서九卷書》에서 인간의 육체에 대한 그 물질 실체의 좋은 점과 나쁜 점, 아울러 그것이 체현體現하는 미에 대해 논급하면서 『인체에 있어서 미와 그 자체의 대칭을 말하는 것은, 대칭을 통해 내뿜는 찬란한 어떤 요소를 말하는 것만 못하며 바로 이러한 미가 비로소 귀중한 것이다. ……살아있는 사람은 아름다운 사람의 조상彫像보다 비교적 아름답다. 왜냐하면 비록 조상의 균형만은 못하지만 살아있는 사람의 미는 더욱 귀중하기 때문이다. 그것이 귀중한 까닭은 그에게는 생명이 있고 살아있는 영혼이 있기 대문이다』라고 말하였다. 플로티노스의 관점은 헤겔의 『미는 생명에 있다』는 설을 일으키는 적극적인 선도작용을 하였다.

유럽 중세기 말엽 이탈리아의 철학자 아퀴나스(Aquinas, Thomas)는 《신학대전神學大全》에서, 미에는 완벽·조화·선명의 3개 요소가 있으며 『인체미는 사지오관四肢五官의 단정과 균형에 있으며, 또 선명한 색채에 있다』고 하였다. 이것은 그가 이미 인체미에 대한 피부색 등의 부각효과를 주목하고 있었다는 것을 설명해 준다.

  신체미를 위해서 사람들은 적극적으로 체육활동에 참가하였고, 『체력과 기교뿐만 아니라 자세의 아름다움과 우아함도 당시 신체단련의 주요 목적 중의 하나였다.』(부르크하르트(Burckhardt, Jacob) 《이탈리아 르네상스의 문화》) 『비록 어떤 사람이 동작 없이 단순하게 육체만을 드러낸다 하더라도 그의 외형의 미는 그가 단련을 했다는 것을 증명해 준다.』 (다나 《예술철학》)

  이탈리아 문예부흥기의 거장 다 빈치(da Vinci, Leonardo)는 《회화론》에서, 인체의 윤곽은 신체미를 구성하는 각개 성분을 둘러싸고 있어 마치 음악 중의 리듬이 있는 화성和聲과 같다고 하였다. 그는 일찍이 계통적으로 인체해부를 연구하고, 그 원리를 투시하여 과학과 예술을 유기적으로 결합하여 《최후의 만찬》《모나리자》 등 불후의 명화를 창작해내었다.

  이외에 문예부흥기의 이탈리아 시인 타소(Tasso, Torquato)는, 신체미에는 일정한 안정성이 있음을 지적해내고 《영웅을 논하는 시》에서 『미는 자연의 작품이다. 미는 사지오관四肢五官의 일정한 비례, 그리고 적당한 체격과 아름다운 색채에 있으며, 이러한 조건은 본래 그 자체가 아름다우며 영원히 아름다울 것으로 일반적인 풍습이 그것들을 아름답지 못하게 나타낼 수는 없다. 이것은 일반적인 풍습이 설사 다수의 남녀가 기형적인 나라 안에 있다 하더라도 기형적인 모습을 아름답게 나타낼 수 없는 것과 마찬가지이다』라고 하였다.

  18세기 영국의 예술가 레이놀츠는 자연의 가장 보편적인 형식이 곧 가장 아름다운 형식이라 여기고, 《황실예술학교에서 강연한 예술론》에서 『예를 들면 콧대는 곧아야 아름다운데 여기에서 〈곧다〉는 것은 콧대의 중심 형식이다. 곧음은 돌출하거나 푹 꺼지거나 혹은 기타 상상할 수 있는 불규칙형간의 차이가 있다고 생각하였으며, 『만약 아프리카의 화가가 아름다운 여신을 그린다면 그는 분명히 그녀를 검은 피부, 두터운 입술, 납작한 코, 양털 같은 머리카락을 가진 신으로 그릴 것이다』라고 하였다. 신체는 지역에 따라 장기적으로 형성된 특징으로 해당 지역의 풍속 습관에 의해 아름답게 보여진다. 프랑스 계몽운동의 선구자 볼테르

(Voltaire)는《미를 논함》에서『만약 당신이 기니의 흑인에게 미에 대하여 묻는다면, 그는 미는 피부가 칠흑같이 검고 윤기가 흘러야 하며, 두 눈은 깊숙이 파여야 하며 코는 짧고 커야 한다고 말할 것이다』라고 한 적이 있다.

프랑스의 무신론자·유물주의 철학자 디드로(Diderot, Denis)는 연령과 성별의 차이에 따른 인체에 대해《미의 근원과 성질의 철학적 연구》에서 다음과 같은 견해를 피력하였다.

우리들이 보편적으로 기본이라고 생각하는 관계가 있다. 그것은 예를 들자면 남자·여자·어린이에 관한 고저관계高低關係이다. 우리는 어린아이가 설령 작더라도 예쁘다고 말한다. 그러나 미남자는 반드시 커야 한다. 여성에 대해서는 이러한 성질을 별로 요구하지 않는다. 키가 작은 여성은 키가 작은 남성에 비해 아름답다고 할 수 있다.

서방의 미학사美學史에 지대한 영향을 미친 헤겔도 신체미에 대해 정연한 논술을 한 적이 있다. 그는《자연철학》에서 신체형태의 대칭은 골격·근육·오관뿐만 아니라 감각신경과 운동신경도 포함한다고 지적하였다. 그러나『동물의 몸에서 양쪽의 운동기관의 평형은 인간이 엄격하게 유지하는 것과는 거리가 멀다. 인간은 자기의 의지로 불평형을 조성하기도 한다.』그는 또한 체육활동이 신체기관의 평형을 회복시킨다고 여겼다. 헤겔은《미학》에서 수십 군데의 신체미를 논급하였다.

쇼펜하우어(Schopenhauer, Arthur)는《의지와 표상으로서의 세계》에서 다음과 같이 피력하였다.

아름다움은 반드시 사지의 좌우균형과 자태의 적합한 길이와 내심을 선결조건으로 한다. 단지 이러한 조건에 의해서만이 모든 자세와 거동의 자연스러운 멋과 분명한 적절함이 가능하다. 그러므로 우아한 아름다움은 어느 정도 육체적 미를 갖추고 있다.

인체미는 일종의 객관적 표현이며, 인식할 수 있는 가장 높은 단계에서

의지가 매우 객관화되었음을 표시한다. 그리고 또한 느낄 수 있는 형식상의 일반적 인류의 이상을 충분히 표현하기도 한다. ……그러므로 괴테(Goethe, Johann Wolfgang von)는 『누구든지 인체미를 보면 어떠한 불행도 느끼지 않는다. 그는 자기와 세계와의 완전한 조화를 느낄 수 있기 때문이다』고 하였다.

포이에르바하(Feuerbach Anselm, 1829−1880, 독일의 화가)도 『그림 속의 미녀를 보기 좋아하는 사람은 살아있는 미녀를 보기도 좋아한다』고 솔직담백하게 말하였다. 이것은 예술에 나타난 인체미와 현실 속의 신체미와의 관계를 분명히 지적하여 밝힌 것이다.

체르니셰프스키는 신체미에 관한 논술을 우리에게 많이 남겼다. 그의 저서《현실에 대한 예술의 미학적 관계》곳곳에서 생활 속의 건강미에 대한 그의 열렬한 찬미를 볼 수 있다. 그리고 『미적 특징이 하나도 없는 것은 왕성한 건강과 균형적 체격을 표현하지 못한다』라고 하였다. 그는 인간의 심미관에는 뚜렷한 계급성이 있으며, 신체미에 대한 인식이 서로 다른 것도 그 사회에서 비롯되었다는 것을 지적하였다. 노동자들은 풍족한 의식衣食·근면·능력·강건한 체력·왕성한 정력이 아름다운 사람의 필수조건이며, 허약 내지는 비만한 사람은 불쾌한 인상을 준다고 여긴다. 반면 봉건지주계급은 창백한 인상·섬세한 손과 발·병적인 태도·허약한 몸매 등을 미인의 조건이라 보며, 노동하지 않는 신체를 미의 표지標志로 본다.

체르니셰프스키의 유물주의 미학사상은, 미를 공허로부터 현실로 끌어내어 유물주의를 운용한 신체미 연구에 새로운 길을 열어주고 있다.

고대 동방 국가들의 신체미에 대한 인식

신체미와 아울러 그것을 예술로 표현하는 데 가장 일찍 눈을 뜬 동방인은 티그리스·유프라테스 강 유역의 서아시아인, 그리고 나일 강 서안의 고대 이집트인이었다. 5천 년 전의 티그리스·유프라테스 강 유역과

이집트의 벽화와 조각에는 생동하는 인체가 남아있다. 이것은 인류가 처음으로 농업생산을 시작한 티그리스·유프라테스 강 유역에서 노동이 인체의 구조와 기능을 완벽하게 해주고, 또 인간의 심미감을 길러주었다는 것을 설명해 준다. 균형·대칭·조화로운 신체는 각종 복잡한 노동에 종사할 수 있으며, 원시예술의 신체미에 대한 찬미에서도 볼 수 있듯이 신체미는 인간이 오랜 기간 동안 대자연과의 투쟁 속에서 점차로 형성된 관념이다.

신체미에 대한 비교적 성숙한 예술표현은 고대 이집트에서부터 비롯되었다. 고대 이집트의 〈신왕국시기〉 이후의 조각상은 고대 그리스 초기의 예술풍격과 비슷하여 전승영향을 분명히 알아낼 수 있다. 그러나 후에 일찍이 고대 이집트 영향을 받은 고대 그리스의 예술풍격은 유럽을 석권했을 뿐 아니라, 완전히 새로운 형식으로서 동방에 다시 전해졌다. 상호관계와 침투의 상황으로 볼 때 인도는 과도지대過渡地帶이고 동·서방 신체미관념 교류의 결합점이다.

인도는 동방의 오래된 특색을 유지하고 있으며, 또한 매우 일찍부터 서방의 문화를 흡수하였다. 인도인은 우람하고 튼튼한 신체를 미라고 여겼는데, 기원전의 조각상에서 현대 은막의 배우에 이르기까지 모두 이것의 반증이 된다. 인도인은 먹는 것을 즐겨하며 살찐 신체를 추숭推崇하였는데 이는 붓다 정통파 철학사상의 지지를 받는다.

인도인은 매우 일찍이 신체와 유관한 심미활동에 관심을 쏟았다. 인도의 간다라 예술은 그리스의 조각상과 비슷하다. 이것은 기원전 327년 마케도니아의 알렉산더가 그리스인을 이끌고 침입한 것과 유관하다. 이 동방원정은 인도와 서방세계 사이의 통로를 열어주었고, 이로부터 그리스·로마의 문명이 들어왔다. 암석조각 중에서 『운동선수와 같은 근육을 가진 남자 조각상 두 개와 건장하고 육감적인 나체여인상 두 개는 정력이 충만해 있는 체험을 표현하고 있다.』(常任俠《인도와 동남아시아 미술발전사》) 정력이 왕성하고 건강한 신체는 예술가들의 조각의 대상이 되었고, 당시의 통상적인 미학관점이 되었다. 이것은 우리에게 당시에 아마 그리스와 유사한 〈나체운동〉이 있지 않았을까, 하는 연상을 불러일으킨다.

A.D. 4세기에 형성된 인도의 굽타 예술은 신체 각 부분의 비례를 표현할 때, 그리스인의 어떤 표준도량을 사용하지 않고 대자연 가운데 발현된 곡선——꽃가지가 자라나는 습성과 가죽 속의 동물 형체의 영활한 움직임에서 나타나는 곡선——을 취하였다. 여인의 코는 참깨꽃 같아야 하고 선연한 입술은 붉은 해당화 열매 같아야 하며, 아래턱은 망과씨 같고 목의 횡문横紋은 조개껍질과 같아야 하며, 몸매는 부드럽기가 암소의 구비口鼻와 같아야 한다. 그리고 영웅의 가슴팍은 수사자와 같아야 하고 어깨와 팔은 코끼리의 코처럼 굽어져야 하며, 손가락은 콩깍지처럼 두툼해야 하고 종아리는 산란기의 물고기처럼 융기해야 하며, 손발은 두 장의 연꽃과 같아야 한다.

굽타 조각의 인물은 신체의 자세가 유명한 삼도만식三道湾式이다. 여성상은 머리가 오른쪽으로 기울어져 있고 가슴은 왼쪽으로 돌리며, 둔부는 오른쪽을 향해 솟아있다. 남성상은 이와 반대이다. 이러한 미학의 표준은 인도의 화사畫師(화공) 타고르의 《인도예술에 관한 해부학상의 몇 가지 주의》에 잘 설명되어 있다.

인도의 신체심미관념은 주로 불교와 함께 중국 및 동남아 각국에 침투되었다. 예를 들면 간다라식과 굽타식의 예술풍격은 일찍이 중국의 초기 벽화에 영향을 주었다. 그러나 이러한 침투에는 한계가 있었다. 인도의 신상神像은 매우 육감적이고, 비록 종교적인 숭배의 미술작품이지만 세속과 상당히 일치한다. 성당시기는 불교의 커다란 홍기로 〈풍만함〉을 감상하는 것으로 그 영향을 엿볼 수 있다. 그러나 중국은 정치·경제·문화 등 역사의 연원상 인도와는 커다란 차이가 있다. 그러므로 신체미에 대한 인식 또한 일치하지 않는다. 인도의 불상이 중국에 막 들어왔을 때는 자국의 풍격을 조금이라도 보존하고 있었지만 내지內地에 들어와서는 형태가 변하였다.

일본은 본국 고대의 신체미 연구에 매우 관심을 가지고 서방과 비교연구를 하고 있다. 어떤 이는 서방의 미술작품을 분석한 후에 다음과 같은 사실을 지적해내었다. 『중세기 유럽 여성의 신체는 몸이 압박을 받아 변형된 일본 에도시대의 여성과 같이 허리가 가늘고 아랫배가 돌출한 위부하수형胃部下垂型으로 묘사되었다. 이것은 당시의 복장양식과 유관하다.』『카마쿠라시대의 인왕상仁王像에서 그의 장년기 조로현상早老現象을 볼 수 있다. ……이 남성의 이상모델이 표현하고 있는 복부가 두드러진 형태는 고대 그리스 신화에서 라오쿤의 조각상과 매우 근사하다.』

『일본 겐로꾸시대(1688−1703년)에는 풍만한 둥근 얼굴형의 여성을 미녀의 표준으로 삼았고, 카세이시대(1801−1830년)에는 버들 같은 허리에 얼굴이 갸름한 여성을 미녀의 표준으로 삼았다. 이러한 시대적 심미표준에 상응하기 위해 사람들은 화장·헤어스타일·복장 등에 적잖은 노력을 기울였다. 당시의 착안점은 현실의 천부적인 용모를 시대적 이상에 접근하는 방법에 집중시키는 것이었다. 길고 가느다란 몸매를 위해 로꾸메이깡시대(1883년)의 젊은 여성들은 콜셋으로 몸을 조이고 하이힐을 신었다. ……결론적으로 화장과 복장은 신체미로 하여금 시대적 이상에 도달하기 위한 인위적 노력의 재현이라 할 수 있다. 그 의의를 살펴보면, 이것은 완전히 신체문화현상이라 할 수 있다. 그러나 문제는 이러한 현상이 때로 육체의 발육과 단련을 소홀히 하고, 단지 겉모양과 장식만을 중요시하여 극히 인위적으로 화려하게 되었다는 것이다. 그리하여 천부적으로 타고난 신체는 날로 퇴화되기에 이르렀고, 문명은 도리어 자연을 파괴하였으니, 이는 사실상 인류사회의 추락현상이라 말할 수 있다.』(岸野雄三《체육사》大修館, 1977년)

이외에 일본은 몇천 년 동안 꿇어앉는 자세를 고수해왔고, 말레이지아 등의 나라들도 쪼그리고 쉬는 전통적인 자세를 유지하므로써 극히 완만하게 다리와 몸통의 비례·형태를 변화시켰고, 이로써 신체미에 영향을 주게 되었다.

중국의 역대 신체심미관

중국의 문명사는 고대의 바빌론·이집트·인도와 마찬가지로 유구하다. 지금으로부터 5천 년 내지 7천 년 전의 감숙 태안泰安의 옛터에서

검은색 안료를 사용하여 그린 지화地畵가 발견되었는데, 그림에는 인물과 동물의 도안이 그려져 있었다. 근년에 요령 서부에서 발견된 5천 년 전의 커다란 제단·여신묘女神廟와 적석총 군지群址는 중국의 원시사회 형태를 연구하는 데 중요한 자료를 제공해 줄 뿐만 아니라, 중국 조소예술사를 3천 년이나 앞당기고 있다. 출토된 대량의 여신조각상은 매우 건강미가 넘쳐서 연령 차이로 인하여 발육이 서로 다른 체형의 윤곽을 확실히 보여주고 있다.

중국에는 매우 일찍부터 자신의 신체에 대해 심미취미를 가지고 있었다. 《시경·석인碩人》에는 『손이 고와 마치 부드러운 띠싹 같고, 살결은 엉긴 기름처럼 윤이 흐르고, 목은 마치 희고 긴 하늘소 같고, 치아는 마치 박씨 같으며, 매미 이마에 나비 눈썹, 웃으면 보조개, 아름다운 그 눈매』라는 표현이 있다. 이것은 2천 년 전의 심미평가가 이미 신체 각부분에까지 구체화되었다는 것을 말해 준다.

《시경》의 《간혜簡兮》《숙어전叔於田》《대숙어전大叔於田》《노령령盧令令》 등은 크고 힘센 남성미를 노래하고 있다. 여성미도 역시 튼튼하고 건강한 여성을 주로 이야기하고 있다. 《소아小雅·백화白華》 가운데에는 석인碩人이 있으며 《거여車舝》에는 석녀碩女를 말하고 있다. 《위풍衛風·고반考盤》에는 『석인의 넓음 碩人之寬』을 말하였고, 《진풍陳風·택피澤陂》에서는 『아름다운 한 사람이 있으니 크면서도 아리땁네』라고 하였다. 고대에는 생산력의 수준이 낮았기 때문에 주로 인력에 의지하였고, 생산·생활의 수준을 높이고 후손을 많이 퍼뜨리기 위하여 시인들은 농업·목축 등의 일에 능하고 아이를 잘 낳는 〈비할 데 없이 큰〉 건장한 부녀를 노래했던 것이다.

《시경》에서 미인의 묘사는 크고 건장함을 미로 여겼는데, 이것은 중국 선진시기의 신체심미관을 대표한다. 이로써 쉽게 알 수 있듯이 세계 각지의 길고 오랜 원시사회 및 노예사회 초기에는 그 신체심미관념이 대체로 비슷하다.

남자의 신체는 크고 건장함을 아름답다고 한다.

공자는 키가 9척 6촌으로 사람들이 모두 〈장인長人〉이라 부르며 그를 따랐다.

孔子長九尺有六寸, 人皆謂之〈長人〉而導之.《史記 · 孔子世家》

적籍은 키가 8척 2촌으로 힘은 능히 솥을 들어올리며 재기才氣가 남보다 뛰어났다.

籍長八尺二寸, 力能扛鼎, 才氣過人.《漢書 · 陳勝項籍傳》

삼국시대의 제갈양은 『키가 8척이었으며』, 놀이를 좋아하고 아름다운 옷을 즐겨 입는 유비劉備는 『키가 7척 5촌으로 손이 무릎까지 내려오고 턱을 자기 자신이 볼 수 있었다』고 하니 그 형상이 가히 기이했다고 할 수 있다.

『자의子儀는 키가 6척 정도에 체격과 용모가 수려하고 걸출했다…….』송대에는 사병을 모집할 때 〈표준병標準兵〉의 신장을 하나 세웠는데, 처음에는 키가 5척 5촌에서 5척 8촌의 진짜 사람을 썼으나 후에는 나무로 만든 사람으로 대체하였다.《송사宋史 · 병지兵志》

그러나 신체의 미추가 한 남자의 선악을 대표할 수는 없다. 『생각건대 제요帝堯는 장신長身인데 제순帝舜은 단신短身이고, 문왕文王은 장신인데 주공周公은 단신이고, 공자孔子는 장신인데 자궁子弓은 단신이었다. ……또한 서徐 나라의 언왕偃王의 형상은 (목이 늘 위를 향하여 굽어볼 수가 없어서) 눈이 말과 같은 큰 것이나 겨우 볼 정도(여서 작은 것은 볼 수 없는 형편)이고, 중니仲尼의 형상은 그 얼굴이 마귀 쫓을 때 쓰는 탈처럼 우습게 생겼고, 주공周公의 형상은 그 몸이 부러진 고목枯木과 같(은 꼽추이)고, 고요皐陶의 형상은 그 안색이 껍질 벗겨낸 오이와 같(이 청록색)이고, 굉요閎夭의 형상은 그 얼굴에 온통 털이 나서 살결을 볼 수 없고, 부열傅說의 형상은 그 체격이 물고기 등 위에 직립直立한 지느러미와 같(이 어깨 쪽의 살이 쭉 튀어나왔)고, 이윤伊尹의 형상은 그 얼굴에 수염이 없는데다 눈썹조차 없고, 우禹 임금은 (절름발이처럼) 튀어다니고, 탕湯 임금은 반신불수이고, 요제堯帝와 순제舜帝는 두 개의 눈동자가 겹쳤다. ……옛날에 걸傑과 주紂는 그 형상이 장대長大하고 미호美好하여 천하에 걸출하였고, 근력筋力이 뛰어나게 강하여 백인百人에 필적하는 자였다. 그러나 몸은 살해당하고 나라는 멸망하여 천하의 대죄인大罪人이 되고, 후세 사람들이 악惡을 이야기할 때면 반드시 그들을 (악의 표본으로) 생각한다.』《순자荀子·비상非相》 이렇듯 선善은 최고의 경계이며 내재적 선은 외재적 미보다 더 중요하다.

여자의 신체미는 매우 강조되어 한비자가 《이병二柄》에서 말한 『초나라 영왕은 가는 허리를 좋아하여 나라 안에 굶은 사람이 많았다』고 한 것처럼 봉건의식 형태의 영향을 받아 기형적 심미관이 형성되었다.

송옥宋玉이 《신녀부神女賦》에서 『통통하지만 작지 않고 가늘지만 크지 않다』고 말한 것처럼 체격이나 키가 적당한 것을 중시하였다. 이것은 그가 《등도자호색부登徒子好色賦》에서 동가집 딸은 『한 푼만 더해도 너무 크고 한 푼만 감해도 너무 작다. 분을 칠하면 너무 하얗고, 연지를 바르면 너무 붉다』고 한 것과 일맥상통한다. 『눈썹은 물총새의 깃털과 같고 피부는 백설 같으며, 허리는 묶어놓은 명주단 같고, 치아는 고운 조개를 문 듯하다』는 눈썹·피부·몸매, 심지어는 치아의 아름다움까지도 섬세하게 묘사하고 있다. 이것은 당시의 심미관이 이미 은주시대에 비해 변화가 생겼다는 것을 말해 주고 있다. 『백설 같은 피부, 묶어놓은 비단 같은 허리』는 이미 노동하는 부녀자의 형상이 아니다.

한·위를 거쳐 남북조시대는 중국 역사상의 중대한 변혁시기로서, 화가 고개지顧愷之(344－406년)가 《여사잠도女史箴圖》에서 그린 몸매가 〈아름답고 수려하며 깨끗한〉 여사女史는, 깎아지른 듯한 어깨에 꽉 쥔 듯한 가슴을 하여 발육이 매우 부진하다. 왜냐하면 이 시기에는 전란이 끊이지 않았으므로 백성들의 생활은 곤궁하였으며, 문인들은 청담淸談을 숭상하여 현학玄學이 성행하였으며, 건강한 미녀는 병적인 미녀로 바뀌었고 이에 병적인 사회가 조성된 것이다.

당대唐代의 여성미는 풍만한 몸매를 숭상하였다. 역대 문인들은 양귀비를 그려 종종 그녀를 한대의 부비연赴飛燕과 비교하였다. 양옥환은 풍만하였으나 〈장상무掌上舞〉(능히 손바닥 위에서 춤출 수도 있었던)에

능한 부비연의 몸매는 가느다란 줄기처럼 말라 〈환비연수環肥燕瘦〉라는
말이 생겨났었다. 국가가 강성하여 경제가 번영하고 생활이 안정되면
그 심미관념은 비교적 건강하다. 돈황벽화 중의 나체 여인은 하늘을
날고 아름다워 사람을 감동시킨다. 당대에 그려진 사녀仕女는 대부분
키가 크고 풍만하며 얼굴에 윤기가 흘러 〈정관貞觀의 치治〉 이후 성당의
국력이 강해지고, 개방적이고 활달한 시대적 성향을 반영한다. 이것은
아마도 인도 불교의 전입과 유관할지도 모른다.

　당대 미인의 동그스름한 얼굴형과 풍만한 몸매는, 진대晋代의 갸름한
얼굴형에 마른 몸매의 미녀와 선명한 대조를 이룬다.

　송대 서법가 황정견黃庭堅은 어떤 사람의 출중한 서법을 평론하기를
『살이 쪘으나 군더더기살이 없고 세간의 미녀처럼 풍만하면서도 신기神
氣가 맑고 수려하다』(《예장황선생문집豫章黃先生文集》 권29)고 하였는데,
이것은 당시에도 풍만한 신체의 숭상을 배척하지 않았다는 것을 설명해
준다. 사인詞人으로 유명한 소동파蘇東坡도 『예쁘고 더러운 것, 살찌고
마른 것 모두 각각의 형태가 있으니, 옥환·비연 중 누가 가볍다고 할
수 있겠는가』라고 하였다.

　여성의 신체미를 상세히 기술한 것으로는 명대의 《잡사비신雜事秘辛》
을 꼽을 수 있다. 이 책 속에서 양영梁瑩이 『향기로운 숨을 내쉬고, 피부
에는 윤기가 흐르며, 손을 잡으면 놓고 싶지가 않다. 앞은 둥글고 뒤는
곧으며, 옥을 깎아놓은 듯하고 반질반질한 비파와 같다. 젖가슴은 콩이
싹튼 것 같고…… 피가 족하니 피부에 윤기가 흐르고 피부가 족하니
살이 붙는다. 살이 족하니 뼈를 덮는다. 키가 정도에 맞고 이마로부터
아래까지 7척 1촌, 어깨넓이는 1척 6촌, 엉덩이로 보면 어깨넓이는 3촌이
감해진다. 어깨에서 손가락까지 길이가 2척 7촌, 손가락은 손바닥에서
4촌으로 열 개의 대나무 싹을 잘라놓은 것 같다. 넓적다리에서 발까지의
길이가 3척 2촌이다. 발길이는 8촌, 정강이는 포동포동하며 발바닥은
평평하며 발가락은 모아져 있다. ……치질이나 피부병이 없으며 검은
점이 없고 콧물이나 침이 흘러넘치지 않는다』고 하였다. 이 책은 비록
명나라 사람이 한나라 때 일을 위작하여 말한 것이지만 적어도 사람의

심미관을 대표할 수는 있다. 단 척촌尺寸과 대소大小는 한대의 척도를 사용했는지 명대의 것을 사용했는지에 대한 명확한 고증이 필요하다.

남당南唐의 이후주李后主가 전족을 일으킨 이후부터 송대에는 더욱 발전하여 미인의 발은 섬세하고 약하여 〈손바닥 위에 놓고 볼〉 정도였고, 원대에는 집기혜執妓鞋가 있어 술을 그것으로 권하였고, 명대에는 더욱 성행하였다. 청대에는 비록 만족滿族의 여자들이 발 싸매는 것은 금하였으나, 한족의 문인들은 여전히 이 기형적인 것에 연연하여 버리지 않았다. 청대 부녀자들의 노리개는 방순方絢의 《향련품조香蓮品藻》에 상세히 서술되어 있는데 〈연판蓮瓣·신월新月·화궁和弓·죽맹竹萌·능각菱角〉 등 약간의 종류로 확연히 분류하고 있고, 또 〈사조련四照蓮·금변련錦邊蓮·차두련釵頭蓮·단엽련單葉蓮·불두련佛頭蓮·천심련穿心蓮·벽대련碧臺蓮·병두련幷頭蓮〉 등의 명칭으로 나누고 있어 그 병적인 신체심미관이 극도로 발달했음을 알 수 있다. 이러한 계란형 얼굴·깎아지른 듯한 어깨·밋밋한 가슴·가느다란 몸매·뾰족한 발을 가진 신체가 청대 미녀의 고정모델이 되었다.

고대 그리스로 대표되는 서방의 건강미 숭상은 거의 신체를 이상화하여 자연미를 중시한 반면, 중국으로 대표되는 동방은 형상보다는 내재적 미를 강조하여 사회미에 치우쳤다. 이것은 아마도 고대 동·서방의 신체심미관의 차이일 것이다.

신체미의 주요 내용

인류의 신체는 생명이 있는 살아있는 몸으로서 그것은 자연스럽게 이루어진 미를 나타내는데, 주로 인체 외부의 고르게 조화된 체태·형상 쪽을 표현하고 있다. 그래서 어떤 때는 신체미를 좁은 의미로서 형체미 形體美로 이해하기도 한다. 헤겔은 《미학》에서 동물과 비교했을 때 『인간의 신체는 비교적 높은 급에 속한다. 왜냐하면 사람의 몸 곳곳에는 모두 생기를 불어넣는 능동적 감각을 받는 정체整體임을 나타내기 때문이다』라는 것을 강조했다.

신체미는 각종 요소가 결합되어 구성된 것이다. 전면적 인식을 위해서 아래와 같이 나누어 논술하겠다.

체　　형

체형은, 즉 인류의 신체결구의 유형이다. 체형의 미추는 주로 유전과 환경의 영향을 받은 인체 골격의 비례 및 지방의 축적과 근육 발육의 정도에서 결정된다. 그러므로 체형은 변한다.

체형의 분류에는 여러 가지 방법이 있는데, 전체 몸통과 사지와의 길이 정도에 근거하여 구분하기도 하고, 지방의 축적 정도에 따라 구분하기도 하며, 어떤 사람은 근육의 건장도에 따라 구분하기도 한다. 프랑스의 학자 시거드(Sigaud)는 1904년 인체를 네 가지 유형 즉 뇌형腦型·호흡형呼吸型·소화형消化型·근육형筋肉型으로 분류하였는데, 이러한 체형에는 심미평가가 없다. 그후 체형의 분류에 대한 몇 가지 방법이 나왔지만, 역시 과학적인 통일인식이 없었다. 현재는 일반적으로 체형을 비만하고 거대한 〈초력형超力型〉, 알맞게 적당한 〈정력형正力型〉, 단조롭고 가늘기만 한 〈무력형無力型〉 이렇게 세 가지로 나누고, 또한 〈비만형〉 〈중간형〉 〈마른형〉이라고 말하기도 한다. 단정하고 균형잡힌 건장한 체형은 유쾌한 미감을 준다.

미국의 교육심리학자 셀톤은 연구를 거쳐 사람의 기질과 체형이 밀접한 관계가 있음을 지적해내었다. 그는 4천 명의 학생에 대해 서로 다른 부위의 사진을 찍어 체형상의 변화를 발견하여 다음과 같이 세 가지로 나누었다.

1) 내배엽형內胚葉型——특징은 비만하고 낙관적이며 천천히 반응하고 지방이 쌓여있다. 신체결구·골격근육이 비교적 약하고 소화계통이 매우 발달되어 있다.

2) 중배엽형中胚葉型——특징은 사지와 근육이 발달되어 있고, 신체는 건장하며 움직이는 것을 좋아한다. 몸매의 선이 분명하며 심장혈관이 발달하였고, 비교적 두터운 피부와 커다란 모공을 가졌으며 경쟁성이 풍부하다.

3) 외배엽형外胚葉型——마르고 호리호리하며, 몸매는 마른 장작 같고 빠르게 반응하며 지극히 민감하다. 비교적 낮은 보호신경체계를 갖고 있어 쉽게 피로를 느낀다.

셀톤은 학생의 체형에 따라 그룹을 나누고, 그들에 대한 전면적 분석을 하여 그들의 성격도 세 가지로 나누었다.

1) 체내형體內型——내배엽형에 해당된다. 이 유형의 학생은 자태가 느슨하며 사교적이고 편안함을 추구한다. 그들은 좋은 평가를 받는 것을 좋아하며 감정의 반영도 양호하다. 소화계통의 수요를 만족하기 위해서 먹는 것을 좋아하는데, 거의 탐식貪食의 정도이다.

2) 구체형軀體型——중배엽형에 해당된다. 이 유형의 학생은 외향적인 성격이며, 동기動機를 일으킬 때 거대한 동력과 체력활동을 주입할 수 있으며, 혹독한 시련을 능히 견뎌내어 통상 심신이 모두 강한 인내력을 가졌다.

3) 흉수형胸髓型——외배엽형에 해당된다. 이 유형의 학생은 내성적이며 쉽게 억제한다. 그들은 사람들의 주목을 피하고 감정을 드러내는 것

을 억누르며 혼자 있기를 좋아한다. 그들은 습관 및 음식물이나 운동 등과 같은 것들을 억제한다.

셸톤이 제기한 성격과 체형의 유관이론은 우리들이 신체를 연구하는 데 참고가 된다.

인체측량학에서는 체형분류에는 몇 가지 종류가 있으며, 나눌 때는 지방축적·근육발육·신체비례·등뼈의 형태·흉곽과 복부의 형상 등의 특징을 종합적으로 고려하는 동시에 남성과 여성의 신치형상에 있어서의 차이를 주의해야 한다.

남성은 다음의 세 가지 유형으로 나눌 수 있다.

1) 흉형胸型——주요 특징은 지방 축적이 적으며 몸매가 가늘고 길다. 상체(특히 손)·하체·경부頸部 모두 가늘고 길며 흉곽이 편편하다. 그러나 복부는 凹형이며 근육의 발달은 부진하다. 등뼈의 모양은 일반적으로 정상이거나 약간 굽었다.

2) 근육형——주요 특징은 지방 축적이 중간 정도이거, 신체의 비례는 마르고 크지도 않으며 뚱뚱하고 작지도 않다. 어깨넓이는 비교적 작으며 근육이 대체로 튼튼하고, 복부는 비교적 평평하며 등뼈는 비교적 곧거나 혹은 파랑형波浪形이며, 흉곽은 원추형圓錐型이다.

4) 복형腹型——주요 특징은 지방의 축적이 많으며 키는 작은 편이고 상체와 하체·경부가 비교적 짧다. 흉곽은 짧고 통형桶型이며 복부는 비교적 길고 凸형이다. 근육은 느슨하고 등뼈의 모양은 조금 굽었거나 비정상이다.

여성은 아래의 몇 가지 형으로 나눌 수 있다.

1) 허약형——병적인 유형.

2) 협흉형狹胸型——가슴팍이 좁고 길다.

3) 풍만형——지방의 축적과 근육의 발달이 비교적 적당하다.

4) 근육형——근육이 특히 발달하였다.

5) 건장형——키가 크고 어깨가 넓으며 근육이 발달되어 있다.

6) 비만형——지방 축적이 특히 발달하여 중년부인에게 이러한 유형이 많다.

　　체형은 주로 골격의 조성과 근육의 상태·기능에 의해 결정되며 엄격한 과학성이 있다. 예를 들면 사지골격의 장단이나 거칠고 섬세함에는 일정한 비례가 있다. 남자의 골반은 위가 넓고 아래가 좁으며 여자는 대체로 작다. 이러한 규칙은 체형의 미관 여부와 직접 관련이 된다. 체형은 유전의 영향을 받으며 그 기초 위에서 발전한다. 체형의 개선은 체육의 근본적인 목적 중의 하나이며, 체육미학의 오랜 임무이기도 하다. 건강한 체형은 민족의 체질증강을 반영할 뿐 아니라, 한 민족의 기개와 정신적 면모를 나타내며 사람의 체형을 점차로 바꾸고 미화한다. 대중성을 띤 체육활동의 계속적인 보급은 체형을 더욱 아름답게 할 수 있다.

골　격

　　체형의 미추는 골격과 중요한 관계가 있다. 신체의 비례는 거의 모두 골격의 형성상태로부터 결정된다. 인체의 골격은 척추를 축으로 하여 좌우가 기본적으로 대칭을 이루면 평형의 형식미를 나타낸다. 지체肢體에서 핵심이 되는 지탱작용을 하는 골격의 길이 정도는 인체 외부형태의 균형 여부를 결정한다. 흉부 골격의 형상이 신체미에 미치는 영향은 대단히 큰데, 예를 들면 새가슴이나 곱사등은 가리기도 어렵다. 각 뼈의 관절의 조합도 신체미와 중요한 관련이 있다. 관절이 투박하고 커서 툭 튀어나오면 일반적으로 불미不美함을 느끼며, O자 다리나 X형 다리도 기형적이며 흉하다고 할 수 있다. 체르니셰프스키는, 어떤 사람의 외형이 보기 흉하고 추한 것은 대부분 자랄 때의 골격구조가 좋지 않아서 흉한 윤곽이 조성되어졌기 때문이라고 여겼다.

　　인류 특유의 골격구조는, 신체미로 하여금 자연계의 어떠한 생물이 나타내는 자연미와 구별짓게 한다. 동물의 사지는 체내의 내장을 지탱하여 중심이 매우 안정된 구조를 형성한다. 그런데 인류는 직립보행으로 진화하여 중심이 높게 변하므로써 안정성이 결여되었다. 우리가 앉아있거나 서있거나 걸을 때, 혹은 운동할 때는 물론이고 모두 무의식적으로 중심을 조절하여 신체를 안정되게 한다. 그렇지 않으면 몸은 평형을 잃어 넘어지게 된다. 신체평형의 조절은 근육에 의지해야 한다. 만약 단련하지 않으면 근육이 무력해져서 조절의 결여로 인해 만들어진 보기 흉한 신체자태를 나타낼 것이다.

근 육

근육량은 체중의 40프로를 차지하고 있으며, 탄성이 풍부하게 발달된 얇은 층의 근육은 신체곡선미를 구성하는 기초이다. 사람의 신체비례는 골격이 선천적으로 부여받은 유전자의 영향으로 인하여 상대적으로 고정되어 있다. 신체형태는 근육체적의 대소로 인해 변화가 발생할 수 있다. 체육활동은 근육의 균형적인 발전을 하는 데 효과적인 수단이며, 체육단련은 신체미의 형성에 대해 매우 커다란 영향을 미친다. 특히 근육발달을 통한 체형개선에 대해서는 더욱 그러하다. 현재 세계를 풍미하고 있는 건강미 운동이 이러한 상황을 잘 말해 주고 있다.

근육은 대부분 골격 위에 덧붙여져 있으며, 피부에 가려져 조화롭게 움직이면 사람에게 미감을 준다. 헤라클레이토스(Hérakleitos)는『보이지 않는 조화가 눈에 보이는 조화보다 훨씬 더 낫다』고 말하였다. 이것은 우리들이 근육의 미를 이해하는 데 도움을 준다. 신체의 형태미는 근육의 균형과 밀접한 관계가 있다. 예를 들면 어깨근육이 발달하면 어깨넓이가 넓어진다. 가슴팍의 근육이 발달하면 흉곽이 널찍하며, 등 근육이 발달하면 허리가 곧추선다. 복근이 발달하면 배가 편편하여 여자들은 가슴의 곡선미를 형성하는 데 도움을 준다. 독일의 예술사가 빙켈만은 《단론短論》에서『근육내의 작용과 반작용은 슬기로운 척도로서, 그것들을 변화시키는 기동起動과 빠른 힘을 경탄할 정도로 평형을 이루게 한다』고 말하였다. 또한 그는 시적인 언어로써 근육의 미를 찬양하였다.

여기에서 한 무더기의 근육이 부드럽게 늘어나 표연히 다른 근육으로 옮아가면, 그들 사이에서 제3의 근육이 올라와 마치 그의 파동을 더해 주는 것 같으면서 또 그 속으로 사라진다. 우리의 시선도 마찬가지로 그

속으로 빨려 들어가는 것 같다.

이러한 근육수축의 정도와 사지의 위치변화에 따른 근육감은, 체육활동 중의 심미지각 중에서 특히 중요한 의의를 지닌다.

피 부

신체 표면에 거듭 덮여져 있는 피부도 미를 나타낸다. 체르니셰프스키는『인체는 피부를 통해 광채를 발산하므로 인해 인류의 미에 여러 가지 매력을 부여해 준다』고 말하였다. 그는 어떠한 좋은 물감의 색깔도 피부색의 자연미를 표현하는 데는 부족하다고 생각하였다.

피부미를 구성하는 3요소는 빛깔·광택·깨끗함이다. 피부의 신진대사가 원활하고 혈맥이 잘 통하여 수분과 피지가 비교적 많으면 발그스름하게 윤기가 도는 빛깔을 나타낸다. 백인의 홍조나 흑인의 홍조나 모두 사람에게 건강미의 미감을 준다. 광택은 생명력이 왕성한 건강한 피부의 또 다른 표지이다. 피부의 미관은 청결함과 뗄 수 없는 관계이다. 보드랍고 매끈함, 탄성과 청결감이 풍부한 피부는 심미가치가 있다. 평소에 체육활동을 하면 혈액 중의 적혈구를 증가시켜 피부색이 홍조를 띠고, 일광욕·공기욕·수욕水浴을 통한 단련, 적당한 보건안마는 피부를 깨끗하고 윤기가 돌게 해준다. 황인종·백인종·흑인종의 피부색은 다르지만 피부에 대한 심미요구에는 상통하는 점이 있다. 영국의 예술가 레이놀츠는《강연집》에서 다음과 같이 말하였다.

습속習俗은 모종의 의의상 흑백을 뒤집을 수 있다. 단지 습속으로 인하여 우리는 유럽인의 피부색을 편애하고 아프리카인의 피부색은 좋아하지 않는다. 마찬가지의 이치로 아프리카인들도 그들 자신 외의 피부색을 편애한다. ……물론 우리는 유럽인의 모양과 피부색이 아프리카인보다 낫다고 말하지만, 보는 것에 습관이 되었다는 것을 제외하면 아무런 이유도 찾을 수 없다.

모　발

　모발이 신체미에서 차지하는 형태를 소홀히 할 수 없다. 머리카락이 듬성듬성한 여자를 아름답다고 말하기는 어렵다. 그리고 체모가 길거나 눈썹·속눈썹이 없는 사람도 미인이라고 말할 수 없다. 모발은 두부頭部에 집중되어 있는데, 이것은 시각적으로 가장 쉽게 느낄 수 있는 위치이다. 호가드(Hogarth, William)는 《미의 분석》에서 『복잡함이 미를 낳는다』는 원칙을 말할 때 첫번째로 변화하는 머리카락을 예로 들었다. 『머리카락 자체로 말하면, 가장 사랑스러운 것은 아래로 내려뜨린 곱슬머리다. 수많은 가닥의 곱슬머리가 자연스럽게 물결치듯이, 혹은 수없이 교차하는 곡선을 형성한다. 그 곡선은 눈을 점점 흥미롭게 하고, 마침내 더할 수 없는 기쁨을 느끼게 한다. 특히 미풍에 머리카락이 날릴 때는 더욱 그러하다. 시인도 화가와 마찬가지로 그러한 미를 이해하고 사람의 눈을 어지럽히는 요란한 곱슬머리가 바람에 날리는 모습을 종종 묘사하였다.』 호가드가 말한 곱슬머리의 미는 유럽 여인들을 가리켜 말한 것이다. 그는 글 속에서 또 머리카락이 지나치게 엉켜 복잡한 것은 『사람의 모습을 보기 흉하게 한다』고 강조하여 설명하였다.

　모발에서 가장 주목을 끄는 것은 헤어스타일이며, 그 가소성可塑性도 매우 강하다.

　운동선수의 헤어스타일은 동중미動中美를 강조해야 한다. 헤어스타일이 운동하기에 적합해야 하는데 그렇지 않으면 본말本末이 전도된다. 만약 구기운동을 하는 사람의 머리가 길면, 일상생활에서는 많은 사람들이 아름답다고 느끼고 분위기도 있지만 시합할 때는 도약할 때마다 시선을 가리고 땀이 얼굴에 흘러 운동에 영향을 줄 뿐만 아니라, 감당할 수 없을 정도로 낭패감을 준다. 우선 잘한 연후에 아름다움의 여부를 논해야 한다.

미국의 철학자 산타야나(Santayana, George)는 《미감》에서 인체의 모든 기능은 미감에 공헌하며, 심지어는 숨을 내쉬고 들이마시는 것조차 감정 변화와 밀접한 관계가 있다고 했다. 신체의 모든 기능 중에서 가장 능히 신체미를 표현하는 것은 신체 소질, 즉 인체의 활동이 나타내는 역량·속도·인내력·민첩성·유연성 등의 능력이다. 신체운동시 근육수축의 능력은 강력한 생명력이 넘치는 미를 표현할 수 있다. 빠른 속도의 운동을 진행하는 능력은 공간형식상에서 속도미를 표현해낸다. 인체골격의 관절·인대·힘줄 및 피부 등의 신축성이 지니는 신체곡선의 변화는 부드러움·이완과 가벼움의 유인미柔靭美를 표현한다. 긴급한 상황하에서 능히 표현하는 민첩함은 경이와 찬탄, 그리고 뜻밖의 유쾌한 정서를 준다. 양호한 소질은 신체의 동태미를 능히 표현해낼 수 있다. 이 방면의 상세한 내용에 관해서는 본서 제5장에서 다루기로 하자.

형　체

형체는, 즉 신체의 형태 혹은 자태이다. 사람들이 통상 말하는 형체미는 주로 신체의 표면적인 것으로서 눈을 즐겁게 하는 형상과 아름다운 자태를 가리킨다. 형체미는 신체미의 표현 중에서 커다란 작용을 일으킨다. 좁은 의미로 이해할 때 형체미는 때때로 신체미를 대표하는 데 쓰인다. 형체는 오랜 진화과정중에 고도로 완비된 결과이며, 대량의 곡선변화를 반영하고 있어 풍부하면서 생동적이다. 형체미는 특히 신체의 둥그스름한 형식미의 특징이 두드러지는데, 이 〈둥그스름〉한 것은 사람의 머리·몸통·사지의 수평면에서 표현되어지는 것이며 원형에 가까운 타원형·계란형의 곡선이 있다. 체르니셰프스키도 특히 이 점을 제기하였다.『인간이 아름답다고 느끼는 것은 둥글둥글한 몸맵시, 풍만함과 건장함이다.』가득차게 둥근 것은 형체미를 가장 잘 반영한다. 체육활동 중의 건강미는 주로 운동하고 있는 인체의 형태 위에서 표현된다. 헤겔은

《미학》에서 인체는 종족의 차이로 말미암아 비교적 작은 정도상에서 『서로 다른 등급의 미적 형체구조로 분열된다』고 인식하였다. 각 운동종목 역시 사람의 형체에 대해 일정한 영향을 가지는데, 예를 들면 농구선수의 키는 크고 튼튼하며 다리가 길다. 높이뛰기선수는 허리가 가늘고 다리가 길며 체구가 짧고 엉덩이는 좁다. 수영선수의 어깨는 넓고 팔이 길며 가슴이 도톰하고 엉덩이가 넓다. 체조선수는 키가 작고 다리가 길며 팔이 두텁고 다리는 가늘다. 현재는 신체형태를 잴 때, 일반적으로 가슴둘레·엉덩이둘레·사지의 둘레만을 잰다. 만약 형체미를 반영하는 수적 근거를 재야 한다면 허리둘레와 목둘레의 치수를 소홀히 할 수 없다. 일본에서는 이미 신체수평면에서 투영한 도시좌표법圖示座標法을 채용하여 형체미를 측량한다.(마쓰다 기시 《체육미학》 87－97쪽, 日本 道和書院 1971년판)

체육단련은 신체미의 비례·균형에 대해 적극적인 영향을 미치는데, 특히 흉부와 등 근육의 체적을 증가시킨다. 허리와 배 사이에 쌓여있는 지방을 제거한다면 가슴·엉덩이가 풍만해지고 곡선미가 풍부해진다. 현대의 젊은이는 자신의 신체의 부족한 부분에 맞추어 선택적으로 근육 단련활동에 참가하므로써 자기의 몸매를 개선하고 더욱 건강미가 넘치도록 한다.

신체미의 내용은 풍부하면서도 층차層次가 있다. 상술한 점 외에도 예를 들면 하얗고 고른 치아, 불그스름한 손톱 등의 세세한 부분까지도 모두 신체미가 단순한 인체미와는 다른 점이다. 신체미는 신체의 세부적인 문제까지도 포함되어야 한다. 산타야나는 《미감》에서 다음과 같이 말하였다.『인류의 귀의 형상 자체는 어떤 것이 아름답고 반드시 어떤 모양이어야 한다는 것에 구애받지 않았다. 손톱과 발톱 역시 보이지 않는 것이 아름답다거나, 혹은 필요하다는 등의 말에 상관하지 않았다. 그러나 우리들의 오만한 판단력은 우리들로 하여금 이상적 인체확립을 신성하고 영원한 이상이 되게 하였고, 이 이상적 인체는 기렇게 사소한 부분까지도 요하였다. 이렇게 사소한 부분 없이는 인체의 형상은 매우 보기 싫게 될 것이다.』

　　현대 체육과학이론의 계통화 연구에 있어서 세계 전열前列에 자리잡고 있는 일본에서는, 체육미학을 연구하는 전문가들이 신체미에 대한 깊은 탐구를 하고 있으나 정도상 다른 약점이 존재하고 있다. 앞으로도 계속적인 신체미의 연구가 필요할 것이다.

　　신체형태가 해부학적 특징을 지니고 있는 각부문에 관해서는 상세히 서술하지 않겠다.

신체 건강미의 표준

레싱(Lessing, Gotthold Ephraim)은 《라오콘》에서 『최고의 물체미物體美는 다만 인간의 신체 위에 존재하며, 인간의 신체에서도 다만 이상적으로만 존재할 뿐이다』라고 말하였다. 수천 년 동안 사람들은 면면히 이상적 신체미의 모식을 추구하여 왔는데, 시대와 민족에 따라 서로 다른 표준을 가지고 있다.

3천 년 전의 고대 바빌론에서는 손가락으로 길이를 재는 것으로 단위를 삼았는데(1지指는 약 1.65cm에 상당한다) 이것으로 신체미의 표준을 계산할 수는 없다. 그리스 글자 Gymnos(뜻은 나체 혹은 옷을 적게 걸친 것)의 자근字根은 동사형식인 Gymnasein(훈련 혹은 운동이라는 뜻)을 가지고 있는데, 이것은 분명히 나체운동을 가리킨다. 나체운동이 고대 그리스 조각으로 하여금 예전에는 정미함을 가지게 하였으며, 인류의 아동기에 있어 찬란한 문화의 표지가 되었다는 것은 예술사학자들이 공인하는 바이다. 여기에서는 나체운동의 원인은 다루지 않겠다.

빙켈만은 《고대예술사》에서 다음과 같이 기록하고 있다.

예술에서 통상 채용하는 인체비례법칙은 처음에는 조각가들로부터 제정된 것이며, 후에는 건축에 이용된다. 고대에서 발바닥은 중요한 측량 척도였다. 조각가들은 발바닥의 길이로써 조각상의 치수를 확정하였다. 비트루비우스(Vitruvius Pollio, Marcus. 고대 로마의 유명한 건축사)의 기술記述에 의하면, 그들은 인체를 발바닥의 6배 길이에 상당한 높이로 조각하는데 발바닥의 치수는 머리나 얼굴에 비해 더욱 확정적이기 때문이다. 머리와 얼굴은 현대 화가와 조각가 들이 상용하는 인체 측정의 척도이다. 피타고라스(Pythagoras)는 엘리스의 올림픽경기장 측량 때 발바닥의 치수에 근거하여 헤라클레스(Herakles)의 체구를 확정하였다. ……발바닥과 인체의 이러한 관계에 관하여, ……이집트 조상彫像의 정확한 측량 중에서 이러한 비례관계를 반영할 뿐 아니라, 대부분의 그리스 조각상에서도 똑같이 볼 수 있다. 만약 이들 조각상이 모두 두 발을 보존하고 있다면.

그리스 조각상의 특징은 인물의 얼굴 표정이 상당히 평안하고 안정되어 있어 굳이 주목을 끌지 않고 신체미가 두드러진다. 그 시대, 그 환경, 그러한 경기운동 방식만이 비로소 마치 살아있는 듯한 조각상을 낳을 수 있다. 신체미를 숭상하는 공전空前의 배경하에서 고대 그리스의 피타고라스학파는 원시적 표준을 제기하였고, 신체미는 각부분 사이의 대칭과 적당한 비례라고 여겼다. 조각가 폴리클리투스(Polyclitus)는, 그 영향을 받아 인체의 수량비례를 전력으로 파고들어 《법칙》이라는 저서를 내어 신체대칭의 지표를 대량으로 제기하였으나, 안타깝게도 이 책은 이미 망실되었다.

고대 그리스는 우리에게 귀중한 문화유산을 남겼는데, 그 중 신체미의 표준과 직접 관련있는 것은 황금분할과 두신비례학설頭身比例學說이다. 〈황금분할〉, 즉 전체 몸통과 비교적 큰 부분과의 비와 비교적 큰 부분과 비교적 작은 부분과의 비가 같다는 것이다. 예를 들면 하나의 직선을 장단으로 잘랐을 때 그 비가 1:1.618……의 비례가 가장 이상적이다. 따라서 갑을 전체 몸통으로 표시하고, 을을 큰 부분으로 표시하며, 병을 작은 부분으로 표시했을 때 그 비례관계는 $\dfrac{(갑)1.618}{(을)1} = \dfrac{(을)1}{(병)0.618}$ 이다. 신체 각부분이 이러한 관계에 부합하면 눈을 가장 즐겁게 해준다. 예를 들면 아름다운 신체는 배꼽으로부터 나누어 하체가 비교적 큰 부분이고 양손을 늘어뜨렸을 때 중지 끝에서 머리꼭대기까지가 비교적 큰 부분이다. 유명한 파르테논 신전의 각부분 역시 〈황금률〉에 부합된다. 피타고라스·플라톤 등은 황금분할의 발견에 공헌하였으나, 정식으로 〈황금분할률〉을 제기한 19세기 독일의 미학가 제이싱(Zeising, Adolf)은 과학적 수단으로 이 일정률을 그와 동시대의 실험심리학자 페히너에게 실증하였다.

<두신비례頭身比例>는 두부頭部와 신장의 비례이다. 기원전 5세기에는 전투적이고 진취적인 정신을 강조하였으므로 남자 나체조각상의 <힘의 미>를 중시하였다. 미론(Myron) 등의 조각가들은 전체 신장이 두부의 7배가 되어야 한다고 여겨 각부분의 알맞은 비례를 찾으려고 노력하였다. 폴리클리투스는 이로써 책을 편찬하였고, 아울러 <창을 가진 사나이>를 제작하기도 했다. 후에 시대풍조가 점점 우아함과 향락을 추구하고 대형 여성나체상이 유행하였으며, 심미관에 있어 점점 교묘하고 섬세함을 좇아 두신비례는 7등신에서 8등신으로 변하였다. 이로 인해 고대 그리스 조각상 중에는 대부분 8등신이 많이 표현되어졌는데, 즉 신장과 머리를 8:1로 공인하는 신체미의 최고 비례이다. 사실상 세계의 몇몇 지역 외에 8등신을 가진 사람은 찾아보기 힘들고, 일반인들은 7.5등신이며 아시아 대부분의 사람은 7등신이다.

이 두 가지 학설은 사지는 길고 머리는 작은 신체가 웅장하고 매력적인 미감을 보여줄 수 있다는 데 일치하였다. 이 학설들은 후세의 신체미 평가에 대해 커다란 영향을 미쳤다. 크고 건장한 고전적 이상은 현재뿐만 아니라, 심지어는 미래에도 신체심미에 대해 귀중한 가치가 있다.

서방 사학의 권위가 부르크하르트는 《이탈리아 문예부흥기의 문화》에서, 『16세기 일체의 고상한 체육단련과 상류사회의 습속 중에서 이탈리아인은 이론에서는 물론이고 실제방면으로도 모든 유럽의 스승이다. ……체육에는 예술과 군사훈련의 구별이 있었으며, 단순한 오락과는 달랐다』고 말하였다. 귀족들은 무예를 익혀 몸을 튼튼히 하였으며, 아울러 몸매의 아름다움을 열심히 가꾸기도 하였는데 이것은 예술의 발전에 지대한 영향을 주었다. 다나는 《예술철학》에서 날카롭게 이 점을 지적하였다. 『이탈리아 예술의 중심은 인체이며, 자연·건전·활발·건강이며 여러 가지 체육활동을 능히 할 수 있는 인체이다.』

문예부흥기의 예술대가들은 해부학 지식을 이용하여 투시원리를 연구하였으며, 신체미의 표준에 대한 이론상의 연구를 대폭적으로 진행하였다. 그들은 인체는 자연계 중의 미가 집대성된 것으로, 그 비례는 일정한 수학법칙에 맞으며 원형·정방형 등에 부합되는 완벽한 기하학적 도안이라고 여겼다. 인체의 신성한 비례는 회화·조소·건축 등 예술창작의 기초가 되었다. 그 중 가장 주목을 끄는 것은 예술의 거장 다 빈치로서, 그는 자연과학의 지식을 운용하고 해부실험·통계학적 숫자 근거를 통해 규율을 찾아내어 신체미의 과학적 연구의 길을 개척하였다. 그는 『사람의 머리는 신장의 1/8이고, 어깨넓이는 신장의 1/4, 옆으로 양팔을 폈을 때 신장과 같고 양옆구리와 엉덩이둘레가 같으며, 유부乳部와 견갑골 하단이 동일한 수평면상에 있으며, 대퇴부의 정면두께가 얼굴넓이와 같고, 구부렸을 때의 키는 1/4, 누웠을 때는 1/9…… 만약 당신이 양다리를 벌려 신장을 1/14 정도 낮추고 양손을 들었을 때 중지 끝을 머리꼭대기와 나란히 하면, 당신은 배꼽이 쭉 편 사지의 끝점의 외접원 外接圓의 중심이라는 것을 알 수 있을 것이다』《다 빈치 회화론》라고

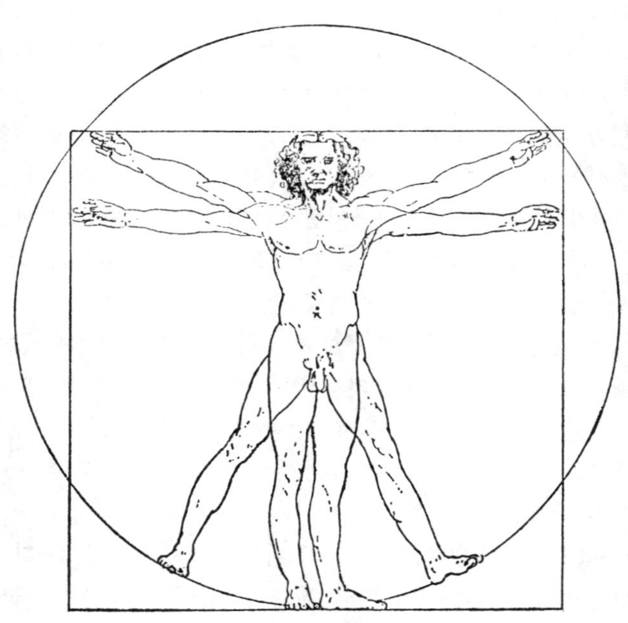

다 빈치의 해부실험·통계학적 숫자 근거를 통한 이상체형理想体形

여겼다. 그가 설정한 이 객관적 표준은 후세의 미술창작에 중요한 근거
를 제공해 주었다.

　문예부흥기의 대표적 인물로 피렌졸라(Firenzuola)를 들 수 있다. 그는
《여성의 아름다움을 논함》에서 신체미는 정신미의 상징이며, 그 표준은
『피부는 하얗고 깨끗하며, 눈썹은 검고 광택이 있으며 중간이 가장 짙어
야 한다. 눈동자는 크고 둥글며 옅은 푸른색을 띠고, 이는 가지런해야
한다. 목은 길고 둥글며 어깨는 넓고, 전체 흉부에 뼈가 보이지 않아야
한다. 다리는 길고, 종아리는 부드러우며 장딴지는 하얗고 통통해야 한
다. 발등은 하얗고 높으며 손바닥은 크고 풍만해야 한다. 손가락은 길며
보드랍고 손톱·발톱은 깨끗하고 평평하며 매끄러워야 한다. 근육은
튼튼하고 부드러우면서도 탄력성이 있어야 한다』라고 하였다. 물론 이것

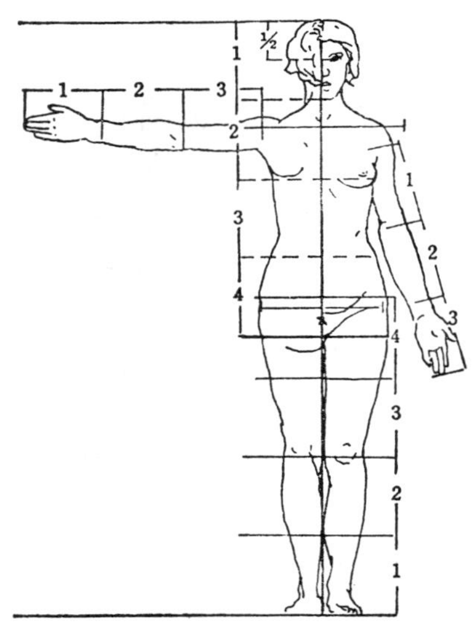

정상인 7.5등신의 비례

은 남유럽의 여성들을 가리켜 말한 것이다.

그후 18세기 영국의 화가이면서 예술이론가인 호가드가 《미의 분석》에서 제기한 〈S〉자 모양의 선은 가장 아름다운 선線이며, 이것은 우리가 이론상 신체의 곡선미를 인식하는 데 도움이 되는 자료이다. 그는 또 다음과 같이 말하였다.『인체 각부분의 일반 치수는 그들이 가진 용도에 적합하다. 몸통의 용량이 가장 크므로 가장 넓다. 대퇴부는 종아리보다 두꺼운데, 왜냐하면 종아리와 발을 가지고 움직여야 하고 종아리는 단지 발만 가지고 움직이면 되기 때문이다. 모든 것이 이와 같다.』그가 우리에게 깨우쳐 준 것은, 신체의 형상은 공리적 활동으로 조성된 것이며 신체미의 표준은 주관에 따라 정할 수 없고, 단지 인류가 생존과 발전의 요구 속에서 점차로 형성되었다는 것이다.

19세기 초 고전주의 화단에 새로운 자태를 등장시킨 앵그르(Ingres, Jean Auguste Dominique)는 표준적 미는 아름다운 모델에 대해 끊임없이 관찰한 산물이라고 하였다. 예를 들면 굵직한 목은 십중팔구는 체격이 건장한 남자 중에서 볼 수 있다. 그러므로 이러한 목은 미적 표지의 하나라고 알고 있다. 그는 또 《앵그르 예술론》에서『만약 운동을 하지 않는다면 모든 인체의 미질美質을 상실하게 될 것이다』라고 하였다.

미국의 현대미술가 루미스(Loomis, Alfred Les)는 남성의 이상적인 키는 6피트(약 182.88센티미터)이고, 여성의 이상적인 키는 5피트 8인치(172.72센티미터)로 남자의 귀에 오는 것이 적당하다고 보았다. 정상적인 신체의 비례는 7.5등신이고 많은 예술가들이 받아들이는 이상적 비례는 8등신이며, 현대예술가들은 표준 몸매의 비례를 8.5등신으로 본다. 영웅적 인물을 소조할 때 심지어는 9등신의 〈거인〉형 비례를 채용하기도 한다. 그는 또 연령에 따른 두신비례를 제출하였다.

『1세는 4등신, 3세는 5등신, 5세는 6등신, 10세는 7등신, 15세 이후는 성인과 마찬가지로 7.5등신이다.』

건강한 신체형태, 이상적 체형의 표준은 자고 이래로 많은 미학가와 예술가들의 주의를 끌어왔지만 채용한 대부분이 관찰과 감수의 원시적 방법이거나, 주로 미술가의 안목을 이용하므로 말미암아 체육 혹은 의학

1. 레슬러가 그려진 오스트라콘

2. 텀블링 그림의 오스트라콘

3. 마라토너가 그려진 암포라

5. 뼈항아리 뚜껑

6. 꼴러 무덤의 벽화

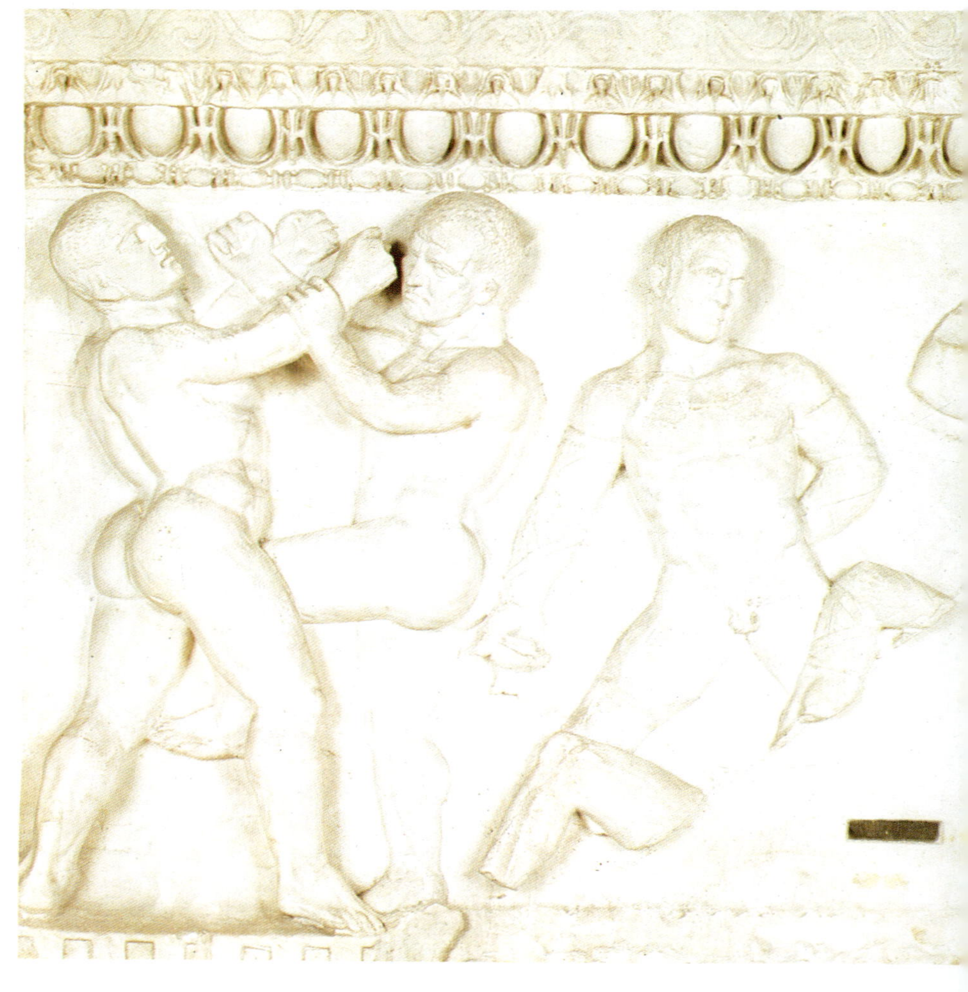

7. 판크라티움 경기 벽장식

8. 에트루리아의 흑화식 디노스

10. 앗티카의 적화스 킬릭스 세부

◀ 9. 원반 던지는 사람

11. 앗티카의 흑화식 마스토이데

12. 권투선수 ▶

14. 앗티카의 적화식 종 모양 술잔

◀ 13. 원반 던지는 사나이

16. 앗티카의 흑화식 잔

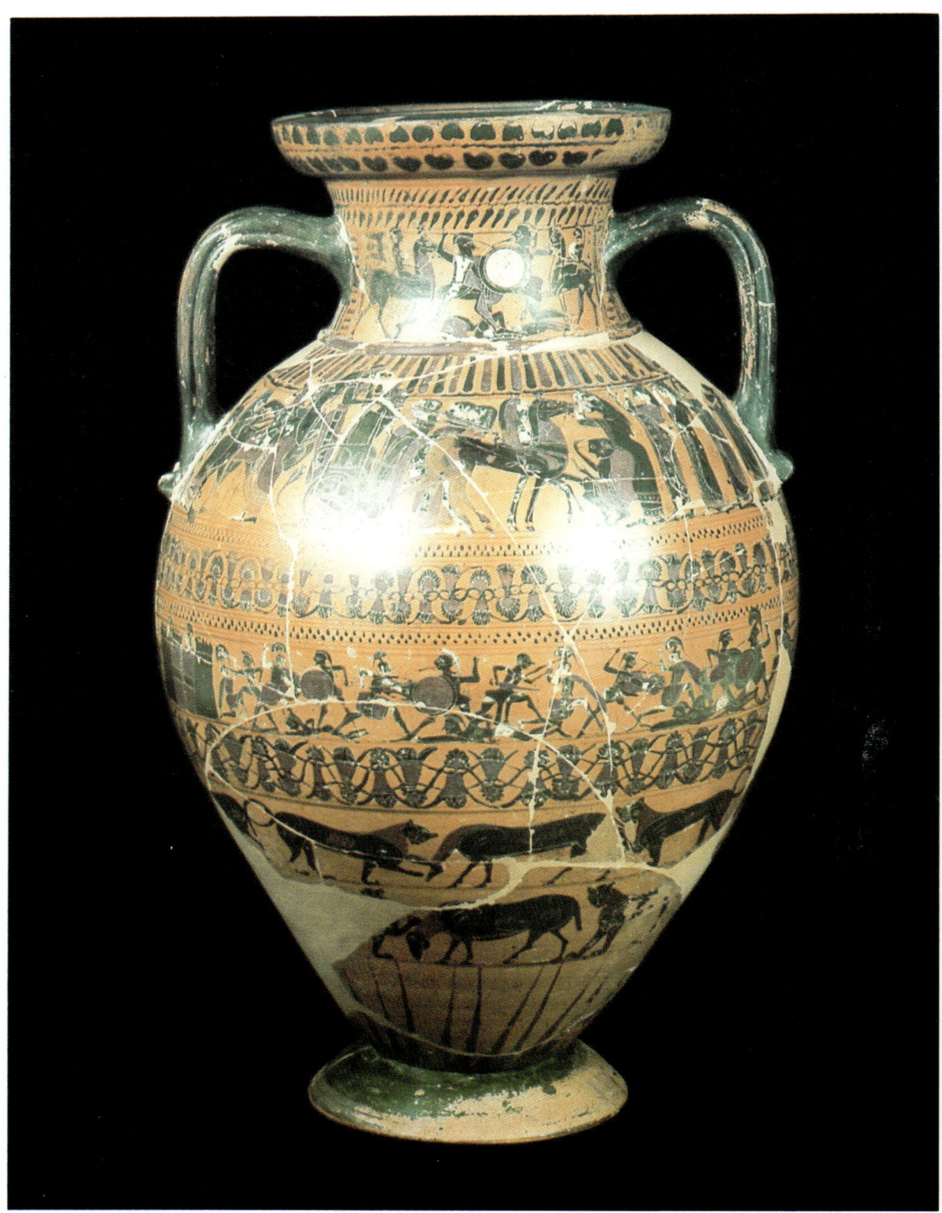

18. 운동선수의 장례식 부조

◀ 17. 암포라

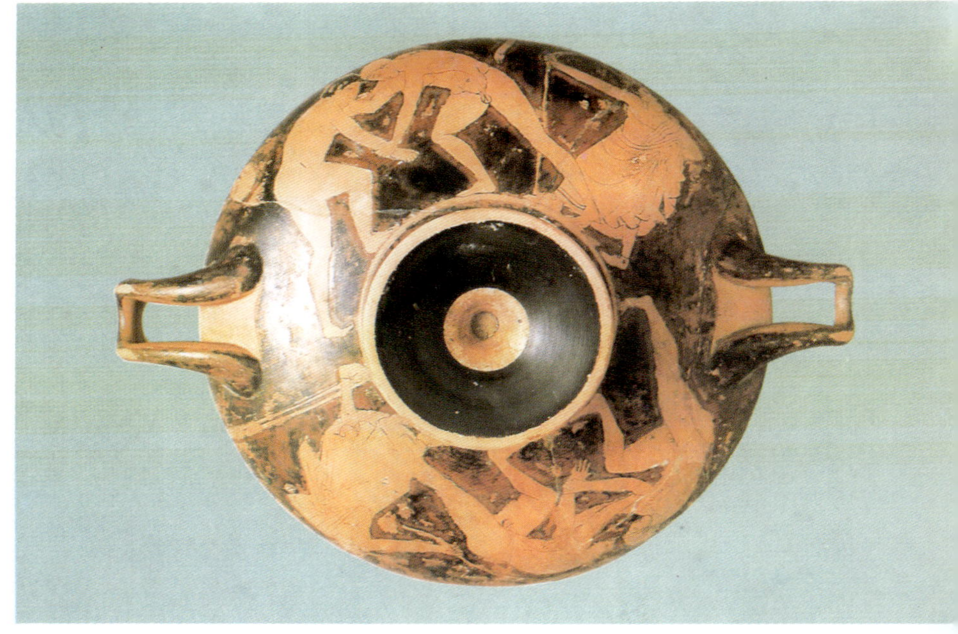

19. 앗티카의 적화식 킬릭스

20. 19의 부분도

21. 앗티카의 적화식 킬릭스

◀ 22. 앗티카의 적화식 물병

23. 앗티카의 적화식 킬릭스

24. 앗티카의 적화식 킬릭스

25. 앗티카의 적화식 킬릭스

27. 우승 메달

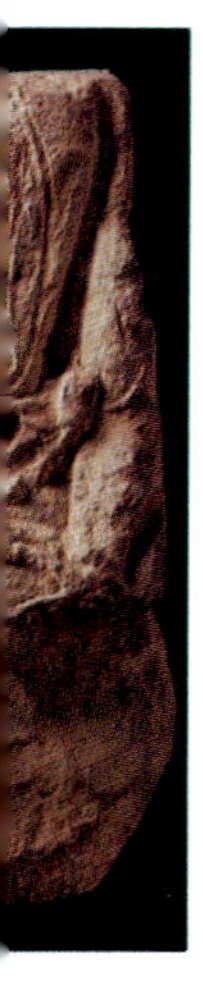

26. 육상 경기 부조

28. 검투 장면의 부조

◀ **29. 에트루리아의 흑화식 물병**

30. 전사상 戰士像

◀ 31. 전국戰國시대의 동호銅壺   32. 31의 쿵앙 전개도

33. 전국戰國시대의 동호銅壺

34. 33의 문양 전개도

35. 수영을 즐기는 크리슈나

적 각도에서 출발한 것이 비교적 적었다. 그래서 얻어진 결론은 신체적 비례 혹은 외관방면에 편중된 것이었다. 근대에 유행하는 몇 가지 학설을 아래에서 들어보겠다.

발링톤(Barrington)은『성년남자의 신체비례는 평균 7.5등신이고, 등신의 기준은 머리꼭대기부터 아래턱까지이고 눈꺼풀 하단의 수평선이 머리의 1 / 2, 머리에서 둔부까지 4등신이다. 1등신은 아래턱으로부터 자른 선이 등의 제7경추와 일치한다. 2등신은 유두로부터 후견갑 하단까지이다. 3등신은 배꼽과 엉덩이 상단이다. 4등신은 치부와 엉덩이이고 몸통의 중간점은 치골 하단에 있다. 쇄골은 아래턱에서 1 / 4등신 떨어져 있다. 어깨넓이는 운동선수 외에는 일반적으로 2등신이다. 엉덩이둘레는 1.5등신이며 이하는 4등신이 가장 좋다. 신장의 중점은 하지의 최상부, 즉 몸통의 하단이다. 무릎 이하는 2등신이 가장 좋으며, 어깨에서 팔굽·장근掌根에서 손가락 끝은 1등신이다』라고 여겼다. 여자는 남자에 비해 하지가 짧고 어깨가 좁고 엉덩이가 넓으며 신체의 중점이 치골이 연합된 곳에 있다.

프릿치(Fritsch)는 해부학적 관점을 주장하여 척추의 길이로 기준을 삼았다. 즉 직립자세를 채용하여 치골연합점으로부터 코 아래쪽까지의 길이는 척추의 길이에 상당한다. 이 기본척도를 사용하여 신체를 비교적 복잡한 기하도형으로 획분하였고, 하나의 선분마다 척추와 일정한 비례가 있으며, 엄격한 표준에 근거하여 신체 각부의 길이를 규정하여 비례에 부합하는 것이 바로 이상적 체형이라고 하였다.

비교적 추상적인 신체미의 정성표준定性標準을 제기한 학자도 있다. 예를 들면 슬라트츠(Slratze)는 여성의 신체미를 다음과 같이 규정하였다.『골격은 섬세하고 신체는 둥글고 매끄러우며, 가슴의 발육이 양호해야 하며 두발은 촘촘하면서 길어야 한다. 골반은 넓고 체모는 적으며, 두개골이 둥글어야 하며 얼굴은 작아야 한다. 눈썹은 높고 섬세해야 하며 목은 둥글고 윤기가 흘러야 한다. 수족의 관절은 작고 섬세하고 쇄골은 곧고 무릎은 부드러우며 장딴지는 하얗고 두번째 발가락이 길어야 한다.』

처티스(Chertis)는 구체적 점수로써 신체미를 평가했는데, 자세 외에 나머지는 점수로 나타낼 수 있다고 주장하였다.『건강 9점, 안면 9점, 골격 9점, 근육 6점, 체중 10점, 눈·피부·모발 8점, 지식교양 8점, 성품 7점, 성격 9점, 풍격 10점.』그는 비교적 객관적인 점수로써 주관적인 정성판단을 제약하고자 했다. 그는 안면부와 정신적 면모의 평가에 비교적 큰 비중을 두었다.

스트라츠(Stratz)는 오로지 아시아인의 신체만을 연구하였는데, 유럽의 심미관으로 분석한 후에 다음과 같이 말하였다.『아시아인의 장점은 피부가 유연하고 매끄러우며 탄성이 풍부하고 오관이 오목조목하여, 목과 어깨의 근육이 아름답다. 손발이 수려하고 동작도 우아하다. 결점은 피부가 황색이고 머리가 커서 신체와의 비례가 부조화스럽다. 또한 가슴이 밋밋하고 다리가 짧다. 둔부의 적취積聚로 지나치게 퍼지거나 허리에 살이 찐 보기 흉한 몸매도 있다. 이것은 이탈리아의 8등신과 비교해 볼 때 아름다움을 나타내는 것이 더욱 어렵다.』이상적 신체비례에 대해 그도 간단한 측량법을 한 가지 제시하였다. 즉 신장은 얼굴길이×10, 혹은 손길이×9, 머리길이×8, 혹은 발길이×7과 같아야 하며, 다리길이는 4등신, 팔길이는 3등신, 어깨넓이는 2등신……. 이 표준은 사실상 8등신에서 벗어나지 않는다.

일본에서는 1960년대에 신체미 연구에 대한 열풍이 불어서 인종차별에 이르기까지 다방면으로 고려하고, 수많은 체육 관계자들이 자신의 신체미의 표준을 제시하였다.

일본경기문화연맹 이사장 이께우에 긴지는 일본인의 등신비례는 7.3이고, 신체미의 표준은 주로 신체 각부분을 수평으로 잘랐을 때의 둘레 정도이다. 그는 여러 가지 신체크기의 둘레 정도의 표준을 통계해냈으며, 여러 가지 체조가 신체 각부분을 이러한 표준에 이르도록 촉진한다는 사실을 처음으로 발표하였다.

다까미네 쇼바타는 외관상에서 고려하였는데, 즉『근육발육이 고르고 눈은 바르고 짧으며, 관절은 섬세하고 윗입술이 도톰해야 한다. 어깨는 대략 둥글고 척추는 쭉 곧고 흉곽이 풍만하고 복부는 평평해야 한다』고

하였다.

하야시 료세이찌는, 신체미는 응당 다음과 같은 것을 포함해야 한다고 주장하였다. 『건강미·골격미·근육미·피부미·모발과 눈의 아름다움 및 목·수족·음성·교양 등으로 표현되어 나오는 미』 등이다. 그는 형식미의 통일·평형·비례·대비 등의 원칙을 운용하여 신체미를 분석하였으며 내재미內在美까지도 주의하였다.

마쓰다 기시는 일종의 비측정적 여자의 외형미를 들었는데, 그것은 다음과 같다. 『몸매가 조화롭고 건강하면서 체력이 있고 돋작에는 과단성이 있으며, 목소리는 아름답고 피부는 깨끗하다. 모발은 풍성하면서 검고 윤기가 흐르며 팔은 곧으며(일본 여자는 팔을 지나치게 편다) 하지는 비교적 길고 입술과 눈이 아름다우며 지혜가 있고 성격도 좋다.』

고바야시 신지는 『만약 신체미를 대상으로 한다면, 그 중에는 형체·자세·근육·피부색·생기 등의 제요소를 포함해야 한다. 형체의 미는 신체 외형의 균형조화이며, 자세의 미는 단정과 편안함이다. 근육의 미는 발달되었으면서도 탄성이 있는 것이다. 피부색의 미는 윤기있고 깨끗한 아름다움이고, 생기발랄한 미는 정력과 생리력이 서로 결합된 아름다움이다.』라고 하였다.

이상에서 제시한 각종 표준으로 볼 때, 신체미의 규범 통일에 대한 인식이 아직 미완성이며 시대성을 지닌 신체미 표준에 대해서도 깊은 연구가 필요하다는 것을 알 수 있다.

신체미는 신체의 건강이 핵심이며, 건강하지 못한 신체는 아름답다고 말하기 어렵다. 그로 인해 신체미의 표준은 매우 많은 정도상에서 건강미를 반영해낸다.

이외에 신체미의 표준은 정성적定性的이어야 하며, 또 정량적定量的이어야 한다. 양자가 상호결합하면 더욱 정확하고 객관적이 된다.

정량적 표준에 관해서는 오늘날 주로 신체의 비례와 둘레 정도로 양방면에 집중된다. 전자의 예는 황금분할, 두신비례, 몸체의 조우대칭, 사지 길이의 균형, 신장·체중·앉은키의 비례 등으로 신체미를 재는 것, 그리고 운동선수의 재료 선택 등 모두 중요한 의의가 있으나 골격의 대소 및 키와 사지의 길이 등은 산천적인 유전의 영향으로 결정되는 것이며, 신체의 둘레 정도는 후천적 단련을 통해 바뀔 수 있으므로 체육의 각도에서 볼 때 후자가 더욱 중요하다.

신체의 둘레 정도는 몸체 및 사지의 두께를 가리킨다. 그것은 근육의 발달 정도를 잴 수 있으므로 해서 형체미를 재는 중요한 지표가 된다.

남성에 대해서는 목둘레·팔둘레·가슴둘레·허리둘레·허벅지둘레·종아리둘레 등을 잴 수 있고, 이것으로 같은 키의 사람들을 비교해 보면 그들의 근육 발달정도를 알 수 있다. 국제보디빌딩경연대회는 신체 각부분의 치수를 평가점수의 기본근거로 하고, 각각의 둘레가 표준적 선수에 이르지 못하면 등록자격조차도 없다.

일반 키에 대한 정상적인 삼위 표준

키(cm)	가슴둘레(cm)	허리둘레(cm)	엉덩이둘레(cm)
150	77.0~90.0	51.4~56.8	82.3~90.0
152	77.6~91.2	52.2~57.6	82.7~91.2
154	78.2~92.4	52.9~58.3	83.1~92.4
156	78.8~93.2	53.5~59.1	83.5~93.9
158	79.4~94.8	54.0~59.6	83.9~94.8
160	80.0~96.0	54.4~60.0	84.5~96.0
162	81.0~97.2	54.7~60.9	85.5~97.2
164	82.5~98.4	54.9~61.2	86.5~98.4

여성에 대해서는 형체미를 재는 정량표준을 〈삼위三圍〉로 약칭할 수 있는데, 즉 가슴둘레·허리둘레·엉덩이둘레를 말하는 것이다. 〈삼위〉는 여성 신체의 곡선변화를 가장 잘 나타내 주기 때문에 외국의 여성 육체미선수·여자배우·패션모델 등은 모두 〈삼위〉로써 신체미를 평가하는 기본척도로 삼는다.

고대 그리스 조각 중 불후의 명작—밀로(Milo)의 비너스(Venus)는 사람들에게 익숙해 있다. 수많은 젊은이들이 그녀의 준수한 건강미·

의젓한 자태의 예술적 형상에 반하여 다투어서 축소한 석고상을 책상머리에 두면서 미의 상징으로 감상하였다. 그러나 현실생활 증에서 비너스의 신체비례가 여성미로서 논쟁할 수 없는 표준은 아니다.

그녀를 현대여성과 비교해 보자.

1820년 그리스의 밀로 섬에서 출토된 대리석 전신조각상은 높이 215cm, 가슴둘레 121cm, 허리둘레 97cm, 엉덩이둘레 129cm이다. 만약 그녀를 비례에 의해 신장 160cm의 보통여자로 축소한다면 가슴둘레 90cm, 허리둘레 72cm, 엉덩이둘레 96cm이다. 어느 누가 봐도 이러한 여자는 지나치게 풍만한 약간 살찐 여자라는 것을 알 수 있다.

이것은 예술작품과 현실 중의 여성미는 차이가 있으며, 고대와 현대의 심미관 역시 변화가 생겼다는 것을 설명해 준다.

현대 서방의 여성은 대부분 마른 신체를 아름답다고 여기면서 똑똑하고 빈틈없는 이미지를 갖고자 한다. 그러나 여성적인 매력을 잃는 것은 원하지 않으므로 체육단련을 통해 〈삼위〉를 바꾸고, 온갖 수단을 이용하여 뚱뚱하지 않고 곡선이 아름다운 몸매를 유지하려 한다. 이상적 몸매는 가슴둘레는 크고 허리둘레는 작으며 엉덩이둘레는 가슴들레와 비슷한 것이다.

미국의 우수한 건강미 선수의 표준 몸체둘레

신장 (cm)	체중 (kg)	목둘레 (cm)	가슴둘레 (cm)	팔둘레 (cm)	허리둘레 (cm)	허벅지둘레 (cm)	종아리둘레 (cm)
160	75	40.5	110	40.5	76	56.5	39.5
165	80	41.5	115	41.5	78.5	58.5	40
170	85	42.5	118	43	79.5	59.5	40.5
175	90	43	121	44.5	82	62	41.5

한때 대만을 휩쓴 뮤지컬영화 《잘못 탄 차》의 여주인공 유서기劉瑞琪는 키가 168cm로서 보통사람과 비교해 볼 때 몸매가 날씬하다고 할 수 있으나, 국제적으로 공인된 몸매가 아름다운 여자와 비교해 보면

열등하다는 것을 알 수 있다. 일본의 이즈미 죠꼬의 가슴둘레·엉덩이둘레는 그녀에 비해 크고 허리둘레는 매우 가늘다. 그리고 저 유명한 영화배우 소피아 로렌은 174cm의 키에도 불구하고 유서기와 허리둘레가 똑같을 뿐만 아니라, 가슴둘레도 약간 커서 곡선의 아름다움을 쉽게 볼 수 있다.

일반적인 사람을 기준으로 삼는다면, 이러한 여배우들의 〈삼위〉는 모두 괜찮은 편이다. 그러나 그녀들은 1886년 벨기에의 무대에 출현하였으며, 아울러 구미에서도 여러 차례 연기를 보여준 여자 선수 애슬레타가 세운 125cm의 가슴둘레 기록을 넘지 못하며, 또 수천 명의 선수들이 경쟁하는 세계여성육체미대회에서 우승한 발달된 근육을 가진 우승자와도 겨루지 못한다. 그러나 생활 속에서 제정되어 일반 여성에게 적용되는 〈삼위〉의 기준은 역시 필요한 것이다.

일본의 체육미학자 이께우에 긴지 교수는 일찍이 그의 저서 《미의 비례》(일본도서관협회 선정도서로서 협동출판주식회사에서 1974년에 출판된 것이다)에서 여성의 신체부위의 둘레를 상세히 논급하면서, 아울러 아시아 여성의 서로 다른 키에 근거하여 이상적인 치수를 제정하였다. 아래에 일반적 키의 정상 〈삼위〉 표준을 제시해 보았다.

여성〈삼위〉의 비교(cm)

	신장	가슴둘레	허리둘레	엉덩이둘레
밀로의 비너스	215	121	97	129
	170	96	77	101
	160	90	72	96
유서기	168	89	61	91
요시나가 고유리	157	81	56	85
이즈미 죠꼬	165	96	57	99
소피아 로렌	174	98	60	98
리즈 테일러	164	95	56	93
애슬레타		125	89	

　　신체미 표준의 연구는 인체의 발육생장의 규율을 따라야 하며, 생리학·해부학·생물역학의 원칙을 위반해서는 안 되는 것으로 크고 건장한 신체가 역사적으로 신체미의 표준이 되어왔다고 말할 수 있다. 신장·체중·가슴둘레의 증가는 현시대의 요구이며, 미래의 어떠한 때에도 이상의 추구는 버려서는 안 된다. 산타야나는 《미감》에서 다음과 같이 말하였다.『사람의 형체에서 이상적 인체는 평균적 형체와 크게 다르지는 않다. 여러 방면에서 극단적 혹은 극단에 근접한 것이 가장 아름답다. 몸매는 설사 필요한 상황이 아닌 곳에서도 이상적으로 우수한 평균적인 일종의 사물이다.』신체미를 재는 표준 중에서는 건강의 요구를 관철해야 한다. 다음으로는 체력과 정력도 매우 중요한데, 특히 정력은 생기·생명력·발랄한 청춘의 활력 등등을 반영해낸다. 단련을 통해 유기체 능력을 높인 신체는 더욱더 아름답다.

　　신체미의 표준은 상대적일 뿐만 아니라 인종의 차이까지도 고려해야 한다. 각지역, 각국의 사람마다 신체 외관상의 차이가 조금씩 있기 마련이다. 이것은 대개 생활하는 자연환경의 차이 때문이다. 각민족마다 신체의 심미방면에도 차이가 있는데, 이것은 대개 오랜 역사과정중에 형성된 서로 다른 민족심리 때문이다. 인종의 차이는 필연적으로 서로 다른 심미관을 가지게 한다.

　　헤겔은 《미학》에서 다음과 같이 말하였다.『중국인이나 아프리카인에게 유럽의 미인을 좋아하게 할 수는 없다. 왜냐하면 중국인의 미적 개념과 흑인의 미적 개념이 다르고, 흑인과 유럽인의 미적 개념 또한 다르기 때문이다.』사람의 피부색·용모·체형의 미적 개념에 대한 차이는 인종의 특징으로 결정되는 것이다.

　　인종은 다른 사람의 무리와 구별되는 공통된 유전적 체질의 특징을 가진 사람의 무리로서 주로 피부색, 눈동자와 머리카락의 빛깔, 눈·코·입의 모양, 골격·몸매 및 혈액형 등에 근거하여 구분한다. 예를 들어 황인종·백인종·흑인종·갈색인종 등이다. 인류의 분류가 이러한 체질적 특성에 근거할 때는 반드시 다음의 조건을 구비해야 한다.『유전성이 있어 후대에 전해 줄 수 있어야 하며, 상당히 긴 기간내에 중대한 변화가 발생해서는 안 된다. 외계 환경의 영향을 받아 변이되는 범위가 매우 작으며, 상대적으로 말할 때 성별과 연령의 영향을 받지 않아야 한다.』 그러므로 이러한 체질적 특성, 예를 들면 체격의 차이·지방층의 두께·근육의 발달정도 등은 인종적 특성이 될 수는 없다. 이것과 체육은 상반되며, 체육은 이러한 체질적 특징을 매우 중시하며 아울러 체육의 효과를 측정하는 데에 사용된다.

각인종의 체질적 특징은 서로 다른 신체심미관을 수반한다. 그러나 인류의 신체는 필경 더욱 많은 공통점이 있다. 이로 인해 체질인류학과 유관한 자료를 참고하면 더욱 광범위한 신체미 표준에 적응하는 데 도움이 된다.

사람은 사회관계의 총화이며, 동물의 수준으로 떨어질 수는 없다. 예를 들어 신체에 대한 치장과 단련은 인류 특유의 사회특징으로서 동물의 신체활동과 전적으로 같을 수는 없다. 신체미의 관념은 예로부터 시대성을 띠고 있었으며, 표준을 설정할 때는 특히 인류사회의 역사발전을 고려해야 하며, 그로 하여금 안정성을 지니게 하고 실천적 지도의 의의를 풍부하게 지니도록 해야 한다.

체육은 인류의 신체를 대代를 거듭할수록 더욱 아름답게 하였다.

IV 운동미 運動美

　운동미는 신체의 운동미이며 사람이 체육활동중에 표현해내는 미이고, 사회문화생활의 반영이다. 그것은 일종의 특수한 심미대상이다.

　본서에서 다루는 운동은 인류의 신체운동이며 인류의 유조직·유목적적 신체운동, 즉 전인교육을 위한 체육성질의 신체운동이다. 그것은 sport · activity · movement · game · motor · play 등의 종합적인 개념을 가지고 있다.

　인류의 심미영역은 지극히 넓으며 심미대상은 매우 광범위하다. 이것은 그것들이 오랜 인류역사상에서 부단히 발전·풍부·확대되어온 결과이다. 체육활동 중의 〈운동미〉는 광범위한 사회성과 뚜렷한 시대성을 가진 새로운 개념으로 제기되었는데, 이는 문화오락에 대한 요구가 고조됨에 따라 나타나게 된 것이다.

　운동미의 발현發現은 전체 사회문화의 발전에 의거한다. 그것은 인간의 생리적 잠재능력의 부단한 발굴과 날로 정심精審해지는 동작기능의 수련을 거쳐 객관적 세계의 거대한 역량을 검열·개조하고, 아울러 인류문명에 풍부한 정신적 재산을 제공해 준다. 운동미를 하나의 완전한 계통개념으로 보는 것은 체육학의 발전을 촉진시킬 수 있고, 운동과학의 이론을 완비할 수 있다. 운동미는 신체미를 기초로 하고 체육미의 제약을 받으며 체육미학의 중요한 연구대상이다.

　사실, 운동미는 일반 상황하에서는 운동의 주요 속성이 아니다. 그러나 어떤 종목 중에는 미적 요소가 직접 기술효과를 결정하며, 심판의 채점에까지 심미의식이 포함된다. 특히 연기의 형식으로 표현할 때, 표현미를 주요 목적으로 할 때 몇몇 예술양식(예를 들면 무용과 같은 것)과 서로 구별하기가 매우 어렵다. 이는 무술·곡예·리듬체조·아이스 댄싱·수중발레 등과 마찬가지로 예술적 요소를 다분히 포함하고 있는 평점류의 경기운동으로서, 운동미의 중요성은 아무리 강조해도 지나치지 않다.

운동의 요소로부터 인식한다

운동은 모든 생명의 원천이다. 체육성질의 운동은 생기와 생명력이 풍부한 신체미를 충분히 드러낼 수 있다.

운동미는 건강한 신체를 형상화하는 과정중에 표현되는 것으로 시공상에서 순식간에 사라진다. 그것은 인간의 체육활동 가운데 생명운동과 사유운동의 각종 형식에서 발생되는 종합적인 효과이며, 그 현상은 매우 복잡하다.

우리는 심리학의 도움을 빌어 운동하는 중에서의 인간의 심미체험을 연구할 수 있다. 그리고 형태학을 빌어 운동하는 인체의 건강미를 연구할 수 있으며, 생물역학의 힘을 빌어 각종 동작미를 연구할 수 있다. 또한 기타 수많은 학문을 빌어 운동 중에 나타나는 다양한 미를 연구할 수 있다. 그러나 이러한 것들이 운동미의 진면목을 완전하고 진실하게 갈파해낼 수는 없다. 어지러운 현상에 미혹되지 않기 위해서는 운동의 특유한 제요소로부터 운동미를 인식해 보자.

운동의 특성에 관한 설은 매우 많다. 그 중 질레트(B.Gillet)가 《스포츠의 역사》에서 제기한 『유희·경쟁·격렬한 육체활동이 운동의 3요소』라는 학설은 국외에서 상당한 영향력을 가지고 있으며, 특히 운동미의 인식에 대해 많은 깨우침을 준다. 신체활동(건신健身)·경기(경쟁과 시합)·유희(여가오락) 등의 세 가지 측면에서 탐구·토론하는 것도 괜찮을 것이다. 운동을 표시하는 데 가장 많이 이용되는 단어 Sports도 이 세 방면의 의미를 포함하고 있다.

신체활동

체육 이론연구자들은 대부분 체육성질의 운동은 반드시 커다란 근육활동의 형식으로서 진행되어야 한다고 인식하고 있다. 적극적인 방면에서 이해할 때 매우 일리가 있다. 우리는 현재 바둑·낚시·골패, 심지어는 투우·통신비둘기 및 모형비행기 날리기·무선전신측정 등을 모두 체육활동으로 간주하는데, 이것은 대개 유희와 경기의 관점으로부터 고려한 것이다. 그러나 어쨌든 체육은 건강한 신체를 주요목적으로 하며, 이로써 기타 사물과 구별한다. 뿐만 아니라 체육성질의 신체활동은 육체노동 혹은 일상생활 중의 일반적인 동작과는 완전히 다르다. 체육이 신체활동을 요하지 않는다는 것은, 마치 교육이 학습과정을 필요로 하지 않는다는 것과 마찬가지로 상상하기 어려운 것이다. 하물며 근육의 참여가 없이 일정한 운동강도의 신체활동이 갖추어진다면 어떻게 운동적 〈힘의 미〉를 표현해낼 수 있을까?

『소위 운동이라는 것은 하나의 자태로부터 다른 하나의 자태로의 전변轉變이다.』《로댕 예술론》 신체활동이 표현해내는 운동미는 주로 신체형태의 미와 신체소질(운동능력)의 미, 이 양자의 기초 위에서의 동작미이다.

우리들이 주의해야 할 초점은 동작에 있다. 철학적 의의에서 말할 때, 어떠한 신체운동이라도 똑같은 동작의 중복은 절대로 없다. 그러므로 우리는 이형동량異形同量으로 조합된 동작의 외관상에서 미학의 차이를 찾아낼 수 있을 뿐 아니라, 비록 우리가 생물역학의 용어를 써서 동작을 평가할 수 있다 하더라도 우리는 습관적으로 그것이 〈깨끗하다〉〈산뜻하다〉〈예쁘다〉〈정확하다〉〈조화롭다〉〈통한다〉〈민첩하다〉……의 여부로 동작미에 대해 비교적 추상적인 평가를 하고 있다. 동작의 좋고 나쁨은 운동하는 이의 예술적 고저高低(즉 운동기술의 우열)를 표현해내며, 합리적 동작에 접근할수록 심미요구에 부합되며 우수한 성적을 얻을 수 있다.

스페인 올림픽위원회와 국제체육연합회 사무지도위원회 위원인 헷세 마리아 카스가멀민은 인체의 복잡다단한 동작은 4개 유형——자발적·자연적·인위적·기술성을 띤 것——으로 나눌 수 있다고 하였다. 또한 무의식적·수의적隨意的·후천적後天的·방임적·유도적誘導的·자유적·강제적·강요적·동보적·합운율적合韻律的·리드미컬한 등등의 많은 호칭들이 있지만 기본적으로 모두 상술한 네 가지 유형에 속한다. 그는 기계의 사용으로 장시간 움직이지 않고 앉아있는 문명사회는 이미 우리들을 자연상태와 멀어지게 하였다고 지적해냈다. 비록 우리가 자발적으로 뛰고 달린다 하더라도 순자연적 동작의 흔적은 조금도 없으며, 자발적 동작은 본능적 충동·격정·감정·이지理智 등등에 기인할 뿐이다. 반세기 전 이사도라 덩컨과 라반은 고정형식에 박힌 동작과 천편일률적인 표현기술의 고전발레를 깨뜨리고, 개인의 자발적 요구와 자유로움과 자연을 반영하는 무용을 주창하였다. 유럽과 북미의 체육계 학자들의 견해도 자연 무용가들과 마찬가지로 비모방적 개인의 창조적 동작을 제창하였다. 이러한 정신운동학파에 속하는 학교는 학생 개인의 적극적·자주적·자발적·체험에 착안하여 창조력을 주요 신조로 하고 있다. 기술성을 띤 동작은 과학적 성과로서 목적에 따라 두 가지로 분류할 수 있다. 하나는 다양한 목적(사회풍습·경기연출·신기록 갱신 등)을 위한 인위적인 것, 하나는 과학에 의해 실증적이고 새롭게 발견된 자연자세이다.

동작은 시간·공간·힘의 정도 등의 3요소를 지니고 있다. 체육 중의 신체운동은 속도·방향·힘의 정도상에서 인간의 주동적인 색채를 표현해낼 뿐만 아니라, 또한 사람들은 실제로 생활 속에서 체육적 동작을 하지 않으므로 높은 수준의 운동경기 중의 동작에 대해서도 엄격한 훈련을 거치지 않고는 하기 어려워 이러한 동작을 〈비본능성非本能性〉적이라고 말할 수 있다. 체육성을 가진 신체활동은 인류의 독창적인 문화현상이며, 이러한 동작은 기타 동작과는 다른 특수성을 가지고 있다.

동작미의 특징은 정확함·깨끗함·민첩함·조화·연관성·시원함·풍부한 리듬감에 있어 『한 푼을 더하면 너무 많고, 한 푼을 감하면 너무 적은』 느낌을 준다. 운동 중의 각종 동작이 자세와 구성상에서 표현하는 미는 공간에서 상대적으로 안정될 때 나타나는 것이며, 연속적으로 방영되는 영화필름이 갑자기 고정되는 것과 같고 조소예술과 유사한 입체적 직관성을 가지고 있다.

베이컨(Bacon, Roger)은 《서방 미학가의 미와 미감을 논함》에서 『우아하고 정도에 맞는 동작의 아름다움은 미의 정화精華이다』라고 하였는데, 우리는 이로써 신체활동의 미를 연구하는 데 있어서 동작미에서부터 착수할 수 있을 것이다. 동작미는 안전성·단편성斷片性·정확성精確性을 가지고 있다. 일반적으로 운동궤적을 이용하여 그 선로의 공간적 특징을 표시하고, 속도를 이용하여 그 시간적 특징을 표시한다. 동작미의 구현에는 동작기능을 충분히 파악해야 하고, 동작의 방향·노선·속도·폭·강도·구상원리에 숙달하면 동작은 숙련·정확·조화·민첩해진다. 동작미의 연구는 자연과학의 수단, 예를 들면 촬영·슬라이드·규범모식도 및 데이터 처리장치를 이용한 분석 등의 힘을 빌어 동작의 정확한 자태와 복잡한 구상을 드러내며, 각동작 사이의 형식상 차이와 동작기교의 구성상에 있어서 미의 규율을 발견할 수 있다. 예를 들면 표준인체의 운동궤적과 훈련을 받는 사람의 운동궤적을 연속 촬영한 좌표정격측시도座標定格測試圖를 비교해 보면, 훈련을 받는 사람이 훨씬 빠르게 우아한 자세를 학습하는 데 도움이 된다. 또한 이것은 운동성적을 높이는 좋은 수단이 되기도 한다.

신체활동은 개개의 동작으로 이루어진 것이며, 처음 위치에서부터 마지막 위치에 이르는 신체이동은 동작의 변화, 즉 운동방향·노선·리듬·운율·역량·폭·속도 등의 변화를 요한다. 신체동작의 재주·안정성·조화성·조종의 정확성·정향능력定向能力·반영시간·유인성柔靱性·탄력성·순발력·지구력 등은 모두 운동미를 표현할 수 있다.

신체활동형태의 매단락에는 일정한 규율이 있는데, 이는 마치 문장의 기승전결과 같다. 합리적 구조를 가진 동작은 서로 다른 목적에 근거하고 서로 다른 목적에 적응하며, 운동선수의 개인적 특징에 따라 적응한다. 동작을 시간에 따라 규격화하여 구성한 운동리듬은 사람으로 하여금 경쾌하게 하고 동작을 자연스럽고 산뜻하게 할 뿐 아니라, 힘을 덜 소모하여 피로하지 않게 한다. 동작을 공간상으로 규격화한 후에는 우아하고 조화로운 동작의 자태를 형성할 수 있다. 시간과 공간의 규격화는 기술훈련의 요구이며, 이로써 연속동작을 아름다우면서도 리듬있는 신체운동으로 조성한다.

양강의 미와 음유의 미는 고대 중국의 문예이론과 미학저작 중에 자주 논급되는 범주이다. 오늘날에 이르기까지도 사람들은 예술비평과 심미감상 중에서 여전히 이 대조를 이루는 범주를 늘 연용하여 미의 두 가지 서로 다른 형태를 표시하고, 예술창작 중에 서로 대립되는 두 가지 풍격을 구분한다. 심미의 각도에서 신체활동의 형식을 분류하고, 특히 동작의 강유剛柔에 주의해야 한다.

청대 동성파桐城派의 주요작가 요내姚鼐는 작품의 풍격을 상호연계되면서도 구별이 있는 양강과 음유의 두 가지로 개괄하였다.『양과 강에서 얻어지는 아름다움은, 그 모양이 벼락과 같고 번개와 같으며 거센 바람이 계곡에서 불어오는 것 같고 숭산崇山의 험준함과 같으며, 커다란 내(川)가 터진 것 같으며 말이 달리는 것 같다. 그 빛은 밝은 해 같으며 불 같고 황금 같으며 그 사람에 있어서는 높이 올라 멀리 보는 것 같으며, 임금이 군중을 향해 있는 것 같으며, 용사를 북돋아 싸우는 것 같다. 음과 유의 아름다움을 얻는다는 것은, 그 모양이 처음으로 오르는 해 같으며 맑은 바람과 구름 같으며, 노을 같고 안개 같으며, 아늑한 숲에 흐르는 골짜기 같으며, 잔잔하게 일렁이는 물 같으며, 구슬의 광휘 같으며, 기러기 울음이 유곽에 들어가는 것 같으며, 그 사람에 있어서는 깊음이 한숨 같으며, 아득함이 생각이 있는 것 같으며, 눈을 내려뜨려 기뻐하는 것 같고 얼굴빛이 변하여 슬퍼하는 것 같다.』(《惜抱軒文集》권6) 그의 『천지의 도는 음양강유일 뿐이다』라는 학설은, 중국 미학사상의 빛나는 구슬이며 현대체육의 심미활동 속에도 이용될 수 있다. 고대 서방에서도 미를 유성미柔性美(여성미)와 강성미剛性美(남성미)로 나누는 주장이 있었다. 이 두 유형의 미가 일으키는 쾌감은 인체미의 최고 이상에 귀결된다.

체육활동 중에서 우리는 일반적으로 남성적이고 강하며 호방하고 극렬한 운동의 미를 양강의 미라고 보고, 여성적이고 부드러우며 우아하고 섬세하며 평온한 활동의 미를 음유의 미라고 본다. 양강·음유의 미는 심미표준에 대해 직접적인 영향이 있음을 알 수 있다.

일반적으로 말할 때 남자운동선수의 형체·동작·역량과 속도형의 운동종목은 주로 양강이고, 여자운동선수의 형체·동작·유인柔靭·영민형靈敏型의 종목은 음유가 주가 된다. 만약 표현이 적당하지 않고 강유가 잘못된다거나 음양이 전도된다면 미감의 형성은 어려울 것이다.

양강과 음유의 미는 상대적으로 말하는 것이다. 강유의 대비는 동작미를 형성하는 중요한 수단이다. 양자의 대비는 강한 것은 더욱 강하게, 부드러운 것은 더욱 부드럽게 나타낼 수 있고, 반대로 강유를 서로 나란히 하여 강한 중에 부드러움이 보이고 부드러운 중에 강함이 보여 서로를 돋보이게 하면서 다양성이 통일된 예술적 매력을 산생한다.

주지하다시피 미는 형태의 특징에 따라 우아한 미와 장강의 미로 나눌 수 있다. 라틴어 중에서 우아한 미의 뜻은 유쾌·상쾌함이다. 그것의 실제 함의는 자태·동작의 경쾌한 아름다움을 가리킨다. 영국의 미학자 버어크(Burke, Edmund)는 다음과 같이 말하였다.『우미優美의 관념은 자태와 동작에 속하는 것이다.』우미의 마력은 자세와 동작의 유연자약함과 원만하며 아름답고 부드러운 것을 포함한다.(《古典文藝理論譯叢》 제5책, 61쪽) 그러므로 우미가 체육활동 중의 각종 자세와 동작과 유관하다는 것은 명백해졌다.

우미는 교묘한 재주·유연함·활발·섬세함·날씬함과 유관하며 음유의 미에 가깝다. 그것은 양강의 미와 가까운 장미壯美와는 크게 다르다. 이렇게 볼 때 우미는 여자운동종목에서 많이 표현되고 있으며, 특히 여성의 곡선미·동작과 자세의 부드러움을 반영할 수 있다. 그리고 장미는 웅장·강건·웅위·숭고함이며, 양강의 미를 표현해내고 남자의 형체·동작과 운동종목 중에 많이 보인다.

신체활동의 주요목적은 신체단련이고 주요효과는 체질증강이다. 그것은 매우 강한 과학성을 요하며, 미학방면에서 그 방법과 수단을 부단히 고쳐 나갈 것을 요한다. 운동동작의 편제가 과학의 전제하에 심미의 효과를 고려할 수 있다면 체육의 발전에 매우 유익할 것이다. 체육활동으로 심신이 건전하고 완전한 사람을 만들어내기 위해서는 그 과정중에 운동미를 충분히 표현해내야 한다. 어떠한 신체활동 중에라도 미에 대한 추구를 소홀히 해서는 안 된다.

경　기

　　경기는 신체 조종의 능력과 기교의 충분한 발휘를 경쟁하는 활동으로서 주로 시합의 형식을 통해 진행된다. 올림픽의 구호는 〈더욱 빠르게, 더욱 높이, 더욱 힘차게〉인데, 이는 신체 활동기술에 대한 경쟁성의 요구를 반영하고 있다.

　　경기는 인체의 잠재능력을 충분히 발휘하고 기술수준을 높이는 유일한 길이며, 시합과 경쟁 없이는 운동이라 이를 수 없고 체육이라고 말할 수도 없다. 다양한 시합기록이 없이는 인류문화의 재산에 있어서의 체육의 성과는 크게 감소된다. 경기는 체육의 특징을 반영하고 있다.

　　초기의 운동형식은 모두 매우 간단하고 소박하였다. 옛날의 달리기·뜀뛰기·던지기·힘겨루기·격투기 등은 주로 힘으로써 이기는 것이었다. 그러나 선민들은 강한 체력을 숭상하는 동시에 체력을 운용한 기교를 앙모하여 체력활동의 다양화를 꾀하였다.

　　운동형식의 풍부함은 단순히 체력이 일정한 정도에까지 맹렬히 도달함을 표현한 후에는, 기술 제고提高의 요구가 점차적으로 수위首位를 차지하게 되었다. 경기자는 자신의 신체를 조종하는 데 능해야 할 뿐 아니라 신체와 기계와의 비합, 동료와의 묵계, 경쟁대상의 상황에도 주의해야 한다. 이렇게 경기자는 훈련을 거쳐야 하며, 관중은 방법과 규칙을 알아야만 운동선수와 관람자 모두 적잖은 취미를 증가할 수 있다.

　　현대경기는 운동선수들이 양호한 체력과 기술을 가져야 하는 것 외에도 전략전술이 그 중요성을 점점 더해가고 있다. 코치와 심판제가 이어서 출현하고, 수많은 학문의 지식체계를 바탕으로 설계된 경기장이 세워지고, 각종 시합은 날로 복잡화되고 입체화되었다. 기타 문화현상의 침투와 날로 증가하는 예술요소는 운동미가 관람자 정신의 향수 중에 없어서는 안 될 요소가 되게 하였다.

　　경기활동의 발전사는 우리에게 운동기술이 중요하다는 것을 일깨워

준다. 운동의 기술은 반드시 운동의 목적에 부합되어야 하며, 만약 〈미〉의 표현을 운동목적의 하나로 한다면 기술의 발전에 대해 반드시 심원한 영향을 끼칠 것이다. 운동미의 핵심부분은 기술과 미의 결합에서 떨어질 수 없는 것이다. 이러한 것이 신체운동과 유관한 기술미를 산생하였다.

고대에는 〈기技〉와 〈예藝〉가 나누어지지 않았다. 중국 갑골문의 〈예藝〉자는 한 사람이 나무의 묘목을 심고 있는 형상[❀]으로 노동기술을 상징한다. 외국어 중에서 예술의 원뜻에는 기술이 내포된 것이 많다. 더욱 선명하고 더욱 집중적인 심미대상을 창조하려면 가장 기본적인 기술을 바탕으로 하지 않을 수 없다.

본서 제2장에서 체육활동 중의 진선미의 관계를 논술할 때 언급한 적이 있는 바와 같이, 기술미는 체육활동의 진실성에 대한 심미요구이다. 운동의 과학성에 대한 요구는 주로 기술로 표현되고, 예술성에 대한 요구는 주로 미로 표현된다. 운동의 목적은 미를 창조하거나 미를 제공하는 체험에만 있는 것이 아니라, 그의 창조적 요소는 반드시 그의 기술에 종속되어야 한다. 그러나 이미 제정된 기술규정과 제한의 지나친 강조는, 필시 심미의의상審美意義上 운동선수의 연기를 어색하게 하며 그의 기술에 대한 창조적 발전을 억압할 것이다. 일단 자유로운 창조력을 잃게 되면 기술미의 생명력도 잃게 된다. 신체운동의 기술은 끊임없이 변화·갱신·발전하고 있으며, 이러한 발전과 변화는 심미의식의 작용을 포함할 뿐만 아니라 새로운 기술의 자유로운 창조를 발전시키는 동시에 심미향수를 진행시킨다.

미국학자 로렌스(Lawrence, Ernest Orlando)는 그가 쓴 《미학사조美學詞條》에서 다음과 같이 인식하고 있다. 『인간이 제멋대로 하는 운동을 미라고 할 수는 없다. 훈련을 거친 운동만이 비로소 아름다우며, 체육의 운동과 표현예술 모두 훈련을 거친 운동이라고 설명할 수 있다. 이러한 유형의 운동에서 체력소모는 반드시 사람에게 피로하지 않는 우미한 인상을 준다.』 운동과정중에는 숙련된 기술을 써야 하며, 각종 운동을 합리적으로 조합하여 운동미를 표현해야 한다. 기술의 숙련은 가뿐하고 완미하게 나타난다. 운동훈련으로부터의 과학규율을 따르며, 힘은 가능한

한 적게 소모하고 기술을 많이 발휘해야 훈련의 바탕이 있는 기술미를 충분히 표현할 수 있다. 아울러 우수한 운동성적을 낼 수 있다. 기술의 완벽함은 운동의 과학성을 반영해내고, 과학적 기술동작은 운동미 표현에 빛나는 전경前景을 제공해 준다.

운동시합의 규칙은 운동미의 표현과 커다란 관계가 있다. 규칙은 시합에 참가하는 각팀들이 동등한 조건하에서 모종의 목표에 도달할 것을 요구한다. 항목에 대한 규칙의 구체적 요구는, 예를 들면 회화에서 선과 색채를 이용할 것을 요구하고, 음악이 선율과 소리를 요구하는 것과 마찬가지로 운동기술·전술에 대해 제한을 가한다. 그러므로 규칙과 기술미는 상보적이다. 규칙 중에 미적 요구를 제기하는 항목의 예술성은 강하다. 예를 들면 리듬체조는 근본적으로 여성의 생리조건에 부합하는 자연적 운율을 기초로 하는 것으로, 후에 와서 시합에 적용되자 매우 난이도가 높은 동작이 많이 발전하게 되었다. 그러자 점점 본래의 특성이 모호해지고 운율의 미를 소홀히 하게 되었다. 그러나 사람들은 운동경기로 미적궤도를 이탈할 수 없게 하였는데, 체조규칙을 고치고 역도의 추상推上 항목을 취소한 것은 바로 이 점을 설명해 준다.

현대 운동경기의 훈련은 원래의 체력투입형體力投入型으로부터 지력투입형智力投入型·운동경기 중의 코치로 바뀌었는데, 예를 들면 무대 뒤와 은막 아래서의 연출과 마찬가지로 그 미학수양과 운동선수의 표현력은 직접관계가 있다. 예술성이 비교적 강한 종목에서 운동선수의 심미력을 강화하는 훈련은 종합훈련 중에 필수적인 과정이며, 운동기술의 수준을 한 단계 올려준다.

운동 중의 행위미와 심령미는 실제상 경기활동 중에 표현되어지는 윤리·도덕 방면의 완미完美이다. 예를 들면 이겨도 교만하지 않고 져도 실망하지 않는 〈스포츠맨십〉, 공명정대한 심판, 단체우애정신, 굳센 의지 등은 운동미에 고상한 운치를 더해 준다.

스타디움·시설·기계·복장 등은 주로 시합 중 운동미의 표현에 대해 작용하며, 기술미와도 밀접한 관계가 있다.

체육활동 중에서 심미대상의 표현형식은 주로 시합의 경우에 가장 충분히 반영되어 나온다고 말할 수 있다. 다양한 경기형식은 체육사업의 발전을 추동推動한다. 안타까운 것은 경기활동에서 이기기 위해 수단을 가리지 않는 〈우승제일주의〉 경향(홍분제 복용, 그럴 듯한 속임수 등)과 상업화 경향(영리를 목적으로 직업선수를 기르는 등)은 체육목적과 올림픽 정신에 위배되는 것으로서, 경기활동의 재미를 잃게 하고 교육과 심미가치를 떨어뜨리므로 힘써 바로잡아야 한다.

현대 경기와 연기는 이미 현대사회 문화생활 중에서 없어서는 안 될 관상내용觀賞內容이 되었기 때문에 체육심미활동의 중심이 되었다. 여기에 관해서는 다음장에서 더욱 충분히 다루어질 것이다.

유　희

유희는 시간외 오락으로 통속적으로 말하면 놀이이다. 그것은 가장 순수한 오락성을 가지고 있다.

유희는 사람들이 노동을 끝낸 후에 체력과 정신을 회복하는 좋은 방법으로 대중들이 보편적으로 받아들인다. 유희는 옛날의 무용·희극 등 예술의 원형으로 기타 예술과도 일정한 인과관계가 있다.

유희는 체육과 미학과의 관계방면에서 교량적 작용을 한다.

미학사에 있어서 유희의 문제는 주목을 끈다. 플라톤과 칸트 등 많은 학자들은 일찍이 유희와 예술의 관계를 언급했었다. 16세기의 이탈리아 철학가 마지니(Maggini, Giovanni)는 《신곡神曲의 변호》라는 논문에서, 문예는 일종의 유희라는 설법을 제기하였다. 이러한 관점은 칸트의 저작 《판단력 비판》에서도 발휘된다. 그는 예술이 일종의 〈자유의 유희〉라고 인식하였다. 왜냐하면 이들 양자 모두 자신의 정신에 대한 인간의 자유로운 구가를 나타내고 있기 때문이다. 그후 실러(Schiller, Johann Christoph Friedrich von)는 영향이 매우 큰 〈유희설〉로 발전시켰다. 그는 심미활동은 정력과잉의 유희 중에 가장 먼저 나타났으며, 예술은 유희에 근원한다고 여겼다. 사람들은 자기의 넘치는 정력을 보여주기 위해 유희하였으며, 유희와 상상력이 결합하여 자유로운 창조의 형식을 시도할 때 심미의 유희로 상승한다. 실러는 다음과 같은 몇 구절의 명언을 남겼다. 『인간이 충분한 의의상에서 인간일 때만이 비로소 유희한다. 유희할 때만이 그는 비로소 완벽한 사람이다.』 이것은 유희의 특징이 자유활동이며 강박관념과는 대립된다는 것을 설명해 준다.(《美育書簡》 15번째 편지) 이 학설은 후에 스펜서(Spencer, Herbert)에 의해 발휘·완성되었으며, 플레하노프에 이르러서는 《예술론》에서 〈유희는 노동의 산아産兒〉라는 유명한 논단을 제기하고, 예술과 체육 기원 중에서의 유희의 위치를 바로놓았다.

유희에 관한 학설은 실러와 스펜서의 〈정력과잉설〉 외에도 그로스(Grosz, George)의 〈생활준비설〉〈중복설〉, 로빈슨(Robinson, James Harvey)의 〈보상설〉, 카미스의 〈휴식설〉 및 〈본능설〉〈접촉사회설〉〈자아표현설〉 등이 있는데, 정도상 서로 다른 오류는 있으나 대다수가 미학 및 체육이론에 대한 의의있는 연구토론으로서, 유희가 인류의 문화생활에 대해 가지고 있는 풍부한 가치를 긍정하였다.

산타야나는 《미감》에서 다음과 같은 말을 하였다. 『인류의 모든 문예와 상상이라 칭할 수 있는 활동은 유희이며 부인할 수 없는 합당한 점을 지니고 있는데, 왜냐하면 그것들은 모두 자연에서 발하며 외재적 요구 혹은 위험한 압박하에서 진행되기 때문이다. 그러므로 유희는 자유와 같다. 이러한 의의에서 유희는 아마도 우리의 가장 유용한 일일 것이다.』 유희는 자유롭다, 비생산적이다, 규칙이 있다, 허구적이다, 라는 등의 특징이 있으며 노동의 조성을 조절하는 긴중한 의의를 지니고 있다. 현대 체육은 점점 이 방면의 가치를 드러내고 있다.

현대의 기계화된 생산과 가사노동 경감추세 속에서 유희는 또 〈여가〉를 차지하여 신체활동의 부족한 체육적 의의를 보충해 주고 있다. 유희의 오락성은, 운동으로 하여금 현대인의 생활 중에 없어서는 안 될 조성부분이 되게 하였다.

넓은 의미에서 말할 때, 체육활동의 대부분은 실제로 유조직·유목적적 〈유희〉이다. 상당한 부분의 경기종목이 유희에서 발전된 것으로 현재는 규칙에 의거한 상호경쟁적 유희로 되었다는 것뿐이다. 우리가 광범하게 사용하고 있는 운동을 표기하는 어휘 〈Sports〉조차도 유희에서 발전된 것으로 옥외에서 체력에 의해 진행되는 즐거움이 충만한 활동이다.

유희는 광의 · 협의든간에, 고금 혹은 어떠한 방면에서 보더라도 모두 체육 · 운동과 중요한 관계가 있다.

운동의 유희와 경기의 특징은 체육적 운동이 기타 형식의 신체운동과 구별되는 특징으로서, 유희에 대한 연구는 체육원리에 대해서 뿐만 아니라 예술이론에 대해서도 중요한 의의를 지니고 있다.

통상적으로 가리키는 유희는 체육활동의 중요한 형식 중 하나이며, 청소년기 심신건강을 촉진시키는 의의있는 활동으로 활동성 유희와 경기성 유희로 나눌 수 있다. 유희는 신체 각부분의 조직 · 기능 · 각종 기본 활동능력과 신체소질의 발전 · 심미의식 배양을 촉진시킨다. 유희 중 사람들 상호간의 연계 · 협력 · 대항의 활동은 비교적 많으며, 신체동작의 조화로운 미관을 발전시킬 수 있고 도덕교육과 심미교육에 유리하다. 아울러 다음 세대로 하여금 협동단결 · 용감무쌍 · 기지와 과단성 등의 품성을 기를 수 있도록 하고, 사유 · 판단 · 기억능력을 발전시키며 생동감 있는 유쾌한 정서를 양성한다. 유희의 특징은 오락성이 매우 강하며, 신체동작의 아름다운 조화 및 표현력으로 사람의 심미요구를 만족시킨다. 조직이 치밀한 유희활동을 통해 진정한 미적 체험을 하는 것이지, 단순한 감정 표출의 기회만은 아니다. 마찬가지로 특정한 유희형식과 엄격한 기술훈련은 사람들의 창조성이 승인되는 것을 보증하고, 아울러 기술의 성공과 불가분의 관계인 상상력의 연습을 진행하게 한다. 재주있게 기술동작을 완성할 수 있는 운동선수는 반드시 창조력을 구비하고 있으며, 운동 중의 엄격한 기술규정과 기술을 완성하는 기교는 운동선수들의 창조성과 상상력이 표현의 소재로 빌어쓰는 것이다.

전통 체육유희는 항상 경축일 모임 때 진행되며, 그때가 되면 가무와 함께 마음껏 유희를 즐기는데 오락성이 매우 강했다. 먼 옛날의 음악 · 무용 · 희곡 · 시가 · 잡기 등의 예술양식은, 운동경기와 같은 배태에서 싹터 그 관계가 매우 밀접하다. 민족전통체육은 각 유예활동遊藝活動의 집대성으로, 지금까지도 원시예술활동의 순박하고 고졸한 유풍을 반영해

내고 있어 체육과 예술의 기원 및 그들간의 상호연계를 연구하는 데
〈활화석活化石〉이 되고 있다.

신체운동의 형식미

사람들이 체육을 실천할 때 운동의 방식·방법·기술·전술·규칙·동작조합 등은 계급성이 없으며, 형식미를 대량으로 표출한다. 운동 중에서 동작·조형造型·자태·선·음향·색채에 대한 심미는, 일반적으로 구체적 사물의 외관과 형식의 범주에서 진행되는데 그것들은 그 외관과 형식적 미로써 미감을 일으키며 즐겁게 한다. 그러므로 신체운동형태의 형식미는 운동미를 평가하는 중요한 근거가 되며, 운동미는 운동 중의 형식미에 매우 비중을 두므로써 심미대상이 된다. 우리는 장기적인 체육실천활동 중에서 미적 사물을 대량으로 창조했으며, 이러한 사물은 내용과 형식의 통일이다. 미의 형식은 내용을 이탈할 수 없으나 사람이 심미활동 중에서 직접적으로 받는 느낌은, 흔히 사물미의 형식이기 때문에 무수한 중복을 거쳐 사람들은 단지 사물의 형식만을 보게 되어 그 내용을 고려하지 않고도 미감을 일으킬 수 있다. 이렇게 미적 사물의 모양으로부터 나타난 미가 바로 형식미이다. 바꾸어 말하면, 형식미는 우주만물 중에 보편적으로 존재하는 일정한 색·형·음 등으로 구성된 형식의 미를 가리킨다. 예를 들면 정제整齊·대칭·비례·균형·대비·조화·층차·리듬·다양화 통일 등은 오랜 심미의 역사 중에서 고정된 것으로 형식미의 법칙이 되었다.

형식은 미의 형상을 구성하는 필요조건이다. 형식은 미적 형식의 공통된 특징이며, 수많은 미적 사물 중에 추상적으로 나타나므로 인해 상대 독립적인 심미의의를 지니고 있다. 수많은 형식미는 우리의 신체적 구조에 근원하며 운동하는 중에 많이 드러난다. 사람들은 미적 사물을 창조하면서 형식미를 발전시켰으며, 대량의 미적 사물로부터 미적 형식의 공통 특징 즉 형식미의 법칙을 개괄하였다. 형식미의 법칙은 인류가 창조미의 과정중에서 형식을 운용한 법칙의 경험적 총화이다. 그러므로 거의 모든 형식미의 법칙은 신체와 운동 중에서 그 원인을 찾을 수 있다. 형식미 법칙의 운용은 현대의 수많은 경기종목으로 하여금 선명한 심미특징을 가지도록 하였다. 운동종목 중의 미는, 구체적으로 말하자면 내용과 형식의 통일이며 주로 미의 형식으로부터 직접 관중의 미감을 불러일으킨다. 심미활동에서 정련을 반복하여 운동의 형식으로부터 형식미의 법칙을 개괄해낼 수 있다. 이러한 법칙은 상대독립성이 있으며, 경기활동 중에서 이러한 법칙을 운용한다. 각 종목의 몇몇 특징을 드러낼 수 있으면 좋은 효과를 촉진시킨다. 아래에 신체운동과 밀접한 관계가 있는 형식미의 법칙을 가려 간단히 소개하겠다.

정제|Uniformity

정제는 또 정제일률整齊—律이라 칭하기도 한다. 반복 혹은 획일의 의미를 가지고 있으며 가장 간단한 형식미의 요소이다. 운등회 개막식에서 운동선수들의 대열이 가지런한 걸음으로 운동장을 돌 때 개회장은 장엄하고 웅장함을 드러내어 사람들의 활력을 진작시킨다. 매스게임에서 여러 사람들의 동작은 일치를 이루어 들쑥날쑥하지 않게 보기 좋게 해야 한다.

사람의 신체구조·생리리듬·활동규율은 정제의 요소를 가지고 있다. 사람의 외형은 비슷한데 정상적인 사람이라면 두 개의 손과 팔, 두 개의 발과 다리, 두 눈과 두 귀의 대소형상大小形狀이 가지런하며 호흡·맥박·걸음걸이가 고르다. 만약 〈맥박이 고르지 못한〉 현상이 발생한다면 매우 불편할 것이다. 이렇게 사람들간의 통일에는 기초가 있다. 인류의 군체활동은 특히 정제일치해야만 목적에 도달할 수 있다. 인류 자신의 생존과 발전의 요구를 위해 사람들은 정제를 좋아하며, 아울러 이러한 애호는 확고한 심리경향이 되었다. 이것은 오랜 과정을 거쳐온 것이다.

신체운동 중에는 반복·일치의 예가 많다. 예를 들면 많은 사람들이 똑같은 복장을 하고 체조를 하는데 조화일치를 이루면 그야말로 볼 만하다. 정제는 장중·웅장·강경·유력 등의 느낌을 주며, 운동 중에서는 주로 남자나 집체항목 중에서 나타나는데 남자의 강건하고 힘있는 웅위한 기백을 충분히 드러낼 수 있다. 대열연습 등 집체운동 중에서 특히 협조일치의 동작을 표현할 수 있다. 그 단점은 일시적으로는 흥미있으나 오래되면 권태감이 생기고, 사람들로 하여금 주의력을 지속케 하는 역량이 결여되어 복잡미묘한 감정에 오래 기탁하기가 어렵다.

대칭 Symmetry

대칭은 균형이라고도 하며, 상하좌우 혹은 방사형상이 같으며 각부분 사이가 서로 어울리고 알맞은 것을 가리킨다. 인체와 기타 동물의 수많은 부위는 좌우대칭이 되고, 고요한 호수에 비치는 봉우리들의 투영 또한 대칭이며 자동차 바퀴의 모양도 방사대칭을 이루고 있다.

대칭에 관하여 사람들은 자기의 신체구조와 생리적 특징에서 근거를 찾을 수 있다. 사람의 콧대는 수직선을 이루며 위로부터 아래까지 체표 體表 양측은 대칭이 아닌 것이 없다. 불구자와 기형의 신체는 대칭이 아니므로 체격이 정상인 사람에게 불유쾌한 인상을 준다. 사람들은 완벽·조화를 추구하며 생리적 본성상 대칭적 신체를 좋아한다.

플레하노프는 다음과 같이 말하였다.

나는 또 〈대칭의 규율〉을 지적해야겠다. 그것의 의의는 거대함과 의심할 바가 없다는 것이다. 그 근원은 무엇일까? 그것은 아마 인간 자신의 신체구조 및 동물 신체의 구조일 것이다. 다만 불구자와 기형자의 신체는 대칭적이지 못하므로 그들은 정상적인 사람에게 유쾌하지 못한 인상을 준다. 그러므로 대칭을 감상하는 능력은 자연이 우리에게 부여해 준 것이다. ……나아가 아주 어릴 때부터 대칭의 규율에 주목한다. 사람의 고유한 대칭의 감각은 바로 이러한 양식으로부터 양성된 것으로 다음과 같은 상황에서 볼 수 있다. 미개인(미개인뿐만은 아니다)은 자기의 장식 중에서 횡적 대칭, 더 들어가 직선적 대칭을 중시한다.《플레하노프 미학논

문집》

미학가 산타야나는 진일보하여 대칭의 미 가운데서 생리방면의 원인을 찾아내고, 다음과 같은 사실을 발견하였다. 『우리는 양쪽 대칭을 요구한다. 우리는 수직을 요하는 대칭은 느끼지 못하는데, 왜냐하면 눈과 머리가 사물을 관찰할 때 위에서 아래로 보는 것이 좌에서 우로 보는 것만큼 그렇게 편하지가 않기 때문이다. 하나의 대상이 눈 앞에 있을 때 상하부등上下不等 역시 좌우부등左右不等이 일으키는 이러한 운동추세는 안타까운 마음을 일으키지 못한다. 그래서 안부眼部 근육의 평형으로부터 느끼는 편안함과 수월함은 어느 상황에서든 대칭적 가치의 근원이다.』 (《미감》 61쪽) 그러므로 좌우대칭이 기본적이라 말할 수 있으며, 방향은 다르면서 형상은 서로 같은 상태를 가리키고 기타 몇 가지는 그것의 변형일 뿐이다.

비례Proportion

비례는 사물의 이 부분과 저 부분의 사이, 혹은 부분과 전체 사이의 대소·길이·넓이·굵기 방면 등의 수량관계를 말한다.

인체의 비례는 대체로 서로 같으나 미미한 차이가 존재하고 있다. 인체의 차이에 비례하여 성별의 차이, 인종의 차이도 있다. 이러한 차이는 신체운동에 영향을 준다. 예를 들면 황인종은 일반적으로 넓적다리가 상대적으로 길고 종아리가 짧다. 반면에 백인종은 넓적다리가 짧고 종아리가 길다. 이렇게 동양계 운동선수의 퇴부腿部 중심은 유럽의 운동선수와 다를 뿐만 아니라 퇴부의 근섬유 길이 또한 차이가 있으므로 신장이나 체중이 똑같더라도 똑같은 달리기 기술을 가질 수는 없다. 동양의 육상선수는 근육이 탄력성·유인성이 모두 뛰어나서 매우 잘 달린다 할지라도, 미관상 그리 좋지 않은 것은 아마도 선체의 비례와 유관한 것이라 여겨진다. 어떤 기술은 어느곳을 막론하고 옮겨놓을 수 없으며, 또한 심미평가상에서도 미묘한 차이가 있음을 허용해야 한다. 왜 어떤 비례관계는 아름답고 어떤 비례관계는 아름답지 못한가? 이것은 인류 자체의 신체와 관계가 있다. 소위 가장 아름다운 비례관계는 황금분할로서 그 산생의 근원은 사람에게 있다.

황금분할률 또는 황금절·황금단·황금분할비례라고도 한다. 우리가 흔히 보는 서적류·성냥갑·가구·원고지·카드·TV화면·영화 스크린·무대·운동장 등은 모두 장방형(직사각형)이므로 대체로 이 비례에 부합된다. 가령 한 개의 보통 장방형의 그 길이와 넓이를 더한 것과, 그 길이와의 비례는 당연히 길이와 넓이의 비례와 같아야 한다. 즉 그들의 비례관계는 이미 제3장에서 소개한 바 있는 $\frac{1.618}{1} \fallingdotseq \frac{1}{0.618}$이다.

중국의 저명한 수사학자 진망도陳望道는 일찍이 반세기 전에 이미 이렇게 말했다.『독일의 제이싱이 제기한 소위 황금비례(Golden Section)라 함은 미적 효과의 최대의 비례이다. 제이싱의 실험결과에 의하면, 황금비례는 예술품에서는 물론이고 천체에서나 또는 자연물에서도 모두 다 응용될 수 있다. 또한 동물계 가운데 인류의 신체상에서 더욱더 응용될 수 있다.

사람의 신체를 상·하 두 부분으로 나누면, 즉 배꼽을 경계선으로 상·하의 황금비례가 있는 바, 상부에는 머리로부터 인후, 또 인후에서 배꼽에 이르기까지, 하부로는 배꼽부터 무릎까지, 또 무릎에서 발바닥까지 모두 다 황금비례가 있다.』(진망도《미학개론》제4장, 상해민지서국, 1926년)

소위 황금분할률은, 실은 인류 신체 부분의 넓이와 높이의 비례인 것이다. 만약에 사람의 배꼽에서 신체를 상·하 두 부분으로 나눈다면 배꼽에서 머리끝까지는 신장의 0.382배이고 그 발바닥까지는 신장의 0.618배인 것이다. 어떤 운동종목의 선수를 뽑을 때, 만약 선수의 신장이 160cm라 하면 곧 160×0.618＝98.88cm가 배꼽에서 지면까지의 이상적인 몸높이가 된다. 그렇지 않으면, 곧 상체가 하체보다 길든지 또는 상체가 하체보다 짧은 것이다. 일반적으로는 후자의 경우가 비교적 아름답게 보인다.

　기원전 5세기 고대 그리스의 조각가 폴리클리투스의 작품 《창을 가진 사나이》는, 곧 이 황금비례에 가장 적합한 것으로 세상에 널리 알려진 바 있다. 근대 저명한 프랑스의 건축사 르 코르뷔지에(Le Corbusier)는 1946년에 인체의 이상적인 수준과 보기 좋은 분할비례를 연구토론하였다. 그는 인체의 우미비례의 기본척도를 시각적 심미에서 정밀하고 확실한 수학을 근거로 변화시켰으며, 이를 일러 〈표준척도〉라 하며 건축에 널리 응용되고 있다. 또한 1951년 이탈리아 밀란국제예술회가 주최한 세계황금절토론회 사회자로 공동 추대되었었다. 이것은 곧 황금분할은 인체 자체의 각부분의 형상을 나타낸 것이고, 우리의 손바닥과 얼굴이 그 평균수치를 취한다면 대체로 이에 부합하며, 두 손을 수직으로 세운 두 손가락의 끝도 역시 이 비례에 따라 전체 신장을 분할할 수 있음을 설명한다. 현대의 어떤 과학자는 뇌파 중의 일부 파형은 β파의 높이이고 저주파가 가진 상호관계 역시 1 : 1.618임을 발견했으니, 이 어찌 크게 경탄하지 않을 수 있겠는가!

균형 Balance

　균형은 상하 또는 좌우의 형식상에서는 비록 반드시 대칭이 되지는 않으나, 분량에서는 오히려 균등하여 사람에게 그 경중과 과대·과소의 무게감을 준다. 만약 책상다리가 한 개 없거나 또는 어떤 사람의 한쪽 팔이 특별히 굵은 경우 등은 모두 그 균형감을 상실한다. 균형은 또 평형·저울이라고도 불러 천평칭의 뜻을 의미하며, 한 천평칭의 양쪽에 같은 형체의 물건을 올려놓은 것은 대칭이라 한다. 또한 형체는 다르고 무게가 같은 물건을 올려놓은 것은 균형이라 한다. 이것은 문장文章·서화書畫에서 편폭의 작성, 또는 신체단련의 부위와 한 동작의 구성에서 특히 중요하게 나타난다.

　어떠한 종목의 신체운동을 막론하고 모두 다 중심을 지켜야 한다. 신체가 평형을 유지하여 넘어지지 않게 하려면 효과적으로 근육을 제어하여 유지해야 한다. 지구인력의 작용에 의해 걷거나 춤을 출 때까지도 평형을 유지하기 위해 노력해야 한다. 이것 역시 운동생물학의 기초이다.

동작의 앞뒤의 연결과 조화, 훈련 중의 강도와 밀도의 합리적인 배치나 신체의 대소근육의 발달정도는 모두 다 균형을 체현하는 원칙이라 할 수 있다. 신체운동은 곧 끊임없이 기존의 균형을 깨뜨리고 새로운 균형에 도달하는 것이다.

체육활동에 있어서 심리상의 평형유지가 상당히 중요하며, 시합 중에서 동작의 적절한 구성과 종목 배치의 합당함과, 또 동작 구성에서 매우 어려운 동작의 합리적인 안배와 경기장·시설·기자재·조명의 분포나 사용상의 합리성은 모두 다 균형에서 나타나는 형식의 미이다.

대비|Contrast

대비는 첨예한 차별을 반영할 수 있다. 쌍방의 대립은 한쪽의 특징을 더욱 선명하게 드러나게 한다.

동시에 나타나는 두 물체가 현저한 차이를 보일 때 우리들의 시각에는 곧 대비의 영상映象이 생기게 된다. 이 두 종류의 물체도 상호 강조의 대상이 된다. 가령 두 팀이 시합을 한다면 운동복의 색상에는 반드시 선명한 차이가 있어야 한다. 그래야만 서로 대비를 이루어 더욱 눈에 띄게 된다. 운동 중에서도 광선의 명암, 선의 장단, 체적의 대소 등이 모두 대비가 될 수 있으며, 또 이것으로 서로가 지닌 특색을 돋보이게 한다. 소리의 강약, 힘의 대소, 리듬의 변화 역시 청각상의 대비를 조성할 수 있다. 색채의 차가운 색과 따뜻한 색, 여색餘色과 보색補色 등도 서로의 복잡한 대비관계를 갖고 있다.

체격의 크고 작음, 뚱뚱하고 마름, 피부색의 검고 흼 등등은 모두 대비될 수 있다. 남자는 굳세고 여자는 부드러워 이것 역시 좋은 대비가 된다. 동작에 있어서 견실하고 꿋꿋하며, 거세고 강건한 동작은 귀엽고 영민하고 온유하며, 유창하고 완곡한 동작과 서로 대조되어 상대방을 더욱 강조하고 돌출시키는 작용을 한다.

조화는 형상 중의 각 성분이나 각 구성요소간의 대립과 통일의 협조관계를 가리킨다. 많은 형식미의 요소 중에 대비와는 상반되며, 각 물체에 아주 미세한 차이를 두어 병렬해 놓은 것이 있는데 그것이 바로 조화이다. 조화는 또 협조·조합·화성 등의 의미를 갖고 있다. 조화는 부분과 부분 사이, 부분과 전체 사이의 통일관계를 나타내므로 사람들에게 형식상의 미감을 주며 융화融和와 원만한 일치성을 나타낸다.

색깔·음성·형체동작 등 여러 형상 중에는 모두 다 조화와 부조화의 문제가 존재하는데, 그 근원은 바로 사람 자체에 있다. 사람은 오랜 기간 동안 자연을 선택하며 노동하는 과정에서 풍요하고 다채로운 대자연을 관찰하였다. 이로 인하여 사람들은 시각적으로 색채에 대한 심미경험을 쌓았으며, 계속 발음하는 과정에서 가장 좋은 소리를 낼 수 있는 발음기관이 형성되었다. 이와 마찬가지로 인체 각부분 역시 하나의 몸체에 조화롭게 결합되어 있어 사람의 생존에 유익하며, 또 사람의 동작 역시 조화를 필요로 하는데 왜냐하면 조화는 수고를 덜어주며 아주 효율적이기 때문이다. 그러므로 조화는 광범한 의의를 가진다.

조화는 언제나 조형예술의 중요한 문제로 연구되고 있다. 또한 체육활동에서 선수 개인 동작의 조화 및 다른 사람과 협력·팀워크를 이루는데 아주 중요한 것이다. 동작의 조화는 〈기술미〉와도 관계되며, 합리적이고 수월하며 매우 효율적이며 정확한 동작은 대개 조화가 잘 되어 동작의 기술미를 반영할 수 있다. 선수들간의 배합에서, 특히 단체종목(예를 들면 구기종목)에서의 조화는 곧 심리상의 양호한 〈전술의식〉의 외재적인 구체적 표현이다.

운동보조시설·기자재·복장에서 가령 대비가 되지 않으면서 조화를 이루도록 하려면, 색상에서 흑백黑白과 홍록紅綠을 같이 배치시키지 말아야 하며 마땅히 홍색과 등황색을 같이 놓아야 한다. 그리고 체격이 다른 여러 사람을 함께 세워놓을 때는(예를 들면 수중발레와 같은 경우) 지나치게 키가 크거나 작은 사람 또는 뚱뚱하거나 마른 사람을 한 자리에 세우면 좋지 않다. 그렇다고 같은 물체를 너무 한 곳에 집중시키면 때로는 단조롭고 무미함을 나타낼 수 있으니 주의해야 한다.

층차Gradation

사물이 일정한 순서에 따라 점차 변화하는 약간의 단계를 일러 층차라고 한다. 낮은 데로부터 높은 데로의 층층계단, 큰 데서부터 작은 데로의 층층고탑, 그리고 먼 곳에서부터 가까이 소리내며 밀려왔다가 사라지는 파도 소리 등등의 모든 것이 다 층차를 보여준다.

인체의 구조는 위에서부터 아래로 밖으로부터 안으로 그 층차가 분명하며, 체육경기에는 시市로부터 도道, 전국 및 나아가서 국제시합에 이르기까지 선발과 탈락의 과정이 중복된다. 그리고 대형 단체연기종목(예를 들면 매스게임, 사열 등)에서 층차의 효과는 더욱 두드러진다.

층차를 운용해서 그 형식미를 표현할 때는 한 순간이라도 주종관계를 소홀히 할 수 없는 것이다. 예를 들면 농구나 축구 경기장에서의 센터, 배구에서의 세터, 매스게임에서의 핵심, 행진 대오에서의 전열前列 등은 모두 리드하는 역할을 하게 되므로 층차의 주종관계가 나타나게 된다. 층차에서 주요主要와 차요次要를 강조하는 것은 경기를 안배할 때 충분히 고려해야 한다. 예를 들면 경기장 주위에 체육과 관계없는 상품광고를 너무 많이 걸어놓으면, 주객이 전도되어 층차의 주종관계를 혼동하게 한다.

곡선曲線

본래 곡선은 기타 형식미의 법칙과 병렬하기엔 적당치 않으나, 운동에서의 중요 역할임을 감안하여 그래도 하나의 특수문제로 연구·토론해 보기로 한다.

선에 있어서 직선은 강직한 표현이고 곡선은 부드러운 표현이며, 파상선波狀線은 경쾌하고 유창한 표현이며, 폭사상선幅射狀線은 분발의 표현, 교착선交錯線은 격동을 표현하고 평행선은 안온함을 표현한다. 선으로 구성된 형식은 우리들에게 아주 미묘한 감각을 준다. △꼴은 안정감을, ○꼴은 회전감을, ▷꼴은 전진하는 느낌을, ▽꼴은 선회하는 느낌을 주며, ⊥꼴은 꿋꿋함을, ⌒꼴은 활달함을, ∿꼴은 유동성을 느끼게 한다.

운동에 있어서 선의 변화에 정통하여 나타나는 형식미는 매스게임 등의 단체연기종목에 특히 유용하다.

보통 긴 직선은 사람들에게 단조롭고 딱딱한 느낌을 주는 것에 비하여 파형 곡선은 퍽 부드럽고 아름다움을 느끼게 한다.

곡선은 심미활동에서 중요한 의의를 갖고 있다.

영국 화가 호가드는 《미의 분석》이란 책에서 곡선이 가장 아름답다고 했다. 헤겔도 『소위 〈파랑선〉을 〈미의 선〉이라 칭하기를』(《미학》 제1권 180쪽) 좋아하였다. 곡선의 자유성이 미를 조성한다. 곡선은 일종의 유동성을 체현하는 유동미·동태미이다. 곡선은 점차적으로 변화한다. 버어크는 『미는 반드시 직선을 피해야 하며, 그리고 또 완만하게 직선에서 벗어나야 한다』(《고전문예이론》 제5책 65쪽)고 말했다. 이것이 곧 곡선이다.

체육활동의 어디에서나 볼 수 있는 곡선은 외관상 S형과 파랑형으로 나타난다. 사람의 신체에는 직각이 없으며 각부분의 돌기는 모두 정도의 차이가 있는 호형弧形이고, 더욱이 여성의 곡선 기복은 더욱 선명해서 사람들에게 부드럽고 유동적인 인상을 주어 유창한 음유陰柔의 미를 나타낸다.

선수들의 달리기·뜀뛰기·던지기 등은 모두 만곡의 궤적을 가지고 있다. 어떤 대항성 경기종목에서 선수들이 상대방의 공격과 저지를 피하려고 몸을 흔드는 〈가동작假動作〉은 아름다운 곡선을 조성한다. 태극권은 원활하고 부드러워야 하며 한 동작 한 동작에는 모두 곡선미가 있다. 리듬체조에서 빛깔 있는 리본이 공중에서 그려내는 순간순간의 다양한 곡선은, 선수들이 주관적인 감정을 표출하여 인정미를 충만케 하는 것이 아니겠는가? 참으로 그 기묘한 감정은 선에 있고 선으로써 감정을 표현하며, 정과 선의 조화는 하나의 아름다운 화면을 구성한다.

리듬, 그것은 운동미의 신경이라고 할까?

스타니슬라프스키(Stanislavskii, Konstantin Sergeevich)는 리듬은 『일정한 속도와 박자에서 실제 시치時值(동작, 음성)와 단위 시치時值의 양의 관계』라고 하였다.(《스타니슬라프스키전집》 제3권, 제2부 제5장 리듬 속도) 리듬은 무질서하고 불규칙한 동작이나 음성으로 하여금 단위시간 내에 상대적으로 규칙적인 질서에 도달하게 하는 것이다. 리듬은 체육과 예술(특히 음악·무용·시가 등의 시간성 예술)에 있어서 반드시 필요한 요소 중의 하나이다.

『리듬에 대한 민감敏感은 일반적인 음악 능력과 같이 인류의 심리와 생리적 본성의 기본 특질의 하나임이 분명하다.』(플레하노프 《예술론》) 생리상으로 볼 때 사람의 운동은 모두 신경계통의 지휘하에서 리듬있게 진행된다. 심장박동·호흡, 모든 신진대사의 리듬이 신체활동의 외재적인 리듬을 이끈다. 예를 들면 걷기에서 두 발은 균등하게 교차해야 하며 두 손은 앞뒤로 흔들어서 신체의 평형을 유지하며 앞으로 나아가는 것이다. 기타 다른 중복되는 동작 역시 리듬을 떠날 수 없다.

사람의 각종 운동형식은 무의식적으로 생리적 리듬에 의해서 일정한 리듬형식을 갖게 된다. 각종 운동경기에서 특유한 리듬을 깨뜨리면 좋은 성적을 얻을 수 없다. 이것은 높이뛰기·멀리뛰기·장애물달리기·구기 종목 등에서 특히 잘 나타난다.

리듬은 운동미를 평가하는 데 있어서 중요한 의의를 갖는데, 이는 그 자체의 특징에서 결정되는 것이다.

우선 리듬 그 자체가 운동이다. 어떤 리듬이든지 일단 정지되면 운동도 곧 정지되며, 운동이 없으면 리듬도 존재하지 않는다. 이것과 체육과 운동의 관계에는 매우 유사한 점이 있다. 아리스토텔레스는 《문제》편 제19장에서 말하기를 『리듬과 멜로디는 운동이며 사람의 동작 역시 운동이다』라고 하였다.

리듬은 운동이기 때문에 시간의 제약을 받으며 오로지 시간예술과만 결합할 수 있다. 리듬에 형상적 언어 표현감정을 덧붙이면 시가 되고 음조를 덧붙이면 노래가 되고, 동작을 덧붙이면 춤이 된다.

리듬에다 각종 보건운동을 첨가시키면 그 운율이 증가하여 생리적으로 는 사람의 수요에 부합하여 쾌감을 가져오며, 또한 미감을 산생시켜 사람의 정신적 향수를 만족시킨다.

다음으로 리듬의 주기는 힘의 대비를 가져온다. 음악에서 아주 기본적 인 2/4박자는 심장 박동의 리듬과 비슷하며, 그리고 또 강약의 주기성 을 갖고 있다. 리듬을 형성하는 모든 운동에서 리듬의 〈강약〉의 변화는 상대적이며, 반드시 시종을 관통한 전후에 하나의 완미한 전체를 구성해 야 한다. 전체 중에서 하나의 독립된 부분을 분열시키면 곧 리듬의 완정 성完整性이 파괴되어 버린다. 어떤 사람은 동작을 연습할 때 지나치게 단조로운 분해동작훈련에만 치우쳐 언제나 단조로운 동작은 매우 정확하 나 전체적인 동작의 일관성에는 리듬이 결핍된다.

리듬에서 빠르고 늦음은 반드시 적당해야 하며, 사람의 생리상에서 능히 받아들일 수 있는 범위내에서 유지되어야 한다. 너무 빠르거나 혹은 너무 느린 리듬은 신체활동의 적응이 곤란하며, 동시에 예술리듬의 의의마저 상실케 한다. 예를 들자면 한 시간에 한 번 종을 친다면, 사람 들은 직접 그 리듬의 의의를 감수할 수 없으니 반드시 이성적理性的 계산방법을 거쳐야 비로소 알 수 있다. 또한 1초에 50회의 박자(교류전 류에서 50주파수)로 종을 친다면, 사람들은 생활의 근거를 찾지 못해 분별할 도리가 없으므로 이 또한 반드시 이성적 계산을 거쳐야 그 리듬 의 성질을 인식할 수 있다.

아리스토텔레스는 《시학》 제7장에서 『미는 체적의 대소와 질서에 있는 데 지나치게 작은 동물은 아름다울 수 없다. 왜냐하면 너무 작아서 눈을 돌려 볼 필요도 없이 그것을 똑똑히 볼 수가 없기 때문이다. 너무 큰 물건, 예를 들어 길이가 천 리나 되는 동물 역시 아름다울 수 없다. 왜냐 하면 한 눈으로 끝까지 볼 수가 없어서 그 통일과 완정을 볼 수 없기 때문이다』라고 말했다. 리듬 또한 운동 중에서 이와 같은 이치로 적용되 는데 너무 빨리 움직이면 〈질서〉를 느끼지 못하고, 그렇다고 너무 느리게 움직이면 〈완정〉을 느끼지 못하게 되는 것이다. 미적 사물은 직관적이고 감성적이고 형상적인 것이다. 만약 이성 혹은 계획을 거쳐야만 의미있는 사물을 표현할 수 있다면, 아름다움을 표현하기란 매우 어려운 것이다. 그러므로 인체 자체의 생리적 리듬에 의하지 않은 너무 빠르거나 너무 느린 리듬은 적합하지 않아 유쾌한 감정을 가져올 수 없다.

운동 리듬의 특징은 일정한 규칙에 근거해서 어떤 기본동작의 단계적 특징으로부터 이루어진 운동의 시간적 특징이다. 운동 리듬을 장악하지 못하고서는 우수한 성적을 취득하기는 매우 어렵다. 그러므로 이 점에 대한 반복적인 강조가 필요하다 하겠다.

다양화 통일 Variety and Unity

다양화 통일(혹은 다양한 통일, 변화와 통일, 번다한 통일, 변화는 통일에 포함된다는 등등으로 불리운다)의 의미는, 결코 형식미의 규율 요구는 덮어놓고 질서와 통일만을 추구해서 다양화의 변화를 소홀히 한다는 것이 아니고, 또 그렇다고 다양한 변화만을 위해 통일을 버린다는 것도 아니니 반드시 두 방면의 결합만이 비로소 최고 규격의 형식미라 하겠다.

풍부하고 다채로운 운동 가운데서 다양화 통일은 다른 형식미 법칙에 비교해서 통솔적 역할을 하는 형식미의 법칙이다. 우리가 이미 알고 있는 것처럼 형식미의 법칙은 매우 많으며, 그것들은 운동 가운데서 서로 고립되어 존재하는 것이 아니고 상보상성相輔相成의 밀접한 연계성을 갖고 있다. 다양화 통일은 어느 정도에서 많은 법칙을 내포하고 있는 바, 예를 들면 정제·대칭·균형 등 모두 다 그것의 한 측면이 될 수 있다. 이밖에 다른 법칙이 가령 구체적으로 운용되는 도중에 모순이 생겼다면, 반드시 다양화 통일의 법칙에 적용시켜야 한다. 예컨대 동작을 하는 가운데서 편면적으로 정제와 대칭만을 추구하게 되면, 아마도 단조롭고 어색함을 면치 못할 것이다. 이런 경우에는 대칭과 정제를 어느 정도 버리고 전체적으로 변화 중의 통일을 추구하여 더욱 세련된 균형과 협조관계에 도달해야 한다.

　　다양화 통일은 생동성生動性과 완정성完整性을 나타낼 수 있으며, 거시적인 형식미 표현에 적절하다. 그러나 많은 구체적인 부분에서는 다양화 통일의 원칙도 실시될 수 있다. 인류의 생활은 풍부하고 다채로우며 생동감이 넘치고 활발하다. 사람들의 건강과 오락에 관계되는 모든 신체운동에서 다양화 통일의 원칙은 다른 여러 형식미 법칙을 통솔하며, 체육 영역에서의 심미활동 속에서도 날로 중요한 역할을 발휘한다.

　　체육미학의 구체적인 연구 가운데에서 현재 중요한 것은 관찰, 귀납과 분석종합으로 경험적 평가에 의존한다. 인체구조·활동능력 및 운동형태는 일정한 법칙을 갖고 있기 때문에 체육에서 여러 가지 현대화된 수단을 사용해서 신체미와 운동미의 객관 숫자의 근거를 측정할 수 있을 뿐만 아니라, 형식미의 기본법칙을 운용해서 각종 심미욕구에 부합되는 기본동작을 다른 유형의 모델로 분화하여 표준화한 가장 좋은 평정評定을 얻는다. 영화·비디오·사진 등의 촬영과 슬라이드 필름 제작 등의 방법을 통해 미의 운동형식을 기록하여 전형 도안을 만들어서 불합리한 동작을 수정하고 심미평가를 진행한다. 진보적인 실험방법은 아름다운 동작에 정량표준定量標準을 주게 하고, 또 이런 류의 자료 축적과 규범화는 연구성과의 교류와 계승에 매우 유익하며, 또 체육활동의 심미심리를 연구하는 중요한 근거가 되기도 한다.

심미적 각도에서 본 각종 운동종목의 분류

운동 중에 포함된 미의 요소는 매우 많으며, 또 이를 하나하나 연구하려면 곧 그 전체의 운동형태에 대해 분류해야 한다. 이것은 곧 각종 운동의 형성원인과 발전과정 및 그들 사이의 차이와 연계를 연구해서 분류원칙을 세워야 함을 뜻한다. 분류는 운동미의 일반법칙을 제시하는 데 유익하고, 각 경기종목의 특징에 대해 더 깊이 이해하므로써 각 종목의 장점을 발양하고 단점을 피하여 더욱 큰 작용을 발휘하게 한다.

우리는 운동의 다른 목적, 다른 장소, 다른 형태, 다른 대상 등에서 분류할 수 있다. 예를 들면 운동과정 중의 준비·진행·종결 등의 단계로부터 운동형태를 구분하며, 운동의 전달과 유동流動에서 미를 발견하는 것 등등을 말한다. 이런 것들이 모두 운동미에 대한 인식을 깊게 하여 운동미의 일반법칙을 찾는 데 도움이 된다.

외국학자들은 운동의 분류에 있어서 형식미의 요소나 법칙을 찾는 것을 매우 중요시한다. 이를테면 마쓰다 기시(松田義之)는 평형·균형·비례·율동 등을 형식미의 요소로 삼아 운동미를 분류하고, 가쓰베 토쿠미(勝部篤美)는 여섯 종류의 미의 특징 후면에는 또 각자의 종류에서 3종씩 의미를 더 확대해서 모두 18종으로 운동미의 요소를 분석하고 있는데 그것은 다음과 같다. 1)시간성(①영민 ②속도 ③리듬) 2)공간성(④폭 ⑤높이 ⑥무게) 3)견인성(⑦강도 ⑧격렬 ⑨완강) 4)정치성(⑩교묘 ⑪정확 ⑫균형) 5)유열성愉悅性(⑬화려 ⑭열애 ⑮스릴) 6)우아성(⑯유순 ⑰유화柔和 ⑱고상) (勝部篤美 《運動美學》)

이밖에 독일의 마이어(Mayer, Julius Robert von)는 운동학의 관점에서 운동과정의 본질적 특징을 찾았다. 그는 운동을 구조·조화·리듬·유창·탄력성·정확성·민첩성 등으로 나누었다.

다프라는 무용의 조합원칙을 사용하여 다양·대비·균형·고조·차례·이동·반복·조화의 8개 방면의 통일을 강조했다.(岸野雄三《序說運動學》) 이것은 앞으로 운동미의 형식요소를 탐색하는 데 모두 유익한 자료가 된다.

그밖에 어떤 사람은 운동종목의 주가 되는 신체소질에 의하여 분류하거나 또는 운동종목의 동작구성에 따라 분류하는가 하면, 운동성적의 평가방법에 따라 분류하기도 하며 동작기술의 정확성에 의해, 시합에 따라, 운동선수들의 상호작용에 의해 분류하기도 하고, 또는 경기장의 특색에 따라 분류하기도 하며, 시합할 때의 각팀 선수의 다소에 따라 분류하기도 한다.

많은 학자들의 분류 중에서 일본의 학자 긴도우 에이오(近藤英男)의 분류가 매우 인기가 있다. 그는 운동미를 깊이 이해하려면 마땅히 리듬에서부터 운동의 유형을 비교해야 한다고 여긴다. 그의 운동분류로는 1) 단순한 리듬의 중복으로 이루어진 운동들(예컨대 달리기·수영 등) 2) 앞뒤와 중간이 똑같게 정형화된 복합적인 리듬이 조합된 운동들(예컨대 장대높이뛰기·포환던지기 등) 3) 쌍방이 교체·반복하면서 연속적으로 정형화된 리듬이 조합된 운동들(예컨대 테니스·배구 등) 4) 쌍방이 서로 반복하면서 연속되는 수량이 비교적 많은 정형화된 리듬이 조합된 운동들(예컨대 농구·축구 등) 5) 자유로운 리듬으로 구성된 운동들(예컨대 마루운동·피겨 스케이팅 등)이 있다. 그의 인식으로는 자유로운 리듬 속에서 선수들에게 선택과 창조의 여지를 많이 만들어 주면 운동미의 표현력을 아주 잘 발휘할 수 있다고 여겼다.(《운동리듬비교》《체육과 교육》 1975년, 11호) 그의 분류에는 매우 심미적인 특징이 있고, 리듬을 운동미의 핵심으로 여겨 참으로 독특한 풍격을 지니고 있으므로 우리들에게 유익한 깨우침을 준다. 그러나 설사 미학의 각도에서 운동종목에 대해 분류를 하더라도 역시 가치의 제약은 벗어나지 못한다. 운동경기는 체력과 기술을 기초로 한 〈진眞〉으로써 좋은 성적을 획득하는 〈선善〉에 도달하는 것이기 때문에 사람에게 유익한 주요가치가 분류 중에서 마땅히 반영되어야 한다.

　응용영역에서의 미학분야의 일부분인 그 생명력은 곧 실제와 연계되고 실제와 결합되는 것이다. 체육미학은 운동미의 일반 규율을 연구하는 것으로 연구의 중점은 각 운동종목의 특수미特殊美에 두어야 한다. 바로 이렇게 되어야만 각 종목에서 인체 건강미의 효과와 이익을 최대한으로 발휘할 수 있으며, 각자의 관상효과를 높여 인류 문화보고文化寶庫의 재부를 늘릴 수 있다.

　각 운동종목의 특수한 심미규율을 연구하는 것은 체육미학의 막중하고도 방대한 임무이다. 만일 체육미학이 체육활동을 지도하는 데 있어서 미학의 원칙을 운용하여 그 효과를 발휘할 수 없다면, 그것은 단지 이름만의 미학이지 사실은 현학玄學이며 시종 그 가치를 발휘하지 못하여 무력함을 나타낼 뿐이다. 그렇기 때문에 체육미학이 체계를 갖추고 신체미·운동미·체육미간의 상호연계를 확실케 한 후에는, 마땅히 체육활동에서 발견한 미학규율을 이용하여 각 종목의 구체적 운동을 지도해 나가야 체육사업의 활발한 발전을 촉진시킬 수 있다.

　그런데 현재 체육의 이론연구면에서 아직 완전한 운동형태를 대상으로 한 학과가 설치되어 있지 않으며, 운동에 대한 연구는 다른 영역학과(예컨대 생리학·해부학·심리학·역학·화학 등)의 도움을 빌고 있는데 각각 학과를 설치하여 시급히 통일하고 종합할 것을 요한다. 이렇게 미학의 각도에서만 운동미를 연구하면 정체화의 관념이 결핍되므로 그 발전방향을 파악하기가 어렵고 지름길로 나아가기가 어려울 것이다.

　사실 어찌 운동뿐이겠는가. 체육과학의 체계마저도 확립되어 있지 못한 형편이며, 심지어는 체육의 개념조차도 완전히 통일된 인식을 얻지 못한 상태이다. 그러나 우리가 마음을 다하여 연구에 임한다면 반드시 좋은 성과가 있을 것이다.

　여기에서는 관상의 각도에서 각종 운동경기의 종목을 체육의 심미활동에서의 위치에 근거하여 아래와 같이 분류해 보고자 한다.

　측속류測速類──달리기·경보·수영·스피드 스케이팅 등.
　측거류測距類──높이뛰기·멀리뛰기·던지기·점프 스키 등.

계량류計量類——역도·사격·양궁 등.
계수류計數類——구기종목·복싱·레슬링·펜싱 등.
평분류評分類(평점류)——체조·다이빙·피겨 스케이팅·수중 발레 등.
모험류冒險類——등산·표류·바다건너기·굴뚫기 등.
자오류自娛類(오락성)——여행·물장난·낚시·유희 등.

이상에서 살펴본 바와 같이 앞부분 5종류(測速類—評分類)의 대부분은, 이미 올림픽 정규 경기종목으로 지정되어 있기 때문에 경기시에 운동성적의 평가방법에 따라 분류하므로 우수한 성적을 얻는 것과 심미적 특징이 연계성이 있기 마련이다.

뒷부분의 두 종류(冒險類—自娛類)는 일정하게 규범화된 평가방법이 없으므로 다만 그 활동의 성질에 따라서 그 가치를 판단하며, 또 대다수는 정식 시합종목이 아니므로 마땅히 분류에서 제외시켜야 하겠지만, 이 부분이 체육심미활동에서 중요한 역할을 한다는 점에서 참고삼아 넣은 것이다.

측속류測速類와 측거류測距類는 시간과 길이(높이)로써 운동선수들의 신체운동능력을 측정하므로, 아주 오래되고 올림픽 금메달이 가장 많은 육상 및 수영·스키 등 부분종목을 포함한다. 그것들 모두는 인류의 아주 소박한 운동경기이며 가장 강력한 체력을 필요로 해서 신체운동능력을 최대한으로 발휘시킨다. 이런 종목들은 성적이 있어야 할 뿐만 아니라 절대적인 기록도 있어야 한다. 또한 상대방간의 경기일 뿐만 아니라 더욱 중요한 것은 인류의 최대의 운동능력을 검열하는 것이다. 1분·1초·1미터·1센티미터는 인류진보의 흔적을 대표하고, 각종 〈세계기록〉은 인류문화사책에 게재될 것이다. 그러므로 이런 종목들의 관상가치는 비록 상대적으로는 그리 높지 않다 하더라도, 오히려 다른 경기종목의 기초가 된다.

계량류의 항목 가운데 가장 대표성이 있는 것은 역도이다. 그리고 사격·양궁 등은 명중하는 점수로써 성적을 평정하는 것으로 이렇게 같은 부류에 포함시키는 것은 마땅치 않은 듯하다. 그러나 이들 모두 신체가 일정한 공간에서 상대적으로 정지한 운동이라는 특징이 있음과, 모두가 상대방 선수와 직접 대항하는 경기가 아니므로 획득한 성적은 앞의 두 종류(측속류와 측거류)와 같이 절대적인 기록이 있다는 점, 기록을 깨뜨린다는 것은 양量의 증가를 의미하여 매번 1킬로그램 혹은 1점씩 증가한다는 것 등을 고려해 보면 이 모두는 전인류의 자랑거리이다. 그러므로 올림픽 제일의 항목인 사격과 양궁 등을 이 부류에 잠시 포함시켜 둔 것이다.

계수류의 항목은 아마 관중이 아주 많은 운동을 거의 다 포함할 것이다. 이 항목 및 다음의 각 항목은 모두 절대적인 기록이 없으며, 상대방 선수와 힘을 겨루는 도중에 승부가 결정되는 것이다. 구기경기는 공을 얻은 수의 많고 적음으로써 승부를 판정하며, 경기 도중을 중요시하는 복싱·레슬링·펜싱 등의 종목 역시 명중하는 횟수로써 성적을 평가한다. 이런 항목은 승부를 최우선으로 하며 경쟁성이 아주 강하고 왕성한 체력을 요구할 뿐만 아니라, 전략·전술 및 각 선수의 임기응변능력이 아주 절실히 요청된다. 다른 경기항목은 미리 편성된 동작의 순서에 따라 시합을 한다. 관상의 각도에서 보자면, 이러한 것은 무용이나 연극의 연기와 유사하다. 그러나 계수류 시합은 오로지 이긴 수량의 다소로써 승부가 결정되는 것이다. 비록 시합 전에 주밀한 준비와 철저한 계획이 있다 하더라도, 경기에 임했을 때 나타나는 복잡다변하는 상황은 면하기 어려운 것이다. 예측할 수 없는 상황에서는 모두 운동선수의 임기응변능력과 실전에 임하여 발휘하는 형편에 의존하게 된다. 이러한 뜻밖의 다변성과 격렬한 경쟁성이 바로 이 경기항목의 흡인력이 존재하는 곳이다.

모험류와 자오류의 운동은 모두 비정식의 경기시합 항목이다. 사람들은 되풀이해서 에베레스트 등지의 험악한 고산을 등반하며, 망망한 태평양과 대서양을 횡단하고, 북극을 탐험하고, 물이 용솟음치는 미시시피 강이나 양자강을 거침 없이 표류하고, 깊이를 측정할 수 없는 산굴을 뚫고 들어가며, 벼랑에서 물 속으로 뛰어들고…… 이런 모든 활동은 인류가 대자연에게 역량을 과시하는 특별한 방식인 것이다. 이와 같이 헤아리기 어려운 오락성의 신체활동에 관해서는 뒷부분에서 더 언급하기로 하겠다. 여기에서는 지면의 제한상 평분류 항목으로 넘어가고자 한다.

평분류 항목은 객관적인 〈세계기록〉이 없다. 또한 골을 넣으며 공격하거나 실수한 횟수에 따라 성적을 평정하는 것이 아니라 심판이 동작의 완성상황에 근거하여 점수를 평정하여 석차를 결정하는 것이다. 경기운동 항목분류에 적잖은 연구를 한 전맥구田麥久 박사는 『평분류 항목 운동 성적의 취득은 상당한 정도에서 심판 행위의 영향을 받는다. 그러므로 체육경기의 조직자는 심판의 도덕수준과 업무수준의 제고를 위해 노력해야 하며, 운동자 역시 자기의 태도·동작·기질과 연기가 심판에게 영향을 미칠 수 있도록 노력해야 하며, 심판을 감동시키고 심판과 관중에게 좋은 인상을 깊이 남길 수 있도록 노력해야 한다』《북경체육학원학보》 1985년 제1기 70쪽)라고 하였다. 분명한 것은 평분류 종목의 발전은 심미의식의 영향을 가장 많이 받았다는 것이며, 예술적 요소가 가장 풍부하다는 것이다. 이러한 운동을 관상하면 심미의 성분 역시 매우 많다. 다음에 그 몇 가지를 예를 들어 분석하고자 한다.

무 술

무술은 중국 고대로부터 전해 내려오는 하나의 귀중한 문화유산이다. 무술은 중화민족에게 오랫동안 건강한 신체를 이루게 한 체육활동이며, 민족형식 체육의 주요내용이다. 무술은 연기이며 차고 때리고 부수고 들고 치고 자극하는 등 공방격투의 동작을 소재로 하여 구성하는 맨손과 기계器械를 포괄하는 각종 투로套路이다. 일반적으로 그 내용에 따라 권술拳術, 기계器械, 대련對練, 단체연기와 공방기술 등의 5종류로 나눈다. 무술은 투로(연기에서의 표현양식과 유사)의 완전한 체계를 형성한 후, 발전하여 독특한 풍격의 기예를 이루어 사람들에게 감상을 제공한다. 올림픽헌장 규정에 의하면, 하나의 운동종목이 최소한 3개 주 25개 국가에서 전개되고, 또 국제조직을 건립하고 정기적으로 세계대회를 개최하면 비로소 올림픽에 진입할 수 있다. 무술은 한창 이 방면으로 노력하고 있으며, 머지 않아 세계인의 애호를 받는 국제적인 종목이 될 수 있으리라고 확신한다.

무술의 투로套路는 공수진퇴攻守進退, 동정질서動静疾徐, 강유허실剛柔虛實 등의 대립과 통일의 규율에 의해 구성되어 이루어진 것이다. 그 심미 특징은 주로 내외합일, 외양과 정신의 겸비, 위풍당당함과 용맹스러움, 명쾌한 리듬, 기복의 전환, 쾌속과 민첩함, 연관과 협조, 쾌적하고 시원스러움을 표현한다. 특히 신체의 점·선·면의 대비 균형과 동작미의 다양화 통일을 중히 여긴다. 연습할 때 손이 가는 곳에 눈이 가고, 위아래를 살피며, 뜻(意)은 몸이 가는 것을 다스리고, 단숨에 이룰 것을 요구한다. 그것은 짙은 민족의 특색을 가지고 있으며, 특히 태극권太極拳·팔괘장八卦掌 등류는 중국 고대의 도가의 미학사상과 일맥상통한다.

무술의 각 항목은 각기 독특한 미학적 특징을 가지고 있다. 장권長拳의 자세는 편안하고 경쾌·소탈하며, 남권南拳은 보폭이 안정되고 자세는 맹렬하고 강경유력하다. 소림권少林拳은 고졸치밀하며 용감하고도 날쌔며, 팔괘장八卦掌은 몸이 민첩하고 걸음이 활력있고 자태에는 연속성이 있다. 통견권通臂拳은 힘을 내어 통하고 연장하여 멀리 공격한다. 형의권形意拳은 간결하고 세련되며 촉박하고 유력하다. 그리고 태극권太極拳 종류는 완만하고 부드러움, 경쾌하고 원활함, 구름이 가듯 물이 흐르듯이 이어짐, 팽팽하나 뻣뻣하지 않으며 느슨하나 해이하지 아니함이 있다. 응권鷹拳·후권猴拳·당랑권螳螂拳 등류는 동물형태에 대한 모방, 외양과 정신의 통일, 살아있는 듯한 생생함이 있다. 대련對練에서의 묵계의 배합, 운율의 명쾌함, 아슬아슬한 다변성, 그리고 일정한 줄거리를 표현한 연청권燕青拳·취권醉拳·탈고권脫銬拳과 일정한 정취를 추구하는 심의권心意拳·면권綿拳·팔극권八極拳 등등은 모두가 비교적 높은 예술적 감상가치를 지니고 있다. 특히 무대가 넓은 단체연기종목은 도안의 변화가 많기 때문에 위풍당당하고 웅장하다. 게다가 리듬이 분명한 민족음악과 고색창연한 복식을 돋보이게 하여 한층 더 사람들에게 우아하고 상쾌한 심미향수를 줄 수 있다. 무술적 심미가치의 높이는 다른 격투항목으로 하여금 뒤좇아가기 어렵게 한다.

무술류파의 형식은 다양하며 연습시의 폭·강도·난이도 모두가 크다. 무술 운동선수는 대부분이 허리가 가늘고 다리가 굵으며 체형은 민첩하면서도 침착하고 중후하다. 몸이 드러나지 않는 수수하면서도 고풍스런 복장을 입고 있으며 내재되어 있는 함축된 역량미가 나타난다. 무술 중의 눈매·몸놀림·몸동작·발동작·도약·힘의 표출·조준·선회 등의 기본기술은 보통 중국의 무용·희곡·잡기 등의 예술에 흡수된다. 무술의 투로 중에 나타나는 개폐·기복·강유·탄토呑吐·신축·완급 등 다양하면서도 통일된 미학요소도 많은 예술부문에 귀감이 된다. 근래의 체육 간행물에는 무술미를 탐토한 문장이 끊임없이 출현하여 특수한 심미대상이 되고 있으며, 한창 날로 중시되고 있다.

보디빌딩

보디빌딩은 국제보디빌딩연합회나 다른 보디빌딩 조직이, 더욱 많은 사람들을 체육활동에 끌어들이기 위하여 주최하는 일종의 인체 근육의 건강미를 드러내보이는 대회이다.

이 대회는 최초에 근육이 연기를 장악하는 데서 발전해온 것으로, 시조는 바로 19세기말의 독일인 샌도우(Sandow)이다. 참가선수들은 사전에 자기 체격의 각부분의 치수를 기입하고 주최측에서 제공하는 고유번호에 따라 연기를 하게 된다. 이때 선수들은 정면·측면·뒷면의 세 가지 자세를 취하여 그 발달된 근육을 내보여야 한다. 각 연기자의 자태는 모두 평소에 열심히 연습하면 매우 아름답게 느껴진다. 평가는 선수가 얼마나 발달된 근육의 완미한 체격을 가졌느냐와 우미한 자세를 이용하여 관중들에게 자신의 각부분의 근육을 얼마나 잘 보여줄 수 있느냐에 따라 결정된다.

이 운동에 대해서는 세계적으로 논란이 많다. 소련의 체육미학가인 사라프 등은 자본주의 국가에서 힘써 추진하는 이른바 〈근육예술제압법〉은 보디빌딩대회의 거행과 함께 결코 진정한 신체미를 형성하지 못한다. 이런 식의 〈문화주의〉적 신체형성관이 중시하는 것은 단지 신체의 외형일 뿐이며, 이렇게 단련한 근육은 민첩성이나 속도 등의 소질이 부족하여 신체의 균형있는 발전에 장애가 된다. 또한 서방의 보디빌딩대회는 메달과 상금을 추구하기 때문에 약물 등을 복용하여 종종 건강한 훈련법에 위배된다. 그리고 지나치게 발달된 근육은 심지어 기형에 가까워 보인다. 이는 특히 여성의 병태적 관상욕구에 영합하려는 태도이다. 더욱 중요한 것은 보디빌딩 선수는 그저 근육의 외적인 미美만을 추구하며, 자기 감상과 도취에 빠지게 되므로 사람들의 도덕과 심리상에 좋지 않은 영향을 미친다. 이로 인하여 미국의 어느 보디빌딩 선수는『근육은 발달했으나 두뇌가 모자랐다』(《운동미학의 지도이론》제3장 5절 모스크바 1984년)고 피력하였다.

근래에 보디빌딩이 중국에서도 신속히 발전하고 있는데, 이미 몇 차례나 전국남자육체미대회 및 여자시범경기가 개최된 바 있다. 여기에서는 서방국가의 여러 가지 폐단을 효과적으로 방지했다고는 하나, 다른 나라와 마찬가지로 여자육체미대회를 정식종목으로 채택할 것인가에 대해서는 역시 논란이 많다.

여자임을 고려한 육체미의 표준에도 역시 이견이 있다. 하나는 여자도 마땅히 남자와 같이 발달된 근육을 추구해야 한다는 것이고, 다른 하나는 여자는 형체의 곡선미를 중시하여 당연히 남자와는 구별되어야 한다는 의견이다. 〈양은 강하고 음은 부드럽다 陽强陰柔〉의 원칙에서 명백히 볼 수 있듯이 필자는 후자의 의견에 동의한다. 남자가 여자같이 혹은 여자가 남자같이 되는 기이한 현상은 각자의 특유한 매력을 상실할 뿐이다.

피겨 스케이팅

피겨 스케이팅은 동계올림픽 종목의 하나로서 싱글 스케이팅과 페어 스케이팅 및 아이스 댄싱을 포함한다.

싱글은 자유로우면서도 매끄럽게 뛰어오르고, 선회하고, 걷는 동작들을 구성·조합하여 이루어지는 것으로 동작미에 일정한 난이도·다양성·안정성이 있어야 한다. 페어 스케이팅과 아이스 댄싱은 한 쌍의 남녀 선수가 음악에 맞춰 조화를 이루는 동작으로 특히 운동자의 기교를 체현할 수 있어 〈가장 아름다운 운동〉이라고 칭송되고 있다. 피겨 스케이팅의 음악은 스케이팅의 운동미를 구성하는 중요한 요소로서 고전발레명곡·디스코음악·민족음악·현대음악 등을 채용한다. 남자는 크고 여자는 작은 경향의 스타일은 화려하고 아름다운 드레스·리본·스카프 등의 도구들과 어우러져 특수한 조명빛 아래서 강렬한 심미효과를 나타낼 수 있다.

피겨 스케이팅은 음악·무용·체조·스케이팅의 기교를 유기적으로 결합하여 건강·힘·아름다움·신선함·어려움·빠름 등의 특징이 있으며, 특히 빙판 위에서 빠르게 전진하는 사이에 완성되는 각종 우미한 인체조형의 아이스 댄싱은 다른 무용에서 표현할 수 없는 예술적인 매력을 구비하고 있다.

기계체조(예술체조)

기계체조는 맨손으로, 혹은 기기를 들고, 아니면 기기 위에서 진행하는 경기성을 띤 신체훈련의 운동종목이다. 체조는 심미가치가 매우 높으며 운동을 평가하는 성적에는 동작의 난이도뿐만 아니라 선수의 체형상의 균형과 동작의 우미함 등이 반영된다. 체조연습에 임할 때는 단순히 근육의 거대함만을 추구해서는 안 되며 근육의 탄력성과 전신의 균형적인 발달에 중점을 두어야 하는데, 이것은 인체형태의 조화로운 발전에 아주 큰 작용을 하게 된다. 이 종목의 운동선수는 일반적으로 어깨가 넓고 허리가 가늘며 엉덩이는 작고 사지가 길기 때문에 형태가 매우 우미하다.

중국에서는 일찍이 3천여 년 전에 지금의 매스게임과 유사한 〈대무무 大武舞〉가 등장했다. 2천6백여 년 전 음강씨陰康氏가 창안한 〈소종무消腫舞〉는 중국 최초의 의료체조이다. 16세기 후반에 이탈리아 의사인 마리쿠리아리스가 쓴 《체조의 예술을 논함》이란 저작에서 체조 속의 미학을 언급하였다. 1862년 체코슬로바키아의 체조학파 창시자이며 미학교수인 델스 박사는 체조의 가장 중요한 요소는 우미한 감동이라고 말했다. 현재 많은 나라에서는 이미 기계체조를 〈예술체조〉라고 칭하고 있다. 단조로운 고전체조와는 구별하고 있으나 중국에서는 여전히 〈기계체조〉라고 부른다.

체조의 동작폭이 큰 것은 공간을 향해 충분히 뻗는 미학 특징을 지니고 있다. 활동할 때 시원스럽게 펴고, 조화와 연계성이 있으며 리듬감이 강하며 풍부하고 자세가 우아하여 사람의 인체미를 충분히 펼쳐 보인다.

마루운동은 기계체조 종목의 하나로서 여자 마루운동과 남자 마루운동으로 나뉜다. 여자 마루운동은 구르기 · 돌기 · 물구나무서기 · 공중돌기 등으로 조성되어 고전발레 · 현대무용 · 민족무용의 각종 조형을 허락하며, 반드시 음악반주가 있어야 한다. 남자 마루운동은 각종 맨손의 평형 · 정지 · 도약 · 공중회전 · 비틀어돌기 동작으로써 하나의 조화롭고 리듬감 있는 전체를 조성한다. 남녀 모두 12평방미터의 공간을 충분히 활용해야 하며 규정된 시간내에 동작을 완료해야 한다. 또한 개인의 풍격이 드러나야 한다. 요즘들어 마루운동의 발전이 매우 신속히 전개되고 있는데, 기교 중에 뛰어오르기 · 공중회전 · 비틀어돌기 등의 동작은 난이도가 높아야 하며 음악과의 긴밀한 배합과 완벽한 구성이 이루어져야 한다. 그리고 동작에는 펴기 · 경쾌함 · 조화 · 미관 · 자유자재함 등을 더하여 예술표현력을 갖춰야 하며, 아울러 얼굴과 눈의 표정이 신체동작과 어우러지게 해야 한다.

마루운동은 민첩 · 유인柔靭 · 협조 등의 요소가 두드러지게 나타나며, 각종 우미한 인체조형을 충분히 표현하므로 심미가치가 비교적 높은 편이다.

예술체조(리듬체조)

중국에서 예술체조라 부르는 종목은 국제적으로는 리듬체조로 불리우고 있다.

현대의 리듬체조는 맨손이나 혹은 기기를 들고 음악에 맞춰 진행하는 리듬있는 신체활동의 체조운동이다.

예술체조의 구성은 과학성이 강하고, 여자의 생리·심리상의 특징에 적합한 것이다. 이것은 신체의 유인柔靭·협조·민첩함과 교묘함을 발전시켜 정확한 심미관점을 형성하는 데 도움을 주고 있으며, 양호한 동작의 자태와 리듬감을 배양하여 예술수양을 향상시킨다.

예술체조는 19세기말에 유럽에서 시작되었다. 이것의 기원은 당시의 문화교육의 개혁 및 여성체육운동의 발전과 관계가 있다. 생리학자·체조가·음악가와 무용가 들은 신체의 자연스런 동작을 기초로 삼아야 한다고 주장하였으며, 음악에 맞춰 리듬있게 활동하므로써 신체의 유인성을 발전시키고 동작의 예술성을 향상시켰다. 20세기에 이르러 예술체조는 점차 경기종목으로 발전하게 되었으며, 1962년에는 국제체조연합회의 정식 승인을 얻었다. 현재 예술체조는 이미 올림픽 종목에 속해 있으며, 바야흐로 난이도가 높고 구성이 교묘하며 동작이 아름답고 음악이 조화롭게 잘 배합되는 방향으로 발전되고 있다.

이 운동의 발전에 대해서는 국내외 식견있는 사람들이 이미 은근한 우려를 표명했었다. 스페인의 카히잴이 제기한 바와 같이『리듬체조가 흥기하게 된 원인은 전통체조 속의 인위성에 대한 반응으로 볼 수 있다. 리듬체조는 아주 자연스러워야 하는데 이런 운동은 인체로 하여금 난도가 높은 동작을 요구하므로 일류 연기자들 속에서만 나타날 수 있다』라고 했다.《인체운동을 통한 교육》

리듬체조는 연관성이 있고 유창한 동작과 인체의 자연스런 리듬에 적합한 동작·활달한 동작의 표현을 통하여 우미한 동태형상을 충분히 나타내며, 운율성이 풍부하므로 심미가치가 매우 높은 운동종목이며 사회문명교육과 청소년 심미교육에 좋은 방법이 된다. 그 명칭은 이미 그의 심미 특성인 〈리듬〉을 아주 잘 설명하고 있다.

다이빙

다이빙 경기는 수상운동종목의 하나로 일정한 높이에서 뛰어내리고 공중에서 특정한 동작 자세를 완성한 후에 물 속에 들어가는 기교운동이다. 정식 다이빙대회에는 스프링보드 다이빙과 하이 다이빙이 있다. 외국의 158피트의 특수 다이빙(미국)과 60미터 낭떠러지에서 실시하는 다이빙(멕시코) 등 다른 형식은 대부분이 모험류의 종목에 속한다.

다이빙은 1인경기와 2인경기 및 단체경기로 진행될 수 있다. 그것은 그 내용의 풍부하고도 다채로움·동작상의 스릴·우미優美함으로 사람을 황홀하게 한다. 그 중 분장을 하고 음악의 반주에 따라 각종 다이빙 기기 위에서 완성해내는 희극적인 동작의 익살맞은 연기는 독특한 풍격을 이룬다.

중국에는 일찍이 송대松代에 이런 오락성의 경기활동이 있었다는 기록이 있다. 예를 들어 《동경몽화록》 가운데에는 특별히 움직이는 그네 위에서 공중회전하여 물 속으로 뛰어 들어가는 다이빙 경기가 언급되어 있다. 현재 중국의 다이빙 선수들은 국제적인 수준을 나타내고 있는데, 그 연기의 특징은 동작의 난도가 높고 속도가 빠르며 특히 물보라를 압도하는 잠수기술이 출중하다는 점이다. 그들이 창안한 〈단체로 손에 불꽃을 든〉 다이빙 연기는 국내외에서 널리 칭찬을 받은 바 있다.

다이빙 선수는 공중에서 수직으로 떨어지는 짧은 순간 속에서 여러 가지 기이한 고난도의 스릴있는 동작을 연출해낸다. 연기할 때의 아름답고 대범한 자세와 앞으로 뛰기·뒤로 뛰기·앞으로 서서 뒤로 뛰기·뒤로 서서 앞으로 뛰기·앞으로 틀어뛰기·물구나무서서 뛰기 등의 동작은, 동태의 공중예술 조형을 구성하므로 사람들에게 특수한 심미감수를 준다.

수중발레|Synchronized Swimming

수중발레는 아름다운 음악의 리듬에 맞춰 물 속에서 여러 가지 수영기예를 연기하는 여자체육종목이다. 이것은 심미의식의 영향을 받아 생겨난 신흥운동이다.

　　수중발레는 20세기초에 유럽에서 생겨났는데 초창기에는 〈예술수영〉이라고 불렀고, 이후에 캐나다에 전해졌을 때는 〈장식수영〉이라 불리었다. 이 종목은 연기할 때 각종 수영방법 및 대형隊形 변화상의 미를 표현하는 데 중점을 두었다. 후에 아름다운 음악과 조화를 이루면서 리듬감 있게 발전하여 사람들은 이것을 〈수중발레〉라고 부르게 되었다. 1934년 미국 시카고의 세계박람회에서 작품을 공개하여 연기할 때 수차에 걸쳐 〈수중발레〉란 명칭을 사용하여 세계 각지에서 성행하기 시작하였다. 이것은 1956년 국제수영연합회에서 정식으로 승인된 경기종목이다.

　　수중발레는 원래 영어로는 〈시간일치·협조·배합〉이라는 뜻이다. 즉 신체동작의 우미한 자세와 음악과 리듬이 조화·일치도어야 한다는 뜻이다. 그러므로 또 리듬수영 혹은 운율수영이라 칭할 수드 있다. 수중발레는 복장에 대한 일정한 규정이 있으며, 그 동작은 지면·수면·3미터 깊이의 수중에서 이루어져야 한다. 관중들은 깨끗하고 파아란 물을 통하여 연기자의 유연하고도 아름다운 감동적인 모습을 분명하게 볼 수 있다. 청춘미·건강미·인체형태미·동작미 등을 표현하는 이러한 예술성의 운동을 감상하는 것은 일종의 독특한 풍미의 심미향수인 것이다.

운동복장 및 기재시설

체육활동의 심미대상은 주로 사람의 신체운동이다. 그러나 운동자의 신체표면은 십중팔구가 복장·신발·모자 등으로 가려져 있으며, 가소성이 극대한 운동복장은 항상 사람들의 심미적 취미의 핵심이 되고 있다. 운동경기 중에 없어서는 안 될 중요한 것은 운동장소·기계·조명·기록장치 등의 보조시설이 운동미의 표현에 역시 중요한 작용을 발휘한다.

운동애호가들의 건강한 신체에 혹은 신체가 건강한 사람들에게 있어서 복장은 금상첨화와 같은 것이다. 복장미학服裝美學은 비록 이미 일반적인 법칙으로 규정되어 있다지만, 체육운동에서의 복장은 미美의 요소 외에도 고려해야 할 특수성을 지니고 있다.

실러는 말하기를『복장과 신체가 서로 방해받지 않는 상태에서 최고의 아름다움을 발견할 수 있다. 만일 옷이 몸에 꼭 낀다면 신체와 복장이 모두 자유롭지 못하게 된다』《論美書簡》고 하였다.

체육복장의 미는 신체운동을 방해하지 않을 것을 전제로 한다. 우리가 볼 수 있는 각양각색의 운동복은 모두가 전문적인 운동에 편리할 것을 전제로 하여 만들어진 것이다. 수영복은 물의 저항을 극복해야 하기 때문에 짧고 간단해야 하고, 등산복은 추위를 막고 몸을 보호해야 하기 때문에 두껍고 커야 한다. 레슬링 선수의 복장은 맹렬하게 찢김을 받아야 하기 때문에 강해야 하며, 장거리달리기 선수의 복장은 동일한 부분에 반복되는 마찰로 인하여 피부가 손상되지 않도록 부드러워야 한다.

평분류(평점류)의 종목은 복장을 설계함에 있어서 비교적 심미요소를 많이 고려해야 한다. 체조운동은 인체 사지四肢의 우미한 동작을 표현하기 위한 것으로서, 근육감을 드러내므로 그 복장은 될 수 있는 대로 피부를 노출시킨다. 무술은 정기精氣를 집중하고 외양과 정신을 겸비해야 하며, 투로套路의 구성이 깨어지는 것을 막아 연속적인 도안의 완전한 통일효과를 얻기 위해 운동자는 대부분 사지를 가리는 넓은 주단綢緞 바지를 입는데, 이는 소탈함 속에서 짙은 민족적 특색을 나타내고 있다. 피겨 스케이팅은 평형동작이 비교적 많기 때문에 관중에게 단조로움을 주지 않기 위해 복장이 화려하다. 복장에 따르는 조명으로 인하여 복장 위에 달린 장식물이 더욱 아름다운 광채를 내게 된다.

색깔은 사람의 대뇌의 중추신경을 자극하여 대뇌로 하여금 흥분 혹은 억제작용을 야기시키게 한다. 그러므로 운동복장은 모양상의 참신함과 독특함 외에도 색채상에서 더욱 조화롭게 어울리는 게 필요하다. 특히 다색의 복장은 점·선·면상에서 잘 배합되어야 사람들에게 화려하면서도 경박하지 않는 느낌을 줄 수 있다. 세계적인 수준의 우수한 선수들은 자신이 입는 운동복의 스타일이나 색깔에 매우 관심이 많은데 이들은 이채로운 복장스타일, 그리고 독특한 색상은 흥분성을 높이며 자신감을 증강시킬 뿐만 아니라 널리 관중의 주목과 격려를 얻을 수 있다고 여긴다. 물론 운동선수의 기술수준과 경기상태가 승부를 가름하는 결정적인 요소이긴 하다. 그러나 결코 운동복장의 스타일과 색깔이 운동선수의 심리상에 미치는 객관적인 영향을 소홀히 할 수는 없다. 이 작은 객관적 요소가 능히 선수의 운동중추신경에 흥분을 불러일으켜 시합중에 적극적인 작용을 하게 되는 것이다.

1860년대 뉴튼(Newton, Isaac)은 스펙트럼을 사용하여 빛을 홍·등·황·녹·청·남·자주의 일곱 가지 색으로 나누었다. 그후에 어느 심리학자가 인간의 시각중추의 색에 대한 반응에 주의를 기울여서 사람으로 하여금 각종 다른 심리를 나타내게 했다. 사람들은 홍색이나 황색을 대할 때 태양이나 불 등을 생각하기 쉽다. 이런 두 종류의 색은 뇌에 대한 자극이 가장 강렬하며, 사람들로 하여금 따뜻함과 흥분을 느끼게 한다. 이러한 색들은 뜨거운(熱) 색조이다. 청소년 선수나 여자 운동선수가 홍색·황색의 운동복을 입고 경기에 참가하면 청춘의 활력이 더욱 돋보이게 된다. 남색·녹색·백색은 차가운(冷) 색조이드로 사람들로 하여금 물결이 출렁이는 바다·무성한 삼림·새하얀 백설과 우뚝 솟은

빙산을 연상케 하기 쉽다. 그러므로 평온하며 상쾌하고 시원한 감각을 나타낸다. 남색은 사람에게 온유한 감각을 주어 사람들로 하여금 안정·평온함을 느끼게 하므로 신경을 진정시키는 작용이 있다. 녹색과 흰색은 모두 빛이 비치는 듯한 작용을 한다. 또한 녹색은 눈에 매우 유익하여 장시간 녹색을 보면 안구의 피로한 정도를 감소시킬 수 있다. 그러므로 이런 빛깔의 복장을 한 선수는 흔히 관중의 흥취를 끌게 되는 것이다. 자주색·등색·검정색의 세 종류 색은 비확산성의 색채이다. 이러한 색깔은 사람들에게 엄숙·장중·강건한 느낌을 갖게 한다. 또한 사람의 눈에 체적축소의 착각을 조성해 주므로 근육이 비교적 풍만한 선수는 이러한 계통의 색으로 운동복을 착용하면 좀 날씬해 보일 수 있다.

체육복장은 원칙상 마땅히 눈에 띄는 강렬한 색이어야 한다. 특히 사소한 무늬와 잡다한 장식물은 금해야 한다. 색은 일반적으로 아주 밝아야 하며, 흔히 팽창감을 갖고 있는 선명한 색채를 사용한다. 흰색은 사람들에게 순결한 감정을 느끼게 한다. 이 색은 차가운(冷) 색조에 속하며, 극렬한 운동에 있어서는 부적합하다. 선홍·담황·연두·하늘색은 명쾌한 정취를 나타내기 때문에 사람들의 깊은 사랑을 받는다. 회색은 일반적으로 심판복으로 사용되는데, 왜냐하면 회색은 눈에 띄지 않으므로 관중과 선수들의 시선을 방해하는 것을 최소한으로 줄일 수 있기 때문이다. 주의할 것은 색채가 어떤 광선 아래에서 포화도에 도달하여 가장 순수하게 고유한 성질을 나타낼 수 있느냐는 것이다. 빨간색은 강렬한 빛 아래서 포화하고, 남색은 약한 빛 아래서 포화하므로 빨간 옷을 입고 강렬한 햇빛 아래에 있으면 더욱 곱고 아름다우며 남색 옷은 초저녁에 더욱 눈에 띈다. 또한 어떤 색은 다른 빛 아래서는 뚜렷한 차이를 보인다. 예를 들어 자주색은 달빛 아래서는 남색을 나타내고, 불빛(조명) 아래서는 빨간색을 띠므로 사람에게 몽롱한 느낌을 준다. 색채는 때로 운동선수에게도 영향을 미친다. 예를 들면 빨간색이 눈을 자극할 때 운동의 평형에 좋지 않은 영향을 미친다. 또 남색은 사람들에게 심사숙고하는 심리적 영향을 주므로 특별히 바둑류 같은 종목에 적당하다.

양식樣式은 복장형식미의 기초이다. 디자이너들이 이미 여러 모양의 아름다운 운동복을 제공해 주었더라도 그것을 선택하여 사용할 때는 통일성과 선명성의 원칙에 근거해야 한다. 우리들은 항상 자기의 의복·신발·모자의 조화와 통일에 주의해야 하며, 색채·질감·모양의 일치성에 유의해야 한다. 아울러 변화가 너무 심한 것은 좋지 않다. 만약 소프트볼 옷을 입고 배구를 한다든가 육상복을 입고 무술을 한다고 생각해 보자. 그 얼마나 가관이겠는가! 그러므로 운동을 할 때 가장 좋은 것은 본래의 운동과 일치되는 운동복을 착용하는 것이다. 어떤 사람들은 한꺼번에 여러 가지 빛깔의 옷을 입기 좋아하여 옷깃을 살짝 되집히게 하고 층층이 옷을 입어 난잡함과 부조화를 나타낸다. 어떤 운동선수의 운동복은 중간에 지퍼가 달려있어 입고 벗기에 편리할 뿐만 아니라 모양도 이채롭다. 번쩍거리는 지퍼가 신체에 세로결 무늬를 나타내어 몸이 풍만한 사람으로 하여금 날씬해 보이도록 하기도 한다. 그러나 마르고 키가 큰 사람에게는 세로결로 지퍼가 달린 복장은 결코 어울리지 않는다.

선명함은 체육운동복장의 내세울 만한 개성이다. 비록 그것도 형체의 절단·면적의 팽창·강렬한 시대감각의 이지적인 곡선을 사용하지만 운동복은 결코 일반복장의 모방이 아니며, 몸에 꽉 끼는 체조복·가벼운 육상복·위풍당당한 오토바이 경기복 등 모두는 자기 종목만의 특색을 잘 나타낸다. 대비의 법칙에 비추어 농구나 축구시합에서 양팀의 운동복은 색상의 차이가 뚜렷한 게 좋다. 또한 복장과 복장에 붙는 번호판의 색상도 선명한 대비를 이루도록 해야 보는 이들로 하여금 일목요연하게 할 수 있다.

청결은 체육복장미를 나타낼 때 더욱더 주의해야 하는 것이다. 복장이 아름답다 하더라도 청결하지 못하면 사람들은 혐오감을 느끼게 된다. 체육활동에 참가하는 사람은 신진대사가 빠르고 보통사람에 비해 분비물이 많으므로 특히 여름에는 의복이 쉽게 더러워진다. 이럴 때는 옷을 자주 세탁하고 자주 갈아입어야 한다. 복장의 단정함과 깔끔함 역시 정신적인 면모를 반영하는 것으로서 마땅히 복장의 청결미는 체육건아정신문명體育健兒精神文明의 상징으로 간주해야 한다.

　　운동복장의 아름다움은 운동미의 표현 중에서 중요한 작용을 할 수 있다. 다만 그의 종속지위를 명확히만 한다면, 결코 주객이 전도되어 운동을 방해하는 사태는 발생하지 않을 것이다. 종전에 무술시합의 복장은 천태만상이었다. 〈원숭이〉〈뱀〉〈매〉〈호랑이〉 및 승복·팔괘의 등 각종 옷의 무늬나 모양에는, 어떤 것은 반짝이는 구슬 및 깃털 등이 장식되어 있었으며, 동작중에 동물을 모방할 때 내는 으르렁거리는 소리도 있었는데, 이렇게 기이한 복장은 특정한 상황에서 매우 많은 군중을 끌어들여 연기의 분위기와 효과를 증가시켰다. 또한 정식경기에 사용하므로써 재주의 부족함을 덮어주는 작용을 하게 되었는데, 이는 즉시 조치를 취해 제한을 가해야 한다. 다행히도 1985년 국가체육위원회가 전국무술대회에 통지를 보내서 통일된 복장으로 경기를 시행할 것을 규정하였다. 이것은 복장의 미는 운동에 유리한 것을 전제로 표현되어야 함을 입증해 주고 있다.

　　운동기계·시설 및 운동과 관계있는 다른 여러 가지 물체는, 원칙상 복장과 마찬가지로 모두 진선미의 조화와 일치를 고려하여 색채·모양의 방면으로부터 미의 표현력을 발전시켜 나가는 데 중점을 두어야 한다.

① 검술·권술·곤술 복장　　⑤ 자선권 복장

② 도술·권술·곤술 복장　　⑥ 태극권·팔괘권·권술 복장

③ 팔괘장·검술·권술 복장　　⑦ 남권 복장

④ 대련·대도·곤술 복장

전국무술경기시행통일복장

일본의 체육사학자 디시노 유서(岸野雄三) 교수는『운동복·운동화·모자·프로텍터(방구)에 이르기까지 모두 그 기능성·안정성·미관성의 3요소에 의거하여 명확하게 해야 한다. 그러므로 운동복장 자체는 마땅히 운동종목의 전문성에 따라 제약을 받아야 한다』라고 했으며, 또한『지금은 운동복이 선수들만의 전유물이 아니다. 군중 모두가 여가가 있는 오늘날 남녀노소 할 것 없이 각양각색의 기호를 만족시키기 위하여 야영·등산·스키·수영·배구·테니스 등에 적합한 형형색색의 운동복이 만들어졌다. 이는 체육사의 관점에서 볼 때 매우 중요한 의의를 갖는다』라고 했다.《체육사─체육사학의 소론》

운동과 유관한 일체의 물건은 우선 운동에 유리해야 하며, 객관적인 법칙에 합치해야 한다. 그래야만 우수한 성적을 얻는 데 도움이 될 수 있고, 사회의 공리적인 목적에 합치하게 되므로 비로소 운동 속에서 선명하고 생동감 있는 형상을 드러낼 수 있으므로 사람들의 심미수요를 만족시키게 되는 것이다.

앞에서 이미 언급한 바 있는 진·선·미는 서로 관계된 조화통일체이다. 운동보조시설은 운동활동을 위한 것으로 우선 아주 강렬한 과학성을 표현해야 하며, 그들의 미美는 발달된 과학기술을 배경으로 삼아야 한다.

최근 국제적으로 소형다기능으로 통용되는 〈TV화면〉이 출현했다. 면적은 4×3미터 내외이며 이동식 구조를 채용하여 관내의 다양한 경기에 활용하여 주요화면이 각종 경기가 필요로 하는 시간재기·분재기·서열 등을 나타내며, 그외에도 화면의 일각에서는 동시에 카메라에 픽업된 운동선수의 경기하는 모습을 특별히 묘사할 수 있으므로 경기장면으로 하여금 매우 활기를 띠게 한다.

지금 대형경기에는 국제적으로 컴퓨터시스템을 채용하고 있다. 그것은 성적집계·자동적인 성적배출·석차공포 및 결승전에 참가하는 선수들의 명단 발표를 담당한다. 또한 훈련장소를 안배하며 각종 운등의 자문역할을 해주고, 각종 정보연결기록 및 관리인들과 선수들의 생활을 위한 서비스도 해준다. 선진국가에서는 이미 운동선수의 역량훈련 및 전문적인 훈련에 컴퓨터를 이용하고 있다.

　　체조·곡예·다이빙·레슬링 등의 평분류(평점류)의 종목에도 차츰 컴퓨터가 도입되어 여러 가지 이점이 많다. 우선은 채점과정이 신속해졌고 좀더 객관적인 채점이 이루어지게 되었다. 그러므로 관중과 선수들은 점수발표를 기다리느라 시간을 낭비할 필요가 없게 되었다. 게다가 화면에 담긴 연기는 순간적인 동작을 다시 음미할 수 있는 좋은 자료가 되었다.

　　이러한 것들은 모두가 첨단기술로 이루어진 시설은 운동미를 표현하는 데 유리하다는 것을 설명하고 있는 것이다.

　　많은 종목이 기계와 시설에 대해 색채·스타일상에 규정을 두고 있다. 예를 들어 리듬체조의 색채와 양식樣式에는 엄격한 규정이 있다. 색채는 금·은·동의 세 가지 색은 사용할 수 없다는 것이다. 그러나 그외의 다른 색은 우리들에게 아주 충분한 창조의 여지를 남겨주고 있다. 우리는 과학기술이 발전함에 따라 운동기재도 그것을 따라 변화했으며, 어떠한 규칙이든지 일정한 역사적 국한성을 지녔으며 그것이 양식과 색채상에서 운동기재와 시설의 변화발전을 저지할 수 없었음을 보아야 한다. 장대높이뛰기는 원래 대나무 장대를 사용했었는데 후에 금속 장대를 사용하였다가 현재는 글래스 파이버 폴을 사용하지 않는가? 육상경기장은 아름다운 인조 트랙이 깔려있지 않은가? 축구장은 인공잔디로 바뀌어 있지 않은가? 우리는 운동회의 개막식과 폐막식에서 특히 대형 매스 게임 가운데에 대담한 혁신과 창조·자유로운 창조 등 사람의 심미수요를 만족시키는 데 필요한 일체의 요소를 동원하는 것은 무방하다고 생각한다.

　　그러므로 우리들은 발전적으로 변화한 안목으로 운동복장·기재·시설 등을 고려해야 한다. 끊임없이 새것을 창조해 나가는 중에 우리는 심미방면에 눈을 돌려서 풍부한 인간의 물질문화와 정신문명의 높은 수준의 건설을 인식해 나가면서 체육활동에 미美의 매력을 더하도록 노력해야 한다.

　　운동미는 신체운동을 주로 여기나 아름다운 장소·설비에 치밀하게 투사하는 조명·운동기계·환경변화·복장의 디자인 등도 운동미를 돋보이게 할 수 있다. 그것들은 신체운동 자체에 대해서는 비록 일종의 외재적인 객관물질조건에 지나지 않으나, 결코 부차적 작용이라고 그 존재를 홀시할 수는 없다. 과학기술이 급속도로 발전하고 있는 오늘날, 운동의 보조적 물질조건은 이미 운동의 유기적인 조성부분이 되었으므로 운동심미대상 중에서도 뗄래야 뗄 수 없는 성분이 되었다.

　제20회 올림픽을 거행하기 위해 만들어진 뮌헨체육센터는 〈공원 속의 건실한 체육관〉이라 칭송되었으며, 제21회 올림픽을 거행하기 위해 건축된 몬트리올체육센터는 167미터 높이의 대형 지프 기중기를 이용하여 세운 스타디움·수영장·자동차 경기장 등의 지붕은 곡선으로 연결된 우미한 양식으로서 〈지붕 아래서 거행되는 올림픽〉이라 불리운 조형감각이 대단한 올림픽이었다. 그외에도 제22회·제23회의 올림픽을 거행한 모스크바와 로스앤젤리스의 주경기장 등은 모두가 체육을 위해 창조한 정미한 예술품이며, 운동미를 위해 신기한 매력을 더한 것이다.

V

체육과 미감美感

　미감은 객관 존재의 각종 심미대상이 사람의 두뇌 속에 반영되는 것이며, 일종의 심미대상으로부터 비롯되는 복잡한 심미활동이다. 사람들이 체육활동 중에서 미의 현상과 마주쳤을 때의 심미감각은 자연과 예술미에 대면했을 때의 심미감각과는 미묘한 차이가 있다. 본장에서는 체육활동에 직접 참가하는 사람들의 관점에서 미감을 논하는 것으로 그치고, 관중들의 미감에 대해서는 다음장에서 언급하고자 한다.

　19세기 중엽 독일 실험심리학자 페히너(Fechner, Gustar Theodor)가 그 저명한 설법 『위로부터의 미학』(철학미학)과 『아래로부터의 미학』(심리학미학)을 제기한 이래 심미심리학은 점점 근대미학의 주체가 되었으며, 심미경험과 심미심리의 연구는 미학이 일반 예술학과 구별되는 지표가 되었다. 그러나 심미주체 자체가 여러 가지 특수조건(예를 들면 생활경험·세계관·개성심리의 특징 등)의 제약을 받기 때문에 미감은 각종 복잡한 심리활동을 경과한 상호작용의 과정이다. 그러므로 심미심리활동은 매우 복잡하며 아직 명확하지 않은 문제이기 때문에 앞으로 현대 심리과학의 발전에서 그 해결을 기대해 보는 것이다. 본장은 체육영역에서 일부 실마리를 제공하므로써, 금후 이에 대한 더욱 깊은 연구를 시도해 본다. 필자는 유물변증주의 인식론의 지도하에서 기술진보에 따라 반드시 미감의 진면목을 드러낼 수 있으리라 믿는다.

운동자와 미감

모택동은 《체육의 연구》에서, 체육의 효능은 강한 체력에 있으므로 지식을 더하고 감정을 순화시키며 의지를 강화시킨다고 하렸다. 그리고 그는, 단지 건강한 신체만으로는 부족하다.『신체가 건전해야 감정이 순화된다.』그러면『심신이 모두 편하게 되는데 이를 일러 고든 게 평안하다고 하는 것이다.』그러므로 체육은『내 생명을 부양했으며, 내 마음에 즐거움을 주었다고 하겠다』라고 덧붙였다.

그는 비록 명확하게 미감을 얘기하지는 않았지만『감정이 순화된다』는 말 속에 체육이 사람의 심미의식에 관계하고 있음을 포함하고 있다. 또한『내 마음에 즐거움을 준다』고 하는 가운데에서 운동자 자신의 심미감정을 포함하고 있다.

운동자가 심미의 주체·객체를 일신에 모은다

체육심미활동 중의 미감에는 방관자도 느낌을 받고, 또한 운동자 자신도 느낌을 받는 특징이 있는데 이를 〈심미주객체의 이중성〉이라 한다.

일반적인 심미대상, 이를테면 현실생활 중의 미의 사물이나 예술작품의 미의 대다수는 단순한 심미객체審美客體일 뿐이다. 체육활동 중의 심미대상 자체도 심미의식審美意識을 생성하는데, 오직 무용·희곡 등의 표현예술만이 이와 유사하다.

운동자는 방관자의 심미객체임과 동시에 일정한 조건하에서는 자기 자신도 심미의 주체이다. 때문에 우리가 체육활동 중의 미감을 토론할 때 무엇보다 먼저 고려할 것은 운동자 자신의 미감, 즉 심미활동 중의 주체·객체가 동일체에 존재하고 있는 특수현상이다.

　　체육심미활동 중에는 주객체 동일의 특징이 있어, 운동자는 심미대상으로는 심미의 객체이고 자기가 심미체험을 할 때는 또한 심미의 주체가 되는 것이니, 이러한 이중성의 산생은 체육심미활동의 중심이 사람이기 때문이다.

　　일본 히로시마대학(廣島大學) 교육부의 히구찌 사또이(樋口聰)는, 《동작질량과 외형미》라는 글에서 운동자와 관상자 모두 미감을 획득할 수 있다는 관점을 아주 명백하게 논술하였다. 이런 상황은 일찍이 많은 사람들이 은근하게 주의해온 것임에도 불구하고 히구찌 사또이(樋口聰)처럼 그렇게 명확하게 표술한 적은 없었다. 그는 경기미(運動美)는 관중과 경기자(運動者)로 구성된다고 보았다. 관중에 대해 말하자면, 경기 관람에서 일으킨 미의 서정적 체험에서는 관찰대상이 곧 운동자를 주된 심미대상으로 한 것이다. 운동자에 대해 말하자면, 운동의 감각과 지각으로 말미암아서도 미의 자아체험을 할 수 있다. 이런 심미활동이 갖고 있는 가치 및 그 여러 가지 요소는 모두 경기(運動)미학 연구수요에 언급되는 범위이다.

　　그는 또 지적하기를 비록 카메라 등의 의기儀器로 운동과정 중의 미를 연구할 수는 있지만, 그러나 미시적인 연구로서 전체적인 고찰을 대치할 수는 없으니 나아가서 자연과학에 포함시키기로 한다. 만일 운동 중의

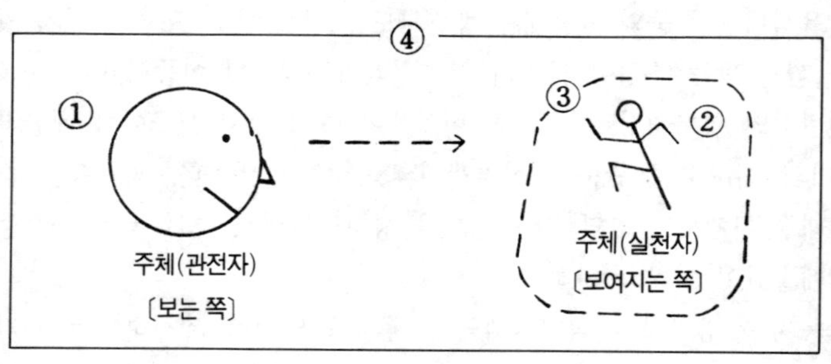

① 관중의 미감　　　③ 심미대상
② 운동원의 미감　　④ 운동심미가치원리도

미가 객관적이고 정량화된 표준을 찾으려 한다면 이 역시 헛수고가 아닐 수 없다. 이것은 우선 〈미〉라는 하나의 추상적 개념을 정성定性에서 정량定量으로 전이시킬 수 없기 때문인 것이다. 미감은 주관적이고 개별적인 차이가 있고, 운동과정에서의 미는 대상과 의식의 상호작용이 미학 중에서 탄생되는 것이며, 다만 그 질량에 대해서는 정성고찰定性考察을 해서 그 심미가치를 인식할 수는 있지만, 인체운동이 자연법칙의 제약을 받는다고 해서 숫자적인 근거로서는 설명할 수가 없다.(日本體育學會 《體育科學》 1985年, 第11期)

　실제생활 속에서 체육활동 중의 심미감수審美感受를 언어로써 정확하게 나타내기는 매우 어렵다. 이는 바로 한 덩어리의 백색 알맹이가 설탕인지 소금인지를 분별하려면 반드시 미각을 사용해야 하는 것과 같다. 건강미의 형상은 먼저 시각으로 감수하고 정신상으로 쾌감이 생긴 후에야 비로소 언어추상言語抽象으로 나올 수 있는 것이다. 그러나 체육활동 중에서 운동자와 관중, 장기長期 훈련자와 운동경험이 미흡한 자와의 그 미감을 얻는 경과와 감수 정도는 매우 큰 차이가 있다. 이것은 미감의 획득이 심미주체의 심미능력과 관계되기 때문이며, 운동 중의 미감이 운동경험과 관계되기 때문이다.

　운동경험은 운동을 한 후 쌓여진 관념·개념·기교·능력·정서체험 등을 포괄하는데, 이것은 운동의 조직형식·운동조건·운동량의 변화 및 생리상의 효과의 차이에 의해서 발생하는 복잡한 정서변화이다. 그리고 운동자가 심미주체가 된 감수는 매우 독특한 것이다. 이런 운동 중의 감수는 비운동자로서는 체험하기 어려운 것이며, 또한 어떤 특수한 전문적인 감수를 포괄하는 것으로, 구기종목 운동선수의 〈공감각〉과 수영선수의 〈물감각〉 등을 예로 들 수 있겠다. 그 경험의 축적은 사람의 운동문화수준을 표명하며, 또한 운동심미능력의 강약을 반영할 수 있다. 그러므로 운동취미를 몸소 체험한 자와 운동기교와 규칙을 잘 아는 자는, 그 중의 진미를 피부로 느낄 수 있으니 전혀 운동을 모르는 사람에 비해서 더욱 쉽게 미감을 불러일으킨다.

　동작이 아름다운 운동자는 관중의 심미대상이기는 하나 운동자 자신은 심미객체審美客體가 되는 것으로 만족하지 않는다. 예를 들면 1920년 올림픽 피겨 스케이팅 3연승자 스웨덴의 게라스통은, 그 아름다운 동작이며 풍부한 쾌감은 사람들로 하여금 찬탄을 금치 못하게 하였지만 그 자신은 종래로 비올림픽대회에는 참가하지 않았으며, 올림픽대회에만 참석했다 하더라도 결코 우승에 목적을 두는 것이 아니라 자기의 심미향수審美享受의 만족을 위해서이며, 미의 표현과 미감의 획득을 위해서라고 자칭하였다.

이와 같은 예들은 빈번하여 운동자들은 자기의 심미수요의 만족을 위해서는 운동성적의 영향에도 구애받지 않는 현상이 많이 존재한다. 우리가 흔히 볼 수 있는 어떤 운동 스타들의 축구에서 〈슛—〉 혹은 농구에서 〈슛〉할 때에 일부러 보여주는 멋진 동작에서 그 자태의 아름다움은, 비록 공이 골인되지 못했다 하더라도 관중들의 박수갈채를 받아 운동자 자신도 득의양양하여 스스로 즐거워하게 되는 것이다. 연기성의 경기 중에 있는 이런 광경은 많으면 많을수록 좋다.

재미있는 것은 어떤 선수들은 비록 아주 격렬한 정식경기 중에서도 장식치장으로 자기의 심미만족의 수요를 잊지 않는다는 것이다. 예를 들면 제23차 올림픽 대회에서 단거리달리기 여자 100미터 우승자인 미국선수 아스포드(Ashford)는 금빛찬란한 귀걸이며 목걸이며 반지를 하고서 10.97초의 기적적인 성적으로 올림픽 신기록을 돌파했었고, 또 다른 한 미국선수 브리소휙스도 마찬가지의 금빛찬란한 장식치장으로 단거리달리기 여자 200미터 경기에서 선풍처럼 달려 우승을 따냈고, 또 루마니아의 푸이카는 목걸이를 하고서 3천 미터 장거리달리기에서 우승을 하였으며, 또한 어떤 남자 운동선수도 목걸이 등의 장식품을 착용했던 것이다. 비록 코치들이 귀찮은 것을 마다하지 않고 운동선수들에게 지장을 주는 어떠한 장식도 하지 말라고 강조하지만, 그래도 운동선수들은 여전히 어떤 기회를 이용해서라도 자기의 심미취향을 완강하게 표현하려 한다.

　미국의 미학자 산타야나는 인체의 일체 기능은 모두 미감에 공헌하고 있다고 인정한다. 인체는『우리의 건강을 조성한다. 만약 건강이 없다면 순수한 쾌감이 있을 수 없다. 그것들은 우리에게 휴가의 즐거움을 결정해 주며, 우리들에게 유희와 예술과 사고에 사용될 잉여 정력을 제공해 준다. 이와 같은 추구의 흡인력, 더 나아가서 심미경계의 확실한 존재는 모두 우리 생활기능활동의 효율과 미적 만족감에 그 공을 돌려야 한다.』 또한 그는 특별히 언급하기를『만약 당신이 호흡의 쾌감이 아주 고원하고 대단히 환상적인 이상에 참으로 큰 관계가 있음을 발견한다면, 당신은 반드시 그 오묘함을 말로 표현할 수 없음에 의아해 마지않을 것이다. 우리들이 입으로 더러운 기를 토하고 코로 신선한 기를 마실 때의 상쾌함을 정취의 고상함과 함께 연상하며 숨을 죽이고 움직이지 않음과 무서움과 두려움의 느낌을 동시에 연상하면, 그것은 결코 한 번의 비유에서 그치는 것이 아니라 곧 후두와 폐부肺部의 감각에 반복해서 나타나게 되어, 비로소 그것들의 인상에 직접적인 위력을 부여하고 그 다음엔 우리가 비로소 그것들의 의미를 사색하게 되는 것이다. 그러므로 그와 같은 사물들이 사람의 심금을 울리는 것은 심호흡이나 숨막힐 듯한 생리 감각에서 직접 나오는 것이다』라고 했다. 이 단락의 말은 우리들로 하여금 중국 고대의『곰이 나무에 매달리듯하고 새가 목을 길게 뺀 것 같은 동작으로 호흡한다 熊經鳥伸, 吹呴哮吸』라는 도가의 양생술과『몸과 마음을 함께 하고 생각과 숨을 합치한다 神形兼修, 意氣合一』라는 전통 무술을 상기하게 한다. 그러나 산타야나는 제기하기를『심미 쾌감이 일으키는 관념은 결코 그것에 대한 육체적인 원인의 개념이 아닌 것이다. 육체의 쾌감은 모두 저급한 쾌감으로 인식되는데, 그것은 우리로 하여금 신체의 어떤 부분의 쾌감에 주의를 돌리게 하는 데 불과하다. 뿐만 아니라 가장 사람의 주의를 끌게 하는 것은 쾌감을 나타내는 기관인 것이다』라고 하였다. 그런데 미감은 육체의 자유에 구속되어 있지 않으며,『심미 쾌감의 기관은 반드시 장애가 없어야 되며 우리의 주의를 절단하지 않고 직접 주의를 외재의 사물에 이끌어야 한다.』그러므로 미감의 위치는 비교적 높으며 범위는 더욱 크고,『마음은 중국에서 페루에 갈 수 있지만, 결코 신체의 어떤 부분이 조금이라도 긴장된 변화를 느끼지 않는다. 이런 초탈한 환각은 사람을 기쁘게 하지만, 그러나 육체 속에 빠져있고 감관내에만 국한되어 있는 쾌감은 곧 우리들로 하여금 일종의 저속함과 이기적인 색채를 느끼게 한다.』그러므로 그는『미는 쾌감의 객관화 중에서 형성되니 곧 쾌감의 객관화이다』라는 결론을 얻었다.《미감》

우선 그 관점의 토론 여부는 논하지 말고, 단지 미감과 운동자의 신체와의 연계로 볼 때 체육이 미감형성에 미치는 중요한 역할을 곧 가늠할 수가 있다.

사람의 각방면에서의 발전은 반드시 건강한 신체의 기초 위에서 이루어져야 하며, 사람의 건강발전의 장애와 정지는 곧 개체물질과 정신발전의 중단과 종결을 의미한다. 그러므로 건강한 신체는 심미주체가 미감을 생성시키는 중요한 물질적 기초가 된다.

이 세상에서 가장 복잡하고 가장 고등한 동물체로서의 인체는 대뇌로부터 인식·체험·의향 등의 활동을 실현한다. 신체의 건강은 반드시 대뇌기능의 정상과 조화를 반영하고 신체의 질병은 필연적으로 대뇌의 비정상에 반영하는 것으로 바꿔 말해도 역시 그렇다. 건전한 체격 역시 간고하고 완강한 체력노동의 보증이 되며, 동작의 민첩성은 필연적으로 사유의 영민성과 서로 촉진하게 된다. 건강한 신체, 균형잡힌 근육, 웅장한 체격이며, 아름답고 조화로우며 리듬감 있는 동작이며, 동작의 민첩성과 반응의 민첩성, 승리의 기쁨 등은 모두 사람에게 미의 정감을 체험하게 한다. 또한 운동 후에 느껴지는 전신의 개운함과 즐거움 중에는 미의 감수가 포함되어 있다.

일상적으로 체육활동에 종사하면, 인체의 외계환경에 대한 민감도와 적응능력을 높여주어 대뇌피층大腦皮層으로 하여금 각종 감각에 대한 분석 및 종합능력을 증강시키게 한다. 신체단련은 사람으로 하여금 넓은 시야, 예민한 감각, 그리고 시간과 공간의 강한 판단력, 왕성한 생명력을 갖게 하며, 건강 심미의식을 획득하는 데에 양호한 기초가 되게 한다.

미국의 푸포대학 스단니 박사는 정기적으로 운동하는 사람과 운동하지 않는 사람과의 두 대조되는 그룹을 갖고 비교분석한 결과, 전자는 후자보다 속도에서나 정확성에서 모두 매우 월등했음을 발견하였다.

체육활동에 참가하는 것은 사람의 정신이 고도로 집중되고 정신적 긴장과 심리의 실조失調를 제어하는 데 있어서 유효한 수단이 되며, 과도의 긴장을 해소하고 억압된 정력을 풀어주어 심리건강 유지에 유익하다. 체육활동의 오락적 가치 및 운동참가자로 하여금 전면적 건강을 얻게 하는 역할에는 더 말할 나위도 없이 확실한 것이다. 체육은 생리계수에도 영향을 미칠 뿐만 아니라 성격특징에도 영향을 주며, 더욱이 정서의 안정에 큰 역할을 한다. 이것은 정확한 심미판단을 진행하는 데 있어서 반드시 필요한 것이다.

운동심리학자 바머가 1979년에 카르텔 성격인자측정법을 이용해서 대학운동회의 참가자와 불참가자에 대해 측정한 결과 매우 큰 차이를 발견했다. 무릇 운동회에 참가한 자들은 아래 몇 가지의 성격특징, 이를테면 자기절제·유쾌·강인·예민·자신·사람들과의 잘 어울림, 그리고 태연자약함 등이 두드러졌다. 따라서 그는 운동은 능히 사람들에게 건강에 알맞고 풍부하고 다채롭고 즐거운 환경을 제공하며 건강한 성격특징을 형성하는 데 유리한 것으로 인정했다. 체육단련에 참가함은 정서를 불러일으킴과 관념형성의 효과를 얻을 수 있다. 그러므로 체육활동은 심심풀이로 한가한 시간을 보내는 것만이 아니라, 교육적 역할과 의료가치(심리)도 있는 것이다. 그것은 마치 정화제처럼 사회를 거쳐 인가된 경로이며 참가자의 억제된 감정과 정력을 승화시킨다.(J. 사무엘 존슨 《체육운동과 심리조절》)

신체운동은 신체방면의 활동일 뿐만 아니라 심리와 사회적 요소도 포함하고 있다. 운동은 여러 가지 감정변화를 초래하며 사람들의 생활내용을 충실하게 하는 문화적 가치를 나타내어 심미활동을 위한 광활한 영역을 제공한다.

미감은 운동에 유리하다

운동자는 운동 중에서 미감을 표현할 수 있다. 이것은 한편으로는 체육단련을 통해 얻은 건강한 신체는 심미주체로서 미감을 표현하는 필수적인 기초이며, 건강한 생리가 건강한 심리를 갖게 하는 것을 뜻한다. 다른 한편으로는 다음 두 절에서 이야기할 내용인데, 신체운동과정 중의 허다한 감각은 모두 미감과 관계된다는 것이다.

그러면 미감은 운동에 대해서 역작용을 할 수 있는가? 그에 대한 대답은 긍정적이다. 운동은 미감을 산생하며 미감은 운동을 촉진한다. 이것은 운동자 자신의 심미활동 중의 양성순환이다.

우수한 운동성적은 언제나 양호한 심리상태를 동반하는데, 이는 누구나 다 주지하는 바와 같다. 사람이 신체활동을 할 때는 언제나 여러 가지 양호한 감각을 동반하는데, 예를 들면 전신을 풀어주며 자연스럽고 억제감이 없고 태연침착하여 낙관적이고 두려움이 없고, 창조와 표현욕이 있고 홍미진진하고 정상에 달한 경기상태, 조금도 힘겹지 않고 가볍고 판단이 정확하며, 기민하고 사상이 집중되고, 전신이 집중되며 자신감이 있고 제어력이 있는 것이다.

기술미의 감수에 있어서 가장 직접적이고 가장 빈번하며 가장 강렬한 것은 운동선수 자신이다. 기술미와 운동자의 정서는 막대한 연계가 있다. 기술의 우열은 운동자 자신의 미감의 산생과 직접적으로 관련된다.

감각상에서 강조해야 하는 홀가분하며 자유자재한 것은 기술미를 표현하는 중요한 요소이다. 미국 다이빙의 명장 로쟐니스친은 『다이빙은 매우 아름다운 체육종목이다. 마치 무용연기처럼 힘있어야 하고, 또 아름다움과 곡선미가 있어야 하며, 힘든 동작이라도 보는 사람으로 하여금 가벼운 느낌을 갖게 해야 한다』라고 말했다. 그의 이해는 매우 정확했으며, 기술의 숙달로 말미암아 나타나는 아름다움을 표현해야 하며 가장 중요한 것은 사람들에게 가뿐하고 자유스러운 느낌을 주는 것이라고 하였다.

운동선수는 연기자와 같아 신체와 심리훈련의 부족으로 인하여 경기에 임했을 때 때로는 근육경련 등의 신체의 긴장상태를 일으키기도 한다. 그러한 현상으로는 목소리가 잠기거나 표정이 무감각해지며 동작이 딱딱하고, 또 정상적인 호흡리듬마저 파괴되어 운동에 중대한 영향을 미치기도 한다. 이런 경우에 있어 미감이란 도저히 있을 수 없는 것이다.

근육의 경련과 신체긴장을 극복하는 상용적인 훈련방법을 〈근육이완〉이라고 하는데, 즉 환자를 반드시 누이고 불필요하게 긴장된 근육 부분을 세심하게 관찰한다. 더욱더 분명하게 자기의 내심감각內心感覺을 의식하기 위해서는 말로써 근육의 긴장된 부위를 지적해서 즉시 느슨하게 할 수가 있으며, 동시에 계속해서 새롭게 긴장된 근육의 부위를 찾아 느슨하게 한다. 이렇게 연습을 반복하면 곧 근육활동의 제어능력을 터득할 수가 있다.

체육활동에서 근육의 이완훈련은, 중국의 전통기공이나 인도의 옛 요가나 현대의 생물회수법 등과는 서로 방법은 다르나 같은 효과를 내는 동공이곡同工異曲의 묘가 있어 운동자가 가볍고 자유스런 미감을 얻는 데 도움이 된다.

진정으로 사람에게 만족을 줄 수 있는 건축물은, 그 외형의 선이 정확해야 될 뿐만 아니라 건축의 수요에도 부합되어야 한다. 그렇지 않으면 그 미는 거짓된 것이다. 운동도 마찬가지로 운동자의 내재적인 미감이 실제 동작의 효과와 조화를 이룰 때 비로소 진실된 미가 되며, 이런 진실된 미는 곧 자기가 열중하는 운동의 심도에 대해 만족을 느끼는 가운데 반영될 수 있다. 자기의 기술동작이 자기가 느끼기에 편하고 거추장스럽지 않으면 않을수록 미학의 표준과 기술성공의 표준에 더 잘 부합되는 것이다. 기술동작이 지극히 적당하게 표현되므로써 산생되는 마음의 유쾌한 느낌, 예를 들면 한 수영선수가 자유형에서 그 동작의 리듬이 기술요구와 부합될 때 느껴지는 전신의 힘, 물구나무서서 뛰기 동작이 스프링 보드에서 연속적으로 도약하는 시간순서에 딱 알맞게 완성될 때의 감각, 피겨 스케이팅에서의 스텝이 유창하고 자유스러울 때의 감각 등, 이것이 곧 운동 중에서 두뇌와 신체(심리와 생리)의 상호 평형과 협조일치의 즐거운 체험이며, 또한 체육운동에서 미적 체험의 심미판단의 표준이다.

체육활동은 사람으로 하여금 속도·민첩함·인내력과 같은 자기의 운동소질을 나타내게 하는 기회를 갖게 한다고 할 수 있다. 이러한 소질은 경기에서 필수적이다. 심리소질은 사람에게 자신과 용기를 주어 대처하기 어려운 상황이나 정신적인 긴장국면에 당면했을 때에도 낙심하거나 당황하지 않게 한다. 운동선수는 공명정대하게 경기에 참가해서 개인의 기술을 성공적으로 운용하며, 팀과의 배합을 이루는 중에도 자기의 재능을 충분히 발휘한다. 경기 후의 사유와 관념은 구체적이며 엄밀함을 더하여 초조감·억제감·망상 등의 심리실조증을 방지하거나 극복하는 데 도움이 되며, 심신을 효과적으로 제어함에 유익하다. 미감은 육체감관의 구속을 받지 않는 까닭에 유쾌하고 유익하고 자유자재하므로 양호한 심리조절을 할 수가 있다. 운동선수는 경기시의 심미의식에 주의를 돌려야 하며, 신체 잠재력을 발휘하고 지력智力을 발전시켜 서로 잘 결합시켜 우수한 성적을 쟁취함에서 최선을 다할 것이며, 더 나아가서 양호한 운동도덕運動道德을 표현해야 한다.

운동하는 사람이나 운동을 감상하는 사람이나 모두 언제나 감정상에서 강렬한 파동을 일으킬 수 있다. 이러한 정서는 일종의 주관적 태도이며 때때로 유쾌한 심리상태에 처하게 한다. 유쾌한 정서는 또 사람들을 운동에 종사하게 하는 추진원인이기도 하다.

운동의 동기는 사람들이 운동을 진행하도록 부추기는 일종의 정서위주의 요소이다. 이것은 사람들이 필요와 바람에 따라 행사하는 주관적인 요소이다. 운동동기는 유기체의 모종의 수요와 서로 적응하는데, 이것은 청소년 시기의 교육과 생활습관에서 결정된다. 미를 감수하고 미를 표현하고 미를 창조하는 등등의 바람직한 염원은 운동동기의 가장 좋은 조성부분이다.

사람의 체육동기는 직접과 간접의 두 가지가 있다. 간접동기는 흔히 객관외계와 환경의 수요에 적응되는 것이며, 직접동기의 산생은 바로 체육활동으로 말미암은 신체의 쾌적감, 심미와 미 추구의 만족감이거나 과감성·의력毅力·의지의 정신미의 실현인 것이다. 프로 체육애호에

관해서는 더욱더 집중적으로 미의 이상에 대한 강렬한 지향을 체현한
다. 체육활동 중에서의 적극성은 언제나 선명한 정서체험과 나눌래야
나눌 수 없는 밀접한 관계에 있다.

　운동자 자신의 미감획득은 신체활동에 취미를 가지는 그때부터이며
운동 후에 느껴지는 쾌락이 가장 강렬하다. 운동 후의 현저한 효과야말
로 사람을 자신있게 하며, 취미가 더욱 강렬하여 마음 속에 무한한 쾌락
과 아름다운 감정을 체험하게 한다. 홍취는 운동과정 중에서 저절로
생기며, 쾌락은 운동의 결과에서 얻어지니 미감이야말로 더한층 높은
정감의 체험이다.

미감과 유관한 운동감각

미감은 인류의 심미수요가 만족을 가질 때 탄생되는 정신적인 유쾌감이고, 사람이 갖는 일종의 사회성적 고급 감정이다. 체육활동 중의 미감은 사람의 심리구성에서 비교적 높은 단계에 처해 있고, 사람의 체육활동 중의 심미대상에 대한 감정체험이며, 유쾌와 만족 그리고 찬양과 쾌적 등의 심리반영을 통해 신체운동형상에 대해 충분한 긍정을 하는 것이다.

미감은 생리적인 쾌감은 아니지만 생리적 쾌감과 밀접한 연계를 갖고 있다. 미감과 생리적 쾌감과는 같지 않으며 그들 사이의 중요한 차이는 인식판단의 유무에 달려있다. 쾌감은 생리유기체의 쾌적감인데 추울 때 옷을 더 입으므로써 따뜻함을 느끼고 배고플 때 한 끼라도 포식하여 포만감을 느끼는 등등의 예를 들 수 있다. 쾌감은 사유인식을 필요로 하지 않는 다만 유기체의 본능적인 반영이지만, 미감은 반드시 판단을 필요로 한다. 쾌감은 미감의 기초이고, 미감은 흔히 어떤 생리상의 쾌감을 동반한다. 미를 감상할 때 정신적으로 유쾌하고 생리적으로 쾌적함을 느낀다. 생리와 심리과정은 동일시할 수 있으며, 직접적인 감지感知를 거치지 않는 생리과정에서는 미감이 산생될 수 없다. 체육활동 중에 있어서 기타 심미활동과 다른 것은, 시각과 청각 외에 다음에 열기한 일부 감각들도 미감획득에 도움이 된다.

운동감각

운동감각은 동감動感이라고도 하며, 운동을 수반하여 산생한다. 너무 느리거나 너무 빠른 운동은 모두 운동감을 산생할 수가 없다. 예를 들면 암석의 풍화니 수목의 생장은 너무 느리기 때문에 감각하기 어렵고, 광선의 속도나 음파의 높은 주파수는 너무 빨라서 그 감수가 어렵다. 우주만물은 시시때때로 모두 운동을 하지만, 우리는 다만 허용되는 한계 내에서만 비로소 감각할 수 있는 것이다.

운동 물체의 각양각색의 형식과 방법의 형태적 운동은 사람에게 강약이 다른 운동감각을 일으키는데, 그것이 생리적 리듬에 부합되면 곧 사람을 유쾌하게 하고 미감을 불러일으킨다.

외국에서는 동감動感 혹은 동각動覺을 운동감 혹은 운동감각으로 구분한다.《체육운동사휘體育運動詞彙》운동감(Feeling of movement)의 함의는 운동의 진행으로 인해서 생겨나는 이른바 숙달되고, 평가하고, 운동을 지도함에 있어서의 기초가 되는 주관적 이미지의 총화를 말한다. 그것은 사람이 운동을 파악하고 완성할 때의 개인적 특징을 확정짓는 데에 쓰인다. 일정한 시각정보는 능히 운동감을 증가시킨다.

운동감각(Sensation of movement)의 함의는 운동동작의 기본소질을 반영하는 주관적 과정(판단능력 · 광활감 · 지속시간 · 능력 등)이다. 그것은 실제상에서는 운동선수의 의식 중에 반영되는 일련의 완정完整한 운동의 감각이다. 이러한 감각은 우리가 수학적 분석을 할 때에도 매우 필요한 것이다.

이상의 구분이 과학적인가의 여부는 잠시 논의를 보류하더라도, 운동이 이런 감각을 생성시킬 수 있다는 것만은 긍정할 수 있다.

체육활동은 사람들이 일상생활에서는 찾아보기 어려운 많은 것들을 감수한다. 신체는 운동 중에서 달리고 뜀뛰고 전력투구하고 활주 · 회전하고 뒹굴고 흔들고 부딪히고 승강하는 등, 사람의 신경계통과 감각기관을 강렬하게 자극해서 특수한 흥분과 쾌감을 일으킨다. 대부분 운동이 부족한 현대인들은 놀이터에 가서 회전의자나 혹은 쾌속 전동차에 앉아 즐기는데, 이것은 바로 이런 감관의 자극을 찾기 위한 것이다.

푸른 파도 속에 잠입하고, 백설이 뒤덮인 설봉을 오르고 차를 운전하여 쏜살같이 추격하고 온 전신의 힘을 다해 무거운 것을 단번에 들고, 전력을 다해 광분하고…… 이렇듯 체육은 그야말로 충분하게 운동감을 획득하게 한다.

운동감의 강약은 사람에 따라 다르다. 어떤 운동을 하든간에 설사 연령·체력 등이 대체로 같은 사람이라 할지라도 운동감에는 역시 예민함과 둔함의 차이가 있다. 마치 음악에서의 음감이 사람마다 조금씩 차이가 있는 것처럼, 이것은 적합한 인재를 뽑을 때에 반드시 주의해야 할 점이다. 그러나 후천적인 단련과 훈련은 운동감각을 효과적으로 증가시킬 수 있다. 『용진폐퇴用進廢退』라고 했듯이 더없이 예민한 감각도 오랫동안 쓰지 않으면 역시 둔해지기 마련이다.

이것은 운동분석기관과도 관계가 있다. 운동분석기관은 접수接受·지도指導·투사投射에 유관되는 운동정보기관이며, 외부감각기관의 인식을 보증하며, 또는 기초 위에서 모든 운동활동을 조화시켜 가장 기본적인 운동감각을 산생시킨다. 운동감과 쾌감·미감은 모두 서로 연계되며, 체육활동 중에서 운동감은 가장 집중되며 가장 강렬하고 심미의식의 산생에 있어서 매우 중요한 역할을 담당할 수 있다.

현대에 어떤 화가는 운동감의 예술적인 표현력을 매우 중요시하는데, 예를 들면 입체파는 화가의 감수에 따라 물체의 각각의 면을 새롭게 조합하는가 하면, 동시에 출현한 미래파는 〈운동 중에서〉 대상을 표현[창시자는 이탈리아의 마리네티(Marinetti, Filippo Tommaso)]하고, 또 파라의 《전진하는 처녀》 등의 작품에서 길을 걷는 사람을 더블 프린팅 double printing의 그림자로 그리는 것, 또 사진촬영에서의 연속노출《서방미술사화西方美術史話》 등이 이와 유사하다.

사실 2천여 년 전에 씌어진 철학서적 《장자莊子·추수秋水》에서 『나는 새의 그림자는 움직인 적이 없다 飛鳥之影未嘗動也』라고 했는데, 의미인즉 날아가는 새가 전진하는 것은 일련의 그림자가 조성한 인상이기 때문에 최초의 그림자는 원래의 자리에 남아있지 않다는 것이다.

생물역학에서 운동궤적을 연구할 때 고속촬영의 운동궤적은 매우 운동감이 있다. 이러한 사진은 과학연구의 재료가 될 뿐만 아니라 예술성도 풍부하다. 물론 운동감의 오묘함을 철저히 제시하는 데는 더욱 깊은 과학연구에 기대할 바이다.

근육감각

　근육감각은 〈근육감〉 혹은 〈근육운동감각〉이라고도 부르는데, 주로 근육의 수축정도와 사지의 위치변화의 감각과 지각을 가리키며 보통 근육·힘줄, 그리고 관절 중의 전문 감수기에 의해 얻어진다. 근육운동감각은 체육활동의 심미의식 중에 있어서 특수한 작용을 발휘하는 것으로, 운동미를 감수하는 기초의 하나이다. 운동경력이 있는 사람은 자기가 근육활동을 했을 때 산생되었던 생물학적인 효과 및 그 감각을 음미하기 때문에 공감과 연상을 일으켜 더욱 쉽게 운동미의 영향을 받는다.

　일찍부터 사람들은 근육감각활동으로 근육이 힘을 내는 감각을 개체가 직접 체험함을 인식하고 있다. 19세기초 독일의 심리생물학자 시제임푸허는 근육운동이 물체의 공간영상을 구성하는 데 있어서 매우 필요하다는 가설을 명확하게 설명하였다. 시제임푸허는『촉각의 공간표상은 유사한 방식으로 산생된다. 근육에 의해 〈운동의 사상〉이 생기는데, 이것은 평면과 측량개념의 기초이다. 때문에 마찬가지로 기하학사구는 선천적인 능력이라고 인식할 수 없듯이, 기하학사유는 운동동작의 감각기초에서 건립되는 것이다』라고 생각하였다.([소련] :《국외 심리학의 발전과 현황》, 322쪽 인민교육출판사, 1981년)

　18세기 20년대 다른 한 영국의 생리학자 벨(Bell, Charlse)은 실험을 통해 근육신호의 공간동위정향空間同位定向에 대한 필요성을 증명하여 유사한 결론을 얻었다.『벨은 임상자료에 근거하여 근육활동의 감각영상을 건립하는 데 있어서의 작용이 극히 중요함을 견지하였다. ……그후 벨은 아래의 원리를 제출하였다. 청지각聽知覺은 그와 상응되는 근육훈련과 밀접한 연계를 갖고 있다.』(야루샤프스키, 레이 안티 푸르와《국외 심리학의 발전과 현황》, 324쪽) 또 같은 시기에 토마스 프랑은『특수 유형의 감각을 구분해내는 것이, 즉 근육감각이다. 프랑의 의견에 따르면 이런 근육감각의 산생이 곧 주위세계에 대한 현실성의 감수이다. 어떤 심리학사心理學史 전문가는 근육의 감수성을 제시하여 그것을 피부의 감수작용과 서로 구별하니, 이 공적은 응당히 프랑에게 돌려져야 한다』
라고 피력하였다.(《국외 심리학의 발전과 현황》330쪽)

하리 바쿠인의 연구에 따르면, 포유기 영아의 가장 현저한 선험의
감각 중에는 피부의 감각과 근육운동의 감각이 있다. 아스리 맹글러는
해석하기를, 영아는 세상에 태어나자마자 곧 현저하게 발달된 근육운동
감각을 갖게 된다. 그리고 우리가 갖고 있는 모든 증거, 이를테면 실험을
통해 얻은 결과나 자기가 몸소 체험했거나 들어서 얻은 증거거나 모두가
다 우리가 주위 사람들이 말하는 것을 듣고 말하는 것을 배우듯이, 우리
는 피부와 근육에 감수되는 외부자극에 대해 반응하는 것을 습득해야
하는데 대부분은 우리의 조기경험에 의거해야 한다(카히잘《인체운동을
통한 교육진행》)고 하였다.

체육미학에 대해 연구한 바 있는 브로는 말하기를『근육감각에까지도
미체험의 가능성이 있으며, 그것은 신체단련의 자유활동 중에서, 한 단거
리선수의 전력질주에서, 훈련에 소질이 있는 체조선수의 자유동작이나
규정동작에서, 온몸과 마음에 확산되어 일종의 신체건강의 쾌적과 기능
의 민첩성의 표지로서의 쾌감은 특정한 순간에서는 미의 향수가 될 수
있다. 그들은 시각·청각에 일정한 물체의 운동이 존재하는 것을 허락하
지 않는데, 그것은 단지 특정한 순간에 미의 객체로서 향수되는 활동이
기에 그들의 심미가치에 반대할 이유는 없는 것이다』(먼로《체육, 미학적
사고》) 하였다.

근육운동감각은 사람으로 하여금 물상物象의 행동방향에 대해 미의
형식감각을 산생하게 하는 데 익숙해지게 하며, 운동 중에서는 역시
미감이 산생되는 전달통로이다. 근대 미학가 비숍 및 리프스파와 그로스
파의 많은 미학가들은 근육운동감관을 매우 중시하였고 주의를 기울였으
며, 그것을 오관 밖의 미의 감수기관으로 삼으며, 근육운동감각의 연구로
부터 자기들의 미학이론을 더욱 풍부하게 했기 때문에 이러한 근육감각
을 미감의 중요한 요소로 간주했다.

언어를 사용하여 근육감각을 묘사하기는 곤란하다. 그것은 종종 우리
의 신체 내부에 생겼다가 또한 즉시 사라진다. 근육감각은 신체운동이

아주 조화로운 경지에 도달했을 때 나타나는 부산물이지 최종 목적은 아니다. 그러므로 우리는 운동에 임할 때 그것이 우리 몸에서 쉬지 않고 나타나 최대의 쾌감 및 미감을 획득하기를 바랄 수 없다. 근육감각은 쾌감으로 될 수 있으며, 그것을 미감으로 상승시키려면 일정한 심미경험과 심미판단이 필요하다.

운동리듬감

우리가 이미 알고 있듯이 어떤 생물의 활동은 시간의 변화에 따라 진행되는 주기성周期性의 리듬과 법칙을 갖고 있다. 이는 닭이 세 번 울면 날이 밝고, 나팔꽃은 동틀녘에 피고, 청개구리는 동면했다가 봄이 되어 소생하며, 기러기는 봄에 왔다가 가을에 가는 것을 예로 들 수 있다. 보통 생물의 이러한 시간측량의 본능을 일러 〈생물시계〉라 한다. 사람도 〈생물시계〉가 있고 인체의 활동에도 시간상의 주기성적 리듬과 법칙이 있다.

운동의 리듬감은 유기체의 내부로부터 나오는데, 가장 원시적인 표현으로는 일정한 연속성과 순수성 규율의 생리상태가 있어 생명활동의 강약의 주기교체, 즉 호흡·순환·운동 등 기관 자체의 자연적인 기복유전起伏流轉의 율동으로 표현되어 사람의 능력과 자아감각, 그리고 건강상태에 영향을 줄 수 있다. 리듬감은 미감의 표현과 생리상의 연계가 있다. 운동은 생물의 리듬과 법칙을 조절할 수 있으며, 일정한 정도에서 신체미와 동작미에 영향을 미칠 수 있다. 표현력이 비교적 강한 운동종목에서는 마땅히 생물성 자연율동의 영향을 고려해서 가장 아름다운 심미효과를 취득해야 한다.

운동의 리듬감은 많은 운동종목 중에서 아주 중대한 영향을 끼친다. 체육활동에서 교대로 나타나는 규율있는 강약·장단·긴장과 이완·완급·고저·속도의 빠름과 느림 등등의 연속적인 시간변화는 일정한 미감을 일으킬 수 있다. 리듬성의 자극물을 감각할 때 사람은 리듬과 법칙에 따르는 신체활동을 하는 경향이 있다. 예를 들면 단조로운 리듬의 음향

을 들었을 때 사지운동으로 수를 세고, 만약에 하나의 어떤 동작이 심리
상에서 예기한 리듬에 맞지 않으면 사람의 전신근육은 돌연히 불유쾌한
장애를 받아 리듬감의 파괴와 함께 미감도 상실된다. 때문에 운동의
리듬감은 운동의 리듬을 정확하게 파악하고 재현하는 능력을 포함하므
로, 이것은 심리와 생리의 통일작용에서 형성되는 것이다. 운동선수의
훈련 중에 있어서 각각의 동작은 모두 주기성의 리듬특징을 갖고 있으
며, 리듬은 근육이 장시간 일할 수 있는 능력을 유지할 수 있고, 리듬감
을 이용하여 동작으로 하여금 더욱 쉽게 자동화로 변하게 한다. 고대
그리스에서는 멀리뛰기를 할 때 플루트 반주로 동작의 리듬을 숙달하게
했다고 한다. 사람이 감각과 운동기관으로 심미대상에 응할 때, 대상이
표현하는 리듬이 생리의 자연규율에 부합되면 곧 조화를 이룬 즐거움을
느낀다. 리듬은 운동미에서 가장 중요한 구성 요소의 하나이며, 대다수
체육종목은 거의가 다 리듬의 미를 나타낼 수 있으니 이것은 운동미의
표현에서 커다란 역할을 하는 것이다.

시공감각時空感覺

시공감각은 사람의 시간·공간에 대한 감각이며, 운동미를 평가하는
중요한 감각이다. 시공감각은 주기성 동작에 대한 시간의 장단을 정확하
게 평가함과 동시에, 물체의 형상·대소·원근·방위 등의 특성에 대한
감지각感知覺도 포함된다. 운동선수는 시각·동각動覺, 그리고 평형각平
衡覺에 의해 신체 각부위의 공간위치·거리와 이동방향을 분별하므로써
자기의 운동자세를 조절하고 규정하며, 또한 동작의 속도·주기의 시
차·교체시간 등을 판단하여 동작의 강도·속도와 리듬을 조정해야 한
다. 시공감時空感이 양호한 운동선수는 동작을 민첩하고 조화로우면서
쾌적하고 아름답게 할 수 있다. 운동하고 있는 인체는 정지상태보다
더욱 주의를 끌 수 있다. 시공감은 사람이 운동물체의 변화에 대해 심미
판단을 하는 데 도움을 줄 수 있다.

입체감

입체감이란 근거리에 있는 동일 입체물을 주시할 때 좌우 두 눈의 망막에서 생기는 조금의 차이를 가진 영상이 이룬 시각감이며, 그리고 동일 단위시간내에 다른 거리의 물체가 일으킨 시각변화를 말한다. 입체감은 시각의 일부분으로서 운동실천 및 심미활동에서의 역할이 매우 크고, 운동자의 심미직각에서도 매우 중요하며, 그 효과는 구기종목·스케이팅·스키·서핑·요트 레이스·오토 레이스·행글라이더 등의 활동에서 더욱 두드러진다. 체육활동을 감상할 때 심미객체는 형식상에서의 명확·완정·충실, 그리고 층차가 있어 그 형상에 생동감을 더해 준다. 입체감은 심미상에 중요한 작용을 하므로 사람들은 흔히 평면성 형상 혹은 기타 녹화하는 방법으로 격렬한 경기를 감상하는 것보다 직접 경기장에 가서 관람하기를 더욱 원하고 있다.

경이감

운동이 흔히 발생할 수 있는 의외의 우연한 기연에서 나오는 경이감은 미감의 중요한 요소이다.

『미는 운동중에 있다.』일정한 동작의 움직임에 의해 운등미감의 차이가 결정된다. 운동미는 하나의 완전한 체계적인 개념이며, 체육에서 여러 가지 미의 요소는 운동의 조합관계의 조절을 통해서 동태의 과정에서 가장 유익한 작용을 발휘할 수 있다.

사람이 자기 힘에 겨운 일을 완성했을 때도 경이驚異를 나타낼 수 있다.

촉 각

중국은 자고이래로 옥玉을 존중하여 그것을 〈미옥美玉〉이라 불렀다. 사실 옥은 시각적으로 결코 아름답지 않으며 다이아몬드나 금·은·조가

비 등에 비해 손색이 많다. 그러나 옥을 만질 때의 손의 감각이 좋고, 그것을 손에 쥐었을 때는 매우 상쾌하다. 이로 인하여 일본인들은 이렇게 접촉하므로 완상하는 예술품을 〈촉觸의 문화〉라 부른다.

그러고 보니 촉각은 미감의 생성과도 연계가 있다. 인체 각부분에는 모두 촉각이 있으나 차별의 정도가 비교적 크다. 일본의 과학자는 두 개의 바늘로써 간격을 두고 누르는 방법으로 측정해낸 통계수치를 표명했는데, 사람의 혀끝의 촉각이 가장 민감하다고 했다.(小原二郎《설계와 인류공정학》) 혀끝의 촉감을 기준으로 한 신체 기타 부위의 수치는 아래와 같다.

혀끝 1　　손끝 5　　입술 5　　엄지발가락 내측 11　　관자놀이·이마 23

손등 31　　무릎 36　　팔의 앞부분 40　　　다리 40　　목·가슴 54

발뒤꿈치 54　　　팔의 후면과 복부 68

운동선수의 기재에 대한 촉각은 각종 체육활동에서 매우 중요하다. 농구·배구·핸드볼선수는 손끝이 공에 닿는 순간의 〈구감球感〉에 의존하고, 축구선수는 발의 〈구감〉에 의존하고, 테니스·탁구·배드민턴 선수는 손에 쥐고 있는 라켓에 의해 공의 〈구감〉을 접한다. 체조선수들의 철봉·평행봉·2단 평행봉·링·평균대·안마鞍馬·뜀틀 등의 운동기재에 대한 특수감각은 훈련 경험이 없는 사람은 체득할 수 없는 것이다. 수영·다이빙 등에서 선수들이 느끼는 〈수감水感〉은 수영을 애호하는 많은 사람들도 다 체험해 볼 수가 있다.

운동선수의 촉각에서 감수받은 마음의 깨달음과 이해는, 그들로 하여금 자신만만하게 각종 질량 높은 동작을 완성하게 하여 신체운동의 궤적을 숙련 제어하며, 자세를 아름답게 하고 기술동작을 합리적으로 만들어 좋은 성적을 획득할 수 있게 한다. 물론 〈구감〉〈수감〉의 획득 및 기타 〈촉감〉의 획득은 무수한 훈련을 거치지 않고서는 불가능하다.

운동미의 감수感受는 위에서 서술한 감각뿐만이 아니라 종합성의 특징을 갖고 있다. 각각의 감각기관으로부터 전달받은 신호는 대뇌의 〈통각統覺〉작용을 통해서 완전한 〈표상表象〉을 이룬다. 통각統覺은 일종의 직면한 지각과 기성 지식경험이 서로 융합된 심리현상인데, 다시 말해서 비록 각 감각기관이 능히 각자의 독자적인 감수를 얻을 수 있다 하더라도, 그들이 서로 배합하고 협조하므로써 두뇌로 하여금 정처형상을 얻게 하는 것이다. 운동자는 비운동자들이 체험할 수 없는 많은 운동감각을 체험할 수 있기 때문에 운동경험이 있는 사람은 더욱 명석하게 운동미를 이해할 수 있다.

외국 심리학자의 인식에 따르면, 본세기 이래에 전자설비의 기록에 의뢰해서『주요한 감각기관을 이해하는데, 특히 눈과 귀의 신경과정 방면에서 큰 진전을 취득했다. 후각과 촉각의 신경학에 대허서는 아직도 정확한 지식이 결핍되어 있다. 촉각·온각溫覺, 그리고 통각痛覺이 어떻게 전달되는가의 촉각방면에서도 아직 매우 불완전하며 통각과 온각 방면에서도 아직 매우 분산되어 있다』고 인정했다.(채플린 클라워크《심리학의 체계와 이론》상책 101쪽, 상무인서관, 1983년)

이상에서 보면, 우리의 심미심리의 연구에서 시각과 청각에 유관한 아주 협소하고 불완전한 지식의 이해 외에는 나머지 대부툰이 공백중에 있다. 미각의 획득은 그야말로 겨우 시각과 청각에만 의존해야 되는가? 또 그들 사이의 관계는 어떠한가? 이러한 질문에 대해 우리는 아마도 승복할 만한 해답을 얻기 어려울 것이다.

체육심리학의 응용은 그 심도와 광범성이 문예심리학에 비해서 뒤떨어진 상태이며, 특별히 운동선수에 대한 심리훈련에서 정체심리학의 응용 영역내에서는 그 발전이 비교적 빠르다고 말할 수 있다 유감스러운 것은 체육심리학에서 비록 〈미감〉이란 말이 나오기는 했지만, 거기에 대한 연구는 너무 미흡하고 체육활동에서 빈번하게 반복적으로 나타나는 심미심리에서도 이렇다할 만한 방도를 제시하지 못하고 있는 실정이며, 더욱이 실험을 통한 정량분석에 대해서는 말할 나위도 없다.

과학은 실험을 필요로 하고 실험의 고귀함은 곧 능히 중복할 수 있다는 데 있기 때문에 객관적인 설득력이 있다. 체육활동에서 심미심리의 연구가 곤란한 것은 실험조건·방법과 수단의 결핍에 있는 것이 아니라 미감을 연구하고자 하는 체육심리학 전문가가 부족한 데 있다.

신체 운동능력과 미감

　체육의 미는 운동중에 포함되어 있고, 운동중에서 미가 체현된다. 체육운동을 감상할 때 사람들의 감수는 극히 풍부하고, 또 매우 독특한 감정의 체험이 생길 수 있다. 우리가 작은 흰색의 탁구공이 선수의 라켓에서 그려내는 변화무쌍한 곡선을 볼 때나, 농구선수의 쾌속적인 추진력과 변화난측變化難測한 자리바꿈 및 묵계의 패스와 정확한 슛을 볼 때, 다이빙 선수가 스프링 보드에서 물 속으로 뛰어드는 순간에 능숙하게 완성해내는 일련의 동작들을 볼 때, 스케이팅 선수가 빙판에서 완성해내는 늠름하고 질서있는 연기, 때로는 제비처럼 날아가고 때로는 평형으로 오랫동안 서있는 등등의 동작들은 우리들에게 강렬한 미감을 주지 않을 수 없다.

　체육활동에서 사람들에게 미감을 주는 신체운동의 능력을 보통 신체소질이라 이르는데, 이는 추호라도 홀시되어서는 안 된다.

역　량

　물체의 운동상태를 바꾸는 작용을 가리켜 힘이라 하는데, 여기에는 힘의 대소·방향·작용점의 3대 요소가 있음은 누구나 다 아는 바이다. 체육활동에서 표현되는 힘은 주로 사람의 체력, 그리고 생기발랄한 생명력, 왕성한 정력과 지력 등등이다. 그것들은 모두 인류의 위대한 힘을 반영할 수 있다. 신체운동에서의 근육수축의 능력은 생기와 생명력과 일관된 미를 표현할 수 있다. 체육의 각 운동종목에서 비교적 두드러지게 반영되는 인체근육의 힘의 사용으로는 생명을 표현하는 힘, 사람이 자기 몸을 지배하는 힘, 도약력, 순발력, 지구력 등인데 이는 사람들에게 웅장·용맹·활발·강건·긴장·경이 등의 감정을 가져다 준다. 보통 〈건健·력力·미美〉로써 체육활동에 대한 감수를 표현한다.

역량의 장미壯美는 보통 사람이 상상하기 어려울 정도의 강도를 표현하고, 일체의 장애를 물리치므로써 사람들 앞에 표현되므로 경이와 숭경과 찬탄을 불러일으킨다.

역량의 위대함, 힘의 강장強壯함, 힘의 웅건함은 우리들에게 숭고감崇高感·장미감壯美感을 야기시키기에 충분한 것이다.

역량의 미는 주로 남성이 하는 고강도高強度의 운동에서 표현되는데, 쏜살같이 달리는 사이클이나 오토바이 레이스며, 〈역발천균力撥千鈞〉의 레슬링과 역도, 맹렬한 몸의 부딪힘인 럭비와 미식축구 등등을 예로 들 수 있다. 중국 고대인들은 이를 일컬어 〈양강지미陽剛之美〉라 하였다.

체육활동의 감상은 운동하고 있는 신체가 심미대상이 되어 사람들의 감관感官, 즉 시각·청각 및 기타 감각을 종합하여 형성된 지각이며 사람으로 하여금 심미대상의 완전무결함을 인식하게 한다. 만약에 운동자 자신이 근육운동감각과 촉각·후각 등의 도움을 받아 미감을 획득한다면, 그것은 역시 다른 심미활동과 마찬가지로 이성理性에 호소할 필요 없이 직접 감수에 의거할 수 있으나, 다만 다른 것은 그 미감은 결코 순수한 아름다움·장미함·숭고함이 아니며 비극과 희극 등의 효과와도 차이가 있다. 경기를 관람하는 사람들은 마음 속에 한 갈래의 〈힘〉의 충동이 있으며, 운동선수와 마찬가지로 이런 〈힘〉의 표현과 창조를 간절히 바란다. 사람들의 마음 속에 생기발랄하고 향상되고 강건하며, 모든 것을 쓸어버릴 듯한 힘의 충천은, 높은 수준의 경기자가 생물학적 잠재력의 연기를 발휘하는 데 연상을 작용하여 자기와 같은 힘을 체현하기 때문에 영웅심을 느낀다.

속 도

시각視覺은 운동하는 인체의 시간적 형식에서 미의 감수를 받을 수 있다. 속도는 중요한 신체소질의 하나이며, 인체의 급속한 운동능력을 반영한다. 속도는 운동성적을 반영하며, 아울러 속도미는 운동에 대한 심미평가 기준의 하나가 된다. 운동자가 일정한 속도에 도달하기 위해서는 반드시 합리적인 동세를 취해야 한다. 인체운동의 속도미는 방관자에게 강한 감동을 주어 사람으로 하여금 의기양양하고 분발과 약동, 심지어는 열광의 감정체험을 하게 하는 것이니 운동심미의 중요한 구성요소의 하나가 된다.

유인柔靭

인체의 골격관절 · 인대 · 힘줄 및 피부 등의 신전성伸展性에서 오는 신체곡선의 변화는, 사람으로 하여금 부드럽고 스무드하며 가벼운 미의 감수를 받게 한다. 유인미柔靭美는 보통 쾌적하고 스무드한 동작에서 보여지며, 인체의 부드러운 곡선변화를 돌출케 하므로 그 아리따운 자태며 부드럽고 그윽한 정취를 갖게 한다. 유인미는 동작의 경쾌함 · 유연함 · 쾌적함 · 탄력성이 있는 기복유창한 특수한 매력을 부여한다.

유인은 운동폭을 크게 하며, 근육섬유의 탄성 및 관절의 민첩성으로 하여금 쾌적하고 대방한 공간특징을 표현하게 한다.

〈양강음유陽剛陰柔〉의 원리는, 유인한 동작은 특히 여성에게 적합하며 여성 신체의 곡선미를 표현하는 데 유리함을 표명하고 있다.

협 조

협조는 연속동작의 조화에서 나타나는 미를 반영한다. 체육활동은 특히 전신 각부분의 협조일치를 필요로 하며, 운동동작의 각단계는 순서가 엄밀하고 멈추지 않고 완성해야 하며 동작궤적은 가뿐함과 협조를 나타내야 한다. 이것은 사람의 신경계통의 각종 감각과 지각의 양호한 배합을 필요로 한다. 그래야만 신체의 각종 변화를 조절하고 제어할 수 있으며, 비로소 사람들에게 미감을 느끼게 한다. 단체 운동종목에 있어서 전팀의 배합과 협조는 좋은 심미평가를 얻을 수 있을 뿐만 아니라, 전술의 우열을 체현하는 중요한 표지이기도 하다. 협조의 미는 숙달성·영민성·탄성과 평형력·조합력·상상력 등, 여러 요소의 종합적인 효과이다. 외국의 학자는 운동협조(Harmony of movement)란 『각 조성부분간의 구성이 아주 좋으며, 미학효과의 비례관계를 갖추고 산생되는 운동동작의 특징이다. 이를테면, 동작완성의 협조성은 운동선수의 기술수준과 개인특징에서 취결된다는 것이다』라고 해석하였다.《체육운동사휘體育運動史彙》

영민靈敏

영민은 사람이 동작의 숙달 및 환경변화의 요구에 따라 신체의 위치를 신속하게 바꾸는 능력을 말하며, 운동기능과 각종 소질이 활동과정에서 복잡하게 종합되어 반영되는 것이다. 영민은 사람이 긴급한 상황하에서 발휘하는 반응의 능력을 나타내며, 언제나 사람들에게 경이와 찬탄 그리고 뜻밖의 유쾌한 정서를 가져다 준다. 민첩함과 교묘함은 인류 진화와 신체단련의 결과이다. 『익숙해지면 교묘한 기능이 생긴다』는 말은, 많은 운동종목 중에서 운동선수가 우연한 상황에 대응할 때에 흔히 보여주는 〈술법〉과 〈절기〉에서 가장 쉽게 보게 된다. 예를 들면 축구선수가 공을 몰고 나아갈 때 가동작을 해서 상대방 선수를 따돌린다든가, 농구선수의 드리블·빠른 스타트와 정지·점프 슛이며, 스케이팅과 스키 선수의 변화무쌍한 자세로 평형을 유지하고 동작을 제어하는 등이 그러한 경우이다. 영민소질은 본인의 동작의 재현과 주위활동의 판단 및 개인상황의 이해의 정확성, 그리고 근육힘의 사용과 동작시간의 정확성에서 결정된다.

평 형

신체운동 중 상대정지의 균형동작은 평형의 미를 나타낼 수 있는데, 그것은 한계가 있는 운동결과이다. 예를 들면 여러 가지 물구나무서기, 링에서 십자형으로 버티기, 평균대에서의 동작과 곡예운동에서의 조형동작 등이다. 많은 운동종목은 급격한 스타트를 하여 몸을 회전하는 동작, 그리고 돌연한 가속으로 신체의 위치를 변화시킨다. 전체적인 차원에서 공간구조상의 비례변화를 관찰하면 쉽게 평형의 미를 감수할 수 있다. 근육수축을 통해서 평형을 유지하는 역학조건, 그리고 중심과 힘의 균형적인 제약은 아름다운 동작을 완성하는 데 필수적인 것이다. 평형감각은 운동자가 표현력을 발전시키는 데에도 큰 영향을 미친다. 헤겔은 『동물의 몸에서 양측 운동기관의 평형유지는 사람에 비해 덜 엄격하다. 사람은 자기의 의지로써 불평형을 조성한다. 사람이 특수한 정신적인 기능을 획득했을 때, 예컨대 글을 유창하게 쓸 줄 안다든가 음악이나 미술이나 수예와 검술을 할 줄 안다든가 할 경우에 그의 기관器官의 평형은 곧 소실되고 만다. 반대로 비교적 투박하고 순수한 체력의 활동, 즉 대열훈련·체조·달리기·등반·좁은 길 통행·높이뛰기·멀리뛰기와 같은 종목은 오히려 평형을 유지할 수가 있다』(《자연철학》 제3장)고 여겼다. 헤겔의 이 착오적인 논리는 제외하고라도 그가 평형감관에 유익한 많은 체육활동에 주의했음은 오히려 뛰어날 수 없는 것이다.

VI 운동경기의 관상 觀賞

운동경기는 일종의 중요한 체육활동형식이며, 일정한 규칙에 따라 진행되는 경기성 오락활동이다. 운동경기에 대한 관상은 사람들의 심미수요를 만족시키는 방면에서 특수한 역할을 담당한다.

운동경기는 양호한 조건을 창조할 것을 요하므로, 경기에 참가한 모든 사람들로 하여금 체력상에서나 심리상에서 고도의 긴장상태에 처하게 하여, 각자는 높은 기예를 마음껏 발휘하게 되므로 흔히 운동경기에서 우수한 성적을 올릴 수 있다. 경기활동은 여러 가지로 우수한 소질을 배양하는 데 유리하며, 사람들에게 유쾌하고 낙관적인 정서를 가져다 준다.

경기의 조건에는 운동선수들의 투지와 앙양·분발·과감함이 요구되며, 우의감友誼感·영예감·자호감·책임감이 있어야 한다. 매번 벌어지는 경기의 규모·임무·구성원과 개인의 훈련정도·운동경험·흥취·능력·의지와 소질 및 동기 등의 방면에는 서로 차이가 있기 때문에 경기에서 얻는 정서체험도 매회마다 다르다.

경기중에서 운동선수만이 미를 체험하는 것이 아니라, 방관하는 사람들도(친구·한 운동대원·코치·운동경기상의 상대선) 미감을 획득할 수 있다. 관중도 감상하는 각도에서 미감을 느끼는데, 보통 운동자에 비해 더욱 강렬하고 더욱 선명하며 더욱 집중적이고 더욱 고급적인 것이다. 때문에 경기에 대한 관상은 체육미학연구의 중요한 방면의 하나이다.

경기 감상은 감정을 조절할 수 있고 심신을 유쾌하게 하고 품성을 연마하며, 일정한 심미요구를 만족시키는 것으로 문화생활의 중요한 조성부분이다. 서로 다른 관중의 정서는 반응이 다양하며 변화가 무궁한 바 다양성·선명성·쉽게 변하는 등의 특징을 나타낸다.

국제성國際性을 띠는 경기는, 한 나라의 문화와 교육수준과 민족의 정신면모를 반영하므로 선진국가들은 모두가 나라와 민족의 영예에 관계되는 활동을 매우 중요시한다. 지금 세계 각 선진국가들은 되도록 경기활동을 주최하는 기회를 빌어(예컨대 올림픽대회 같은 활동) 유람·관광 기념활동 등을 펼치고 있는데, 이 또한 경기활동 중에서의 심미요소에 흡인된 사람들이 날이 갈수록 많아지고 있음을 설명하는 것이다. 경기활동을 전개하는 것은 사회의 필요에 따른 것이며, 경기의 성과 또한 인류 공동의 문화재산이다.

경기는 일반적으로 개개의 운동선수 사이에서 진행된다. 개인의 경기능력의 발전은 필연적으로 군체의 상호왕래 중에서, 공개적인 경기 중에서 검증과 인정을 받아야 한다. 그래야만 인체생물잠재력 방면에 대한 기록은 일종의 문화로서 축적되고 보존된다. 이것이 비록 가체의 인류에 대한 공헌이라 할지라도 실제로는 군체의 진보를 반영해 즈는 것이다.

경기미 및 그에 대한 평가

연원이 유구한 경기심미활동

일찍이 기원전에 원시적 체력노동기능(예컨대 던지기 · 활쏘기 · 달리기 · 뜀뛰기 · 수영 · 배타기 · 짐지기)훈련 중의 어떤 성분은 오락수단의 경기로 변천되었고, 또한 제례 등의 종교활동 중에서 일종의 상연의식으로 나타났다. 생산력의 발전에 따라 생존 유지를 위한 시간 외에 남는 시간이 있었는데,『여러 부락들은 일정한 계절이면 모두 여러 가지 형식의 숭배활동 · 춤 · 경기 등으로 종교제전을 거행하였다.』(모르강(Morgan, Jacques de)《고대사회》) 엥겔스는《가정, 사유제와 국가의 기원》이라는 글에서『한 친족과 다른 친족간에 공차기를 하였는데, 나머지 사람들은 자기 친족들끼리 모여 구경하면서 자기 친족선수들이 승리한다는 조건으로 서로 내기를 걸었다』고 하였다.(《마르크스 · 엥겔스 전집》 제4권, 86쪽) 여기에서 우리는 원시사회에 이미 경기관상활동이 있었음을 볼 수 있다. 무술巫術과 제례祭禮는 언제나 원시경기와 동반되었고, 경기가 있으면 반드시 그에 대하여 평가하는 관상자들이 있었다. 유희나 자기들끼리 즐기는 오락방면에서 표현되는 심미요소는, 또한 경기활동의 발전을 촉진시킨 원동력인 것이다. 경기의 상연성은 그가 탄생된 그날부터 이미 확정된 것이다.

5천 년 전의 고대 동방에서도 이미 광범위하면서도 분산적으로 각종 경기활동들이 전개되었다. 이를테면 이집트 사람들이 진행한 달리기 · 카누 · 수영 · 레슬링 · 기마 · 전차경주 등의 경기가 그것이고, 양쪽 하류 유역의 수메르인들의 전차경주 · 씨름 · 투수鬪獸 · 레슬링 · 달리기 및 전투장면을 재현한 경기유희 등등을 들 수 있다.

　고대 중국에서도 일부 노동과 군사활동에서 변천된 경기활동들이 있었는데, 그것들은 또한 심미의식까지 갖고 있었다. 《시경詩經·의차猗嗟》에 다음과 같은 한 단락이 있다.『참으로 뛰어나기도 하셔라. 헌칠하신 몸집, 준수하신 얼굴, 청수한 미목에 환하신 얼굴, 춤추실 즈엔 몸놀림도 가볍고 영활하시며, 활쏘실 적엔 그 기예 고명도 하셔라. 猗嗟昌兮, 頎而長兮, 抑若一兮, 美目揚兮, 巧趨跄兮, 射藏兮』이는 소년사수의 크고 건전한 몸매, 환한 용모, 늠름한 풍채, 예리한 두 눈으로 과녁을 관찰하고 민첩하면서도 보기 좋게 활을 당겨 과녁을 명중하는 자태를 노래한 것이다. 이처럼 경기와 심미활동이 하나로 융합되어 중국의 고대시에 반영되었다. 그러나 경기는 그 대부분이 신체의 건강미를 자랑하려는 목적이 아니라 무예를 겨루는 방향으로 발전하였다. 이러한 무예 경기의 표현은 그 자체가 독특한 관상가치를 갖고 있다. 예를 들면 사람들의 입에 회자되어 전해지고 있는『항장이 검무를 추는 뜻은 패공을 죽이려는 데 있었다 項莊舞劍, 意在沛公』는 말은 《사기史記》에 기록된 《홍문연鴻門宴》의 고사에서 나왔다. 당시 항우項羽는 연회를 베풀어 유방을 초청하였다.『항장이 들어가 축수를 하면서, 군중軍中에서 오락이 없으니 검무를 추어 보이겠나이다』라고 하였다. 항장이 연회에서 검무를 추면서 암암리에 살기를 감추고 있었다. 그러나 이것은 도리어 검무에 이미 군사훈련, 혹은 몸을 튼튼히 하는 데 있을 뿐 아니라 오락성을 띠고 있는 심미활동이 있었다는 사실을 설명해 주고 있다.『군중에서 오락이 없다』는 상황하에 손님을 위하여 검무로 흥을 돋구는 것은 순전히 경기의 표현에 속하고 있다. 계속하여 항장과 항백 두 사람의 검무와 번쾌가 방패를 들고 항장과 맞서 싸우는 대목이 나온다. 보기 좋게 춤을 추면서 상대에게 상해를 입히지 않으려면 정심한 기교가 없이는 안 되는 일이다.

　이와 비교해 보면 고대 그리스의 경기 규모는 굉장히 컸다. 기원전 2천 년에 크레타 섬에는 종교경축대전을 거행할 때 쓰는 투우나 복싱을 하는 경기장이 있었다. 이로부터 몇백 년 후인 호머(Homer) 시기에 이르러서 군사의 우두머리들은 보통 표창던지기·전차경주·레슬링·판크라티움·달리기 등의 경기를 거행하였다. 기원전 776년에 와서 원시적 제례경기는 고대 올림픽경기로 발전하여 모든 그리스인들의 경기성회를 이루었다. 경기종목도 점차 증가되었던 바 여러 가지 육상경기·레슬링·복싱·5종경기·사이클링·승마 등이 있었고, 관상성이 매우 강한 횃불이어달리기· 피리불기 및 예술경연대회도 있었다. 올림픽경기 외에도 이스트모스Isthmos· 네메아Nemea· 피티아Pythia 경기 등 대형운동회도 인기가 있었다. 이러한 대형 경기성회에서는 인체의 건강미와 사람을 감동케 하는 운동형상을 관상하는 것은 아주 중요한 일로 간주되었다.

그리스 노예사회의 자유민들은 체육경기활동과 제신전례祭神典禮에 참가하여 대중 앞에서 알몸뚱이로 거리낌 없이 드나들었는데, 이는 신神에 대한 숭고한 존경을 나타내고 자신의 육체적 건강미를 과시한 것이다. 동시에 그들은 자연스럽게 나체상태로 노동하고 춤추고 전투하였다. 자기의 성곽과 영토를 수호하고 국토를 개척하며 일촉즉발의 전투에 대처하기 위해서 그들은 매우 엄격한 신체훈련을 받아야만 했으며, 강건하고도 완미한 신체와 기백을 배양해야 했다. 경기는 예술의 번영을 촉진시켰던 바, 인체의 건강미를 노래하는 것은 그리스 사회의 풍습이 되었다. 고대 그리스 사람들은 경기장에서의 연습과 시합을 세심히 관찰하여 인체구조에 대해 숙달된 지식을 갖고 있었다. 그리하여 고대 그리스의 건축양식은 기둥머리장식 대부분이 남녀 인체구조의 비례를 참조한 것이다. 그들은 풍만한 가슴과 발달된 팔과 무거운 중량을 지탱할 수 있는 허리와 배, 그리고 탄력 없는 다리근육과 고르게 균형이 잡힌 조화로운 몸매를 아름답다고 인정하였다. 심지어 고대 올림픽경기의 심판법에도 미의 정신에 입각하여 매회의 올림픽경기의 승리자들에게는 조각상을 세울 영예가 있다고 규정하였던 것이다. 고대 그리스인들은 경기를 통하여 건강미를 얻었으며, 경기활동을 감상하는 것 역시 생활 속의 큰 기쁨이 되었다.

물론 여기에서 고대 로마의 경기활동도 언급해야 한다. 그러나 그것들의 대부분은 기형적이거나 변태적인 관상에 지나지 않는다. 경기는 고대 로마인들의 생활에서 중요한 위치를 차지하였다. 고대 로마에는 대형 경기장이 많았는데 가장 큰 경기장은 9만 명이나 수용할 수 있어 오늘날의 체육경기장 규모에 비할 때 조금도 손색이 없다. 그러나 시민들은 직접 격렬한 경기에 참가하는 것이 아니라, 관람석에 앉아서 노예들과 직업선수들 사이에서 벌어지는 유혈적인 경기를 구경하는 것을 쾌락으로 삼았다. 피비린내가 가득한 경기를 구경하기 위하여 전문학교를 개설하여 수많은 힘장사(角力士·角鬪士)를 배양해냈고, 나중에는 저 유명한 스파르타쿠스(Spartacus)가 지휘한 노예해방전쟁까지 일으켜 항쟁한 일이 있다. 원형으로 된 층계의 관람석 아래에서는 심미감과 도덕의식이 무참히 짓밟혔고, 복싱·힘겨루기(角力)·야수와 인간간의 싸움(鬪獸), 나아가서는 수천 명의 힘장사들이 서로 참살하는 야만적인 혼전이 거듭 되었으므로, 여기에서는 체육문명과 경기의 아름다움 따위는 이전에도 없었고 이후에도 있을 수 없는 유린과 오염을 당하였다고 할 것이다.

　고대 그리스의 후기에 이르러 경기활동이 직업화의 영향을 받아 건강미의 정상적인 궤도를 벗어났고, 또 상술한 바와 같은 야만적인 유린으로 인하여 깊은 심연에 빠지게 되어 인류의 아름다운 이상을 상징하는, 활활 타오르던 횃불은 고대 로마의 피로 얼룩진 경기장에서 끝내 꺼지고 말았다. 고대 그리스문화의 원류源流는, 흡사 침침하고 적적한 땅 속에서 2천 년을 숨죽여 흐르다가 이탈리아의 르네상스 시기에 와서야 비로소 다시 광명을 보게 되었다. 경기중의 아름다움(美)은 때로는 숨었다가 때로는 나타났다 하면서 대형 기계생산의 우렁찬 소리가 귀를 울릴 때에 이르러서야, 그것은 비로소 이채를 띠기 시작하였다.

현대경기 중에 객관적으로 존재하는 미美

　경기 및 경기가 진행되는 가운데서 관상하는 심미활동은 그 맹아시기로부터 떨어질 수 없는 두 개 부분으로 되어 있다. 모든 체육활동 중에서 경기는 가장 농축되고 가장 선명하게 신체운동의 미를 표현한다. 경기활동 중에서 우리는 가히 객관적으로 존재하는 생동하며 형상적인, 감화력이 풍부한, 눈부시게 아름답고 다채로운 미를 발견할 수 있다.

　한편 우리는 경기의 각종 의식儀式에도 그 독특한 미가 있음을 발견할 수 있다.

경기에는 예의와 희극의 성분이 내포되어 있어 언어나 이성으로도 표현하기 어려운 감정을 불러일으킬 수 있다. 예를 들면 고대의 씨름하기 전의 참배의식, 올림픽대회의 성화의식, 구기종목에서 운동장내의 위치를 바꿀 때 서로 운동복 같은 예물을 교환하는 것, 우승하면 국기를 게양하고 해당 국가의 국가國歌를 연주하며 우승컵을 높이 추켜들거나 금메달을 목에 걸어주는 등의 여러 가지 의식절차는, 모두 상징화된 감정표현력을 갖고 있어 직접 심미의식에 영향을 준다.

올림픽경기나 다른 대형 운동회가 열릴 때에는 각종 예술단체가 와서 자신들의 재간을 마음껏 과시하는데, 이는 운동회의 분위기를 융화하는 데 크게 도움이 된다. 비정식시합인 연기활동에는 민속무용, 각종 유형의 매스게임, 민속전통의식, 음악의 리듬에 맞추어 진행되는 입장의식 등등이 있는데, 이들은 민간의 특색과 구수한 향촌의 정서가 밑받침된 그 지방의 풍속을 표현하고 있다. 관중들에게 특수한 매력을 느끼게 해주는 공연에서 조예가 깊은 기예의 미를 볼 수 있는데, 생기발랄한 표현력이며 현실미와 예술미가 서로 빛을 받아 더욱 빛나는 모습은 사람들로 하여금 실로 놀라움과 기쁨이 교차되게 한다. 관중들이 이와 같은 감수를 느끼게 되는 중요한 원인 중의 하나는 표현내용이 참신하며, 게다가 반복하여 연기하지 않기 때문이다.

가장 선명한 실례로 매스게임을 보면 그러하다. 매스게임은 승리를 쟁취하는 것을 목적으로 하는 연기종목이 아니라, 정미함을 구성하는 면에서는 어떤 대형의 연기종목과도 어깨를 겨룰 만하며, 뿐만 아니라 그 규모의 방대함에 있어서도 이와 견줄 만한 것이 없다. 대형 매스게임은 수천수만에 달하는 체육건아들로 이루어져 건장한 신체와 씩씩한 기백으로 아름다운 음악에 맞추어 정연하고 아름다운 체조·무용·곡예 동작을 하며 변화다양한 대형隊形과 도안을 이루기도 한다. 때로는 다른 복장·도구·관람석의 배경을 배합하므로써 일정한 사상이나 의의意義를 전달할 수도 있다.

매스게임은 계통적 지도이론, 기본기술, 창작과 구성, 그리고 그에 따르는 훈련방법이 있다. 연기방안의 제정은 일정한 주제 · 내용 · 풍격 특징에 근거하여 구상하며, 각종 대형의 도안과 배경화면을 설계한다. 매스게임은 음악 · 무용 · 미술 등의 예술과 밀접히 배합되며 연계된다. 연기자는 매스게임의 실천을 통하여 체력을 증강시키고 성정을 도야하며, 미육과 단체주의 교육에서도 두드러진 작용을 한다.

매스게임은 다음과 같은 몇 가지 요구조건이 있다. 즉 대형은 특정한 의의를 나타내며, 유동노선流動路線을 나타낼 수 있는 기하-도안幾何圖案이 있어야 한다. 구성은 복잡하고 변화가 많으면서도 순서는 명확해야 한다. 배경은 주제와 내용을 드러내야 하며, 참신하며 생동감이 있어야 한다. 또한 색채는 조화롭고, 장면은 분명해야 한다. 동작의 구성은 정연하면서도 변화가 많아야 하고 리듬감이 강해야 한다. 장려하고도 기세가 드높은 매스게임의 연기를 보노라면 거기에서 미적향수를 받게 된다.

중국의 지나간 매회의 운동대회 및 일부 중대한 경축활동에는 모두 규모가 다른 매스게임 연기가 있었는데, 그 중에서 특히 제1차에서 제5차 전국운동대회의 개막식에서 공연된 대형 매스게임 《전인민이 함께 경축한다》《혁명찬가》《붉은 기를 노래함》《신장정》은 아주 유명한 것들이다. 중국의 매스게임은 동작이 정연하고 조화로우며 대형의 변화가 교묘하고 도안의 조형이 장려할 뿐만 아니라, 내용이 풍부하고 배경화면이 독특하여 그 영예가 전세계에 퍼져 있다.

매스게임 외에도 의식儀式 속에서의 순수한 예술연기도 있다. 그 예로는 제23차 올림픽대회의 개막식에서 80대의 피아노를 가지고 동시에 연주하였으며, 폐막식에서는 동서양의 예술이 한 무대에서 교류된 악무樂舞의 광희狂喜가 있었는데, 아마 이런 연기는 이제 다시 있을 수 없을 것이다.

또 다른 면에서 말하려는 것은 경기 자체가 표현해낸 미美이다. 정식 시합에서 각종 운동종목들은 자기의 독특한 미를 나타내므로써 관중들에게 형형색색의 심미대상을 제공해야 한다.

경기의 관상은 기술미를 핵심으로 한다. 운동선수의 기술에서 그 미를 볼 수 있는데, 개인의 기술이나 집단의 전술을 막론하고 모두 능숙하고 아름다우며 자체의 기술풍격을 구비한 것을 훌륭한 것으로 인정한다. 상술한 풍격을 이루는 요소라면, 협조와 통일·리듬·힘·적응성 등등이며, 변화가 매우 다양하여 자신의 독특한 풍격미를 나타내는 것이다.

경기활동은 사회도덕미와도 관계된다. 우호를 목적으로 한 시합에서 우리는 승부에 구애되지 않고 격의없이 친밀한 현상을 볼 수 있는데, 이것 역시 우호적으로 교류하는 사회미덕이라 할 수 있다. 정식경기에서 투지가 강한 운동선수가 조금도 빈틈없이 완미한 미를 표현하는데, 이때 선수의 행위는 예의 존중·기율紀律·준수·강렬한 책임감·풍부한 희생정신·단결력 등의 아름다운 인품과 덕성을 반영한다. 이러한 것들은 인류사회가 한결같이 제창하고 발양해야 할 미덕인 것이다.

경기활동에서 개인과 단체의 의지도 미를 표현한다. 예를 들면 성적이 낮고 승리할 가능성이 매우 적은 조건하에서, 혹은 상대방을 따라잡을 수 없는 상황하에서 선수가 오히려 조금도 사기를 잃지 않고 계속 분투 노력하면서 진지하고 완강하며 열정적인 태도로 끝까지 견지한다면, 이것은 일종의 의지미意志美의 표현이다. 경기에는 언제나 승자와 패자가 있기 마련인데, 여러 가지 원인으로 패했던 선수는 충고와 격려를 받으며 더욱 노력하여 우승을 쟁취하려는 결심을 내리게 되는데, 그는 이때 비장한 미를 감수하게 되는 것이다. 그러므로 우리는 보통 경기에서 실력이 보다 낮은 선수들을 응원하면서 그들의 불굴의 정신과 전력을 다하여 상대를 따라잡으려는 정신에 사로잡혀 흥분되고 감화되는 것이고, 여기에서 끝없는 만족과 희열을 체험하게 되는 것이다. 그러므로 보아하니 체육시합에 대한 평가는 결코 승부만을 표준으로 삼는 것은 아닌 것 같다. 마찬가지로 경기시합에서 점수를 많이 얻어서 남보다 훨씬 앞섰기 때문에 아무런 걱정이 없는 상태에서도, 선수가 빈틈없이 진지한 태도로 끝까지 자기의 능력을 다 발휘하는 것도 역시 미이다. 이것이 바로 체육시합에서 승리하였다고 교만하지 않고 패했다고 낙심하지 않는 〈체육인의 풍모〉인 것이다.

미는 언제나 감화력이 있는 생생한 형상을 표현하는데, 경기 중에서 이러한 형상은 바로 운동선수인 것이다. 우리는 운동선수의 신체적 각도에서 가장 쉽게, 또 직접적으로 그 미를 볼 수 있다. 전체적으로 말해서 일종의 건강미, 즉 체형·체질·피부색깔·동작·자세 등으로 이루어진 강건유력하며 생기발랄한 생명력의 미를 감수할 수 있게 되는 것이다.

운동선수들의 단련을 거쳐 이루어진 균형잡히고 조화된 아름다운 몸매는, 일종의 미의 형상으로 사람들에게 감수될 수 있는 것이다. 선수들의 신체 내부의 발달된 생리기능으로 인하여 넘쳐나는 생기도 역시 일종의 미로써 감수될 수 있다. 양호한 신진대사로 인하여 반영되는 건강한 피부색 역시 단련을 거쳐 이루어지고 햇빛에 곱게 그을린 건강한 피부색처럼 사람들의 부러움을 사며, 또한 거기에서 미를 느낀다. 이밖에 신체는 건장한 힘의 미를 나타내고 선수들은 오랜 시기의 단련으로 인하여 자세 역시 일반 사람들에 비해 아름다운 풍격을 지니고 있다. 운동선수들의 건강미는 더이상 말할 필요가 없는 것이다.

운동선수들의 정신면모에서도 많은 미를 볼 수 있다. 강인한 의지·공평무사·공명정대·순결하고도 소박한 정신 등은 모두 정신상의 아름다움(美)을 나타낸다. 의지력은 투지가 앙양되고 열심히 인내할 수 있는 것을 포함한다. 운동경기의 특수성은 공명정대하며, 열정적으로 약동하는 미를 가져온다. 운동에 열중하는 사람들은 자기가 즐기는 활동 중에서 솔직하고 듬직하며 소박한 성격을 배양할 수 있다. 이러한 것들은 모두 정력이 넘치는 선수들이 표현하는 왕성하게 향상하려는 정신방면의 미인 것이다.

행동거지行動擧止 방면에서도 미가 표현된다. 운동선수들의 행동은 적극적이며 민첩하고 조화로우며 깔끔하다. 말하자면 그들의 행위는 능동적이면서도 열정적이고 일을 처리함에 있어서 시원스럽다. 즉 자기가 하려는 일을 즉각 착수하는 적극성이 있으며 질질 끌지 않는다. 그들의 행동은 과단성이 있으며 민첩하여 여러 가지 변화에 신속하게 반응하는 능력이 있다. 또한 동작이 조화되어 노동과 생활 및 벗들과의 교제에서 서로 화목하게 지내므로 행위의 미를 반영한다.

헝가리의 영화미학가 파라 파라츠는 다음과 같이 인정하였다.『운동회에서 공연을 위해 만들어진 여러 가지 정확한 동작은, 결코 자연스런 표정의 동작이 아니기 때문에 이러한 동작들은 근본적으로 표현력이 없다. 그러나 동작들은 매우 아름다울 수 있는데, 왜냐하면 건강과 힘에서 표출되는 미의 유연성의 정도를 표현하기 때문이다. 하지만 그들은 열정이나 감정을 표현할 수 없으며 사람의 정신도 나타낼 수 없다.』《영화미학》 파라츠 선생이 주장하는『운동동작에는 근본적으로 표현력이 없다』는 논단論斷은 너무도 독단적이다.

운동표현력이란 운동선수가 경기중에 여러 가지 동작기교로써 정감을 표시하는 능력을 가리킨다. 국제적으로는 오로지 술어(Expressivity of movement)에 대하여 규범화된 해석을 내리고 있는데, 그 기본적인 함의는『일정한 운동동작을 완성할 때 갖고 있는 특징─동작의 기본요령에 세밀하고도 깐깐한 특색이 있는 동시에 일정한 사상내용과 감정을 나타내는 것』이라고 규정하면서『운동표현력은 신체의 유연성, 선택한 주제 및 가능하면 필요(예를 들면 체조)한 음악 반주에서 결정된다. 운동선수(특히 체조선수)의 높은 기술수준 또한 운동표현력을 높이는 방법이다』라고 말하고 있다.《체육운동사회》

운동경기는 예술연기와 유사한 표현력이 있을 뿐만 아니라, 어떤 종목들(예를 들면 평점류의 종목)은 예술연기와 거의 구분하기 어려운 아름답고도 생생한 형상을 창조할 수 있다. 만약 무대 위의 배우와 경기장에서 연기하는 선수를 비교연구하고 쌍방의 심리활동에 대하여 분석을 가한다면 각자의 표현력을 향상시킬 수 있을 것이다.

물론 경기의 주요목적은 운동기술수준을 향상시키기 위한 것이지 심미를 위한 것은 아니다. 운동선수의 운동표현력 역시 단지 관중들과 감정을 교류하기 위한 것이 아니라 훌륭한 성적을 획득하는 데 있다. 운동선수는 자신이 미를 창조하고 미를 연출해내는 공구라고 생각하기보다 자신이 하는 운동의 본목적을 기억하는 것이 바람직하다. 이처럼 연기나 시합중에 나타나는 미는 자신도 모르는 사이에 표현되므로 오히려 진실한 듯한데, 이는 현실적인 미와 예술적인 미의 차이를 반영하는 것이다.

경기를 관람하는 과정에서 사람들은 광범위하게 미와 접촉하면서 의식적으로, 혹은 무의식적으로 일정한 척도와 원칙을 따르면서 미와 추를 판정하고 그 심미적 가치를 가늠한다. 사람들이 공통적으로 따르는 이러한 척도와 원칙이 바로 경기의 심미표준이다.

경기를 관람할 때의 심미표준은 경기의 객관사물과 형상을 근거로 하는 심미평가에서 비롯된다. 각자의 심미평가의 정확성 여부는 또 각자의 심미취미·우주관 및 체육에 대한 이해 정도에 의해 결정된다.

객관적이고도 과학적인 심미표준은, 사람들이 사회실천의 기초 위에 장기적인 심미실천과정에서 부단히 총괄하고 점차적으로 형성한 것이다. 경기에서의 심미표준은 심미실천에 관계되는 것에 의하여 규정되며, 부단히 체육심미실천의 검증 수정을 받게 된다.

체육활동에서의 심미평가문제는 예로부터 논쟁이 있어왔다. 칼키스는 《체육개념》이란 책에서 『일체의 체육운동은 모두 '미의 활동이다』라고 했고, 로이드(Lloyd)는 이에 의문을 갖고 체육과 미는 별개의 범주라고 지적했다. 소니는 《미육 수단으로서의 체육》에서 상술한 두 의견을 종합하여, 체육운동에서의 미의 요소는 운동목적의 부수적인 것이라고 인정했다. 먼로는 체육운동은 일종의 미를 추구하는 활동으로서, 그러한 미를 추구하는 모든 활동의 형식 사이에는 각자의 다른 의의가 있는데 그것이 바로 그들이 존재하는 이유가 되며, 또한 그들의 심미가치를 가늠하는 표준이라고 인정하였다.(먼로《체육, 미학적 사고》)

경기에 대한 심미평가는 사람들의 미에 대한 인식과 파악이 되며, 경기에 대한 심미실천경험의 총결로서 사회의식의 성질을 갖고 있으며, 필연적으로 일정한 물질생산방식의 제약을 받은 바 일정한 사회존재에 의하여 결정되는 것이다. 그러므로 시대와 민족계급의 차이에 따라 그 심미표준의 구체적 내용도 다른 것이다. 심미표준의 객관내용은 하나의 역사범주로서 역사적이며 구체적인 내용을 갖고 있다.

먼저 우리는 경기활동의 심미평가에는 시대성이 있음을 보아야 한다.

심미실천은 인류의 전반적인 사회실천의 기초 위에서 생성되고 건립된 것이며, 다른 사회생산방식은 다른 역사시대의 특징을 결정하여 심미표준으로 하여금 시대성을 갖게 한다. 상고시대에는 생산력이 매우 낮아 사람들의 생계유지조차 쉽지 않았으므로 심미활동은 생각할 수도 없으며, 또한 소위 심미표준이란 것도 없었다. 인류의 사회실천력의 발전에 따라 일정한 단계에 이르러서 미의 관념이 생겼으며, 비로소 이에 상응하는 표준이 생겼다. 신체와 운동에 대한 심미표준이 맹아기에 있을 때에도 비록 사회의 보편적 승인을 받았지만, 결코 인류의 장원한 객관 심미표준에는 부합되지 않았던 것이다. 예를 들면 얼굴에 낙인을 찍는다든가 이빨에 구멍을 뚫는다든가(鑿齒) 전족(纏足)을 하는 것 등이고, 고대 로마의 각투장角鬪場에서의 피비린내나는 싸움과 또 지금까지 지속되고 있는 스페인의 투우鬪牛 등등은 이런 부류에 속한다. 이 역시 심미표준의 시대적인 한계성으로 인하여 빚어진 것이다. 과학문화의 발전에 따라 이러한 심미편견審美偏見은 앞으로 반드시 시정되어야 할 것이다.

현대사회생활의 고도한 발전에 따라 사람들은 체육운동이 매우 큰 폭으로 미화된 사회생활과 자신의 신체를 심미가치를 가늠하는 표준척도로 삼고 있다. 체육에 종사하는 사람과 관람하는 사람 모두가 아름다운 광경을 감상하며 마음을 즐겁게 한 뒤, 자신의 동각動覺과 시각視覺상의 기쁜 감수를 통하여 정신상태로 하여금 분발하게 한다.

구체적 운동종목을 관람하는 심미표준도 시대에 따라 변한다. 중국에서 가장 오래된 육상이나 역도 같은 운동에는 관중이 아주 적지만, 수십년 전만 하더라도 무슨 놀이인지도 몰랐던 피겨 스케이팅·보디빌딩 같은 종목에는 관람객이 구름처럼 몰려든다. 〈탁구열〉〈농구열〉은 점차 식어가나 〈배구열〉〈축구열〉은 오히려 올라가는 추세다. 텔리비젼 화면에는 체육프로그램이 갈수록 많아지고, 그 관중수는 날로 늘어갈 뿐 감소되지 않고 있다.

다음으로 심미평가에는 민족성이 숨어있다.

마르크스주의는 다음과 같이 인정한다.『민족이란 사람들이 역사상에서 형성한 하나의 공동언어·공동지역·공동경제생활 및 공동의 문화상에 표현되는 공동심리소질의 안정된 공동체이다.』(스탈린 《다르크스주의와 민족문제》《스탈린전집》 2권 294쪽) 바로 각민족의 언어·지역·경제생활, 그리고 문화와 심리상에 표현되는 서로 다른 특징은 세계 각민족이 경기의 심미표준방면에 공통된 요구가 있을 뿐만 아니라 현저한 차이가 있는 것이다.

민족의 생활조건·군사기술의 발전상황·역사전통과 문화전통의 영향·공통 심미소질 등등의 특수작용으로 말미암아 체육활동 자체는 무시할 수 없는 민족성을 갖게 되는 것이다. 남방민족은 수영에 능하여 물놀이를 즐기고, 북방민족은 스케이팅과 스키에 재간이 있다. 중국 사람들은 무술을 숭상하고 일본 사람들은 스모, 인도 사람들은 배드민턴, 미국 사람들은 복싱을 즐긴다. ……서로 다른 언어와 지역·경제생활 및 심리소질로 말미암아 생겨난 각각의 체육종목이다. 이는 그 민족의 기본적 특징에 의해 제약된 것이고 서로 다른 심미평가의 영향을 받은 결과이다.

각민족은 크든작든간에 모두 자신의 특징과 개성이 있으며, 이런 특징과 개성은 체육활동에서도 충분히 나타나고 있다. 예를 들면 중국의 50여 개 소수민족들의 2백여 종에 가까운 전통체육종목에서 본다면, 육상·체조·수영 등의 운동종목은 매우 적고 구기종목 등의 유희성 종목은 오히려 적지 않으며, 생산방식의 영향을 받은 종목(경마·양 빼앗기·처녀쫓기·활쏘기·레슬링 등)도 유희색채가 짙은 것으로 중국 소수민족의 전통적 체육활동이 오락성이 강한 선명한 특징을 충분히 반영하고 있다.

민족 체육종목이 더욱 선명한 민족풍격과 민족적 특색을 가질수록 더욱 신선한 느낌과 흡인력을 갖고 있어 다른 민족들도 관람을 즐길 수 있다. 이런 종목들 중의 일부는 오랜 세월이 지난 다음 다른 민족에게 받아들여져서 광범하게 전파되어 전인류의 공통의 재부가 된다. 이러한 종목들은 역사상에서 그 실례를 찾기 쉬운데 예를 들견 미국의 농구·배구, 영국의 축구, 일본의 유도 등이 그러하다.

심미가치는 민족성에 있으나 각민족의 경기활동에 대한 심미가치 관념은 점차적으로 통일되어 커다란 추세로 대두되고 있다. 일본의 유도는 이미 국제체육계에 받아들여졌으며, 아름답고 다채로우며 선명한 민족적 특색을 구비한 중국 무술도 세계에 두루 퍼질 날이 멀지 않았다고 믿는다.

이밖에도 심미평가는 개체의 차이가 있다.

체육활동 중의 미는 신체동작을 매개媒介로 하고 개념을 묘사함에 있어 고정되지 않은 특징이 있는 바, 비록 그 부분적 규율은 각종 정성定性 혹은 정량定量의 방법으로 나타낼 수 있다 하더라도, 외재적으로 드러나는 형식은 도리어 감정색채로 충만된 심미평가의 제약을 받아야 한다. 사람들은 일찍부터 다음과 같은 점을 인식하고 있었다. 즉『혹시 전인류 가운데서 비슷한 두 사람을 찾지 못할 수도 있다. 모든 유기체의 감각기관·외모·내장은 저마다 다르다. 섬유·근육·골격·혈액도 저마다 다르다. 정신·상상·기억·견해·참된 지식·선입견·식품·운동·지식·직업·교육·취미·재산·지력도 각기 다르다. 산물·기후·풍속·법률·습관 구례舊例·정부·종교도 각기 다르다. 그러니 어떻게 두 사람으로 하여금 완전히 똑같은 애호를 갖게 하며 진·선·미에 대하여 똑같은 개념을 갖도록 할 수 있겠는가?』(디드로《희극예술을 논함》) 그러므로 인류가 신체운동을 수단으로 진행하는 경기활동이 주관적인 면에서 개체의 차이가 있는 것은 그다지 이상한 일이 아니다.

인류 사회실천의 발전변화에 따라 심미표준의 객관적이고 구체적인 내용도 끊임없이 발전하며 변화한다. 세계 체육계의 발전상황을 보면 경기의 심미표준은 날로 국제화·공동화의 경향을 보여주고 있다.

생산방식의 변화는 체육으로 하여금 객관적 사회수요로 변하게 하였다. 편리한 교통은 지역과 민족의 차이를 제거해 버린다.《제3의 물결》의 기세는 막을 수 없이 세차고, 체육은 정보사회의 대추세에 따라 신속하게 전진하고 있다.

현대적 경기훈련은 전통적 경험에 의하던 것이 종합적이고도 다양한 이론과목으로 전향한 최신성과에 의해 종합적인 연구가 진행되고 있다. 경기시합은 인체의 극한운동極限運動 능력의 끊임없는 충격을 통하여 이미 남녀 이성의 차이가 바로 축소되고 있음이 밝혀졌는데, 이는 수많은 여성들로 하여금 체육운동에 투신하도록 고무하였다. 통신기술과 교통사업의 발전에 따라 지구의 각기 구석진 곳에 분산되어 있는 민족과 나라들이 분분히 국제경기장을 향해 나아가고 있다. 경기는 국제문화교류와 정치생활에서 나날이 그 중요성을 나타내고 있다. 그리하여 인류의 체육사는 이제 바야흐로 저마다 강한 특색을 지니고 있는 지역사로부터 종합적이며 통일적인 세계사로 발전되어가고 있다.

수천 년 동안 이어져 내려오면서 체육활동은 줄곧 유한계층의 전유물이었다. 고대 그리스의 규모가 성대했던 운동경기는 오직 지배계급과 자유민만이 참가할 수 있었다. 중세기에 들어와 유럽에서 성행한 것도 다만 《기사경기騎士競技》에 지나지 않았다. 산업혁명 후에 와서야 체육은 비로소 전체화·계통화·사회화되어 이론상에서 초보적이나마 그 규모를 가지게 되었고, 점차적으로 자체 형태를 이룰 수 있었다.

수백 년 전에는 지금과 같은 큰 규모의 올림픽을 개최한다는 것은 상상조차 할 수 없는 일이었다. 선박이나 기차가 없고 제트 여객기가 없었다면 각국 선수단은 그저 바다만 바라보고 탄식할 뿐이 아니겠는가? 제1회 올림픽이 1896년에 그리스에서 열렸을 때는 겨우 13개국의 선수들만이 참가했을 뿐이다. 그런데 1968년에 열렸던 제19회 올림픽대회에는 112개국에서 선수단을 파견하였다. 1984년에 있었던 제23회 올림픽대회 때는 비록 소련과 동구권 국가들의 수천 명의 운동선수들이 정치적인 원인으로 불참하였지만, 140개국의 7,960명의 운동선수들이 참가하였다. 이밖에도 세계운동대회와 대륙간의 운동경기, 각 종목별 국제경기와 지역성 운동경기들이 도처에서 열렸는데, 그 실례는 이루 다 헤아릴 수 없을 정도이다. 수준 높은 운동선수들은 분주히 여기저기를 드나들면서 재능과 우정을 교류하고 있다. 여러 나라들은 체육방면에 문을 활짝 열어놓고 기술을 끌어들이고 인재를 발견하고 서로 촉진하면서 국제무대로 진출하고 있다.

수십 년간의 빈번한 국제교류를 통하여 방대한 국제적 체육조직이 형성되었고, 수많은 학회·협회가 나왔으며 사용언어가 규정되었고, 명사·술어에 대한 개념을 연구하거나 통일하기 시작했다. 체육정보는 기하급수적으로 증가되고 새로운 운동종목들이 우후죽순격으로 생겨나기 시작하였다. 예를 들면 수중발레·아이스댄싱·점프 스키·다이빙·서핑 등이다.

새로운 경기종목은 몸을 건강히 하려는 사람들의 욕구를 만족시킬 뿐만 아니라 오락적인 요구나 관상적인 요구, 심미적인 수요를 만족시킨다. 따라서 이러한 종목들이 국제 체육조직의 승인과 대중들의 공인을 받자면 전세계적으로 보급되어야 하며, 그의 심미표준도 마땅히 국제화 되어야 하고 대다수 사람들의 심미적 요구에 부합되어야 한다.

현재 국외에서 물질적인 생활조건이 개선됨에 따라, 운동경기에 대한 심미평가에 일정한 변화가 생겨났다. 예를 들면 리듬이 빨라질 것을 고무하고 역량의 충돌을 감상하며, 최신의 과학기술 성취와 각종 예술 유파流派의 영향을 받아들여 되도록 짧은 시간내에 관중들을 고도로 흥분시키려는 것 등등이다. 이는 미를 단순히 마음에 함축된 고요와 무사태평으로 이해해 버리는 전통적 감수感受와는 일정한 차이가 있는 것이다. 만약 우리가 의식적으로 국제 체육무대를 광범하게 연구·탐색 하고, 체육에 민족적 특색을 보존하고 드러내기에 힘써 그것을 국제화시 킨다면, 각국간의 문화교류를 촉진하고 우리나라 체육사업을 추진하는 데에 유익할 것이다.

현대 정보사회에서 각종 경기활동은 객관적 심미대상이 되어 필연적으로 사람들의 공통된 미감을 널리 불러일으킬 수 있는 객관적 속성과 규율을 갖고 있으며, 또한 심미주체 역시 같은 정신적 요구와 추구가 존재한다. 이처럼 경기의 심미표준과 심미평가는, 객관적으로 존재하는 미와 보편적으로 존재하는 주관적 심미경험을 반영하여 체육미가 존재할 수 있는 필연성과 심미경험의 보편성의 통일을 이룬다.

경기가 관중에게 주는 흡인력

　　채육활동에서의 경기요소는, 마치 인체내의 내분비와 마찬가지로 전체의 생장에 커다란 영향을 미친다.

　　격렬히 경쟁하고 대항하는 상황하에서 최대한도로 객관상에서 운동기술의 제고를 자극한다.

　　경기에 참가하는 사람이 있으면 곁에서 관람하는 사람이 있게 마련이다. 사람의 본성은 사회관계의 총화이다. 경기활동은 생겨난 그날부터 자기의 관중을 갖는다. 그러나 오늘날에 이르기까지 사람들이 이러한 관람활동에 흥취를 갖게 되는 주요한 원인을 탐색하는 경우가 매우 적다. 따라서 이하에서 우리들은 이 방면에 대하여 미흡하거나마 탐구를 시도하는 것으로써 진일보하여, 현대 경기시합의 심미가치를 이해하는 데 도움이 될 것을 기대해 마지않는다.

진실성

　　경기는 선수와 선수간에 진행되는 바, 그들은 일반적으로 어떠한 종목에서 그 경기능력이 보통사람들보다 뛰어나고 성적이 우수한 까닭에 비로소 선수로 선발되며, 나라를 대표하거나 어떤 행정구역이나 직장, 혹은 적어도 자기 주위의 친구들을 대표하여 경기에 참가한다. 한 선수가 경기장에서 성공하는가 실패하는가의 여부는 수많은 사람들의 마음을 사로잡는다. 선수에게 관심을 갖고 격려하며 지지하기도 하는데, 저명한 선수에 대한 숭배는 인기 영화배우를 능가한다. 왜냐하면 운동선수는 그들과 더욱 가까이에 있고 더욱 직접적이며 더욱 친근하고 더욱 진실하기 때문이다. 운동선수들이 경기장에서 혼신의 힘을 다하여 상대방과

싸울 때, 그는 장기간 동안의 훈련에서 피땀을 흘리며 연마한 기술로 상상하기 어려운 노력의 성과를 검증하는 것이고, 인류가 자기의 신체에 잠재해 있는 힘의 결정을 펼쳐보이는 것이 된다.

세칭 일류선수들은 억만에 달하는 사람들 가운데서 몇천 년의 진화와 선택을 거친 이미 자연에 의하여 매우 뛰어난 전문종목의 능력을 부여받은 사람들로서, 계속 초강도의 훈련을 거쳐 인류의 최고기록을 획득한다. 극단적으로 비범한 동작, 즉 이러한 일류선수들에게만 존재하는 동작으로는 높이뛰기에서의 포스버리 백 플롭(배면뛰기), 스케이팅에서의 3회전 점프 등을 들 수 있다. 그들의 성적과 기록은 전인류의 재부로서 일반사람들이 비록 대단히 엄격한 훈련을 거쳤다 할지라도 비멍의 8.90 m와 주건화의 2.39 m를 뛸 수 없을 것이고, 제시 오웬스와 루이스처럼 한 번에 네 개의 금메달을 획득하지는 못할 것이다. 이런 수준을 가진 사람은, 혹시 1억 인구 중에 한 사람이나 겨우 있을지도 모른다. 그러므로 우리는 다만 관중석이나 텔리비젼 앞에서 구경하면서 자기 민족의 대표적인 성공 중에서만이 얼마간의 심미적 요구를 만족시키게 된다.

체육시합에서의 경쟁은 격렬하다. 이는 최강자가 도태되지 않고 신체기교·책략과 전술상에서 가장 우수한 자가 승리를 취득하는 유일한 표준양식이다. 우리가 늘 말하는 『운동장에서는 뒷문거래를 할 수 없다』는 것은, 바로 좋은 성적을 얻으려면 진짜 재능이 있어야 함을 일컫는 것이다.

관중들은 경기장에서 진실한 시합장면을 보게 되는데, 이러한 시합은 공평해야 하며 동등한 기회에 자기의 기량을 마음껏 발휘하게 해야 한다. 경기의 진실성은 일체의 속임수와 편견을 갖고 오판하는 현상에 대한 부정이다.

관중들이 관람석에 앉아서 관람하려는 것은 운동선수들 각자가 최고수준을 발휘하여 치열하게 싸우면 이제 어떤 결과를 가져오는가를 보려는 것이지, 결코 사전에 꾸며놓은 저열한 연극이 아니다. 간단히 말해서 그들은 〈진실〉을 요구한다. 이러한 진실은 생활 중에서 저절로 생긴 재미없는 사소한 일이 아니라 한 차례 적극적인 준비를 거친 대결이며,

심신이 건전한 사람간의 경쟁이고 변화다단한 유희이다. 이것이야말로 얼마나 재미있고 유쾌한 정신상의 특수한 향수인가?

만약 시합이 있기 전에 뒷거래가 있어서 수준 낮은 감독에 의해 결과가 조작되거나, 심판이 뇌물을 받아 한쪽을 편들어 되는 대로 심판을 보거나, 혹은 의식적으로 높은 수준의 선수를 출전시키지 않고 그를 대신하여 자기 〈연고자〉를 내보내거나, 운동장에서 사람을 괴롭히는 등의 부도덕한 행위가 나타난다면, 관중은 곧 이에 분개하여 불공정한 심판의 행위를 질책하며 사기당한 후에 산생되는 광포한 정서를 발산하게 되어 내부에서 분쟁이 일어날 것이다.

경기의 진실성은 또 시합의 결과를 바꾸기 힘들고 시합의 실황을 다시 중복하기 힘든 데서도 표현된다. 사람들은 흔히 영화를 일종의 유감스러운 예술이라고 말하는데, 그 까닭은 배우가 녹화한 필름을 보고 불만족스러워도 다시 고치기 어렵기 때문이다. 그러나 축구왕 펠레는 다음과 같이 인정하였다. 즉 영화를 찍는 것은 공을 차기보다 용이하다. 왜냐하면 촬영중에 이상적이지 못하는 동작은 다시 바로잡아 찍을 수가 있지만, 축구시합에서 슛한 공이 골인하지 못했다면 후회해도 이미 때늦은 것이다. 그러므로 사람들은 많은 돈을 들이면서, 심지어는 더나먼 바다를 건너 승부를 예측하기 어려운 높은 수준의 경기를 보러가게 되는 것이다. 일단 결과를 안 다음에 텔리비젼이나 비디오를 통해 본다면, 그다지 흥미를 느끼지 못할 것이다. 한 조사에 따르면, 정채로운 현장중계를 한번도 빼놓지 않고 구경하는 체육 애호가들 가운데서 40퍼센트의 사람들만이, 이미 경기가 끝난 비디오를 보려고 할 뿐이었다.

경기의 다른 한 두드러진 특징이라면 강렬한 경쟁성인데, 이러한 경쟁은 또한 진실하고도 직접적인 대항경기의 시합형식으로 표현된다. 양편이 서로 날카롭게 대립해서 한 치의 땅도 양보함이 없이 대결하는 경기는, 관람하는 가운데서 그 승패와 우열을 즉각 알아보게 된다. 이런 경기는 기술·전술·체력·지혜의 겨룸이며, 또한 정신·의지·사상과 작품의 대결이다. 동시에 운동시합이 국제무대에까지 확대되었다면 국제성을 띠게 되며, 경쟁 또한 더욱 격렬해진다. 왜냐하면 국제시합에서의 대결은 일정한 정도상에서 한민족의 정신면모와 나라의 문명정도를 반영하기 때문이다. 국기를 게양하고 국가가 울려퍼지는 가운데 목에 금메달을 거는 등……. 이런 행사는 나라의 영예와 민족의 존엄에 관계되는 대사로서, 필연적으로 국민들의 사상·감정과 정신·의지의 표현에 대하여 커다란 영향을 미친다. 사람들이 자기 나라의 우승자에게 치하하며 비단 띠를 어깨에 둘러주면서 환호하는데, 이는 승리를 자기 민족의 지대한 영예로 간주하기 때문이다. 국제시합은 참여국의 억만 인의 마음을 사로잡아 이미 유구한 역사를 두고 내려오면서 시들 줄 모르는 전통으로 굳어졌다.

신기성新奇性

경기장에서의 복잡다단한 변화와 그 결과를 예측할 수 없는 점이 경기의 신기성을 이끌어낸다.

환경이나 기후, 선수의 경기상황 등 여러 가지 요소의 종합적인 영향으로 말미암아 경기장의 상황은 순식간에도 천변만화하며, 승부는 늘 생각 밖으로 뒤바뀌어 강렬한 놀라움과 신기감을 도출해낸다. 예를 들면 제23회 올림픽에서 뜻밖에 주건화周建華가 동메달을, 허해봉許海峰이 권총사격에서 〈0〉의 기록을 깨뜨리는 등등……. 이처럼 시합은 여러 가지 마음을 쓰게 하며 시합 전에 여러 가지 추측을 하게 한다. 글로 씌어진 문장을 볼 때 첫머리만 보면 그 뒤끝을 알 수 있는 그러한 졸렬한 〈예술품〉에 비하면, 더욱 사람을 미혹시키는 매력이 있다 하겠다.

체육활동에서의 심미대상은 구체적으로 운동자이다. 운동자의 구체적 형상을 통하여 관람자는 주요하게 시각을 사용하여 개개의 신체동작을 전체의 표상으로 전화시킨다. 긴장된 경기시합은 사람들로 하여금 상상·걱정·염려·기쁨·뜻밖의 일 등등을 조성시켜 준다. 운동시합은 주요하게 사람들의 생물성 방면의 모순을 드러내보이고, 신체운동을 통하여 이런 충돌을 해결한 다음 우승한 자에게 상을 내려 운동기교의 부단한 제고를 꾀하게 하는 것이다. 인체의 복잡한 구체적 동작을 본

관람자는, 실로 아름다운 광경을 보면 마음이 동하고 지나간 관람장면에 대하여 끊임없이 생각을 더하게 되는가 하면, 강렬한 공명심도 자아내게 하여 매우 독특한 감정체험을 불러일으킨다. 어떤 격렬한 시합은 뜻밖의 변화를 나타내는데, 이로 인하여 심지어 관중들은 자신을 억제하지 못하고 열광의 도가니에 빠지고 만다.

경기내에서의 심미판단은 사람들 모두의 풍부한 사회관계나, 그들의 정치·사회·철학·윤리도덕 등의 관념을 포괄한다. 심리상의 복잡한 요소로 말미암아 각자의 감수도 다를 뿐만 아니라, 바로 감상판단 중의 미묘한 차이가 그들 각자로 하여금 스스로 기쁨에 잠기게 한다.『실제상으로 인체의 그 어느 부위의 근육이나 내심의 변화를 나타내지 않는 것이란 없다. 모든 근육은 모두 쾌락과 비애, 흥분과 실망, 정적과 광분 등을 나타낸다……. 활짝 편 두 팔과 비스듬히 기대선 몸체도 눈이나 입술과 같은 따뜻하고도 부드러운 미소를 지을 수 있다.』(로댕《예술론》) 아울러 체육운동 중에서 예측하기 어려운 다변성과, 선수들마다의 독자적인 종목에서 표현하고 있는 변화무쌍한 어떤 시합이든지 꼭 같게 할 수는 없다. 그러므로 사람들은 비단 시합의 어떤 고정형식을 카피한 것을(예를 들면 도화圖畵·사진 같은 것) 감상하는 데에 만족하지 않을 뿐만 아니라, 각종 경기에 대하여 백 번 보아도 싫어하지 않는 강한 흥취를 보여줄 수 있는 것이다.

체육시합에서의 형상은 동태의 변화를 말하는 것이다. 운동선수들마다 개체의 차이가 존재하는데, 그들간의 기술동작·신체소질·운동풍격에는 갖가지 차이가 있다. 비록 같은 선수가 같은 동작을 되풀이할지라도 심정·신체·환경의 미묘한 변화로 말미암아 절대적으로 같은 동작을 연기할 수는 없다. 다시 말하자면, 운동장에는 복사품이 없는 것이다.

관중들이 구경하는 것은 어떤 의미에서 보면 모두 창조적인 것이다. 적어도 운동장에서 벌어지는 뜻밖의 변화다양한 모습은 이 점을 더욱 분명하게 설명해 준다.

예술품을 감상하는 것은 이와 같지 않다. 예술작품은 일반적으로 모두 예술가들의 창작을 거친 뒤에야 감상하는 사람들 앞에 나타나기 때문이다. 한 편의 소설, 한 폭의 그림, 하나의 조각상, 한 곡의 아름다운 노래 등을 감상하는 사람들은 능히 반복적으로 이미 고정된 예술품을 감상할 수 있다. 따라서 경기장에서의 변화로 인해 일어나는 신기성은 그 특수성이 있는 것이다.

체육활동에서의 미는 관중들에게 감상될 뿐만 아니라 운동선수 자신도 감수할 수 있게 된다. 운동선수는 경기에서 승리를 취득하고 좋은 성적을 얻기 위하여 능히 운동경기 중에서 자아창조를 할 수 있고, 능력을 충분히 발휘하고 기량을 맘껏 펼친다면 스스로 자신을 감상할 수도 있다. 이 점에 관해서는 앞장에서 이미 언급한 바 있다.

운동선수나 배우의 연기가 스스로 미감을 느낀다는 방면에서는 서로 비슷하지만, 신체의 움직이는 목적이 다르기 때문에 연기과정에 일부 실질적인 차이가 있는 것이다.

무용·희곡·곡예 등의 연기에서는, 각각의 동작은 사전에 연출의 구체적 지도와 배치대로 반복적으로 연습하였다가 정식으로 출연을 하게 되면 연습한 순서에 엄격히 따라야 한다. 그 예술창조의 중점은 각색하는 것이고, 출연도 중요하여 관중들에게 이미 잘 엮어놓은 공예품을 내보이듯해야 하는 것이다.

체육경기에서 평분류(평점류)의 항목은 대략 다음과 같다. 즉 체조·다이빙·피겨 스케이팅·수중발레·무술 등인데, 이 종목들은 모두 사전에다 엮어놓은 동작을 조합하는 것으로 혹은 〈투로套路〉라고 부를 수 있는지도 모른다. 경기가 시작되면 되도록 완미하고도 틀림없이 동작을 중복하여 애써 높은 점수를 얻는 것이다.

계수류의 항목은 이와는 전혀 다르다. 구기종목의 시합은 주로 들어간 공의 갯수의 많고 적음에 따라 성적을 결정하는데 두 편의 시합에는 승자와 패자가 있다. 직접적으로 대항하는 경기방식은 그것의 격렬한 정도를 결정한다. 비록 코치들이 사전에 여러 가지 전략전술을 짜놓았고 운동선수 개개인의 기술동작에 대해서는 규범을 추구하였으며, 또 시합의 상황에 대하여 갖가지 설계와 구상이 있다 할지라도 뜻밖의 일이 발생하는 것은 어쩔 수 없으며 그 결과도 예측할 수 없다. 이러한 경기에서 운동선수들은 경기장에서 최대한도로 자신의 상상력과 창조력을 발휘하고 갖가지 묘한 기교를 발휘할 수 있다. 적지 않은 정채로운 장면은 일상훈련 중에서 근본적으로 볼 수 없는 것이다. 이와 같이 정식경기에서 발휘하는 정황은 마치 배우의 〈즉흥연기〉와도 비슷하지만, 이러한 즉흥연기는 전승하자는 데 그 목적이 있는 것이다.

발을 들어 힘있게 슛하여 공이 고울 네트에 철렁거리는 장면이나 공을 바스켓에 내리꽂듯이 처넣는 농구 장면을 볼 때면 사람들은 일종의 강렬한 쾌감을 느끼게 된다. 한 게임의 구기종목의 시합이 끝나면 즉시 그 승부가 판명된다. (동점일 경우는 극히 드물 뿐더러 혹시 동점이 있더라도 그것은 필경 일시적 현상에 불과하다.) 이 점은 구기종목의 경기에 관중이 가장 많은 원인의 하나일 것이다.

평분류(평점류)의 운동경기를 관람하는 것은 비교적 순수한 심미활동이다. 그러나 구기종목을 관람하는 것은 부수적으로 보다 강렬한 공리적인 목적이 있는 바 승부의 결과를 알고 싶어하는 것이 더 사람을 끌게 된다. (예를 들면 축구는 이미 〈전세계적인〉 운동이 되어 사람들이 여가에 가장 널리 이용하는 화제가 되고 있다.)

미는 항상 새로운 것과 연계되어 있다. 사람들의 심미감수는 종종 시대적인 발전과 생활방식의 변화, 문화수준의 제고와 함께 부단히 갱신된다.

『새것을 즐기고 낡은 것을 미워하는 喜新厭舊』풍기는 여기에서 부정적인 단어로 해석하지 말고, 이것으로써 심미관념과 취미의 변화를 설명하는 것이 오히려 합당할 것이다.

심리학 실험이 표명하다시피 반복적으로 나타나는 자극물질은 쉽게 대뇌피질 내부의 신경세포의 억제를 일으킨다. 어느 정도의 자극신호가 만약 장기간에 걸쳐 우리의 감각기관을 자극한다면, 곧 피로현상이 생겨 사람의 감수성에도 장애가 생긴다. 아무리 볼 만한 시합이라도 사람들은 연속하여 여러 번 비디오를 보려 하지 않는다. 비록 현장에서 실황을 구경하더라도, 만약 시간을 너무 지루하게 끌고 신선한 내용도 없으며 형식이 단조롭게 반복된다면 관중은 곧 싫증을 느끼고 만다.

바로 운동장에서의 경기가 변화무쌍하여 관중들로 하여금 신기감을 느끼게 하기 때문에 운동스타들은 흔히 순식간에 나타났다가 순식간에 사라지는 것이다. 앨빈 도플러는 예언하기를 『그 어떤 물품도 우담화(범어로 udumbara, 삼천 년에 한 번씩 꽃이 핀다는 인도전설 중에 나오는 꽃)가 피었을 때의 명성보다 쉽게 형성되거나 더욱 무정하게 희멸되는 것은 없다』라고 하여 형상이 순간적으로 나타났다가 순간적으로 사라짐을 설명했고, 계속하여 〈모델·운동스타·인기영화배우 형상〉도 이와 마찬가지라고 지적하면서 『체육계에서 중량급 복싱 선수권대회에서의 우승자는 우리 아버지 세대들이 젊었을 때보다 두 배나 빠른 속도로 바뀌어지고 있다』(《미래의 진동》 제8장)고 말했다.

현대사회는 개방적이다. 당대 관중들의 심미심리와 심미요구는 급격히 변화되고, 경기활동의 내용도 끊임없이 조절되어 이러한 변화에 적응해야 한다.

아름다운 사물은 신기하여 관찰자의 주의를 쉽게 끈다. 운동은 마땅히 새것을 창조해야 하는데, 새로운 종목이나 기록·동작·기술 등을 창조해 나가야 한다. 체육의 발전이 새로운 것을 창조할 것을 요구하고 관중 또한 신선한 것을 필요로 한다.

예를 들어 매스게임을 놓고 생각해 보자. 사람들은 자신의 상상력을 충분히 발휘하고 여러 차례의 훈련을 거쳐 대규모의 매스게임을 성취시키는 데 수많은 인력과 물자를 소모한다. 그러나 그것은 운동회에서 한 차례만 연기하면 그만이며, 또 새롭게 창작하고 구성한다. 이러한 자유창조활동은 결코 낭비가 아니라 사람들의 날로 강렬해지는 심미수요를 만족시키기 위한 『새로운 것을 발견하고 특이한 것을 나타내는』일이다.

그러나 신기는 숙달된 기초 위에서 건립되어야 사람들이 능히 이해하고 받아들일 수 있다. 현재 서방에서 나타나고 있는 일부 ·새로운 경기종목들은 실로 새롭고 신기하다. 예를 들어 자동차 후진경기·행글라이딩·여자격투·기어가기 경주·물구나무서서 가기·정좌靜坐시합 등인데, 이상의 대부분의 것들에는 심미가치가 결여되어 있다.

고전예술의 어디에서나 볼 수 있는 고도의 평형·대칭·통일되고 원만한 형식은, 이치대로 말한다면 고도로 사람들의 감각기관에 적합하게 구성되어 응당 사람들로 하여금 편안함을 느끼게 해야겠지만, 지금에 와서 변화를 추구하고 강렬한 자극과 평형되지 않는 불규칙한 것을 추구하는 서방사람의 심리경향에는 적합하지 않다. 격렬한 축구·럭비·풋볼·복싱·사이클링은 로댕이 말한 그런 장력張力이 충만되어 평형을 잃는 극히 추한 조각, 피카소(Picasso, Pablo Ruiz)의 회화 중에 이리저리 비틀어진 변형체, 선율이 없고 리듬이 난잡한 전자음악과 마찬가지로 그들의 심미감정에 대단히 부합되었던 것이다. 이것이 심리상의 변태인가, 아닌가는 아직도 연구할 만한 과제로 남아있다.

오락성

경기활동에 대한 관상은 체육의 오락성이 갖고 있는 사회기능의 표현 가운데 하나이다. 비록 오락적 관상의 중요성은 영원히 체육의 건신목적建身目的을 초월하지는 못하지만, 그것이 인류의 현대생활에서 차지하는 분량은 오히려 갈수록 무거워지고 사람들의 문화생활과 갈수록 분리될 수 없게 되었다. 따라서 시합을 관상하는 것은 없어서는 안 될 정신적 향수가 되었다.

어떤 체육종목들은 광범한 사람들이 즐기기 때문에 흥성하는데, 이는 그것이 결코 과학적 단련가치가 있어서 그런 것은 아니다. 예를 들면 마술운동보법의 하나인 만보慢步·엎드려 팔굽혀펴기·턱걸이 등의 운동은 건신효과健身效果는 좋지만, 어느 누구도 그걸 보려고 매표구에 가서 티켓을 사려 하지는 않는다. 그러나 수중발레나 곡예 및 구기종목의 운동 등은 몸을 튼튼히 하는 데 그리 필요치 않으며, 또한 보급하기도 쉽지 않지만 그것을 관상하는 사람은 오히려 많다. 만약 모든 운동종목의 건신가치를 제일로 놓고 그의 오락성을 고려하지 않는다면, 이는 공리주의가 심미의식을 방해하게 되어 심미능력의 쇠퇴를 초래하므로 현대경기운동의 발전추세에 어긋나는 것이다. 경기연기는 모든 연기예술

가운데서 비길 만한 것이 없다는 점을 알아야 한다. 다시 말해서, 경기시합이 단독적으로 갖고 있는 심미가치는 그 어떤 문화오락활동으로도 대체할 수 없다는 뜻이다.

경기연기는 체육의 선전방식으로서, 그 주요목적은 더욱 많은 사람들이 체육활동에 참가하도록 끌어들여 체육의 발전을 촉진시키자는 것이다. 만일 관람하는 사람들이 정신상의 오락과 향수를 얻고자 한다면, 즐거움이 자동적으로 나오므로 무리해서 재촉할 필요는 없다. 이는 영화나 연극관람과 비슷한, 마음을 즐겁게 하는 일이므로 강박할 수 없다.

시합을 조직할 때 먼저 관중을 흡인하는 문제를 생각하여 할 수 있는 한 경기와 관중의 심미수요를 조화시켜야 한다.

체육시합은 사상교육작용이 있지만 고의적으로 관중에게 훈계를 받게 해서는 안 되며, 너무 지나치게 이런 작용을 확대하여 체육시합과 정치투쟁을 동등시해서는 안 된다. 마땅히 『기쁨 속에서 은근히 교육을 받도록』 자기도 모르는 사이에 감화 감동되는 방법으로 관중 자신이 운동선수들의 양호한 도덕풍모, 완강한 투지와 품성, 애국주의의 열정을 이해하고 받아들여야 하며, 또 마음을 연마하고 영혼을 깨끗하게 하여 생활을 아름답게 해야 한다.

우리 주변의 사람들을 살펴보자. 만약 자세히 관찰한다면, 당신은 매우 많은 사람들이 오랫동안 가련할 정도로 단 몇 가지 동작만으로도 생활하고 일하는 데 족하다는 것을 발견하게 된다. 며칠이 지나도 허리 한 번 구부려 보지 않고, 몇 주일간 달리기도 하지 않으며, 몇 달이라도 어떤 물건을 머리 위로 들어올릴 필요가 없다. ……인류의 풍부하고 다채로운 신체자세는 최대한으로 감축되고 근육이 힘쓸 시간이 최대한으로 축소되어 있다. 그들에게 신체단련을 하여야 할 이치를 말하면, 그들은 다 알고 있지만 체육활동에 참가할 흥취가 없다. 그저 설교하면 머리에는 들어오나 가슴에는 들어오지 않는다 하니, 그들을 진심에서 우러나온 자율적인 행동으로 운동시킬 수 없다. 만약 몸을 튼튼히 하는 동시에 정신상의 수요도 만족시킬 수 있다면, 체력도 증강시키고 심미활동에도 참가할 수 있다면 이 얼마나 기쁜 일이겠는가. 대중 체육활동을 보급하는 선전을 할 때 응당 대상의 심리에 알맞게 경기시합을 이용하여 충분히 체육미를 보여주며 흥취를 제고시키는 데서부터 노력하여 오락 가운데 체육이 체현되도록 해야 한다.

한 경기의 소형 공시합이 일으키는 작용을 너무 낮게 평가해서는 안 된다. 문예에서 〈사회효과〉를 말하는데, 체육에도 〈사회효과〉 문제가 있다. 한 경기의 격조가 높고 작품이 좋으며 기술이 섬세하고도 높은 시합은 사람들의 마음과 눈을 기쁨에 넘치게 하고, 거기에서 교육도 받으며 정신경계도 높이고 사람들의 마음도 연마되어 사회의 풍모에 적극적인 효과를 일으킨다. 만약 그렇지 않은 경우에는 소극적인 영향을 미친다. 특히 국제적인 시합은 비단 관중들에게 승부의 차이를 남길 뿐만 아니라, 사람들의 심령을 진동시키며 사람들의 사우를 계발함과 아울러 국제관계에서 중대한 영향을 연결시킨다.

『형상은 사상보다 크다』는 심미특성은 형상 자체의 개념보다 더욱 광범한 감성내용을 갖고 있으며, 내포된 함의도 더욱 풍부하여 관중들로 하여금 무한한 연상을 불러일으킬 수 있다. 체육운동을 선전함에 있어서 무릇 수많은 이치를 들어 설교함에도 불구하고, 그 효과는 모두 생동적인 형상의 감화력을 따르지 못한다. 경기를 관람하고 감상할 때의 감정 파동은, 흔히 〈무개념성적無槪念性的〉이어서 방법을 아무리 여러 차례 말해 주어도 친히 운동장에 가서 몸소 체험하고 느끼는 것만 못하다.

경기를 관상하는 것은 일종의 심미활동이다. 심미의 감수는 심미주체와 심미대상의 상호작용 중에서 산생되는데, 우선 미적인 운동이 있은 연후에 비로소 그것이 관중의 감각기관을 자극하여 정신상의 유쾌와 기쁨을 환기시키게 된다. 이러한 객체와 주체의 관계는 전도될 수 없다.

심미의 감정활동은 심미대상에 대한 감지感知를 기초로 한다. 레닌은 다음과 같이 말하였다.『우리는 감각을 통하지 않고서는 실물의 그 어떤 형식도 알 수 없고, 그것들의 운동하는 그 어떤 형식도 알 수 없다.』(《레닌전집》 제14권 319쪽) 심미감정은 사람의 감각·지각을 떠날 수 없다. 경기의 오락성이 나타내는 심미가치는, 주로 그가 효과적으로 관중의 감정을 자극하는 데에 있다. 경기활동에서 생동하는 운동형상을 통해 형성된 감각과 지각에서 미감도 얻게 되는 것이다.

경기의 오락성과 문예의 오락성은 차이가 있다. 예를 들면 경기수준이 높을수록 관중은 점점 더 많아진다. 만약 보통선수들의 시합과 우수선수들의 시합이 두 장소에서 진행된다면, 관중은 후자를 선택한다. 또 아마추어팀의 시합과 프로팀끼리의 시합이 동시에 진행된다면, 역시 후자를 선택한다. 구역간의 소형시합과 국제적인 대형시합이 있다면, 역시 후자를 관람하려 한다. 그러나 예술작품을 감상하는 데는 그럴 필요가 없다. 이를테면 노벨문학상을 받은 소설이라도 많은 사람들이 보려고 하지는 않는다. 세계적으로 이름난 오케스트라는 한 곡의 유행가보다 청중을 끌지 못한다. 영예롭게 오스카 금상을 수상한 영화는 한 편의 무술영화의 수입을 따르지 못한다. 경기를 관상하는 데 상술한 상황은 그리 쉽게 발생되지 않는다. 그 어떤 예술작품의 감상도 그 참여인의 수·집중정도·영향범위 등에서 모두 한 차례의 월드컵 축구경기에 미치지 못한다.

경기관람은 사람의 정서에 매우 큰 영향을 준다. 시합은 필연적으로 격렬한 경쟁을 하게 되는데, 경쟁의 급박한 리듬은 아주 쉽게 사람들의 정서를 긴장시켜 심장박동이 빨라지고 사람을 자극하여 흥분케 하여 재빨리 그 흥분을 고조시킨다.

다나는 《예술철학》에서 언급하기를 『운동선수들의 승리는 곧 대중의 승리이기 때문에, 시인은 작품에서 보았던 지방과 본지방을 수호하는 모든 신명神明을 운동선수의 승리와 함께 연계시켰다. 그들의 주위에는 이처럼 위대한 형상이 있을 뿐만 아니라, 또한 행동의 자극도 받아들여지고 무쌍한 소위 『광희狂喜의 경계에 이르는데, 말하자면 신神과의 합일을 말하는 것이다.』 이러한 《광희의 경계》란 바로 체육경기와 운동선수들이 위대하고 숭고하므로, 이에 따라 형성된 일종의 비길 데 없이 강렬한 자부심을 동반한 미감을 말한다.

체육경기는 사람들의 필요에 의하여 거행된다. 그러므로 시간·장소·규모·종목 등을 사전에 결정짓고, 교통 등의 봉사시설과 심리·생리적 부담을 담당할 수 있는 능력 등에 대하여 충분히 고려하여 준비한다. 이런 일은 관중의 입장에서 보면 안전하고 해로운 것이 없어, 마치 극장에

가서 영화를 관람하는 것과 마찬가지의 유쾌한 소일거리이며 오락이다.

체육경기가 관중에게 미치는 영향은 다른 것으로 대체할 수 없다. 사람들의 심미수요를 만족시키는 것은 체육시합의 임무 가운데 하나이며, 시합이 거대한 흡인력을 계속 유지하는 중요한 요소이다.

현대사회에서 사람들이 물밀듯이 운동장이나 체육관계시설에 밀려들고 관중석에서 감정의 거센 파도가 물결칠 때, 선수나 관중을 막론하고 신체를 단련시킨다는 목적을 뒤에 숨기고 또 그러한 의의, 즉 신체단련이란 의의가 희미해지고 마는데 이와 같은 경기는 일종의 감상적인 문화오락활동으로 전락해 버린다.

현대의 체육경기는 비록 때때로 상업성이나 정치개편과 사기행위의 오염으로 경기장이 온통 광고로 꽉차 있으며, 올림픽대회가 여러 차례 어느 한쪽의 제지와 배격을 받았고, 또는 선수가 흥분제를 복용하는 등 때때로 어지러운 소문이 있었다고 할지라도 관중들의 흥취는 조금도 사라지지 않았다. 이 또한 운동을 필요로 하지만 만족을 느끼지 못한 사람들이 운동방면의 자극을 갈망하는데, 심지어는 단순한 시각지식으로 이러한 자극을 대체한다. 경기를 관람하는 것은 운동능력이 그다지 높지 못한 사람들이 자기의 정서를 순화시키는 수단이기도 하다.

상당한 수에 달하는 사람들이 자기의 신체단련을 하지는 않지만 어떤 종목의 운동이거나 어느 한 우수선수를 사랑하고 숭배한다 그들은 완전히 심미평가로 자기와 체육의 관계를 유지한다. 재미있는 것은 텔리비젼 프로그램 《체육계의 대표선집》《체육의 창》이 시청자를 음악이나 무용 프로그램보다 더 많이 가지고 있었다는 점이 통계에 의해 나타났다. 중요한 국제시합 실황중계를 시청한 사람의 숫자는, 그 어던 예술공연을 관람한 사람들을 훨씬 능가하고 있다. 체육경기는 미를 통로로 사람과 사람 사이의 교류를 진행하며, 감정상에서 사람들의 정신세계를 풍부하게 해준다. 경기는 교육적 작용도 있고 심미적 작용도 있다. 이와 같은 기쁨 속에서 교육을 받게 하는 방식은 특수한 미학적 효과를 발생시키는데, 그 교육적 효과도 매우 큰 정도에서 심미에 의뢰하는 과정을 거쳐 실현된다. 세월의 흐름에 따라 이러한 의뢰성은 앞으로 갈수록 더해질 것이다.

통계에 의하면, 1950년 브라질에서 거행된 월드컵 축구결승전에는 관중이 도합 12만 5천 명이나 되었었고, 1982년 월드컵 축구결승전 텔리비젼 시청자는 140개국의 20억 인구였다. 1984년 로스앤젤리스 올림픽 때 각 운동장에 모인 관중은 579만 명이었고, 텔리비젼 시청자는 연일 20억에 달했으며, 경기가 끝날 때 관중의 총수는 연인원 7백억 명에 달하였다. 추측컨대 최소한 세계 인구의 절반은 체육경기의 열정적인 관중이다. 사회의 발전에 따라 현대화의 통신수단은 앞으로 점차 더욱 많은 사람들이 경기를 관람하고 감상하는 물결에 휘말려들 것이다.

중국의 텔리비젼 프로그램에 체육내용의 비중이 증가되고 있는데, 거의 매일 국제뉴스에도 체육소식이 보도되고 있다. 따라서 청소년들이 좋아할 뿐만 아니라 체육 프로그램을 보는 여성들과 노인들도 날마다 증가되고 있다. 스포츠 프로그램이 텔리비젼에서 차지하는 시간은, 점차 무용·곡예·희극·잡기 등의 공연예술을 능가하여 사람들의 문화생활에서 차지하는 비중이 갈수록 커지고 있다.

체육경기의 흡인력은 사람들이 관상하기를 갈망하는 정신적 수요에서 생겨난 것이다. 경기정황이 수시로 변하고 결과를 예측하기 어렵기 때문에, 이런 흡인력은 결코 관상의 바람이 잠시 만족되었다 해서 소실되어버리는 것이 아니라, 새로운 관상수요가 계속 신장되기 때문에 스포츠의 흡인력은 점점 더 증대될 것이다.

관중이 경기에 미치는 영향

경기에서의 미는 객관적이다. 그러나 관상하는 사람들의 미감은 주관적이다. 구체적인 심미활동을 진행하려면 심미관계의 두 개 측면이 수요되는데 그 하나는 심미객체審美客體, 즉 미의 사물 자체이고 다른 하나는 심미주체審美主體로서 심미를 직접 체험하는 사람이다.

관 중

선수들의 연기는 모두 다 관중 앞에서 진행된다. 훈련하는 기간이라 할지라도 코치나 동료 선수들과 같은 《특수 관중》 외에도 수많은 관중들이 시종 운동선수의 마음에 살아있는 것이다. 우수한 선수들은 앞으로 있을 시합에서 관중들이 그들에 대하여 책망하거나 찬양하리라는 점을 똑똑히 알고 있다.

경기를 관상하려면 반드시 일정한 조건을 구비해야 한다. 구체적으로 말해서 일정한 심미관계의 주관조건을 형성해야 하는데, 우선 건전한 심미감관이 있어야 한다. 이에 대하여 마르크스는 다음과 같이 지적하였다. 『주체방면에서 보면 음악적 재능이 있어야 사람의 음악감을 불러일으킬 수 있다. 음악감이 없는 귀에는 아주 아름다운 음악조차 아무런 의의가 없다.』(《마르크스·엥겔스 전집》 제42권, 125쪽) 운등을 관람함에 있어서 멍청이·소경·색맹·귀머거리 그리고 운동기관이 건전치 못한 사람들의 심미능력은 모두 극대한 영향을 받을 수 있다.

상술한 마르크스의 말은 과학적으로 〈음악〉과 〈음악적 귀〉를, 즉 미와 미감의 관계를 아주 잘 설명해 주었다. 동시에 우리에게 미와 미감은 체육영역에서도 긴밀한 관계가 있어, 운동경기에 대하여 전혀 모르는 사람에게는 아주 아름다운 연기조차 아무런 의의가 없다는 것을 명확하게 깨우쳐 주었다.

경기를 감상하는 데는 전적으로 직각直覺에만 의뢰할 수 없다. 이탈리아의 유심주의 미학자 크라치는 주장하기를, 사람이 예술을 감상할 때는 완전히 직각에 의뢰하는데 논리인식과는 아무런 관계가 없다고 하였다. 이런 관점으로 스포츠경기를 감상한다면, 아무런 기초지식도 없어 운동수준의 높고 낮음을 구분해낼 수 없을 것이니 무미건조할 수밖에 없다.

체육활동에서 마땅히 체육운동에 관한 기초지식을 구비하고, 사회환경과 문화교육의 영향에 적응해야 비로소 심미대상과 상응하는 심미감각을 얻을 수 있다. 그렇지 않을 경우, 농구경기를 구경한 다음『선수들 모두에게 공을 하나씩 나누어 주어 쟁탈을 피하게 해주십시오』라고 한다든가, 체조경기를 보고『옷을 너무 짧게 입어 보기 흉하다』고 한다든가, 수영경기를 볼 때 눈을 감는 따위의 우스운 상황이 벌어질 것이다.

이밖에도 적합한 심미심경審美心境이 있어야 한다. 심경心境이란 사람의 모든 행동에 영향을 미치는 비교적 오래 지속되는 정서상태를 가리킨다. 한 사람의 마음이 유쾌할 때, 그는 주위의 모든 것을 긍정적인 시선으로 보는 경향이 있다. 그러므로 평소에 그다지 주의하지 않던 일일지라도 그의 흥취를 불러일으킬 수 있으며, 비교적 유쾌한 정서체험을 하게 된다. 반대로 그가 놀라움 내지는 공포·불안에 잠겼을 때, 산란하고 불안한 마음은 그가 아름다운 형상을 감상하는 것을 방해한다. 같은 사람이 같은 시합을 관상하거나 같은 운동에 참가하는 경우에도 마음이 다르면 그 효과도 상반된다.

물론 심미주체 문제는 결코 상술한 것처럼 그리 간단치 않다. 우리는 심미감수·심미취미·심미경험·심미이상과 심미평가에 대하여 주의해야 하는데, 심미개체의 차이성으로 말미암아 심미의 객관적인 내용을 분석하고 파악하는 데 극히 복잡한 상황이 따른다. 사람들은 자기 자신의 흥취와 애호가 있고 자신의 경험과 가치기준이 있다. 예를 들면 장삼張三이란 사람은 농구를 즐기고, 이사李四란 사람은 축구에 흥미가 있으며, 왕오王五는 각별히 체조 관람을 좋아하고, 조육趙六은 피겨 스케이팅만을 좋아한다. ……이것은 개인마다의 심미의식에는 확실히 미묘한 차이가 있음을 설명한다. 사람마다 경력·세계관·문화수준이 서로 다르기 때문에 취미도 같지 않다. 심지어 같은 사람이라도 다른 심경과 정서 하에서는 그의 심미감수와 심미이상도 변화한다. 이러한 모든 것은 누구나 다 알고 있는 사실이다.

그러나 미는 객관존재이며, 심미활동에서의 미감은 공통적인 특징이 있음을 승인하기만 하면 심미표준의 객관존재도 필연적인 것이다. 심미객체로부터 볼 때 아름다운 사물의 심미속성은 미감에 대하여 보편적 규정성을 갖고 있다. 미감이 차이가 있다 할지라도, 심미대상의 심미속성은 변화시키지 못한다. 그러므로 심미대상은 사람들의 심미감수에 뇌작용을 주는 보편적인 유효성을 변화시키지 못하는 것이다. 체육활동에서의 미는 객관존재로서 그것이 미의 표현을 결정하여, 미감의 개체차이성은 그의 심미속성을 변화시키지 못한다. 그러므로 체육활동에서의 미가 미감이 산생되도록 영향을 주고 자극하는 작용은 보편적으로 유효하다. 예를 들면 한 차례의 아이스 댄싱 연기를 본 다음, 누구나 다 그 경기의 건강미와 우아함을 부인하기 어려우며, 그의 거대한 예술적 매력에 미혹되고 감화되지 않을 수 없을 것이다.

여기서 우리가 기억해야 할 것은 심미활동에서의 객체와 주체의 관계는, 결국 객체가 주체에 대하여 결정적 작용을 하고 주체는 객체에 대하여 적응하는 관계인 것이다. 체육활동에서의 미는 근본적으로 미감에 대하여 결정적인 작용을 한다. 그러므로 미감이 비교적 든 개체차이가 있다고 할지라도, 또 개인이 체육활동에서의 아름다운 사물에 대하여 다른 감수와 인식이 있다고 할지라도, 그것의 정확성 여부는 오히려 검증할 수가 있는 것이다. 객관적으로 존재하는 심미대상의 성질이 바로 그것을 검증하는 의거가 된다.

사람들의 생활경력·문화수양·심미취미와 경험이 같지 않으므로, 그 감상형식 역시 객관적으로 개성차이가 존재하게 된다. 그의 표현형식에 따르면, 대체로 두 가지로 나눌 수 있다. 구체적으로 살펴보면 다음과 같다.

참여형, 혹은 〈운동형運動型〉이라고도 한다. 그들이 시합을 관람할 때 끊임없이 온갖 생각이 떠오르고 감정이 밖으로 표출되며, 반복적으로 교차되기도 하고 회류하면서 점차적으로 주객의 위치가 혼돈되면서 피차를 분간치 못하게 되어, 최후에는 완전히 『신체를 다 잊고 身世兩忘』 물아동일物我同一의 심미경지審美境地에 들어간다.

방관형旁觀型, 혹은 〈지각형知覺型〉이라고도 부른다. 그들은 일반적으로 이정작용移情作用의 산생이 매우 어려우며 감정을 억제하는 성격이 비교적 강한데, 심미감수에서 냉정한 사고가 스며들어 있어 구경할 때의 태도가 무표정하며 감동적인 묘한 장면을 보고도 어색한 웃음을 짓는다.

또 관중들의 구경하는 목적에 따라 〈기술형技術型〉과 〈예술형藝術型〉으로 구분한다.

전자는 〈운동광〉으로서 주로 기술·전술 그리고 경기성적에 흥취를 갖고 있으며, 후자는 승부에는 그다지 관심이 없으며 오히려 구경하는 데서 즐거움을 얻고 쉬며 소일하자는 부류이다.

감정상에 기복을 갖는 것은 심미활동의 두드러진 특징이다. 때문에 위에서 분류한 관중들의 감정기복은 다만 상대적으로 말한 것에 불과하다.

경기활동의 관상문제를 토론할 때, 이정移情의 작용을 말하지 않을 수 없다. 비록 지나치게 이정移情의 작용을 확대하면 주관유심주의에 빠질 위험이 있지만, 우리는 단지 그것을 심미활동에서의 일종의 심리현상으로써 탐구토론하는 데 별로 문제가 없겠다고 생각한다.

이정移情이란 주관적 감정을 대상에게 이입시키는 것을 가리킨다. 체육시합을 관람할 때 관중들은 자기의 주관적인 정감情感을 자기가 감상하는 운동대상에 옮겨, 그로 하여금 자기의 감정을 갖게 하므로써 심미감수를 증강시킨다. 이처럼 『감정을 외부사물에 이입한 현상』을 이정移情이라고 부른다.

이정작용은 연상과 유사하지만 또한 구별되기도 하는데, 그는 대상과 정감 사이에 강렬한 공명을 일으킨다. 예를 들면 전에 없이 대성황을 이룬 운동회에서 마음이 너무도 쾌청하여 채색된 깃발이 마치 자기를 향해 손짓을 하며 나부끼고, 수많은 사람들이 자기에게 기쁨으로 충만한 웃음을 보내주는 듯한 느낌 등등을 말한다.

이정은 일종의 심미심리 활동형식으로서 감상자의 생활미에 대한 적극적인 창조성의 반영이다. 물론 객관에 존재하는 신체미와 운동미를 놓고 보면, 그 심미가치는 감상자의 이정移情 여부에 전이되지 않는다. 즉 이정 자체는 체육미에 대하여 결정적 작용을 일으키지 못한다. 그러나 이정작용이 만약 또다시 심미의식으로 되어 체육실천에 참여할 때, 특히 조직·구성 그리고 운동형식의 설계시에 자기의 감정체험을 이입시켜 새로운 심미대상을 창조할 수도 있다. 마치 우수한 코치가 다른 선수들의 멋진 동작을 관람하고 돌아와 그것을 자기의 선수들에게 전수하는 것과 같은 것이다.

이정작용과 심미주체의 심경은 서로 관계가 있다. 개체조건이 같지 않기 때문에 어떤 관중은 지나치게 주관적인 감정충동이 때로 완전히 이지理智를 벗어나게 되어 여러 가지 비정상적인 거동을 나타낼 가능성도 있다. 이는 이정설移情說에서의 〈내모방內模倣〉 이론으로 해석할 수 있다. 이정설을 주장한 그로스는 유명한 〈내모방〉이란 이론을 내놓았는데, 그가 열거한 실례들은 우리가 경기를 감상할 때의 모종의 심정을 잘 설명해 주고 있다.

> 한 사람이 경마 레이스를 구경할 때, 진정한 모방은 당연히 실현할 수 없으므로, 또한 그는 자기의 관람석을 떠나려 하지 않을 뿐만 아니라 그렇다고 해서 말을 따라 달릴 수도 없으므로 다만 마음 속으로 말의 달림을 모방하면서 이러한 내모방이 가져다 주는 정신적 쾌감을 향수한다. 이것이 바로 가장 간단하고 가장 순수한 미감의 감상이다. (《주광잠미학문집朱光潛美學文集》 제1권 6쪽)

소위 내모방이란, 사실 우리가 미의 대상을 감상할 때 내심에서 산생되는 생리와 관계되는 근육운동감각이다. 우리가 정채로운 축구경기를 관람할 때, 선수가 상대방의 고울 앞에서 슛하는 그 공이 자기가 예상했던 대로 골인될 것을 바란다. 높이뛰기나 멀리뛰기를 관람할 때도 선수의 아름답고 튼튼한 몸체가 자기의 추측대로 하늘 높이 날아오를 것을 생각해 본다. 체조선수들이 아주 복잡한 공중회전 동작을 할 때도 그가 마지막 동작에서 완전한 자세로 착지할 것을 기대한다. ……우리가 상대 방의 동작을 보고 모방하는 것은 결코 진정한 모방이 아니라, 내심에 숨겨져 있는 일종의 충동이기 때문에 〈내모방內模倣〉이라 부른다.

〈내모방〉을 진행하는 과정에 감정변화가 동반되는데, 이는 생리상의 변화를 반영한다. 예를 들면 강렬한 손자세·발구르기·몸을 약간씩 움직이면서 그 동작을 모방하거나 입에서 중얼거리는 현상, 급작스레 얼굴에 나타나는 풍부한 표정 등등…… 고도로 긴장상태에 이르면 얼굴 이 붉어지는 것들은 흔히 볼 수 있는 일이다. 일단 감정의 한계를 초과 했을 경우 관중석에서는 참을 수 없어 터져나오는 미친 듯한 고함소리나 웃음소리가 폭발한다. 어떤 사람은 심지어 히스테리적으로 평상시에 상상조차 할 수 없는 행동까지 꺼리낌 없이 감행한다. 이럴 때 상대적으 로 냉정했던 관중들은 당연히 선의적인 미소로 이를 제지시켜야 하며, 필요한 경우에는 보안인원들이 제때에 출동하여 이들의 앞에 나타나야 한다.

주의해야 할 것은 감정충동이 지나친 관중들이 경기에 미치는 부정적 인 영향을 방지하기 위해서는, 사전에 미리 일부 보안인원을 배치해야 한다. 그러나 집행과정에서 특히 방법에 주의를 기울여 간단하고도 단순 하게 그들을 소란을 피우는 불순분자로 간주해서 난폭한 방법을 함부로 써서는 안 되며, 마땅히 그들의 감정을 이해해 주어야 한다.

나쁜 영향

1985년 5월 29일, 영국의 리우프팀과 이탈리아의 유원투스팀이 벨기에 수도 브뤼셀에서 그해 유럽 축구 우승컵쟁탈전을 가졌는데, 양국 축구광 들이(각 1만 명) 각종 교통수단을 총동원하여 달려와 시합 전 몇십 분 사이에 크게 싸움이 일어났다. 순식간에 피가 흐르고 살이 찢겨졌으며 통곡소리가 하늘을 뚫을 듯했다. 그 결과 38명의 사망자와 500명의 중상

자를 내어 세계를 놀라게 한 대유혈극을 빚어냈고, 영국 축구팀도 국외 출전이 금지되었다.

이 사건이 발생되기 10일 전 문명이 오래된 중국의 수도 북경에서 거행된 중국과 홍콩팀의 축구시합 후에 〈5.19 소란사건〉이 발생하였는데, 이는 아직도 기억에 새롭다. 소란을 일으킨 사람들은 재판을 받고 징역에 처해졌으며, 중국 축구팀의 코치도 이 일로 인해 사직하였고 운동선수들도 무거운 압력에 시달렸다.

축구장에서의 참사는 이미 여러 차례 발생하였다. 1964년 리마Lima 국가체육장에서 있었던 아르헨티나와 페루 사이에 벌어진 경기에서 우루과이 심판이 페루 선수가 차넣은 공을 무효로 선포하는 바람에 한 차례의 폭동이 발생하였다. 그 결과 318명의 사망자가 생겨났다. 1967년 터키에서 진행된 한 축구시합에서도 싸움이 벌어졌는데, 48명의 시체가 운동장에 널리는 사고가 일어났다. 1969년 온두라스팀과 에쿠아도르팀의 월드컵 예선경기에서 충돌이 발생하여 진짜 총싸움이 벌어졌는데, 모두 1천여 명이 사망하였다.

이러한 사건의 발생은 경기시합의 조직관리가 뒷받침되지 못한 원인을 제외하더라도, 기타 복잡한 여러 가지 요소와 원인 들이 있다. 예를 들면 민족주의와 종족주의의 부패한 도덕관념·채표彩票(중국에서 행하는 복표福票의 한 가지) 도박賭博……. 이렇듯 관중의 소란으로 말미암아 경기가 아무런 의의도 없게 되었다면, 거기에 심미성의 관상에 대해서는 더 말할 나위도 없다.

국외의 어느 체육학 연구자는, 체육시합을 통하여 능히 초범성을 터놓을 수 있다면 경기시합으로 가히 전쟁을 대체할 수 있다고 인정하고 있다.(누썬 《충돌과 충돌의 해결에 있어서의 체육운동》) 우리는 결코 그의 이러한 관점에 맞장구를 치지 않지만, 운동선수와 관중 들이 경기장에서 감정이 격동되는 것만은 누구나 다 아는 사실이다. 이러한 감정의 격동은 매우 특수하여 다른 방법으로는 거의 발생되기 어려운 현상이다.

이러한 사정은 우리의 사색을 야기하지 않을 수 없다. 즉 경기의 선전면에서 공리에 지나치게 기울어지지는 않았는가? 지나치게 승부를 강조하거나, 심지어 정치와 하나로 연계시킨다면 반드시 오락성과 관상가치에 영향을 미쳐 완전히 관중들의 심미수요를 무시하게 되는 것이다.

경기의 관상은 대중문화생활의 중요한 조성부분의 하나이다. 경기에 대한 관리는 하나의 체계적인 학문으로 거기에는 예측·결정된 책략·조직협조·지도와 감독·직책의 구분·편차의 시정 등의 부분과 기능이 포괄된다. 경기를 관리하는 사람들은 마땅히 관중의 심리학과 미학에 대해 알아야 하는데, 그래야만이 관중들의 정서변화에 근거하여 제때에 상응하는 조치를 취할 수 있으며, 또한 경기중에서 그들의 심미수요를 충분히 만족시킬 수 있기 때문이다.

체육경기장에서 관중들에게 제공되는 것은 길고 넓으며 높은 3차원의 공간이다. 운동선수들은 이 공간에서 연기하는 데 있어 어느 누구에게나 평등한 관상조건이 제공되는 셈이다. 자세히 분석하면 반드시 문제가 있는데, 즉 관중은 내려다보지만 심판은 평행으로 관찰한다는 것이다. 그러기에 좋은 성적을 올리려는 선수는 당연히 우선 생각하는 것이 마음껏 기량을 다하여 심판에게 자신을 드러내려고 한다. 이처럼 그는 동작의 구성마다 그렇게 입체적 효과를 고려하지 않기에 심미가치에 영향을 가져온다. 예외적인 상황도 있다. 예를 들면 수중발레는 심판이 보다 높은 위치에 서있을 것을 요구한다. 그래야만 바로 운동선수들의 자세를 관찰할 수 있어서, 심판으로 하여금 더욱 관중의 각도에 접근하여 채점하게 하므로써 비교적 훌륭하게 심미요소를 고려할 수 있게 한다.

경기장의 난잡한 문제는 끊임없이 내려오는 미해결의 과제이다. 예를 들면 체조운동의 각종목을 동시에 한 체육관에서 진행한다면 관중들은 이것을 보자면 저것을 보지 못하므로 실로 눈이 모자라는 형편이 되며, 때로는 박수갈채와 떠들썩한 소리가 동시에 터지면 대부분의 관중들은 어느 선수에게 보내는 갈채인지 어안이벙벙해질 것이다. 심판은 그래도 귀를 틀어막을 수 있지만(마루운동할 때 배경음악이 되는 음악소리에는 귀를 틀어막을 수 없다) 경험이 부족한 선수들은 늘 그 피해를 받으며, 심지어 운동성적에까지 영향을 미치게 된다. 육상경기장에서 필드 경기와 트랙 경기는 관중들의 소란스런 소리로 인하여 서로 나쁜 영향을

36. 후한後漢시대의 석각 백희도石刻百戲圖

37. 당唐시대의 상박도相撲圖

38. 송宋시대의 상박도相撲圖

39. 고구려 무용총舞踊塚의 각저角抵(角力) 벽화

40. 고구려 각저총角抵塚의 벽화

41. 전한前漢시대의 화상전畫像磚 ▶

42. 전국戰國시대의 각저동식角抵銅飾

43. 청淸시대의 《새연사사도塞宴四事圖》의 부분 ▶

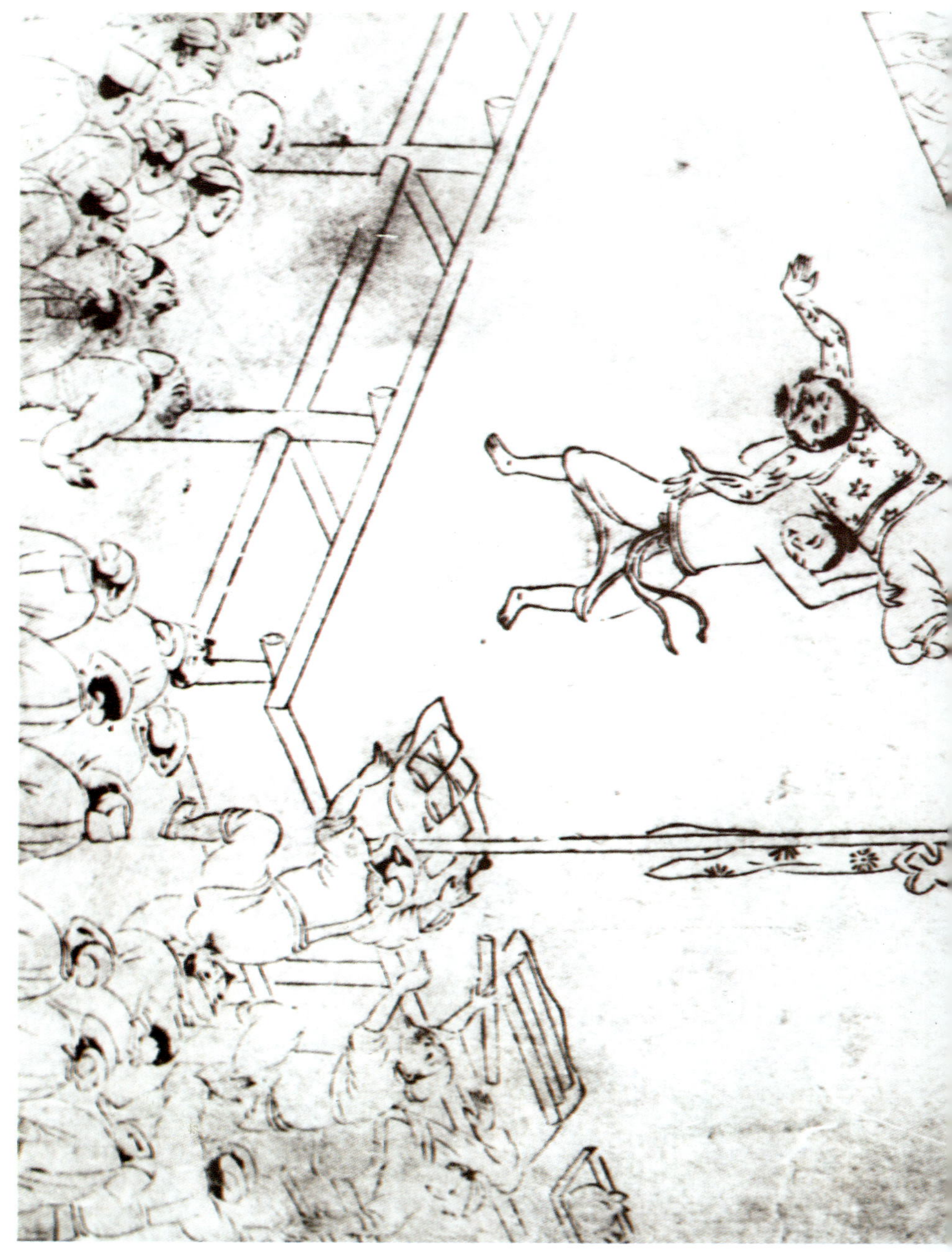

44. 명明시대의 각본刻本《충의수호전전忠義水滸全傳》의 그림

45. 명明시대의 《사녀도仕女圖》의 부분

46. 진秦시대의 나무 빗

47. 요遼시대의 진급지陳及之의 두루마리 그림《편교회맹도便橋會盟圖》의 부분

48. 당唐시대의 격구도동경擊毬圖銅鏡

50. 전한前漢시대의 《백화도인도帛畵導引圖》

◀ 49. 청清시대의 소림사 백의전白衣殿 벽화

51. 원元시대의 《추환도 捶丸圖》 ▶

鞦韆圖

53. 원元시대의 《축국도蹴鞠圖》

55. 송宋시대의 《초음격구도蕉蔭擊毬圖》

◀ 54. 명明시대의 《사녀도仕女圖》의 부분

56. 송宋시대의 《축국도동경蹴鞠圖銅鏡》

57. 《명헌종원소행락도明憲宗元宵行樂圖》의 부분

58. 청淸시대의 《빙희도氷嬉圖》와 그 부분도

59. 북위北魏 때의 수영 벽화 ▶

주는 상황도 흔히 발생한다. 이에 운동선수들의 심리에도 좋지 않은 자극을 미치는데, 이것은 매우 어려운 문제거리이다.

체프니셰프스키는 다음과 같이 말하였다. 『우리의 미감은 바로 일체 다른 감각과 마찬가지로 연속성과 긴장의 강도상에서 모두 그의 정상적인 한계가 있는 것이다.』(《생활과 미학》 42쪽) 우리의 감각기관은 오래도록 동일한 강도의 자극을 감수하지 못한다. 측정한 바에 의하면, 보통 사람은 60데시벨 이상의 목소리에 곧 시끄러움을 느끼고 주의력도 분산되며 사유능력도 저하된다. 체육경기도 마찬가지로 관중들이 장시간의 강한 자극을 견뎌내지 못할 뿐만 아니라, 운동선수도 그러하다. 운동선수의 감각기관이 마비되고 유기체가 피로하면 운동능력도 자연히 저하된다.

시합을 관람하는 사람들에게 주기적으로 긴장·초조와 우려·격동·흥분 등의 현상이 나타나는데, 그 가운데는 다시 음미하고 늦추고 사색하는 등 안정과정이 섞여있는데 경기장에서 나타난 뜻밖의 변화, 그리고 관중들은 신기성의 자극을 받아 이상할 정도로 흥분해한다.

관중들의 떠들썩한 소리는 종종 운동선수가 좋은 성적을 올리는 데 영향을 미친다.

1983년 8월 11일 오후, 중국의 높이뛰기의 명수 주건화는 헬싱키에서 있은 경기에 참가하였는데, 그가 바로 힘있게 뛰려는 찰나에 근처 트랙 위에서 핀란드의 여자선수가 우승을 쟁취하게 되자 이에 감격한 관중 한 사람이 손에 핀란드 국기를 들고 관람석에서 달려나왔다. 그러자 경찰관들이 쫓아가 그를 제지하였고, 시합이 중단되는 사태가 빚어졌다. 하여 주건화는 이 교란에 영향을 받아 자기의 최고 수준을 발휘하지 못하였다. 흥미있는 것은 그 다음해 같은 달, 같은 날에 주건화는 또 국외에 가서 높이뛰기 시합에 참가하였다. 그가 뛰려는 순간, 영국선수가 달리기를 하다가 커브 코스에서 기절해 쓰러지자 관중들이 크게 소란을 피웠고 의사들이 황급히 달려와 응급처치를 하였다. 소란이 끝난 다음에도 주건화는 그 영향을 받은 결과 제대로 뛰지 못하였다. 그는 1년 전과 마찬가지로 3등에 머무르고 말았다.

운동선수의 입장에서 보면, 관중의 교란과 나쁜 영향이 끼치는 조건하

에서 침착하고도 자연스럽게 기술동작을 완성하는 것을 익히는 것이
필요하다. 동유럽의 여러 나라에서는 이와 같은 상황을 고려해서 70년대
부터 관중이 있는 조건하에서 훈련을 진행하여 왔다. 어떤 종목은 관중
들의 시끄러운 외침소리를 녹음한 테이프를 틀어놓고 훈련하였다. 이렇
듯 관중을 점차 증가시키는 방법으로 선수가 외계의 압력과 나쁜 자극에
견디내는 능력을 증강시켰던 것이다. 때로는 매우 혼란한 사람들 틈에서
훈련하기도 하였는데, 이러한 류의 훈련은 관중이 경기에 미치는 악영향
을 제거하는 데에 필수적인 것이다.

관중들이 경기장에서 불량스런 행위를 하는 것은, 그들의 심미태도가
건전치 못한 데서 생기게 되는 것이다. 그러나 근본적이고 또 인류의
경기운동 발전 이전의 정체적인 차원에서 고찰한다면, 관중들이 경기장
에서 보여주는 불량행위는 대개 일시적인 것이고 부분적인 것에 지나지
않는다. 사회의 심미교육의 보급에 따라 이런 악영향은 갈수록 감소하고
있다.

유익한 촉진

관중의 성원은 물론 박수소리나 외침소리가 없고, 휘두르는 깃발과
플래카드도 없으며 높이 나부끼는 모자며 의복이며 채색띠가 없는 이러
한 경기를 정채롭고 매력이 넘치는 경기라 할 수 있겠는가?

절대 대부분의 관상자들은 운동선수가 경기수준을 충분히 발휘하게
하는 외부적 자극요소이다. 관중의 주시는 선수로 하여금 매우 짧은
시간내에 흥분케 한다. 관중들의 갈채와 찬양은 선수들에게 자신감을
북돋아 주고, 그로 하여금 더욱 노력케 하고 적극적으로 분투하게 한다.

관중들의 중요한 작용은 벌써 사람들에게 인식되어 경기를 조직할
때 관중을 염두에 두며, 심지어는 체육경기장을 건설하고 설계할 때에도
온갖 방법을 다하여 이러한 요소를 이용한다. 예를 들면 1만 5천 명을
수용할 수 있는 홍콩의 체육관 건설에 심리학자의 건의를 받아들여서,
1만여 개의 좌석을 붉은색·하늘색·연록색·은회색·오렌지색 등의

오색찬란한 빛깔로 칠해서 매우 열렬한 분위기를 유발케 하여, 입장권이 전부 팔리지는 않았다 하더라도 좌석은 빈자리가 없는 것처럼 보여 관중들의 성원과 찬양을 기대하는 운동선수들을 결코 실망시키지 않았다.

과거에 우리는 경기가 관중들에게 미치는 자극과 영향을 많이 생각하고 주의하였다. 앞으로 우리는 관중이 경기에 미치는 반작용, 즉 그들이 주는 좋은 영향을 많이 생각하고 염두에 두어야 한다. 유익한 경기는 관중들에게 고상한 심미취향을 배양해 주고, 관중들의 고상한 심미취향은 또 경기의 건강한 발전을 추진하여 양성순환을 형성한다. 이와 반대로 문명스럽지 못한 경기와 저급한 취미에 젖은 관중은 사회에 독기를 퍼뜨리는 악성순환을 조성하게 된다.

관중이 경기에 미치는 유익한 영향은 불리한 영향과는 큰 차이가 있다. 관중들의 지지가 있다면 흔히는 좋은 성적을 획득한다. 예를 들면 이미 지난 12회 월드컵 축구경기에서 다섯 차례는 주최국, 즉 주인측이 우승을 하였다. 페루에서 거행된 세계 여자배구경기에서 페루팀은 자기 동포들의 열광적 성원으로 자기보다 실력이 강한 미국팀을 꺾었다.

관중들은 외침·환호·노래·박수갈채, 때로는 꽃다발·옷·모자·깃발·북·나팔·플래카드 등으로 자기의 감정을 표현한다. 일반적으로 관중들의 무질서한 고함소리는 운동선수의 정형定型을 이루지 못한 동작의 리듬을 깨뜨리며, 기술동작이 숙달되고 〈동력정형動力定型〉을 이룬 선수들은 열렬한 환경 속에서 더욱 양호한 경기상태에 도달할 수 있다.

높은 수준을 갖춘 선수들은 관중들의 보편적인 사랑을 받는데, 그들은 관중들로부터 매우 큰 지지와 고무격려를 받는다. 예를 들면 축구왕 펠레가 국가팀에서 떠나는 고별시합에 참가했을 때 10만여 관중들은 자리에서 일어나 함께 〈남아있으라! 남아있으라!〉고 외쳐 사람들을 깊이 감격하게 하였다. 중국 여자배구팀이 출국하여 이르는 곳마다 화교 동포들로 구성된 응원대가 외국의 배구광들의 환호와 성원을 받았다. 리닝(李寧)·마옌홍(馬燕紅)의 뛰어난 연기가 불공정한 심판들에 의해 낮은 점수를 받았을 때, 경기장내의 관중들은 장시간에 걸쳐 불공평한 판정에 항의하였다. 북경에서 열렸던 어느 국제 축구경기에서 상대방은 비도덕적인 살상전술로 중국의 주력대원인 룽즈싱(容志行)에게 중상을 입혔을 때, 온 경기장내의 7만여 명의 관중들은 자리에서 일어나 분노를 터뜨렸고 룽즈싱의 고상한 풍격에 열렬한 박수갈채를 보내주었다.

운동선수가 경기에서 자기의 기술수준을 발휘하는 데는 상대방 운동선수가 어떻게 기술수준을 발휘하는가에 달려있기도 하며, 이는 심판이나 관중에게도 관계된다. 특히 대항성 종목에서 운동선수 자신이 어떻게 상대선수를 대처하겠는가로 결정하지만, 관중들의 열정적인 고무와 격려는 일종의 유력한 지지가 되기도 한다.

평분류(평점류) 항목에서의 성적은 주관적 요소의 영향을 비교적 많이 받는다. 다른 경기종목, 예를 들면 벌칙을 결정짓는 등등의 종목에서도 일정하게 방관자의 주관적 요소의 영향을 받는다. 심미의식도 이런 주관적 요소의 하나이다.

운동성적은 비록 중요하게는 운동선수의 경기능력에 달려있지만, 다른 요소에도 달려있다. 평분류 항목에서의 성적은 상당한 정도에서 심판의 심미평가의 영향을 받는다. 그러므로 시합의 조직자는 심판들의 도덕과 업무수준을 제고해야 할 뿐만 아니라, 그들의 심미능력을 배양하는 데도 노력을 아끼지 말아야 한다. 따라서 운동선수들은 시합과정에서 동작의 구성과 실제 경기에서의 연기효과와의 상호관계를 잘 조절하여 자신의 아름다운 태도·행동거지로 심판을 감화시켜야 하며, 양호한 기질과 건실하고 아름다운 동작으로 심판과 관중을 자극하여 감화시켜야 한다. 동시에 심판과 관중 들에게 아름다운 인상을 깊게 남기는 것은 경기에서 우수한 성적을 얻는 데 유리하다.

프랑스의 축구 명수 부라지니는, 한 우수한 선수는 기술과 전술에 전력을 다해야 할 뿐만 아니라, 우호적인 행위나 고상한 정신으로 같은 팀에 있는 동료들과 관중들의 지지를 얻어야 하며, 또한 정감이 흘러넘치는 좋은 환경을 창조해내야 한다고 인정하였다. 또한 그는 출전할 때마다 반드시 가족들이 관람하도록 하는데, 친족들의 지지를 받는 느낌 속에 더욱 쉽게 진정한 승리자의 사상의식을 형성하게 된다고 여겼다.

사회심리학자들은 일찍이 관중들이 운동경기에 영향력을 갖고 있는

데 대하여 홍미를 갖고 있었다. 예를 들면 1898년 트리프레트가 처음으로 이에 대하여 연구를 진행하였다.(부라만 터딩 그리띠《체육사회심리학》) 그러나 관중들은 표정·동작·소리 등으로 운동성적에 영향을 미치는데, 비록 양호한 제어조건하에서 연구를 진행할지라도 분별하기가 어렵다. 때문에 운동현장에서 운동선수가 관중에 대한 감수를 정량분석定量分析한다는 것도 매우 어려운 일이다.

그러나 선수들이 관중들의 평가에 근거하여 자기의 연기내용을 수정하는 일은 언제나 있어왔던 일이다. 예를 들면 달리기에서 기진맥진했을 때 관중들이 박수를 보내며 속력을 내라고 성원을 보내면, 선수들은 여기에서 고무를 받고 힘을 다해 다시 빠른 속력으로 돌진한다. 또 관중들이 야유하는 소리가 들리거나 오직 침묵만을 지킬 때면, 선수들은 색다른 멋진 동작을 연출해내어 관중들의 갈채를 받으려고 하는 등등을 예로 들 수 있다. 관중들이 운동선수를 분발케 하고 활발하게 만드는 역할에 관해서와 관중들의 심미의식이 경기시합에 주는 반작용에 관한 문제는, 지금도 여전히 깊이있게 탐색하고 토론할 하나의 과제이다.

VII

체육에서의 미육美育

예전의 미학은 다만 세계를 인식하는 하나의 방식으로 발전하여 왔지만, 마르크스주의를 지도이념으로 하는 체육미학은 세계를 인식할 뿐만 아니라 더 나아가서 세계를 개조한다. 이것은 우리로 하여금 체육교학體育教學과 훈련에서 새로운 창조를 시도할 용기를 가지게 하며, 또한 교육을 오락에 함축시키는 체육활동의 특징을 충분히 이용하고 사회를 향한 심미교육을 진행시켜 심신心身이 건전한 사람들을 대량으로 배양하는 데 기여케 한다. 미학교육은 다른 어떤 과학이론 교육으로도 대체할 수 없으며, 미학능력을 배양하는 독특한 역할을 하고 있는 학과이다.

체육과 미육은 모두 완성된 인격을 갖춘 인간을 배양하는 교육의 유기적인 조성 부분이다. 미육은 다만 어떤 매개체의 도움으로 모르는 사이에 감화를 받게 하며, 예술이 또 미학의식의 집중적인 표현체로 되기에 많은 사람들이 미육과 예술교육을 동일시하여 다른 영역에서 미육의 시행을 홀시해왔다.

체육영역에 심미의 대상이 있으며, 또한 이 영역에서의 심미대상은 다른 어떤 심미대상으로도 대체할 수 없다. 그러므로 이 체육영역에서의 심미활동으로 미육을 실시할 수 있다.

사회의 진보, 과학의 발달, 인류의 물질생활 수준의 제고에 따라 미육의 체육활동 중에서의 역할은 갈수록 중요하게 나타날 것이다. 체육활동에 참가하거나, 또 체육과 관계되는 사람들은 모두가 반드시 정확한 심미관점을 구비해야 하며, 미를 감수하고 감상하며 표현하고 창조하는 능력을 갖추어 아름다운 정신을 창조하고 정신세계를 정결히 하여 인간의 생활을 더욱 풍부하고 다채롭게 해야 한다.

인간의 정상적인 발전에서 미육은 없어서는 안 될 요소이다. 미육은 인간의 개성을 뒷받침하여 전면적으로 발전하게 하는 중요한 방법이다. 미육은 체육과 서로 연결되어 있으며, 또한 일정한 교차와 중첩의 관계를 가지고 있다. 체육에 많은 미육적 요소가 침투되어 있으며, 체육에서 심미교육을 강화하는 것은 체육의 발전을 촉진시키는 양호한 방법이다.

체육교육에서의 미육美育

아름다운 전통

미육美育, 심미교육審美教育 혹은 미감교육美感教育이라고 부르는데, 이러한 개념의 제기와 그 이론체계의 정립은 근대에 시작된 것이다. 그러나 미육이 하나의 교육실천 활동으로서는 인류사회에 문자기록이 있었던 노예제시대에 산생되었다.

중국은 고대에 미의 신체활동으로써 미육을 진행시키는 양호한 전통이 있었다.

《예기禮記·악화편樂化篇》에 다음과 같이 기록되어 있다.『방패와 도끼를 잡고서 굽히고 숙이는 굴신을 연습하면 사람의 의태를 장중하게 바꾸어 준다. 춤추는 위치를 밟으며 그 박자를 따르면 사람들의 행렬을 정돈할 수 있고 하나로 통일할 수가 있다. 執其干戚, 習其俯仰詘伸, 容貌得莊焉, 行其綴兆, 要其節奏, 行列得正焉, 進退得齊焉』

서주西周 때에 학교에서 가르친 악무樂舞는『혈기를 골고루 조절하는 以均週其血氣』것을 체육의 임무로 삼았다. 또한『공경대부의 자녀에게 춤을 가르쳐 주는 것은 教國子以舞』『학생들로 하여금 몸을 전후좌우로 굽히고 용모를 움직여 위엄있는 자태를 배우게 하며, 그 앙양된 진퇴의 리듬으로 교만하고 음탕하며 거만한 습관을 없앤다 使之委蛇曲折, 動客貌習威人儀, 就其仰揚進退之節, 以消其驕淫矜夸之習』고 하여 체육과 미육·덕육이 하나로 융합된 것임을 천명하였다.

중국 고대의 위대한 교육자 공구孔丘는〈육예六藝〉(禮·樂·射·御·書·數)로써 제자들을 가르쳤다. 이 여섯 과목은 정치·윤리·역사·자연과학·군사체육 및 문예 방면의 내용을 포괄하였는데, 이것은 실제상으로 고대에 있었던 일종의 덕德·지智·체體·미美의 전면교육이었다. 〈악樂〉(시詩·가歌·무舞·연演·주奏 등의 종합예술)이 미육의 전문과목이고 〈사射·어御〉(활쏘기·전차경주)는 덕육과 미육으로 이루어진 체육과목이다. 사射와 어御는 비단 예의禮儀와 구결口訣(예를 들면 《주례周禮》에서 말한 오어五御, 즉 鳴知鸞, 逐水曲, 過君表, 舞交衢, 逐禽左가 있다) 뿐만 아니라 훈련 가운데에서 특별히 정감의 배양을 중요시하였다.

좁은 의미에서의 체육은 신체를 대상으로 하는 교육과정으로서 미육의 소인을 포함하고 있다. 《순자荀子·권학편勸學篇》에 『군자의 학문은 귀로 들어와 마음에 부착되고 온몸에 퍼져 행동에까지 드러난다. 그래서 미언微言과 미동微動도 모두 하나같이 법칙으로 삼을 수 있다. 소인의 학문은 귀로 들어와 입으로 나간다. 입과 귀 사이는 겨우 네 치(四寸)일 뿐이니, 이 어찌 칠 척(七尺)의 몸 전체를 족히 훌륭하게 할 수 있겠는가 君子之學也, 入乎耳, 箸乎心, 布乎四體, 形乎動靜. 端而言, 蝡而動, 一可以爲法則, 小人之學也, 入乎耳, 出乎口. 口耳之間, 則四寸耳, 曷足以美七尺軀哉!』라고 하였다.

이 말은 일정한 정도에서 체육과 미육의 특징을 설명한 것이다. 즉 교육을 통해 신체를 완미하게 해야 하는데, 즉 『布乎四體』『美七尺軀』해야 한다. 체육에서의 미육은 바로 이러한 『君子之學』의 효과가 있어야 하는 것이다.

18세기 독일의 철학자 실러가 쓴 《심미교육서간審美教育書簡》은 처음으로 미육이론이 상대적으로 독립적인 체계를 이루게 하였다. 중국의 근대교육가 채원배蔡元培 선생은 미육사상을 전파하고 실천하는 데에 힘을 기울였다. 그는 《교육대사서教育大辭書》의 미육조목에서 『미육이란 미학이론을 교육에 응용하여 감정을 연마하는 데 그 목적을 둔 것이다』라고 하였다. 이 정의는 미육의 이론은 미학이며 실천상에서는 교육이고, 또 체육은 교육의 중요한 구성 부분의 하나임을 설명했다. 이렇게 미육과 체육의 관계가 분명해졌기 때문에 모택동이 《체육의 연구》에서 말한 『감정을 조절하고 凋感情』란 성정을 도야한다는 것이다. 채원배蔡元培는, 미육은 마치 사람의 신경계통과 마찬가지로 덕德·지智·

체體의 모든 교육과 일상생활 가운데에서 은근히 실시된다고 인정하였다. 그는『체조란 한편으로는 건강을 목적으로, 또 한편에서는 신체를 아름답게 하는 형식으로 발전하는 것인데, 그리스의 조각상이 전례없이 아름다운 것은 바로 이 때문이다』라고 말하였다. 또한 그는 여기에서 체육은 미육의 중요한 수단으로 깊은 의의가 있음을 지적하였다. 그리고 체육에서 구체적으로 미육을 실시할 것을 제창하면서『허리와 등을 굽히고 죄수처럼 머리를 숙이고 어지러운 얼굴을 해가지고 반목하는 것을 옳은 것으로 여기는』기형적인 심미관을 반대하였고, 학생들에게『짧은 머리, 짧은 옷으로 연습하는 기풍을 창도』해서『웅장하고 미끈한 체구』에 도달하여 건강한 신체심미관을 배양해야 한다고 하였다.(채원배蔡元培《교육문선》)

역사에 나타났던 미육가들은 모두 예술교육을 중요시하였다. 그러나 결코 예술교육이 유일한 수단이라고 인정하지는 않았다. 이는 미육의 임무는 다만 예술교육만으로 완성될 수 있는 것이 아니라, 미육은 덕육·지육·체육의 전반에 걸쳐 관통되어 있음을 표명해 준다. 때문에 학교의 체육교사는 마땅히 체육교육에서 미육을 실시해야 한다.

체육에 있어서의 미육美育의 주요 임무와 특징

1967년 10월 일본의 지바대학(千葉大學)의 교수 고바야시 신지(小林信次)가『체육활동에서의 미적인 현상을 어떻게 의식할 것인가』라는 주제로 한 차례의 조사를 진행하였다. 조사를 받게 된 대상은 재학중인 176명의 남학생과 216명의 여학생들이었다. 조사의 방식은 질문을 위주로 하고 각각의 사람에게 10분간의 시간을 주었다. 조사내용은『학생들이 체육활동에서 어떠한 미적인 감수를 받게 되었는가』라는 것이었다. 조사 결과를 귀납하여 정리하면 다음의 표와 같이 신체·운동·행위(정신내용도 포함됨)의 세 가지 방면으로 나눌 수 있다.

신체적인 방면에서 미를 의식하는 것으로 볼 때 인원수의 다소에 따라 배열하면 육체미·곡선미·균형미, 그리고 자세미·건강미·피부색미·

건장미 등으로 배열된다. 자세미 등에 대한 의식은 인원수가 매우 적은데, 그 원인은 학생들이 감성적으로 신체미를 포착하여 골격과 근육을 포함한 내적 육체미와 조화와 균형을 포함한 미를 중시하기 때문이다. 그런데 인원수가 가장 많은 육체미도 138명으로 조사대상의 절반도 못된다. 이것은 사람들로 하여금 학생들의 미에 대한 감수능력의 박약성을 깊이 느끼게 한다. 만약 체육의 차원으로 본다면, 사람들이 건강미·자세미·조화미·건장미·피부색미 등과 같은 체육단련에서 이루어진 내용에 대한 미적 감수능력의 박약은 더욱 우리들의 우려를 자아낸다. 신체에 대한 심미에서 곡선미, 허벅다리와 육체의 윤곽에 대한 미의 감수가 높은 비율을 차지하고 있는데, 고바야시 교수는 이것이 사회와 시대의 문화적 영향으로 이루어진 것이라고 단언하고 있다.

　운동의 각도에서 미를 의식한다면, 그 차례는 인원수에 따라 형태미·약동미·운율미·조화미·민첩미·강건미·유인미·긴장과 이완미·역량미 등으로 배열할 수 있다. 대항·도약·직선·선회·달릴·정지 등을 포함한 형태미는, 흔히 감성적으로 인식할 수 있는 것으로 인원수가 가장 많다. 약동·발랄 등 여러 가지 운동력의 요소를 포함한 약동미도, 운동체 내부활동의 강대한 생명력을 표현하였기에 쉽게 감수될 수 있다. 그리고 리듬미·운율미韻律美도 거의 모든 종목에서 사람들에게 끝없는 쾌감을 준다. 그러나 기술동작의 변화·안정·정확성의 미에

신체방면		운동방면		행위방면	
명　칭	인원수	명　칭	인원수	명　칭	인원수
육체미	138	형태미	195	조화미	105
곡선미	98	약동미	114	단결미	63
균형미	86	운율미	88	도덕미	61
자세미	17	조화미	43	인내미	44
건강미	16	민첩미	36	열정미	40
신체미	10	강건미	31	순박미	24
피부색미	9	유연미	21	용감미	22

대하여는 오히려 의식하지 못하고 있는데, 이러한 것들은 기교미技巧美를 형성하는 요소이다. 이외에 운동에 체계적인 심미의식이 있음에 대해서 아무도 의식하지 못하였는데, 이 역시 유감이 아닐 수 없다.

행위의 각도에서 미를 의식하는 것은 실제상으로 운동선수의 표면적인 행동과 그 내부의 정신활동의 융합으로 이루어진다. 여기에서 조화미에 감수를 느낀 사람수가 가장 많은데, 이것은 사람들이 체육운동에서 단결과 우애, 공동의 노력, 일치된 배합, 전체적인 협동 등의 훌륭한 풍격을 찬양한다는 것을 설명한다. 그 다음으로 단체조직의 단결미가 있는데 단체·통일·조화·일치·대칭 등을 포함하여 표현한 미이다. 이것은 운동경기가 사람들의 집단주의 정신을 배양하는 데에 유익하다는 것을 설명한다. 그리고 책임·정의·희생·성실·기율紀律·예의·겸손 등을 포함한 도덕미道德美도 사람들의 주목을 받고 있다. 그외에 인내미·열정미·순박미·기지미 등도 사람들의 행위에서 감수하게 된다.

그러나 정취情趣 방면에서는 미를 의식하는 사람이 매우 적은데, 이것은 학생들의 감상 수양의 부족과 미에 대한 감수성이 비교적 약함을 설명한다. 이것은 앞으로 체육에서 주의해야 할 하나의 중요한 문제이다.

고바야시 신지는 체육미학의 근복적인 목적은 체육의 교수효과를 제고시키는 데 있으며, 체육효과를 제고시킬 수 있는 미학요소를 연구하는 것은 체육미학의 주요한 임무라고 여기고 있다. 그러므로 『체육미학은 체육효과를 제고시키기 위해 필요한 미적구조, 법칙과 가치를 연구하는 학문이다.』(신체육강좌 제64권《체육미학》제1장) 이것은 실제상으로 반드시 체육에 미육을 유입시켜 체육의 효과를 제고시켜야 한다는 말이다. 그는 〈미의 교육작용〉, 즉 미육으로 체육의 전개를 촉진시켜야 한다고 하였는데, 이것은 정말 귀중한 의견이다.

다른 영역에서 이루어지는 미육과 마찬가지로 체육교육에서도 학생들의 미에 대한 감수능력·감상능력·표현능력·창조능력을 주의하여 배양하여야 한다. 그러나 치중하는 측면은 물론 다르다.

감수능력을 배양함에 있어서 특별히 체육과 위생의 각도에서 학생들의 감각기관을 훈련시키고 보호하여 나중에 건강하게 심미활동에 참가할 수 있도록 해야 한다. 이 문제는 아직 충분하게 주목을 받지 못하고 있다. 미는 형상적인 감화성의 특징을 가지고 있는데, 감성적인 인식을 떠나서는 미학적인 느낌을 운운할 수 없다. 이 기초 위에서 학생들의 의식경향을 정확히 인도하고 학생들로 하여금 운동에서 미의 내적인 체험과 자각적인 심미의식을 시도하도록 고무시켜야 한다. 동시에 이러한 의식은 또한 운동과 무용활동에만 국한되어서는 안 되며, 이러한 운동을 관람하는 데까지 내심적 체험의 미(動覺)와 외형관찰의 미(視覺)를 서로 결합시켜 감상하게 하여야 한다. 고바야시 신지의 조사에 따르면, 학생들의 체육활동에서의 미에 대한 감수능력은 매우 현저한 차이가 있다.

감상능력을 배양함에 있어서 체육지식을 체계적으로 전수傳授하고, 경기상식과 미학원리를 결합시키는 데 주의를 기울여 높은 수준의 운동 훈련에 참가할 수 없는 많은 학생들로 하여금 경기시합의 관람에서 미적인 감수를 얻게 해야 한다. 더불어 운동자와 운동에 대한 관중의 감상과 쾌감은 모두 운동미의 증가에 따라 점차적으로 증강될 수 있다. 그러나 사실상 양자의 본질적인 차이로 말미암아 그들의 심미 줏도에는 역시 차이가 있다. 체육운동을 관중의 입장에서 향수하는 미감은 대부분이 시각상의 것이지만, 운동자로서는 시각적이면서 동시에 신경과 근육의 감각적인 것이다. 그러므로 반드시 체육교육 목적의 일부분은 마땅히 학생들을 심미능력을 갖춘 체육관중으로 배양하는 데 돌려서, 그들로 하여금 운동에 대한 시각적 체험으로서도 운동의 미적인 요소를 감수할 수 있게 하며, 미감을 얻을 수 있고 또한 그것을 정확히 평가할 수 있는 체육관중이 되게 하여야 한다.

표현능력과 창조능력을 배양한다는 것은, 사실상 학생들의 내부에 잠재되어 있는 심미의식을 어떻게 표출시키는가 하는 문제이다. 예술적 창작재능이 있는 사람은, 운동의 각종 예술형식을 체육현실보다 더욱 집약적이고 강렬한 예술적인 미로 창조한다. 그러나 많은 사람들은 다만 심미의식이 자기의 생활에 반작용을 차지할 뿐이다. 이 방면에서 체육에 미육을 실시하는 특수성이 더욱 뚜렷하게 표현되는데, 주로 어떻게 학생들의 건강하고 아름다운 신체와 그에 상응하는 사상·행위를 배양하는가 하는 데 반영된다. 체육의 중요한 임무는 신체방면으로부터 완성된 인격을 지닌 온전한 인간으로 배양하고 교육하는 것이다. 청소년과 아동들은 생리적으로 발육·성장하는 단계에 속해 있다. 그들을 반드시 건강하고 아름다운 몸매를 가진 사람으로 육성시켜야 한다. 그러나 유감스럽게도 우리는 체육에서의 심미교육을 소홀히 하여 후천적으로 체형이 아름답지 못한 일부 청소년을 보게 된다. 아직도 청춘기에 속해 있는 일부 청소년들은 허리와 등 부분에 지방이 축적되어 있고, 또한 사지의 근육이 깡마른 청소년들도 있다. 여자 청소년들도 날씬하지 못하며, 남자 청소년들도 쭉 뻗지 못하고 한창 젊은 나이에 벌써 허리와 등이 구부정하고 동작이 둔하다.

어떻게 하면 그들의 후천적인 체형을 아름답게 가꿀 수 있겠는가? 이것은 우리들이 생각해 보아야 할 문제로서 유행에 따른 복장과 화장품만으로는 해결할 수 없는 성질의 것이다.

체육교육에서의 미육의 실시는 다른 영역과는 다른 특징을 갖고 있는데, 그것은 바로 건강미적인 신체를 창조하는 것으로 청소년들로 하여금 건강한 심미관점을 갖도록 하는 것이다.

건健이란 예로부터 강하고 힘이 있음을 가리키며, 강康이란 유쾌하고 평안하다는 뜻을 가지고 있다. 건강은 몸과 마음이 모두 양호한 상태에 있을 것을 요구한다. 중국 당대唐代에 일종의 악무樂舞가 있었는데, 그 억세고 박력있는 특징 때문에 〈건무健舞〉라고 불렀다. 우리는 흔히 〈건보健步〉로서 행동거지가 민첩하고 걸음걸이가 재빠른 사람을 찬양하여 왔으며, 〈건아健兒〉라는 미명으로 용감한 투사를 찬송하였으며, 〈건장健將〉이라는 미칭으로 체육운동의 능수를 찬송하여 왔다.

건강과 미는 서로 도우며 생성발전한다. 『아름다운 마음과 위대한 의지는 오직 신체조건이 허락하는 조건하에서만 그 역할을 발휘할 수 있으며, 그의 취미는 연령과 열광의 정도에 따라 변동된다. 이것을 이상하게 생각할 필요가 있는가? 철학가들은 마음 속의 건강을 유지하기 위하여 언제나 신체의 건강을 주의해왔다.』(라 메이터리 《사람은 기계》)

현대체육에는 건강에 해로운 활동이 있는데, 대부분이 사람들의 기형적·변태적인 심미관념에 의하여 조성된 것이다. 그렇지만 습관·풍속·애호는 변화시킬 것이다. 뒤떨어진 습관은 시대의 발전과 함께 사라지고 말 것이다.

인류사회를 위하여 건강한 미를 창조하는 것은 체육의 궁극적인 목적이다. 건강미의 내용에는 신체의 건강미, 정신의 건강미, 행위의 건강미가 포함된다.

소위 신체의 건강미란 신체구조의 건강상태를 보존하기 위하여 형성된 것이다. 즉 체육단련을 통하여 획득한 건강한 외부형태, 건강한 내장기능과 건강한 운동기능에서 표현되는 미를 말한다.

정신적인 건강미란 성격의 건강을 표현하기 위한 미로서 순박·명랑·창조력 등의 풍부한 감정, 적극성·노력·인내력 등의 완강한 의지, 관찰·사고·탐색 등의 고도로 발달된 지력, 열애·양해·상부상조 등의 기본적인 도덕 등등을 포함한다.

행위의 건강미란 사회성을 기초로 하는 행위미로서, 공명정대하며 조직의 규율성이 있는 등등의 행위를 말한다. 행위미는 정신미의 표출로서 우리들이 흔히 말하는 〈심령미心靈美〉를 표현할 수 있다.

교사는 매우 중요하다

체육과목에서 미육을 진행함에 있어서 교사의 형상은 매우 중요하다.

학생의 연령이 적을수록 교사의 형상이 뚜렷하고 그 영향이 더욱 심각하며, 또한 은연중에 감화되는 것이다.

체육교사는 다른 과목의 교사와 비교할 때 그 본보기로서의 영향이 더욱 두드러진다. 체육교사는 반드시 자신의 아름다운 언어, 우아한 행동, 소박한 생활, 정결한 옷차림, 진보적인 사상 및 단정한 태도로 학생들에게 아름다운 감화를 주는 것 외에 또한 수업중에 시범을 보이는 것에 특별히 주의를 기울여야 한다. 그것은 체육학과에서 지식과 기능을 전수함에 있어서 교사의 강의뿐만 아니라, 형상적인 신체동작의 시범도 필요로 하기 때문이다. 이러한 교육의 양자활동은 일정한 정도에서 역시 심미활동이 된다.

체육교사의 동작이 아름답지 못하면 반대의 결과를 초래하기가 쉬우며, 우악스럽고 교양이 없으며 야만적인 나쁜 인상을 가져올 수 있다.

체육교사는 반드시 체육교육에 결부하여 학생들에게 미에 대한 교육을 진행시켜야 하며, 기초적인 미학지식을 강의하여 학생들이 정확한 심미관을 정립하도록 시범동작이 정확하다는 전제하에서 동작을 가볍고 아름답게 하여 학생들을 끌어들여 그들의 흥미를 불러일으키려는 목적을 달성하여야 하며, 학생들이 기술동작을 습득하기 위한 양호한 조건을 창조하는 데 주의를 기울여야 한다.

미에 대하여 전혀 관심이 없는 사람은 미의 현상을 가볍게 간과해버리기 쉽다. 교육자의 흡인력의 여하는 교육효과를 제고하는 데 있어서 아주 중요한 역할을 하고 있다. 교육자의 매력에서 표현되는 뚜렷한 가치는, 교육자의 태도와 능력을 미학적인 높이로까지 끌어올리는 데 있다. 교육자의 감수와 능력을 미학적인 범주에 올려놓고 사고하는 것은 교육자 자신에 대한 요구이다.

학생들의 심미의식은 교사의 계발을 필요로 한다. 이것은 교사의 체육미학문제에 대한 이해와 관계되며, 이러한 의식적인 미에 대한 탐색이 우리의 교육과 훈련에서 충분한 중시를 받고 있는가를 객관적으로 분석할 수 있다. 무용이 하나의 형체미形體美의 활동으로 교육 중에 실시될 때, 미감은 의심할 바 없이 중시를 받게 된다. 동적인 감각 중에도 미의 요소를 내포하고 있는데, 이는 유쾌한 내부체험과 자각적인 심미의식의 반응으로서 어디까지나 일종의 심미의 맹아라 할 수 있다. 체육을 전공하지 않는 학생들에 대해서는 여러 가지 형식의 활동으로 그들의 체육에 대한 흥취를 불러일으키며, 미학에 대한 분석·토론으로 그들의 운동과 체육에 대한 심미적인 시야를 열어주어야 한다. 즉 시각상의 심미적 체험을 갖게 해야 한다.

체육학과의 교육은 건강과 미가 유기적으로 연합된 가르침이라 할 수 있다. 신체의 건강을 위하여 체육활동에서 학생들의 미에 대한 감수능력을 배양해야 하며, 그들로 하여금 더욱 훌륭히 기술 요령을 습득하고 효과적으로 체질을 증강시키게 하여 적극적이고 낙관적이며 활발하고 용감하며 견인한 성격을 배양하게 해야 한다. 조화롭고 우아하며 생기로 충만된 탄력있는 각부분의 동작은 학생들의 체육활동에 대한 흥취를 크게 불러일으킬 수 있다.

체육교육을 담당하고 있는 사람들은 반드시 현실 속의 미에 대한 감수·판단·평가의 능력을 배양해야 하며, 미감의 생리 및 심리적인 기초와 사회적 근원을 연구하여 과학적인 의미에서 미를 알고 심미적인 상식을 알아두어야 한다. 이렇게 하여야 고상하고 건강하며, 미육을 체육에 관통시켜 학생들로 하여금 아름다운 정감情感을 갖게 하며 더욱 훌륭히 세계를 인식하고 생활을 인식하게 할 수 있다.

최근들어 국내의 많은 체육교사들이 가르치는 과정에서 미학문제에 주의를 기울여왔으며, 문장을 기록하여 미육을 실시한 후의 체득을 발표하는데 기쁜 일이 아닐 수 없다.(《체육과학》《체육의 봄》《중국교육보》《체육보》 등을 참조)

결론적으로 정리해 보면, 체육교사들의 가르침 중에서 반드시 다음과 같은 몇 가지를 주의해야 한다.

1) 교사의 의용과 가르치는 태도의 미
2) 교사의 이론강의와 시범동작의 미
3) 교학방법과 교학수단의 미
4) 운동장의 운동기구 분포의 미

물론 체육교육 중에도 미적 요소가 포함되어 있다. 우리는 반드시 그 특성에 따라 여러 요소들과 결합시켜야 한다. 물론 문제에 봉착할 수 있다. 미는 복잡한 성질을 가지고 있기 때문에 체육활동 중에서 불변하고 계획적일 수 없으며, 또한 심미대상의 변동과 심미의식의 차이로 체육과목의 교육계획에 상세히 규정하여 놓을 수 없다. 이것들은 모두 앞으로 더욱 탐구하여야 할 문제이다.

운동훈련에서의 미육 美育

운동훈련에서 심미의식의 작용을 발휘해야 하는가, 하는 문제는 아직 의사일정에 오르지 못한 듯하다. 그러나 운동훈련실천의 수요로 미육이 이 영역에 진입하지 않을 수 없다.

경기훈련으로서의 조성 부분

완전한 체육이란 사람의 신체 전부가 운동에 참가하게 하는 교육이다. 높은 수준의 훈련도 역시 사람들로 하여금 충분히 신체운동을 체험하게 하는 교육이다. 전통적인 훈련방법은 외부로부터 강요된 것으로 개인이 체험한 내부동기를 불러일으키지 못할 뿐만 아니라, 정감체험情感體驗의 수요도 만족시킬 수 없으며 종합훈련으로 점차 대체되고 있다. 체육의 발전은 높은 수준의 경기와 훈련이 모두 미육과 결합할 것을 요구한다.

1) 먼저 운동선수의 미에 대한 감수능력을 배양해야 한다.

미감은 심미주체(심미자)의 조건과 관계된다. 심미능력을 갖추지 못한 사람은 미를 감상할 수 없다. 『음률을 분별하지 못하는 귀에는 가장 아름다운 음악도 아무런 의미가 없다.』(마르크스 《1884년 經濟學——哲學手稿》) 심미능력은 미육으로 배양할 수 있다. 운동선수에게 있어서 무엇보다 중요한 것은 감수성이다. 풍부한 감수성은 세계를 인식하고 개조하는 데 유익하지만, 감수성이 결핍된 사람은 완전하지 못하다. 운동훈련에서 많은 기능의 전수는 선명하고 생동한 동작형상에 의거하며, 감성적 인식에 의거한다. 복잡한 기술동작은 더욱 그러하다. 감수성이 결핍된 운동선수는 동작에 대한 깨우침이 늦고 훈련효과에도 차이가 있다.

감수성을 배양하는 데 가장 적당한 것은 심미활동이다. 미에 대한 반복적인 체험에서 감수성을 크게 증강시킬 수 있다. 심미활동은 운동선수들을 영활하고 민첩하며 반응이 빠른 등등의 여러 가지 능력을 가지도록 배양할 수 있다. 풍부한 감수성은 고상한 정감에서 비롯되는데, 이것도 심미활동을 통하여 해결할 수 있다.

사람들은 흔히 장기간 운동장에서 활약하는 운동선수들이 훌륭한 심미의식을 가져야 한다고 생각한다. 그러나 사실상 완전히 그러한 것은 아니다. 우리는 흔히 이름모를 새로운 사물에 대하여 농후한 흥취를 가지고 자세히 관찰하게 된다. 그러나 그 명칭을 알게 된 후로 다시 주의를 기울이지 않으며 자세히 관찰하지도 않는다. 어떤 운동선수들은 장기간에 걸쳐 자기가 훈련받는 종목을 접촉하기 때문에 너무 익숙하여 모든 것이 예사로운 것으로 생각되며, 운동미에 대한 감수능력이 무디어진다. 이것은 주위의 많은 사물들이 구체적인 것으로부터 추상적인 것으로 변화되고, 감성적인 것이 이성적인 것으로 상승하였기 때문이다. 그들은 일반 사람들이 발견한 운동미에 대하여 동감을 가지지 않을 뿐만 아니라, 오히려 그렇다고도 생각하지 않는다. 이는 과도한 훈련으로 인한 근육피로와 마찬가지로 오랫동안 지속되면 회복하기 어렵다. 그러므로 제때에 조절하고 변화시켜야 한다.

경기에 참가하는 선수들의 운동에 대한 불감성은 미학에서의 거리설距離說로 해석할 수도 있다. 거리설은 심미대상과 심미주체 사이에 일정한 심리적 간격을 보존하여 미학적인 태도로 그 대상을 감상하여 미감을 형성시키는 것이다. 거리가 너무 가깝거나 멀어도 좋은 효과를 얻을 수 없다. 만약 체육을 전혀 모르는 사람이 거리가 너무 멀다고 말한다면, 하루종일 운동에 빠져 있는 운동선수는 거리가 너무 가깝다고 할 수 있다. 그들은 심미방면에서의 흥취에서 모두 영향을 받게 된다. 마치 우리가 책을 볼 때 거리가 몇 센티미터 이내이거나 몇 미터 이상에서는 모두 명확하게 보이지 않으니, 물론 그 진미는 얻을 리가 만무하다. 아무리 아름다운 얼굴일지라도 현미경 아래에서는 아름답게 보이지 않으니, 이것은 곧 거리가 너무 가깝기 때문인 것이다.

운동선수들은 오랫동안 운동환경에 처해 있으며, 여러 번 운동미의 자극을 받은 후 운동미에 대한 감각이 무디어진다. 너무 익숙하기 때문이다. 그러나 얼마만큼 떠나 있으면 다시 호기심이 생길 것이다.

물론 이것은 운동선수들이 훈련을 떠난다는 것은 아니다. 훈련중이든지 휴식시간에 심미활동을 많이 조직하며, 관중의 각도에서 그 종목의 높은 수준의 정채로운 운동을 녹화로 감상하거나 하는 것을 말한다.

심리학의 연구에 따르면, 사람의 모든 심리활동은 일체가 외계의 자극으로 일어난 것이며, 심리활동은 언제나 일정한 대상을 향하여 진행된다. 사람은 동일한 시간내에 주위의 모든 사물을 인식할 수 없으므로 그 중 소수의 대상만을 인식할 수 있다. 이것이 바로 심리활동의 방향성과 집중성으로서 우리가 흔히 말하는 〈주의注意〉이다. 부負의 유발실험법에 의하면, 사람이 어떤 사물에 주의를 일으킬 때 그의 대뇌의 관련된 부위에서 흥분이 일어나고 주위의 다른 신경부위는 억제상태에 처하게 된다. 심미대상에 대하여 주의를 일으키고 있을 때 다른 대상들은 주의注意의 가장자리에 처해 있으며, 대부분은 주의범위의 밖에 있게 된다. 이리하여 주의중심과 가장자리 혹은 그밖의 대상 사이에 일정한 거리가 생기게 되는데, 이것이 바로 심리거리心理距離이다.

심리활동에서 심미와 관계 없는 사실과 심리활동은 주의注意의 중심 밖에 놓이게 되며, 사물의 실용적 성능·과학적 가치 등의 방면의 특성은 홀시된다. 운동선수의 심리거리는 일반 관중들과 다르다. 운동선수들이 사물을 인식하는 어떤 순간에 우선 그들의 주의를 불러일으키는 것은 심미방면의 특성이 아니라 실용성이다. 실용이 주의注意의 중심에 처해 있게 되고, 다른 것은 주의의 가장자리 혹은 그밖의 것에 처하게 된다.

대부분의 운동선수들은 경기장에서 정신을 가다듬고 좋은 성적을 얻기 위하여 노력한다. 그리하여 실용적인 방면에서 적당한 심리거리가 산생되지만, 심미방면에서는 이와 반대로 된다. 속도·거리·계량 등의 종목에서는 더 말할 것도 없지만, 평점류(평분류)의 종목에서는 이렇게 하면 성적에 영향을 주게 된다. 난이도가 높은 기술동작을 완성하는 데 모든 정신을 집중하기 때문에 긴장감이 형성되지만, 오히려 조화로운 완미한 경지에는 도달할 수 없다. 그러므로 채점류 종목의 운동선수들은 반드시 의식적·무의식적으로 적당하게 심리거리를 조절할 수 있어야 하는데, 이는 심판의 평가에 심미의식이 반영되기 때문이다.

　2)미美의 표현능력을 제고해야 한다.

　미를 표현하려면 반드시 아름다운 형체形體가 있어야 한다. 이 방면에서는 중국의 채점제 종목이 비교적 잘 되어 있다. 예컨대 체조의 노장 곽가우郭可愚는 다년간의 연구와 실천을 통하여 《형체미의 훈련》이라는 책을 써냈는데, 이는 형체미形體美를 탐구하는 양호한 시작이라 할 수 있다. 그는 『무엇 때문에 중국에서는 몇몇의 운동선수들만이 형체미 문제를 비교적 잘 처리하고 있는가. 그리고 일부 국가의 운동선수들은 형체미 면에서 보편적으로 비교적 아름다워 사람들의 기분을 상쾌하게 하며, 예술적인 향수와 무궁한 음미에 잠기게 한다. 그들은 경기장에 출입하는 걸음걸이며 물건을 줍거나 심판원과 관중 들에게 감사의 뜻을 표시하는 등등의 자세까지도 매우 아름답다. 하지만 중국 사람들의 동작은 거칠고 속된 느낌을 준다. 이런 습관의 형성은 반드시 훈련방법과 훈련요구에 관계될 것이다. 이것은 필자로 하여금 의식적으로 여러 가지 아름다운 동작의 형체적 특징을 주의하게 하였으며, 일부 법칙들을 총화할 것을 결심하게 했다』라고 하였다. 그가 창조한 형체미의 훈련방법은 바로 심미의식의 물태화物態化이다. 훈련에서 이러한 방법을 실시하는 것이 바로 미육을 진행하는 것이다.

　비록 중국의 체조선수들이 형체미훈련을 진행하였지만, 동작의 난이도가 높고 미감의 차이가 심한 문제는 철저히 해결하지 못하고 있다. 특히 여자 마루운동에서 동작의 난이도는 누구보다도 높지만 음악감·운율감·리듬감이 뒤떨어지고 동작과 잘 조화되지 못하여 금메달을 남에게 빼앗기고 말았다. 이것은 단일한 형체미훈련만이 아니라, 반드시 형체미와 신체소질간의 관계를 바로 알고, 어떻게 하면 체력을 증강시키고 형체를 더욱 아름답게 할 수 있는가를 연구하며, 또한 음악·미술도 감상하고 현대무용을 하는 등 전면적인 심미교육을 진행하여 미의 표현능력을 높여야 한다는 것을 설명한다.

체육은 심미의 감지능력을 배양하는 데 유익하다.

미의 판단감별능력과 표현의 창조능력은 모두 체육활동의 독특한 형상성·정감성과 갈라놓을 수 없다. 표현력은 경험을 어떤 형상에 부여하여 마음 속의 다른 어떤 형상을 환기시키는 능력이다. 운동경험은 표현력을 발전시키는 데 도움이 되며, 표현력으로 하여금 심미적 가치를 가지게 한다. 건강하고 아름다운 형체가 있어야 할 뿐만 아니라, 또 그것을 표현할 수 있어야 한다.

중국에서 열린 역기의 〈장사컵〉대회를 보면, 많은 선수들이 건강하고 아름다운 몸매와 발달된 근육을 가지고 있으나 자유동작에서 자기의 우세를 발휘하지 못하므로 결과적으로 아름다운 신체도 소용이 없게 되고, 손과 발이 경직되어 그 성적을 가히 짐작할 수 있게 하였다. 따라서 체조·곡예·피겨 스케이팅·수중발레 등의 경기종목에서는 마땅히 표현력을 제고하는 것을 훈련계획의 한 부분으로 삼아야 한다.

3) 훈련방법과 결합시켜야 한다.

운동훈련에서의 미육은 운동기술을 습득하는 것과 결합시킬 수 있다. 예컨대 운동기교는 고도의 안정성·정확성과 효율이 높은 연습을 통하여 숙달된다. 운동기교는 후천적으로 습득하는 것으로서 대뇌피질에 어떤 일시적인 연계가 형성된 후에 숙달된다. 연령이 적을수록, 반복횟수가 많을수록 이런 연계는 더욱 공고해진다. 의심할 바 없이 운동선수의 동태적형상動態的形象의 아름다움 여부는 운동기교의 학습과 매우 밀접한 관계를 가지고 있다.

그리고 또한 운동선수의 동작의 형성은 자극의 요소 위에서 이루어진다. 신체운동의 발생은 복잡한 것으로 대량의 외부와 주체감수主體感受의 정보가 있어야 하며, 신경피질이 집중하는 질량에 의하여 결정된다. 따라서 의지意志적인 운동이 있을 뿐만 아니라 유전적 반응능력도 있다. 심미대상에 대한 미감의 산생은 정확한 동작의 형성에 유리하다. 심미대상은 구체적이고 형상적이며 생동적이고 풍부한 감화력을 가지고 있는 것으로, 운동선수들이 동작을 빨리 숙달하는 데 도움이 될 수 있다.

고정된 격식의 동작을 기초로 하는 전통적인 훈련방법은, 국외에서 이미 규탄을 받은 바 있다. 교육·훈련과 동작의 개진을 위하여 어떤 간단한 방식으로 다른 복잡한 운동을 계발하고 해석하여 풍부한 미감을 지닌 연기가 되게 하였는데, 이를 모방운동(Mimed movement)이라 칭하였다. 〈정신조작학精神操作學〉과 〈정신운동학精神運動學〉은 훈련방법에서 대변혁을 진행하여 훈련으로 하여금 더욱더 개인체험의 성질을 가지게 하였는데, 강렬한 흥취를 불러일으켜 현저한 효과를 거두었다.

건강한 심미의식은 사람들을 진眞·선善·미美의 길을 다라 전진하도록 지도할 수 있으며, 그것은 어떤 과학이론으로도 대체할 수 없는 교육적인 역량을 가지고 있는 정신문명건설에서 없어서는 안 될 의식형식이다. 우리는 운동훈련에서 반드시 미에 대한 감수능력과 표현능력을 배양하는 데 주의를 기울여야 하며, 뒤떨어진 훈련방법을 개혁하여 더욱 큰 효익을 거두어야 한다.

<hr>

<h2 style="text-align:center">예술수양의 제고</h2>

<hr>

훈련에서 미육을 실시함에 있어서 우선 코치들의 미학적 수양을 제고시켜야 한다. 이전에 우리는 예술성이 비교적 강한 경기종목에서 운동선수들의 예술수양을 제고시키고 운동성적을 높이기 위하여, 반드시 일부 음악교사나 무용교사 들을 초청하여 보충강의를 해야만 했다. 예를 들면 마루운동·리듬체조·곡예·피겨 스케이팅·수중발레 종목에는 모두가 많은 현대 무용동작들이 있는데, 훈련시에 무용교사를 초청하여 지도를 받고 동작을 구성할 때 첨가하였으나, 일부 음악과 배합하는 종목들은 심지어 교사도 청하지 않고 아무렇게나 음악을 선택하는게 그 효과는 당연히 좋을 수가 없다.

음악교사나 무용교사는 비록 그들의 전공에 익숙하지만 자기의 익숙한 예술을 운동종목과 유기적으로 결합시키는 것은, 결국에는 그들의 임무가 아니다. 그러므로 반드시 우리의 지도자들이 미학을 배우고 예술을 배워서 효과적으로 미육을 실시하여야 한다. 이렇게 하여야만이 사지四肢가 발달하고 풍부한 정감과 총명한 재질을 가진 우수한 선수를 배양할 수 있다.

체육은 일종의 문화적 형태로서 체육에 종사하는 사람은 반드시 일정한 문화적 소양을 갖추고 있어야 한다. 우리는 우수한 운동선수들이 원대한 이상·조예 깊은 기술·양호한 신체소질·필요한 과학지식을 소유할 것을 요구할 뿐만 아니라, 또한 일정한 예술적 수양을 구비하여 미의 법칙으로 세계를 개조하는 능력을 배양할 것을 요구한다. 반드시 예술교육과 결합하여 예술의 대문을 활짝 열어, 그들로 하여금 소설·시가·산문·희곡·가무·영화·잡기·회화·조소 등의 문학예술을 많이 접촉하고 감상하여 애착을 갖게 해서 그들의 심미능력을 배양하고, 문화와 문명에 밝은 비교적 높은 예술수양을 가진 체육계의 건아로 성숙시켜야 한다. 이러한 운동선수들이 있어야만 체육이 정신문명건설에서 그 역할을 다할 수 있다. 또한 운동선수들에게 과분한 물질적 장려는 삼가야 하며, 충분한 경비로써 그들에 대한 예술교육을 진행하여 그들에게 예술을 많이 접하고 감상하여 예술에 애착을 갖도록 해야 한다.

머리가 텅빈 과학문화지식과 예술수양이 결여된 운동선수는, 비록 걸출한 경기선수라 할지라도 결코 완전한 사람은 되지 못한다.

어떤 코치들은 운동선수들이 일체의 정력을 훈련에 집중하지 않는다면, 반드시 좋은 성적을 얻지 못한다고 생각한다. 그러나 사실이 증명하다시피 이런 걱정은 쓸데없는 것이다.

일찍이 1896년 그리스의 수도 아테네에서 열린 제1차 올림픽대회에서 영국 옥스퍼드 대학생 죠지 스트어트 로빈슨은 영국내의 해머던지기 1등의 자격으로 시합에 참가하려 하였으나, 당시 올림픽 종목에는 해머던지기가 없어서 포환던지기와 사격경기에 참가하여 4등과 6등의 성적을 올렸다. 또한 그는 여기에 만족하지 않았다.

올림픽대회 종목의 한 가지로 문예시합 종목이 있다는 소식을 듣고 그는 의연히 무대에 올랐는데, 뛰어난 재능으로 명망 높은 그리스인들을 전승하고 영국의 첫 금메달을 쟁취하였으므로 체육계에서 명성 높은 시가의 영수領袖가 되었다.

브라질의 이름난 세단뛰기 선수 아 다시르와는 다섯 차례나 세계기록을 돌파하였었고, 제15·16회 올림픽대회에서 연속으로 1등을 차지하였다. 그는 가무歌舞에 능하였으며 게다가 뛰어난 인기 영화배우였는데, 많은 나라의 관중들이 그의 뛰어난 연기에 매혹되었다. 그는 또 여러 차례 브라질의 법률학 전문가의 신분으로 국제학술세미나에 참석하여 과학연구에 종사하였다.

루마니아의 여자운동선수 리아 만노리오는, 제19회 올림픽대회 원반던지기 부분의 우승자이다. 그는 뛰어난 전기기사일 뿐만 아니라 여러 가지 외국어에 정통한 언어학자이다. 그가 각종 문자로 창작해낸 우수한 시가는 풍부하고 세련된 정감을 함축하고 있어 아름다운 미적향수를 준다.

중국체육계에도 예술을 사랑하는 세계적인 우승자들이 적지 않다. 체조선수 리닝(李寧)은 대나무를 화제로 한 동양화에 능하며, 통페이(童非)의 서예는 보통 수준을 넘어선다. 다이빙 선수 리쿵정(李孔政)의 영상작품은 그 예술의 경계가 심원하며 여자배구팀 선수들의 아름다운 노래소리는 사람들의 심금을 울린다.

경기수준의 끊임없는 제고와 함께 많은 운동선수들은 젊은 나이에 경기장을 물러나오고 있다. 기나긴 인생행로에서 예술수양은 그들에게 더욱 뜻깊은 생활을 가져다 줄 것이다. 전국적인 무술시합에서 좀 이름 있는 선수들은 거의 모두 요청을 받아 무협영화촬영에 참가하였는데, 그들이 예술적인 감화를 받았다고 할 수 있다. 그러나 풍기재馮驥才와 같은 농구선수로부터 《세계예술명인록》에 오른 이름난 작가는 오히려 극히 드물다.

더욱 뜻깊은 내일을 위하여 예술수양을 제고하는 것은 결코 헛된 일이 아닐 것이다.

심령미와 행위미의 배양

옛부터 운동선수들은 품덕이 고상해야 했다. 올림픽대회에 참가하는 운동선수는 반드시 형벌을 받은 적이 없는 사람이어야 하였다. 주최측의

이 규정은, 올림픽대회의 기나긴 역사에서 줄곧 중요한 원칙의 하나로 인정되어 왔다.

운동선수들이 선서를 할 때 발령관發令官은 관례대로 관중들 앞에서 선서하는 운동선수들에게 『당신들은 그리스인인가, 당신들의 품행은 단정한가, 죄를 범한 적이 있는가』라는 등의 질문들을 제기하였고, 운동선수들은 반드시 신상 앞에서 이 질문에 사실대로 대답해야 했다. 이런 엄격한 질문이 있은 뒤에 발령관은 또 전체 선수들을 운동장에 데리고 나가 『당신들은 이 선수들에게 다른 의견들이 없는가, 선수들 중에 죄인은 없는가』라는 등등의 질문을 관중들에게 제기한다. 이것은 선수들에 대한 요구가 아주 엄격했었다는 것을 설명한다.

실러는 다음과 같이 지적하였다. 『그리스인은 올림픽대회에서 힘·속도·재주 등 비유혈적인 시합과 고상한 경기에서만 즐거움을 느꼈으나, 로마인은 피살된 투사들 혹은 그들 리비아 적수들의 필사적인 격투에서 기쁨을 느낀다. 이 유일한 특징으로부터 무엇 때문에 우리들이 로마에서 비너스와 주노와 아폴로의 형상을 찾지 않고, 그리스에서 이러한 형상을 탐구하는가 하는 것을 알 수 있다. ……사람이 응당히 미와 함께 함은 다만 이 유희이고, 사람이 응당히 다만 이 미와 함께 유희한다.』 (《미육서간》 열다섯번째 편지)

이것은 운동경기에서의 미는 윤리도덕과 긴밀히 연결된다는 것을 표명한다. 현대적 용어로 바꾸자면, 이것이 바로 심령미와 행위미이다.

체육활동에서의 심령미와 행위미는 엄격하게 말하면 선善으로서, 도덕관념의 반영이며 윤리학의 연구범주에 속한다. 인간의 형상으로서의 사회미는 바로 그 내용을 위주로 한다. 심령미와 행위미 그리고 정신미·성격미·내재미 등은 모두 내용을, 즉 내재적인 품성·성격을 강조한다. 우리는 이것들을 사회적 미라 볼 수 있다. 이전의 사회적 미는 진보적인 이상으로서 사회발전의 법칙과 인류의 이익을 체현하였으며, 또 진眞과 선善도 내포하였다.

선善의 사상은 일정한 형식을 통하여 표현되어야만 미를 나타낼 수 있다. 심령미는 도덕수양의 표현으로서 숭고하고 아름다운 풍격으로 표출되면 사람들에게 미감을 주게 된다. 그러므로 체육활등에서의 심령미와 행위미는 서로 긴밀히 연결되어 있다. 운동선수는 시합에서 열정적이고 인내할 줄 알며, 적극적이고 감동적이며 정의적이고 분발적·정감적인 체험을 기초로 행위미를 표현하여야 한다.

사상품덕에 의한 교육의 미는, 교양을 관철하는 것으로 매우 중요하다. 스포츠활동은 경기시합과 서로 연계되어야 하며, 훈련과 시합에서 운동선수들이 양호한 미덕을 구비할 것을 요구하여 오만하며 난폭하고 조급하며 야만적이고 투기적인 불량한 사상품행을 방지하고, 용감하며 슬기롭고, 민첩하며 겸손하고, 근신하며 집단적인 우수한 사상작풍을 수립하여야만 한다. 우수한 운동선수라면 반드시 높은 문화적 소양과 문명도덕적 수양이 있는 사람이어야 한다.

훈련에서 코치와 선수들 사이의 화목한 관계는 심령미와 행위미를 표현할 수 있는데, 이는 미육에서 중요한 역할을 담당한다.

교사와 학생, 코치와 선수들 사이의 통일되고 화목하고 융합된 분위기는, 그들이 상호협조하고 사랑하고 협동하며 공동으로 노력하는 데서 찾아볼 수 있다.

교사와 학생, 코치와 선수들은 운동 중 그들의 관계에서 엄격한 조화와 통일을 요구하여야 할 뿐만 아니라, 서로간의 접촉에서 성실하고 온화하며 융합되고 화목한 관계를 유지하여야 한다. 이러한 접촉에서 교육받는 자들만이 양호한 배움의 상태와 훈련상태를 가질 수 있다. 이것도 역시 운동기술을 습득하는 기본적인 조건이다.

상부상조하는 가운데서도 미를 표현할 수 있다. 운동선수들의 기능과 기술을 제고하는 과정에서 어떤 목적을 달성하기 위하여 서로간에 심리와 체력방면의 협력을 진행하여야 한다. 사람들은 서로 상대방에게 도움을 주며, 상대방이 훈련 중에서 계속 노력하여야 할 문제를 제기한다. 이러한 진지하고 우호적이며 신뢰로 가득찬 사람과 사람 사이의 관계를 반영하는 미는 귀중히 여겨야 할 사회적인 미이다.

사회로 향한 미육美育

체육을 미육과 결합시키는 것은 전사회에 체육활동을 보급시키는 데 유익하다. 금세기 초에 『항주 여성청년회에서 국술組國術組를 조직하여 바르지 못한 자세를 교정하고 건강미를 제창하였는데, 많은 사람들이 앞다투어 참가하였다.』(《女青年月刊》第13卷, 10期) 어떤 사람들은 『고대 그리스에서 여자는 반드시 체조에 능해야 하며, 체조 외에 음악도 겸하여 배워야 했다. 체조는 신체를 강하게 하고 음악은 뜻을 고르게 한다. 그리스의 조각에는 나체미인상들이 많은데, 이들은 모두 풍만하고 아리땁다. ……학교에서는 고대의 나체미인상을 놓고 학생들에게 관찰하게 하여 어떤 부분이 미인의 자태와 같지 않는가를 발견하게 하여 그 부분의 연습을 진행하게 한다. ……일정한 정도의 연습을 거쳐 모두 미인으로 변한다』(중국체조학교 《체육잡지》 제1기, 1914년 3월)라고 대대적으로 선전하였다. 물론 이런 간단한 방법이 장구한 효과를 얻을 수는 없다. 그러나 체육의 미로 체육활동의 전개를 촉진하는 것은, 의연히 우리들이 체육선전활동에서 반드시 거울로 삼아야 할 경험의 하나가 될 것이다.

신체오락을 통한 미육의 진행

시대의 발전에 따라 대중적인 체육활동(또는 사회체육이라고도 함)은 더욱더 체육의 오락적 특성을 두드러지게 하였다. 체육이 사회에로 방향을 돌려 미육을 진행함에 있어서는 반드시 오락활동과 결합하여 그 작용을 발휘하여야 한다.

신체오락(Physical recreation)은 또한 체육오락 혹은 휴한체육休閑體育·여가체육餘暇體育·한가체육閑暇體育이라 하며, 중국의 민간에서는 유희라고도 하는데 주로 여가에 문화생활을 풍부하게 하기 위하여 종사하는 오락성 체육활동을 가리킨다. 사람들에게는 한가할 때 가볍고 유쾌한 활동을 하여 번망한 직장일로 인한 긴장된 정서를 푸는 작업이 필요하다. 오락체육은 바로 이러한 적극적인 휴식방식이다. 그 내용으로서 무용·낚시·사냥·등산·물놀이·산책·여행·당구 등등이 포함된다. 그외에도 체육과 관련되는 문화오락활동, 예를 들면 주패主牌(트럼프의 일종)·장기·체육화보·체육영화·체육신문·운동스타의 일화·체육시합 등을 관상하는 것이 필요하다.

중국 고대의 일부 오락성이 아주 강한 신체활동은 비교적 많은 미육성분을 가지고 있다. 서주西周 때에 성황을 이루었던 〈사례射禮〉활동이 그 예이다. 이 경기는 두 단계로 진행된다. 첫단계에서는 과녁을 맞힌 화살의 많고 적음에 따라 성적을 계산한다. 두번째 단계는 활을 쏘는 사람이 음악의 가락에 맞춰 시위를 당기고 화살을 메우면서 앞뒤로 빙빙 돌며 활쏘기와 음악소리가 어우러지게 한다. 마지막에 활춤을 추는데 전반적인 사례활동이 음악과 무용의 유쾌한 분위기를 이루게 한다.

또 당唐·송宋 시기에 성행했던 마구馬球도 열렬하고 경쾌한 〈구자악龜玆樂〉 반주를 사용하는데, 황제가 왕림할 때에는 또 〈양주곡涼州曲〉을 연주하여 환영을 표시했다.

고대에는 체육활동에 참가함에 있어서 지위의 높고 낮음과 신분의 귀천에 따른 구분이 있었다. 호메로스의 서사시敍事詩 《일리아스》와 《오딧세이》에서 오직 왕족이나 귀족들만이 경기에 참가할 수 있었으며, 당대當代의 마구馬球는 제왕帝王이 몹시 즐겼는데 많은 평민들은 경기장에 들어갈 수 없었다. 중세기에 유럽에 유행되던 〈기사경기騎士競技〉는 화려한 제전경기祭典競技로 귀족들만이 참가할 수 있었다. 공업생산이 크게 발달한 오늘날에는 여가의 증대에 따라 체육활동이 소수인들의 울타리에서 벗어나 전사회화되었다.

신체오락활동의 전개는 경제의 발전과 불가분의 관계에 있다. 《예기禮記·악기樂記》에 이르기를 『백성들을 힘들게 다스리는 자는 악무樂舞에 참여하는 사람들의 수가 적고, 백성을 편안하게 다스리면 악무에 참여하는 사람들의 수도 상대적으로 많아지게 마련이다. 그러므로 악무에 참여하는 사람들의 수로 그 사람의 덕이 어떠한지를 알 수 있다 其治民勞者, 其舞行綴遠, 其治民逸者, 其舞行綴短. 故觀其舞, 知其德』라고 하였다. 여기서도 알 수 있다시피 산업이 발전하고 생활이 부유하면 오락에 참가하는 사람도 많다. 경제발전은 이렇듯 오락활동에 필요한 여가를 제공하여 주었다.

여가餘暇는 여유시간을 말한다. 한 개인에게 있어서 과학적으로 시간을 이용한다는 것은 주로 여가시간을 과학적으로 이용한다는 것을 가리킨다. 여가시간에 무익한 활동, 예를 들면 술을 마시고 주정을 하며 도박을 하는 따위는 모두 시간을 낭비하는 것이다. 이러한 시간낭비를 줄이기 위해서는, 개인의 심신 건강을 촉진시키며 고상한 취미를 배양하는 데 여가시간을 증가시켜야 한다. 체육활동은 사회발전과 개인의 진보에 유익한 것으로 더욱 많은 여가를 활용하는 데 사용할 수 있다.

국외에서는 이미 〈여가과학〉에 관한 연구가 진행되었는데, 그 중요한 주의력을 〈신체오락〉에 두어 체육활동과 잘 결합시켜 사람들로 하여금 상쾌하고 가벼운 기분 속에서 신체단련을 하게 하고 있다. 예컨대 독일의 베를린 체육휴식센터는 게(螃蟹) 모양의 현대건축으로서 붉은색·황색·남색의 강철틀에 반짝반짝 빛나는 유리를 박아넣었으며, 노천수영장 외에 실내에도 수영·다이빙·인공물결·보건·안마·아동수영 등 여섯 개의 인공못이 있으며, 그 중 인공물결은 바다의 파도를 그대로 모방하였기에 가장 환영을 받고 있다. 그외에 또 롤러 스케이트장·볼링 경기장·체조실·농구장·배구장·양호실·오락실·회화실·일광욕실·음식점 및 미용실 등의 서비스시설이 구비되어, 매일 2만여 명의 사람들이 여기에 와서 여가시간을 보내고 있다.

사람들은 상쾌한 기분으로 각종 체육활동과 오락활동에 참가할 때 체육교육과 운동훈련에서의 엄격한 규정의 제한을 받지 않으며, 높은 수준의 운동성적도 요구하지 않는다. 심지어 어떤 사람들은 체육의 병을 치료하고 신체를 건강하게 하는 작용을 우선으로 여기지 않으며, 체육활동을 일종의 재미있는 활동형식으로 여겨 자기의 여가를 즐겁게 보내며, 개인의 육체 또는 정신적인 휴식 또는 향수를 얻는다.

정서의 감화로 미육을 진행

체육운동은 방관자들로 하여금 미의 감화와 영향을 받게 한다. 따라서 운동자 자신이 미를 감수할 수도 있다.

물질문화생활의 보편적인 제고와 함께 건강을 증진시키고, 자기의 신체소질과 체형의 심미적 수요를 증진하기 위하여 사람들은 날마다 자각적으로 체육단련을 진행하고 있다. 오늘날 특히 국외의 많은 사람들은, 체형이 호리호리하고 탄력성이 있는 것을 아름다운 것으로 간주하여 장거리달리기로 지방을 감소시키는 운동이 성행하고 있다. 운동을 일상적으로 하는 사람들은 다음과 같은 체험이 있었을 것이다. 아침 일찍 신선한 공기를 마시며 서서히 떠오르는 붉은 해를 맞이하며 약간 땀에 젖은 팔다리를 쭉 펼 때, 마음 속에서 말할 수 없는 상쾌함과 유쾌함이 샘솟게 된다. 이것이 신진대사이며 낡은 것을 버리고 새것을 받아들이는 정신적 향수이다.

운동선수는 자기의 독특한 풍모를 가지고 있는데, 이것은 생리·심리상의 방면 외에 외재적인 행동거지에도 나타난다. 대범한 자태, 드높은 기상, 적절한 의상, 생기발랄함이 얼굴에 확 스쳐온다. 운동에는 품성의 도야, 의향의 인도, 지향의 계발이 있다. 운동은 청춘의 화신이며 미의 상징이다.

여기에서 반드시 설명해야 할 것은 오락에서 얻은 쾌감이 모두 미감은 아니라는 사실이다. 한 마리의 고기를 낚았을 때, 바스켓에 볼을 넣었을 때, 강을 헤엄쳐 건넜을 때 모두 쾌감을 얻을 수 있다. 그러나 대부분은 생리상에서 상쾌함을 느끼는 것으로 강렬한 공리성功利性을 띠고 있으니, 심미적인 오락과는 같지 않다. 유희와 경기는 모두 오락의 요소를 표현하고 있으며, 모두 상쾌한 감수를 받게 된다. 유희에 참가하여 유쾌하고 즐거운 정서를 얻을 수 있으며, 유희가 한층 높은 경기로 발전하여 경쟁중에서 상대방을 전승하여도 유쾌한 감을 가지게 된다. 경기자뿐만 아니라 더욱 많은 경기관람자들도 오락에 참가한다. 직접적인 공리성功利性을 가진 생리상의 쾌감 외에 레크리에이션에 참가하는 자나 경기자 및 관중 들은 모두 오락에서 미감을 얻을 수 있다.

예술가들이 신체오락활동에 참가한 후 창작한 체육을 제재題材로 한 문예작품들은 더 많은 사람들에게 미육을 진행할 수 있으며, 더욱 많은 사회구성원들이 오락 중에서도 예술적인 미를 감수할 수 있게 한다. 이것은 체육이 사회를 향하여 미육을 진행하는 하나의 고급스런 절차이다.

심미교육은 교육을 오락에 결합시키는데, 그 특징은 은연중에 정감의 감화를 통해 목적을 달성하는 것이다. 신체오락활동은 생기발랄한 선명한 심미대상을 부여할 수 있으며, 정감의 표현과 변화를 야기시켜 사람들의 심미능력을 제고할 수 있다. 건강한 신체는 오락 가운데 있는데, 그것으로 하여금 고상한 심미이상과 결합하게 하여 평생을 동행하는 흥취와 애호가 되게 한다.

인류의 대부분의 체육운동종목들은 노동이나 군사와 생활기능에서 비롯되었으며, 또 일부는 오락활동에서 진화되어왔다. 근대에 와서 체력노동의 감소에 따라 오락활동의 내용이 날로 풍부해지는 추세가 분명히 드러나고 있는데, 썰매·서핑·무도회·승마술 등의 활동은 모두 유희무용의 원형을 보여준다. 그밖에 각나라의 민간체육활동, 민족형식의 체육활동에는 모두 많은 오락적 요소가 있어서 사람들의 정감수요를 충족시키기에 부족함이 없을 정도이다.

경기활동에서도 반드시 오락적 요소를 고려해야 한다. 만약 우승을 쟁취하기 위하여 수단을 가리지 않는다면, 오락성을 파괴하게 되어 문화적 가치가 저하될 것이다. 반대로 승부를 추구하지 않고 규율성이 약한 유희는 긴박감이 없기 때문에 오락성을 잃게 되어 사람들로 하여금 체육활동에 참가하는 취미를 격감시킨다. 그러므로 반드시 경기와 오락을 유기적으로 결합시켜 그 감화력을 증강시켜야 하며, 더욱더 사람들의 신체와 정신방면의 향수의 수요를 만족시켜야 한다.

제7기 국제대중체육회의 자료에 의하면, 국외대중체육발전의 새로운 동향에 직면하게 된다. 이 새로운 동향이란, 장거리달리기를 위주로 한 내용과 형식이 비교적 간단한 활동으로부터 내용이 풍부하고 다채로우며 체육성과 유희성이 있는 〈체육절體育節〉 방향으로 발전하고 있는 것을 말한다. 그들은 이런 활동들이야말로 체육활동을 유희 속에 결합시키고, 또 사람들 사이의 접촉을 증강시킬 수 있으므로 더욱 큰 흡인력을 가지고 있다고 인정한다. 유쾌한 정서의 상호교류와 감화는 심미향수의 발전에 도움이 된다.

　몇 년 전만 해도 국외에서는 장거리달리기로 몸을 단련하는 운동이 성행했었는데, 지금은 에어로빅 댄스 같은 가볍고 경쾌한 운동들이 세계를 휩쓸고 있다. 우리들이 몇십 년 동안 줄곧 신체단련이 사람의 체력을 증강시킨다는 것을 강조하여 왔지만 큰 효과를 보지 못하였다. 그것은 전통적인 신체활동은 어디까지나 경쾌하고 흥미있는 활동이 아니었으므로, 입에 쓴 양약과 마찬가지로 사람들이 맛보기를 싫어하였기 때문이다. 그러나 지금의 신체단련방법은 이미 예술화되어 음악·무용·체조를 하나로 융합시켜 체육단련의 방식에 철저한 개혁을 가져왔다.

　자동화된 고급기술이 출현함에 따라 사람들의 하루하루 신체활동량이 크게 감소되었으며, 효율성이 높은 직장일과 가정생활은 또 정신상에 고도의 긴장을 가져왔으며, 일하는 시간의 단축은 또 많은 여가를 가져온다. 리듬이 경쾌한 음악 속에 오색찬란한 조명을 받으며 리듬에 맞추어 몸을 움직이고 흥분된 얼굴에 반짝이는 땀방울이 돋는 것은, 예전의 단조롭고 무미건조한 신체단련방식에 비하면 참으로 끝없는 즐거움이며, 신체를 단련할 수 있을 뿐만 아니라 정신상의 미의 향수도 얻게 된다. 에어로빅 댄스와 건강체조 외에 소련 여성들은 도 리듬체조를 가장 대중화된 단련형식으로 삼고 있으며, 호주 사람들은 수중발레를 즐긴다. 중국에서는 민족문화정신을 모은 무술운동이 갈수록 널리 퍼지고 있다. 앞으로 사람들은 더욱 많은 새로운 신체단련의 오락적 유희형식을 창조하게 될 것이며, 그들은 모두 체육과 미육의 결합의 산물일 것이다.

　　해변의 모래사장에서 화려한 수영복차림의 남녀들이 수면을 나는 갈매기와 함께 굽이치는 파도를 좇는다. 그들은 파도 사이를 오르내리면서 한 폭의 웅장하고도 아름다운 화면을 구성한다. 세계 서핑의 우승자였던 피터 델로는, 서핑의 미감은 대자연과의 조화造化이다. 따라서 사람의 용기와 역량을 이용해야 하고, 파도타기의 운율미韻律美는 운동선수의 소탈하고 시원한 동작이 파도의 자연스런 리듬에 융합되어 표현된다. 파도의 리듬 속에서 기복이 용솟음칠 때, 또한 변화다양한 자세로 파도를 탈 때야말로 파도의 악곡樂曲에 맞추어 디스코를 추는 것과 흡사하다.『서핑은 해상의 디스코다.』그것은 일종의 응집력을 가지고 있는 듯하여 사람들을 서로 접근하게 하는 사교방식의 하나이다, 라고 하였다.(《신체육》 1985년 제12기)

　　그렇지만 저명한 미래학가 앨빈 토플러는 판매량이 근 1천만 권에 달하는 《미래의 진동》이라는 책에서 서핑을 〈과다한 제2의 문화군〉에 속하는 것이라 칭하였다. 그는 다음과 같이 피력하였다.『사람들의 환영을 받는 심심풀이 · 여가애호 · 유희 · 오락방식의 수량은 계속해서 늘어나고 있다. 예컨대 서핑을 둘러싸고 발전된 독특한 제2의 문화는 적어도 일부 사람들에게는 여가활동이 모든 생활방식의 기초가 될 수 있어 서핑은 미래를 향한 하나의 이정표임을 표명한다. ……서핑의 애호가들은 그들이 서핑에 참가하였다는 사실을 자랑하기 위하여 무릎이나 발목의 상처자국 또는 부은 자리를 사람들에게 보여준다. 살을 검게 태워야 함은 물론이거니와 머리도 특별하게 빗어올려야 한다. 따라서 서핑 애호가들은 유희를 기초로 하는 제2의 문화군 중의 하나에 지나지 않는다. ……낙하산 애호가들은 라드 파크의 위대한 업적을 담론하기를 즐긴다. 그는 얼마 전에 낙하산이 없는 상황하에서 비행기에서 뛰어내려 허공에서 동료가 넘겨준 낙하산을 가지고 안전하게 착륙하였다. 낙하산 애호가들도 활공滑空애호가 · 잠수애호가 · 아편중독자 및 오토바이 선수들과 마찬가지로 자기들만의 좁은 세계를 가지고 있다. 그들은 각기 심심풀이

(소일)를 기초로 하는 것으로 어떤 기술설비를 둘러싸고 활동을 진행하는 제2의 문화를 대표하였다. 새로운 기술이 새로운 체육종목을 창조할 수 있으므로, 우리는 앞으로 계속해서 여러 가지 양식의 새로운 오락애호가들이 나타날 것이라고 예언할 수 있다.』(《미래의 진동》 제13장)

앨빈 토플러는 또 다음과 같은 예를 들었다. 어떤 한 젊은 전세버스 운전사는 월급은 아주 적었지만 말을 기르는데 정기적으로 동료들과 함께 말에 마구 메우기·말타기 각축전·사나운 말 길들이기와 긴장되고 격렬한 시합에 참가하였는데, 그가 받은 주요한 상이라면 단지 여러 차례 병원의 응급실을 방문하는 것이었다. 이것은 그 젊은이로 하여금 마술경기에서 상처를 입어 꿰맨 7백여 곳의 바늘자리를 사람들에게 자랑하게 하였다. 우리들이 이해하기 어려운 이 기수는 승마술에 결중하는 작은 단체에 속해 있는데, 이는 그 무슨 『히피·신학궤변파·비행접시광·잠수애호가, 특히 낙하산애호가·동성연애자·전자오락광·무위도식하는 자·보디빌딩애호가 등등과 마찬가지로 모두 현대사회 〈제2의 문화의 대폭발〉에서 신속히 출현한 것이다.』(《미래의 진동》 제13장)

이렇게 보면 군중들 속에서 자발적으로 참여된 신체오락활동에 대해 반드시 올바른 안내를 해야 한다. 만약 그 발전을 방임한다면, 어떤 것들은 모험으로 자극을 추구하는 수단으로 발전할 것이며(제4장의 운동종목의 분류 중 마지막 두 종류와 서로 관련이 있다) 어떤 것은 심신건강과 사회안정에 해로운 반문명적인 행위로 타락하게 될 것이다.

신체오락의 바람직한 발전을 지도하고 대중적인 체육활동에서 미육을 진행하는 것은 체육관계자들의 책임이다.

1967년 제네바에서 유희·오락·소견消遣에 관계되는 16개 국제조직이 좌담회를 열어 《소견헌장消遣憲章》을 토론하였으며, 1970년에 유럽오락위원회에 통과하였다. 이 헌장憲章은 유엔아동권리선언·세계인권선언 등의 문헌을 기초로 작성한 것으로 다섯 가지의 문자로 번역하였으며, 소견·오락의 정의와 사회작용에 대하여 설명하였다. 헌장은 전언에서 『소견하는 시간은 한 개인이 일을 완수하고 생활요구를 만족시킨 후 완전히 그 본인이 지배하는 시간을 가리킨다. 이 시간의 사용은 아주 중요한 것으로 소견과 오락은 현대 생활방식에서 사람들의 많은 요구를 만족시키기 위한 조건을 창조한다. 더욱 중요한 것은 신체의 휴식·경기·예술감상·과학과 대자연을 통하여 풍부한 생활을 하도록 가능성을 제공해 준다. 도시나 농촌이나 할 것 없이 소견은 모두 중요한 것이다. 소견은 사람들에게 기본재능을 불러일으키는 변화조건(의지·지식·책임감과 창조력의 자유로운 발전)을 제공해 준다. 소견하는 시간은 자유로운 시간이다. 그러나 이 시간에 사람들은 사람으로서 또는 사회의 성원으로서의 가치를 파악하고 있다.』『오락과 소견활동은 세계 여러 나라와 국민들간의 우호관계를 돈독히 하는 중요한 부분이다』라고 하였다.

마르크스주의는 인류의 오락과 여가시간은 객관적으로 존재하는 것을 승인하며, 이를 즐기는 사람들의 활동 역시 그들의 생활방식에 중요한 일면이며, 사회·경제·문화수준과 직접 연계되는 일부분이라고 인정한다. 사회·경제·문화수준의 제고는 두 개 방면의 적극적인 결과를 가져오는데, 하나는 사회적 생산품의 증가이고 다른 하나는 소견오락시간의 증가이다.『사회 전반에 걸쳐서 볼 때 자유로이 지배할 수 있는 시간을 창조하는 것은, 바로 과학·예술 등을 산생하는 시간을 창조하는 것이다.』여기에는 인류가 자기를 조화롭고 완미한 신체로 다듬는 데 필요한 시간도 포함된다.

인류의 소견오락활동은 경제기초의 제약을 받으며, 또한 사회제도의 제약을 받는다. 소견오락활동은 일종의 사회활동이며 단순한 생물활동이 아니다. 마르크스주의도 소견오락활동이 고상한 활동으로 발전하며 정신문명활동의 조성 부분이 될 것을 주장한다. 사회주의제도하에서 국민은 소견오락활동의 주인이다. 정부에서는 국민의 심신건강에 유익한 소견오락활동을 제창하며 국민의 소견오락능력, 즉 국민들의 감상·향수·창조능력의 제고를 사회정신문명을 발전시키는 데 없어서는 안 되는 일부분으로 간주하고 있다.

체육의 목적은 고상한 사상과 정서를 가진 새로운 모습의 인간을 육성하는 것이다. 체육미학은 체육의 오락방면에서의 요구에 관하여 대중에게 주의를 기울이며, 사람들의 체육활동에 대한 심미취향에 관심을 가져야 하고, 사람들의 고상한 정서와 훌륭한 품덕을 배양해야 하며, 체육활동의 예술성을 제고시키기 위하여 끊임없이 노력해야 한다.

Ⅷ

체육과 예술

체육과 예술의 연계 및 구별

예술은 심미의식이 대상화된 집중표현으로서 사람들의 미감을 강렬하게 불러일으켜 심미대상으로서 특수한 작용을 발휘하고 있다.

체육 역시 인류만이 가지고 있는 일종의 사회실천활동으로서, 사람들이 신체를 단련하고 운동기술 수준을 제고하며 문화생활을 풍부하게 하기 위한 일종의 교육과정이다.

예술과 체육은 기나긴 역사의 흐름 속에서 그 기원을 같이하고 있다. 문명시대에 들어온 후 다른 지류로 갈라졌지만, 미래를 향하는 오늘에 와서 또다시 융합의 추세를 보이고 있다.

체육의 발전과 예술

체육사와 예술사를 펼칠 때 우리는 약속이나 한 듯이 누구나 다 고대 그리스를 생각하게 된다.

고대 그리스의 올림픽경기를 돌이켜보면, 그것이 초기에 어떻게 예술과 혼연일체가 되었으며, 후에는 어떻게 예술을 배척하고 쇠망의 길로 향했는가, 1천여 년이 지난 오늘날은 어떻게 또 새로이 예술에 대한 융합을 생각하게 되는가를 알 수 있다.

경기활동은 매우 일찍이 생산노동의 영역을 떠난 독립적인 존재로서 사회문화와 교육방면에서 중대한 역할을 담당하였다. 고대 올림픽경기는 기원전 776년에 시작되어 1천여 년간 지속되다가 10세기경에 중단되었으나 기원 1896년에 다시 부활되었다. 인류사회의 각종 제도치고 올림픽경기처럼 이렇게 기나긴 역사를 지닌 것은 실로 드물 것이다.

고대 그리스에서는 역시 4년에 한 차례씩 올림픽경기를 개최하였는데,

경기장에서는 운동선수들의 다채로운 체육경기뿐만 아니라 시인·작가·
예술가 들의 멋진 연기와 경연도 볼 수 있었다. 예술경연의 우승자들도
체육경기에서의 우승자들과 마찬가지로 월계관을 수여받아 목에 걸 수
있었다. 고대 그리스의 시인·작가·예술가 들은 그들 자신의 탁월한
재능으로 우수한 운동선수를 찬송하는 문예작품을 창작하였는데, 그
중 적지 않은 작품들이 세계로 유전流傳되어 지금까지도 진품眞品으로
간주되고 있다. 호메로스는 그의 서사시敍事詩《일리아스》와《오딧세
이》에서 고대 올림픽경기 이전의 전차경주·힘겨루기·달리기·원반던지
기·표창던지기·복싱·양궁 등 경기활동의 열렬한 광경을 생생하게
묘사하였다. 그의 불후의 서사시는 고대 그리스의 사회생활과 풍치를
반영한 위대한 문예작품으로 간주되고 있을 뿐만 아니라, 고대 경기활동
의 발전과 올림픽경기의 기원을 탐구하는 고귀한 역사자료가 되고 있
다. 올림픽경기는 고대 그리스의 문화예술의 발전을 촉진시켰으며, 올림
픽경기가 개최된 황금시대에 풍부한 내용을 가진 고대 그리스의 미학사
상이 형성되었다.

고대의 올림픽은 체육경기대회였을 뿐만 아니라 열렬한 예술축제이기
도 하였다. 나무그늘 아래에서는 문예이론가들이 웅변을 토하고, 잔디
밭에서는 운동선수들의 춤과 노래가 그칠 줄 모른다. 청소년들은 운동선
수를 에워싸고 우승자의 희열을 함께 만끽하고, 조각가들은 발달된 근육
을 찾아다니며 창작준비에 바쁘다. 또 서정시인들은 조용한 오솔길을
거닐며 시상을 가다듬고, 많은 관객들은 드넓은 광장에 모여 희극과
비극의 연기를 감상하고 있다.

그러나 경기우승자들이 갈수록 많아지는 물질적 상품을 받으면서부터
금전의식이 경기장에 퍼지기 시작하였다. 따라서 경기는 즈업화의 기로
에 들어섬과 동시에 건강미와 심신의 조화발전을 추구하던 목적은 시간
이 지남에 따라 사라지고 말았다. 예술가들은 날마다 복잡허지는 경기전
문체제를 경원시하였고, 운동선수들은 단조로운 전문적인 종목의 훈련에
만 정력을 쏟아부었다. 로마제국의 직업운동조례의 반포는 숱한 산송장
과 같은 직업경기자들을 길러냈다. 직업경기자들은 하루종일 전심전력을

다하여 고된 훈련을 하였지만, 실제상에서 이미 사람들에게 관상을 주기 위한 노리개로 타락되고 만 것이다. 대분분의 국민들은 경기장에 나설 권리를 박탈당하고 충실한 관중으로 되는 수밖에 없었다. 고대 올림픽 우승자는 모든 세금과 부역을 면제받고 많은 특권을 누릴 수 있었으며, 노년에는 정부 당국에서 지급하는 양로금養老金으로 살아갔다. 저명한 역사학자이며 미학자인 크세노폰(Xenophon)은 이를 애석해하며 말하기를 『이런 운동선수들은 마치 유민游民들처럼 하루종일 운동 외에는 아무 일도 하지 않는다』라고 하였다. 체육경기에서 예술은 배제되고 그 대신 〈사지만 발달하고 두뇌가 단순한〉 야만적인 시대로 바뀌었다. 뒤이어 로마사람들의 피와 불로 얼룩진 전차는 고대 올림픽경기장을 짓밟았으며, 지진과 홍수는 방대한 경기장을 아무런 흔적도 없이 없애버렸다.

두말할 것도 없이 고대 올림픽경기가 예술화에서 직업화로 넘어갔다는 것은, 그것이 쇠락되어가는 하나의 표면적 현상일 따름이다. 고대 올림픽 경기의 쇠락은 정치·경제·종교 등의 여러 방면에 원인이 있다. 그러나 올림픽경기가 내리막길에 들어선 것은 예술과의 이탈이 그 뚜렷한 특징이 되고 있다. 고대 올림픽경기는 예술을 버리고 자신의 〈생태균형生態均衡〉을 파괴하여 끝내 비참한 패망의 말로를 걷게 된 것이다.

사람들은 이 뼈저린 역사적 교훈을 깊이 되새겨서 올림픽경기가 부활된 초기부터 예술의 문제에 주의를 돌렸다. 근대 올림픽경기의 창시자 쿠베르탱(Coubertin, Pierre de)은 예술·과학·운동은 평화와 우의를 구성하는 올림픽사상의 세 가지 요소라고 지적하였다. 제1회 근대 올림픽경기 후에 쿠베르탱은 국제올림픽위원회의 역할이 경기활동 범위를 훨씬 벗어났다고 인정하면서, 1906년에 프랑스 희극원에서 자문성격의 〈예술·과학·운동〉이라는 회의를 소집하여 〈예술과 과학으로 현대 올림픽의 형식과 방법을 발전시키는 문제에 대하여〉〈예술과 과학·운동을 결합시키는 문제에 대하여〉 등등을 토론하였다. 이것은 역사상 처음으로 회의형식으로써 체육과 예술의 관계를 연구한 것으로서, 다시금 예술의 위치를 정상의 궤도에 올려놓았으며 예술로 하여금 과학과 함께 운동경기의 수준과 가치의 제고를 위하여 그 역할을 다하게 하였다.

인류의 물질문명과 정신문명의 발전에 따라 올림픽경기는 개최될 때마다 새로운 수준에 도달하였다. 올림픽은 세계 각지 운동선수 개인의 체력·지혜·기교 및 건강미·풍모에 대한 검열일 뿐만 아니라 인류의 자신의 재능을 과시하는 성대한 대회이기도 하다. 그러므로 일정한 예술성과 심미가치를 갖출 것을 요구하는 것이다. 때문에 현대 올림픽은 열릴 때마다 상당한 규모의 예술전람회가 열리고, 연기가 진행되어 체육과 예술의 결합을 촉진시키고 있다. 많은 국가의 올림픽위원회에는 전문적인 예술위원회가 있어서 행적적인 수단으로 체육과 예술의 연계를 강화하여 양자가 서로 보완할 수 있도록 하고 있다. 일찍이 1912년 스웨덴의 스톡홀름에서 거행된 제5회 올림픽경기에는, 이미 체육을 주제로 한 조각·건축·회화·음악·문학 등의 문예작품 경시대회가 있었다. 제23회 올림픽경기 예술제에는 1천5백여 명의 예술가들이 수백만을 헤아리는 관중을 위하여 로스앤젤리스의 50여 지방에서 3백여 회에 걸쳐 연기종목을 공연하였는데, 판매된 입장권은 40여만 장에 달하였고 20여 개국에서 70여 개의 저명한 예술단체가 연기에 참석하였다. 그외에도 회화·조각 등의 예술작품의 전람회 및 영화·동화動畵 등 7개 소형 예술종목의 연기도 있었다. 성대한 올림픽경기대회에 세계 각지의 예술의 정화를 집중시켰기 때문에, 많은 예술애호가들도 체육애호가들과 함께 긴장되는 격렬한 연기를 관람하는 동시에 서정적인 예술의 전당에서 정신적 향수를 느낄 수 있었다.

올림픽의 흥망성쇠는, 예술을 떠난 체육은 완미하지 못함을 깨우쳐 주고 있다.

원시적 체육활동은 원시적 음악·무용·조각·회화·유희·종교와 밀접한 연계를 가지고 있었다. 최초의 예술은 미분화상태에 있었다. 말하자면 체조춤(Corroboris)은 부락간의 무용이었는데, 참석자가 많을 때는 4백 명까지 달했다. 평화조약을 체결할 때, 늦은 밤 달빛 아래에서 그들은 이런 춤을 추었다. 과일을 수확하는 계절이 왔을 때, 수렵에서 풍부하게 획득했을 때, 그리고 이와 비슷한 경우에 그들은 이런 춤을 추었다. 체조춤은 일반적으로 남녀가 함께 추었는데 잘 추는 사람들은 민첩한

용사와 같았다.(《플레하노프 미학논문집》 453쪽, 〈예술강연강령〉)

체육사와 예술사에서 볼 수 있는 바와 같이 원시사회의 체육은 맹아상태에서 미분화적 연계를 이루고 있었다. 그것들은 모두 생산활동 속에 동반되고 있었던 것이다. 인류가 야만적인 원시사회를 떠나 비교적 문명적인 노예사회에 진출한 후, 체육활동과 예술활동은 점차 노동생산 중에서 분리되어 나와 전문적인 사회활동형식이 되었다. 그러나 이 두 가지 활동은 그림자처럼 따라다니는 사이가 되고 말았다. 중국에서도 체육운동의 맹아는 여러 전통적인 예술과의 상호영향 속에서 자라났다. 당대唐代의 저명한 서예가 장욱張旭은 공손대낭公孫大娘의 검술을 보고 붓을 놀리는 도리를 깨우치게 되었다. 회화·조소·건축 등의 예술도 체육활동을 표현대상으로 삼았다. 오늘날까지도 우리는 돈황敦煌·용문龍門·천룡산天龍山·대족大足 등의 석굴과 화상석에서 살아 움직이는 듯한 각종 인체동작을 볼 수 있는데, 이런 것들은 사람들에게 건전한 미적향수를 안겨주고 있다.

현대 체육경기와 예술의 사회적 기능을 보면 모두 〈오락〉이라는 공통성을 가지고 있으며, 모두가 사람을 고무하고 교육하고 분발시키는 역할을 하고 있다. 또한 이 체육운동에는 대량의 예술미의 요소가 침투되어 있는데, 이런 것들은 운동으로 하여금 더욱 큰 흡인력을 갖게 함과 동시에 인간에게 미적감수를 주고 있는 것이다. 예술은 체육운동을 더욱 완미화하고 있다.

근대공업의 발전은 사회의 분업을 조성하였으며, 인류의 각종 활동도 고도로 분화시켰다. 근대체육은 흥기될 때 마치 더욱 큰 독립성을 위하여 예술활동과 더욱 멀어지는 것 같았다. 그러나 고도의 분화는 앞으로 더욱 고차원적인 종합을 가져올 것이다. 미학이 체육영역에 침투함에 따라 체육활동실천도 더욱더 예술을 중시하게 된 것이다.

현대체육은 날이 갈수록 여러 면에서 예술과 융합되는데, 특히 현대무용과 현대음악은 체조와 같은 경기종목에 많이 침투되고 있다. 예술과 체육의 고도의 결합, 각종 예술의 침투는 체육활동에 예술미를 부여해 놓았기 때문에 어떤 체육종목은 체육인지 예술인지조차도 분별하기 어렵게 되었다. 예술화된 일부 현대 운동종목들은 신체활동이 의거하는 물질의 재료가 다르기 때문에 그 어떤 예술형식보다도 더 높은 심미감수를 가져오고 있다. 예를 들면 아이스 댄싱의 아름다운 조령 같은 것이다. 비록 신체의 자세는 안정되었다 하더라도 스케이트 날을 디디고 있기 때문에 얼음 위를 나는 듯이 미끄러져 나가면서 끊임없이 앞으로 뻗어나가는 특출한 예술형상을 만드는데, 마치 소리·빛·색 가운데 떠다니는 구름과 같아 사람들에게 둥실둥실 떠다니고 싶은 독특한 심미감수를 준다. 수중발레 선수들이 물 속에서 두 다리를 이용하여 진행하는 여러 가지 연기는, 인체의 예술표현력이 더한층 새로운 경지에 이르렀음을 말해 주고 있다.

우리는 현실생활 속에서 심미대상물을 접촉하며 심미의식이 생겨났다. 이런 심미의식이 대상화된 것을 다시 체육실천에 반작용시켜, 특히 심미의식에 의거한 집중표현인 예술로써 체육의 발전을 촉진시켜야 한다.

날이 갈수록 다채로워지는 체육활동에서 인간의 심미수요는 상당히 중요한 것이다.『예술대상은 예술을 알고 감상할 수 있는 대중을 만들어낸다──다른 모든 생산품도 마찬가지이다.』(《마르크스·엥겔스 선집》제2권 95쪽) 이런 수요를 만족시키려고 인류는 수천 년 동안 대규모의 예술의 보고를 창건하였다.

체육의 예술화는 미학을 필요로 한다. 체육미학의 정립은 체육의 예술화과정을 지도하여 올바른 방향으로 발전시키기 위한 것이다.

예술화된 체육은 체력을 증강시킬 뿐만 아니라, 감정상에서 인간의 정신세계를 풍부하게 한다. 체육은 교육적인 작용 외에 심미적인 작용도 한다. 이런 오락 속에 교육작용을 부여하는 훌륭한 방식은 특수한 미학효과를 일으키는데, 교육의 작용은 매우 많은 정도상에서 심미과정에 의뢰해서 완성되는 것이다. 시간의 흐름에 따라 이런 의뢰성도 갈수록 강해지고 있다. 현대의 체육활동은 점차 신체를 단련하고 건강을 증강시킨다는 협의적인 이해를 벗어나 필수적인 사회생활조건·정신면모와 문화수준의 반영으로 간주될 것이며, 사람들의 정신문화오락과 예술향수를 진행하는 중요한 조성 부분이 될 것이다.

예술화된 체육을 통하여 사람의 인식능력 · 창조능력 · 심미능력이 발전하게 될 것이며, 인류도 더 완미한 경지에 이르게 될 것이다.

체육미학의 연구는 체육과 예술을 연결하는 유대紐帶를 담당해야 하며, 이론상에서 지도작용을 발휘하여 체육활동의 예술성을 강화하므로써 예술이 체육발전에서 충분한 역할을 담당하도록 해야 한다.

체육과 예술의 구별

체육과 예술의 분명한 차이는 양자간의 목적이 서로 다르다는 데서 결정된다. 체육은 신체운동을 매개와 수단으로 하여 여러 가지 임무를 완성하고 목적을 달성할 수 있으며 약간의 기능을 발휘한다. 체육은 체력을 강화하고 운동기술 수준을 높이며, 도덕품성을 배양하고 정감을 조절하며 사회문화생활을 풍부하게 한다.

체육사업의 발전과 사회수요의 증대에 따라 체육은 더 많은 기능을 나타낼 수 있게 된다.

그러나 그것이 1백 가지의 목적이 있다 할지라도 주요한 목적은 단지 하나이며, 1백 가지의 임무가 있다 해도 주요 임무는 단지 하나이다. 또한 그것이 1백 가지의 기능이 있다 할지라도 주요 기능은 단지 하나이다. 그것이 바로 체력을 증강시킨다. 체력의 증강은 체육의 근본적인 목적이며, 전체적인 임무이며 주요한 기능이다.

체육과 예술의 본질적 차이는 바로 여기에 있는 것이다.

반드시 강조해야 할 것은 체육활동의 〈예술성〉을 높이고, 심지어 어떤 운동종목들은 〈예술화〉하여 예술적 매력을 갖게 하는 것도 결코 체육의 본질적 속성을 변화시킬 수는 없다는 것이다. 체육과 예술이 손잡는 것은 서로의 영양분을 섭취하여 서로를 촉진하면서 각자가 더욱 큰 발전을 가져오기 위한 것이기에, 체육이 아무리 고도로 〈예술화〉되었다 하더라도 체육은 여전히 체육인 것이다.

예를 들면 리듬체조에는 많은 무용동작과 음악반주가 있어 비록 그것이 아주 높은 심미가치와 예술적 매력을 가지고 있다 하더라도, 그것

자체는 무용으로 변할 수 없는 것이다. 왜냐하면 운동선수들의 연기목적은 가능한 한 높은 점수를 따내기 위한 것이며, 이 운동종목을 발전시키는 것은 결국 더욱 많은 사람들을 여러 가지 형식의 체육단련에 참가시키기 위한 것이기 때문이다.

아이스 댄싱 같은 경우에도 비록 〈예술인상점수〉가 있긴 하나, 동시에 〈기술수준점수〉도 같이 있는 것이다. 예술인상은 기술수준의 기초 위에 세워지며, 또 기술수준의 제약을 받는다. 예술미는 대부분이 음악반주와 무용동작에 의거하여 표현된다고 할 수 있다.

바꾸어 말하면, 무용에 아무리 많은 체조식의 기교동작이 들어가더라도 무용은 체조로 변할 수 없는 것이다. 그러나 일단 그것이 원칙을 위반하면, 그것은 무용이 될 수 없으며 예술적 형상이 결핍되어 생명력을 잃어버린다.

체육실천에서 심미활동은 늘 신체를 단련한다는 목적과 경기활동에 종속되며, 심미가치는 공리주의功利主義에 파묻히게 된다. 한 체조선수의 동작이 설사 아주 아름답다 하더라도 우리는 먼저 그가 얻은 점수에 관심을 돌리게 된다. 만약 체조선수를 그림으로 그렸다면, 우리는 그의 본연의 형상에서 아름다움을 찾는 데 흥미를 가질 것이다. 이것이 바로 현실미와 예술미의 차이인 것이다.

체육과 예술은 모두 아름다운 것이다. 그러나 체육활동에서의 미는 분산적이며 일시적이고 모호하기 때문에, 결코 예술작품 중에 나타나는 더욱 강렬하고 더욱 집중적이며 더욱 안정되고 더욱 이상적인 미를 대신할 수는 없다.

저명한 역사학자 주곡성主谷城 선생은 이렇게 지적하고 있다.『농구나 축구, 바둑이나 장기 등의 체육시합은 직접 생산작용이 없다는 점이 예술활동과 매우 유사하다. 그러나 체육활동 자체는 감정표현도 아니며, 반드시 사람들의 정감을 불러일으킬 수 있는 것도 아니다. 이것이 예술과 다른 점이다.』(《史學과 美學》 105쪽)

정감은 예술의 특성이다. 예술은 인간의 감정생활을 반영하는 것으로서 모든 예술품에는 인간의 감정이 스며들어 있다. 예술의 이러한 특징은 예술의 목적이나 임무를 체육과는 완전히 다르게 구분짓고 있다. 평분류(평점류)의 항목과 가장 유사한 무용을 예로 들어보자.

무용은 인체미를 표현해야 하는 것으로, 그것은 형체의 유동流動 중에서 동작·자태·표정을 통하여 미를 표현하는 예술이다. 신체의 움직임을 수단으로 한다는 점은 체육연기와 완전히 일치하지만, 그 목적은 서정을 표현하기 위한 것이다. 오랜 시간을 거쳐 체조·무술·잡기·무용 및 희곡의 동작에서는 많은 신체활동의 기교가 서로 침투되어 왔다. 이런 신체활동은 모두 인체 생리법칙의 제약을 받아야 했으며 운동생물역학의 원리에 따라 진행되어 왔으나, 체육종목은 기교를 표현하기 위한 것이었지만 예술은 정감을 표현하기 위한 것이었다.

체육이 비록 예술은 아니지만, 리듬체조·피겨 스케이팅 등의 많은 운동종목들이 사람을 끄는 예술적 매력을 지니고 있음은 아무도 부인할 수 없는 것이다. 물론 이런 예술적 매력은 대부분이 음악의 반주와 무용의 동작에서 나오는 것이다.

운동경기 중에 심미의식이 비교적 집중적으로 표현되는 평분류(평점류)의 종목을 〈아예술亞藝術〉 혹은 준예술准藝術이라는 비교성질을 띤 상대적 개념을 쓸 수 있다. 소위 〈아亞〉라는 것은 〈제2위〉나 〈비교적 제2등급의 것〉을 가리킨다. 〈아열대亞熱帶〉 등과 같이 〈준准〉은 〈준위准尉〉나 〈준장准將〉처럼 어떤 사물로 간주할 수 있는 것이다.

리듬체조·다이빙·수중발레·피겨 스케이팅 등의 종목은 엄격한 의미에서는 독립적인 예술로 보기 어렵다. 그러나 그 속에는 심미의식이 다분히 용해되어 있고 심미가치가 비교적 높기 때문에 예술품을 감상할 때와 같은 심미향수를 얻을 수 있다. 이 때문에 그것을 예술분류에 포함시킬 수 없다는 데 방해받지 않으면서도 예술로서 취급할 수 있는 〈아예술〉이나 〈준예술〉로 볼 수 있는 것이다. 이런 부류의 심미대상은 대중들의 깊은 사랑을 받으며, 사람들의 끊임없는 창조력의 발휘에 따라 계속적으로 생겨나고 있다. 패션쇼나 화초를 제재로 한 중국화 전람 같은 것들이 이런 류에 속한다. 그리고 사람들이 흔히 말하는 〈지도예술〉 〈교육예술〉 〈사교예술〉 〈요리예술〉의 부류는 잠시 〈범예술〉로 간주하기로 하자.

　소련 몰다비아공화국 키시네프 교육학원의 비치제는, 체육활동과 예술활동의 차이는 경기의 특징상에 중요하게 표현된다고 인정하고 있다. 경기활동은 경기성을 띤 활동으로서 운동선수들은 예정된 규칙을 준수하면서 상대방을 전승하여야 한다. 그러나 예술은 인간의 주관정서의 기록으로서, 예술가들은 자신의 정감을 특수한 의지의 지향을 통하여 예술형상으로 변화시켜 다른 사람에게 바쳐야 하는 것으로 예술가치를 산생한다. 이렇게 볼 때 운동선수들은 자신의 승리를 위하여 격렬한 경쟁을 통해 상대를 격파하지만, 예술가들은 예술형상을 다른 사람에게 이해시키기 위하여 자신을 희생시킨다. 그러므로 양자는 본질적으로 말하자면 완전히 반대의 활동인 것이다. 그러나 체육활동과 예술동작 속에는 모두 사람들간의 정감교류가 있고, 또 운동 중의 미감이 경기의 목적에서 오는 것이 아니기 때문에 양자간의 차이는 양자의 대립이 아닌 것이다. 따라서 예술과 체육의 차이도 결코 운동 중에 미가 없다는 의미는 아니다.(《운동과 심미활동》 제2장 제1절)

　소련 모스크바 중앙체육대학의 사라프는 다음과 같이 인정하고 있다. 비록 국제 축구연맹의 아비란제가 『축구는 일종의 예술이다』라고 말하였으며, 프랑스 학자들이 국제올림픽위원회 제10차 회의에서 『운동은 예술이다』라는 의견을 제출하였고, 또 어떤 사람이 일부분의 운동은 예술이나 다른 어떤 운동은 그렇지 않다고 인정했다 할지라도 체육활동과 예술은 본질적인 차이가 있는 것이다. 예술은 현실의 기초상에서 창조된 것이지만 『운동행위는 생동하는 수단과 전통적 형식으로 생활을 반영하는 것이 아니라, 그 자체가 곧 직접적인 현실인 것이다.』 『운동이 형상창조의 궤도를 따라 나아갈 때면 무용·발레·잡기가 되며, 기술만을 추구하는 방향으로 나아간다면 점차적으로 예술표현력을 상실하게 되는 것이다.』(《운동미학지도론》 제3장)

　체육활동의 직접적인 목적은 신체를 건강히 하고 운동기술을 높이며, 문화생활을 풍부히 하는 등의 공리성을 띠는 것들이다. 빈번히 진행되는 각종 경기활동 중에서 첫번째 목표는 좋은 성적을 얻는 것이다. 심지어

예술성이 아주 강한 종목에서도 미를 창조하는 것이 유일하고 직접적인 목적은 아니다.

예술창작은 전형화典型化의 원칙과 형상사유形象思維의 방법을 따라야 심미의식의 물질형태화物質形態化를 제일 중요한 임무로 삼을 수 있다. 그러나 체육활동이 비록 미의 법칙에 의거한다 할지라도 먼저 생물과학 법칙에 복종하여야 하며, 신체를 단련하고 경기를 진행시킨다는 목적을 따라야 되는 것이다.

예술과 체육은 모두 인류의 창조물이지만, 예술 속의 인간은 표현의 대상이 되며 예술품 속의 예술형상이 생활 속의 인간을 대신하게 된다. 체육활동에서는 생활 속의 인간이 표현의 주체가 되기에 일체의 모든 것이 생동하는 사람을 둘러싸고 있다. 미美는 일종의 현실미인 것이다.

예술가의 창작성과는 인류의 지혜가 응집된 예술형상이지만, 체육의 성과는 대부분이 건강과 신체운동의 기록이다.

체육과 예술 임무 중에서『인간의 문화생활을 풍부히 한다』는 점만은 공통된 것이다. 그러나 이 임무는 예술에서는 중요한 것이지만, 체육에서 는 그리 중요한 것이 아니다.

경기표현과 예술표현은 모두 관상오락성을 가지고 있다. 양자의 구별 은 예술미와 현실미의 차이에 있다. 예술표현은 일정한 사상과 내용을 가진 예술형상을 소조하여 예술미를 표현하나, 경기표현은 신체미와 운동미 및 기타 종합적인 미를 반영한 〈체육미〉로서 주로 현실미를 표현 한 것이다.

예술품 속에 나타나는 것은 각종 예술수단을 통해 창조된 형상이고, 가공을 거친 이상적인 〈인간〉이다. 그러나 체육경기의 관상에서 단지 경기장 위에서 분투하는 생동하는 사람만을 볼 수 있을 뿐이다.

체육은 일종의 사회현상으로서 예술을 창작하는 〈생활원천〉의 하나로 간주할 수 있다. 그러므로 예술에 있어서의 체육은 예술이 소재를 선택 하는 영역 중의 하나일 뿐이다. 그러나 오히려 예술에 힘입어 자신을 풍부하게 하고 발전시키므로써 가장 좋은 효과를 추구해야 한다. 그 중에서 어떤 예술종류에 대한 요구는 더욱 절박한 것이다. (예를 들면 체조의 음악과 무용에 대한 요구를 말한다.)

〈예藝〉와 〈기技〉는 고대에는 분화되지 않았지만, 오늘날에는 이미 분화되고 멀어졌으며 서로 생소한 것이 되었다. 체육과 예술 사이에 새로운 연계성이 성립되고 더 높은 층차에서의 부흥을 꾀하려면 반드시 양자간의 유대를 찾아내야 한다.

오늘날 체육활동 중의 미가 발견되고 창조되고 감상되면서 체육영역에서도 미학을 받아들여 새로운 연구를 하고 있다. 예술품이 표현한 예술미와 체육활동에 체현된 현실미現實美가 모두 미학연구의 대상이 된 것이다.

체육부문에서 볼 때 크게 발전될 앞날의 가능성이 내포되어 있는 미학이 체육과 예술을 연결하는 유대가 되고 있는 것이다.

체육과 각 예술 종류

  예술은 현실생활의 반영이다. 체육활동 중에 존재하는 대량의 현실미는 예술창작에 광범한 원천을 제공하여 주고 있다. 따라서 건축·무용·음악·조소·회화·희곡·문학·영화·텔리비젼·잡기의 열 개 방면에서 체육과 예술의 관계를 살펴보기로 하자.

체육과 건축

  옛부터 건축은 경기활동의 물질적인 조건이 되어 체육과의 연계가 가장 직접적인 예술 종류가 되고 있다.

  건축은 예로부터 〈응고된 음악〉으로 불리어지고 있는데, 그것은 건축이 음악과 같은 리듬감을 강조하기 때문이다. 이것은 건축의 예술성은 그 대부분이 각종 건축재료가 형식미形式美의 법칙에 부합되어 나타나는 운율감을 드러내고 있음을 설명하는 것이다.

  체육건축에 대해 언급하자면, 역시 고대 그리스까지 거슬러 올라가야 한다. 그리스 도시국가의 민주노예제와 사회풍모는 체육건축의 형성에 직접적인 영향을 미쳤다. 신체를 단련한 건강한 국민으로서 국가를 보위하기 위하여 항상 경기활동이 진행되었으므로 방대한 운동장과 경기장의 건축이 필요하게 되었다. 모든 그리스 경기의 중심지인 올림피아의 제우스(Zeus) 신전은 무수한 예술의 보고이다. 오늘날까지 남아있는 올림피아 경기장의 페허지에서 당시의 방대한 경기규모를 유추해낼 수 있다.

  체육건축은 건축예술의 수준을 가장 충분히 표현할 수 있다. 왜냐하면 체육건축은 실용성과 감상성이 결합된 것으로 설계시에 심미적 요구를 고려해야 하기 때문이다. 고대 종교건축의 예술성은 비교적 강하며, 유럽의 교회당과 아시아의 사찰은 대부분이 건축예술의 진품이다. 왜냐하면 그러한 종교건축물들은 인간의 정신생활과 연관되고 공리곡적적인 영향을 받지 않았기 때문이다. 현대의 체육건축, 특히 올림픽을 거행하는 건축물들은 모두 상당한 재력을 소모하고 있다. 그렇지단 실용주의의 속박에서 벗어나 일류 건축예술의 대가들에 의해 설계되기 때문에 아주 충분히 그 심미가치를 체현할 수 있다. 체육건축물은 운동장소일 뿐만 아니라 감상오락과 정신적 향수의 중요한 조성 부분으로서 인류의 지혜와 심미이상을 간접적으로 체현한다.

사용에 편리하다는 전제하에서 장식을 증가시키고, 조각이나 원림녹화園林綠化를 배치하여 좀더 아름답고 좀더 보기좋게 하는 것은 결코 쓸데없는 일이 아니다.

체육건축은 체육활동에 필요한 물질조건의 하나로서 사회생산 기술진보의 산물이며, 일정한 정도에서 체육사업의 발전규모와 수준을 대표하고 있다. 체육건축은 실용가치 외에 심미가치도 가지고 있다. 그것은 체육의 발전과 인류 생활환경의 미화에 중요한 작용을 하는 실용적 예술품이며, 예술발전의 결정인 것이다.

건축은 실용수요를 기초로 산생된 것이기 때문에 일반적 심미특성은 모두 실용기능의 제약을 받는다. 건축의 실용기능과 심미기능은 다른 대상 중에 각각 편중해 있다. 예를 들면 일반주택과 공장건축물은 실용기능이 주요한 것이고, 기념비나 정원원림庭院園林은 심미기능이 주요한 것이다. 체육건축은 실용기능과 심미기능의 사이에 있다.

건축의 심미특징은 주로 특수한 물질재료와 기술의 기초 위에 건립된 형체구조가 체현하는 조형의 미이다. 움직일 수 없는 고정적 특징이 건축의 특성이 되었기 때문에, 건축물과 주위환경과의 관계를 처리하는 것이 건축물의 심미속성을 구성하는 중요한 요소이다. 체육건축의 예술성을 높이려면, 반드시 주위환경과 상호배합되고 조화일치되어 혼연일체를 이루어야 한다.

조형이 아름답고 형식이 다양한 체육건축은 일반적으로 높고 웅대하고 넓어서 사람들에게 장엄하고 숭고한 미감을 준다. 체적·면적·색조·재료가 일반건축과 선명한 차별이 있기에 사람들의 이목을 유난히 끌고 있다. 일부 화려하고 조형이 독특한 체육건축물은 예술품으로 공인되고 있다. 일본의 요요기체육관, 독일의 뮌헨체육센터, 모스크바 올림픽회관, 파리의 체육관, 미국의 롤리체육관과 같은 것들이 그것이다.

오늘날의 체육관은 모두가 다기능의 특징을 가지고 있다. 체육관의 이용률을 높이기 위해 문예공연과 군중집회 등 다방면의 기능을 겸비하고 있다. 또한 관람석의 설치·장내의 음향·조명효과·자막 등의 방면에서 다기능을 위해 상당한 정도로 고려하고 있다. 이것은 건축 속에 체육시합과 문예공연을 하나로 융합하려는 구체적인 시행으로 장려할 만한 것이다.

체육과 무용

각종 예술 가운데에서 무용과 체육의 연계가 아마도 제일 긴밀할 것이다. 원시사회에서도 양자는 분화되지 않았으며, 지금까지도 이들은 서로 침투되고 있다.

무용과 체육활동은 모두가 생명의 활력이 넘치는 인체를 수단으로 삼고 있으며, 모두가 힘과 미로 이루어진 신체활동이 그들의 공통된 특징이다.

무용은 보통 예술무용과 생활무용으로 나누어진다. 예술무용은 인간 자신의 형체동작을 물질수단으로 삼아 신체의 운율있는 활동을 통하여 내심의 정감을 토론하는 예술형식이다. 그것은 서정표현에 적합한 것으로 인물과 사건의 전개를 직접적으로 반영하지 않으며, 주로 정감표현법칙에 따른다. 무대나 기타 연기에 적합한 장소에서 그것은 한 떨기 눈부신 예술의 꽃인 것이다. 생활 속의 무용, 연습할 때의 무용, 학교에서의 무용은 체육활동과 거의 구별이 없는 것이다. 인간의 풍속무용, 소수민족의 종교무용, 오락성의 사교무용, 체육시간의 단체무용 등등은 모두 이 분류에 속한다.

무용은 인체의 동작을 통하여 정감을 토로하고 음악과 배합하면 더욱 큰 미감을 준다. 그러나 반주가 없는 무용(일부 현대무용)은 그 자체가 역시 소리없는 음악이다.

체육경기는 무용연기와 일정한 구별이 있는 것으로서 자유적·독립적으로 미를 창조하는 과정이 아니다. 격렬한 대항 속에서 운동선수들은 좋은 성적을 쟁취하려는 현실적인 목적을 위해 분투해야 한다. 운동선수들의 목적은 직접적이고 현실적이지만, 경기에는 언제나 돌발적인 우연성이 따르는 것이다. 상황이 돌변하는 경기장에서 기술·전술의 조합운용이 변화무쌍하기 때문에 고정된 격식대로 경기가 진행되지 못하여 예상외의 결과가 생기는 것이 다반사이다. 예를 들어 두 팀이 두 게임의 경기를 한다면 많은 서로 다른 정채로운 장면이 나타날 수 있는 것이다. 코치와 선수들이 비록 사전에 작전을 세웠다 할지라도, 경기에 임했을 때는 오히려 예상 밖의 변화가 나타날 수 있는 이러한 정황은 체육활동의 하나의 특징이다.

그러나 무용의 창작과정은 상대적으로 자유로운 것이다. 무용은 먼저 연출이 자기의 외부세계에 대한 주관반영을 구상해야 하기 때문에, 어떠한 정감을 토로하는 예술형상을 소조한 후에 무용수의 재창조를 통하여 표현되는 것이다. 무용동작의 자태는 직접적인 현실목적이 없기 때문에 선명한 허구虛構와 과장을 띠게 된다. 무용은 연기시에 반드시 고정된 격식을 따라야 하며 마음대로 발휘해서는 안 된다. 이는 마치 영화를 방영하듯 그 결과를 변동시킬 수 없는 것이다. 그러므로 사람들은 이런 예술을 〈유감스러운 예술〉이라고 한다.

무용은 일반적으로 자연적인 동작이 아니라, 한 세대 한 세대의 창조·가공을 거쳐서 점차 완미화되어 독립적인 존재로 된 예술형식이다. 그렇지만 무용과 체육은 시종 상호간에 영향을 미치고 상호침투되어 왔다. 예를 들면 프랑스 자산계급 계몽운동의 자연주의 사조의 충격하에서 〈자연무용〉과 〈자연체조〉가 산생되었다. 전자는 현대무용으로 후자는 리듬체조로 발전되었다. 양자는 모두 신체의 자연적인 동작을 기초로 하고 있다. 1965년 독일 쾰른에서 진행된 국제여자체육연맹 제5차 회의에서, 현대무용의 창시자의 한 사람인 비그만을 초청하여 강연을 들었었다. 그때 중국민족무용의 하나인 〈검무劍舞〉에서도 무술에서 받은 영향을 충분히 찾아볼 수가 있었다.

우리는 민간무용과 민간체육이 융합된 사회현상에서(말하자면 중국의 사자춤·용춤·잡기·무술연기 등) 무용과 대중적인 체육활동은 상당한 정도의 오락성을 띠고 있음을 볼 수 있다. 인류 최초의 무용은 오락성을 띠는 것 외에도, 신체를 단련하고 체질을 튼튼히 하는 역할을 하고 있었다. 소수민족의 전통적인 명절 경축활동에서 무엇이 민족체육이고 무엇이 민족무용인지는 분간하기가 어렵다.

무용은 현대 운동경기에서 장식과 조절 두 가지 방면의 작용을 하고 있다.

체조·곡예·피겨 스케이팅 등 평점제를 하는 경기종목 가운데에서 무용동작은 예술성을 따지는 주요한 착안점이다. 기본동작이 요구에 부합되는 기초 위에서 아름다움의 요구에 부합되어야 하는데, 이것은 무용훈련에 의해 마련되는 것이다. 무용이 운동종목의 기본내용과 기본 기교에 있어서 장식·미화의 작용밖에 담당하지 못하여 종속적인 지위에 있지만, 그것을 가볍게 볼 수는 없는 것이다. 적당한 무용훈련은 운동선수들의 인체운동예술의 감상력과 형체예술의 표현력을 배양할 수 있다. 우리는 전문종목의 훈련과 무용훈련을 유기적인 정체로 보아야 하는데, 이렇게 하면 운동기술 수준의 제고에 유익할 것이다.

무용의 다른 하나의 작용은 운동리듬의 조절에서 표현되는 것이다. 전체동작의 첫머리와 끝, 절정과 절정의 사이, 다른 동작과를 무용동작으로 부드럽게 이어주고 조화롭게 넘어가도록 해야 한다. 동작을 구성할 때 긴장되고 격렬한 동작 뒤에는 느슨하면서도 아름답고 체력을 너무 많이 소모하지 않는 무용동작을 끼워넣어, 운동선수들로 하여금 호흡을 조절하고 체력을 회복하여 난이도가 높은 다음 동작을 완성하도록 해야 한다. 때문에 운동 중의 무용동작은 먼저 아름다워야 장식작용을 하게 되며, 그 다음에는 쉬워야 운동선수가 체력을 조절하는 데 도움이 되고 여러 동작을 연결할 수 있게 되는 것이다.

구미국가들과 비교할 때 중국의 예술교육은 비교적 뒤떨어져 있다.

많은 국가의 학교에서는 무용을 수업과정에 배치시켜 체육과정의 내용으로 가르치고 있으므로, 예술성이 높은 운동종목에서 그들의 심미의식면은 우세를 차지하고 있다. 중국의 운동선수들은 예술수양면에서 선천적으로 부족하다. 우수한 운동선수들이 전문훈련단에 들어오기 전에 무용훈련을 받지 못하여 단시기의 무용훈련으로서는 좋은 효과를 얻을 수 없는 것이다. 국제적인 경기에서 이 방면의 차이는 비교적 선명하다.

누구나 아는 바와 같이, 음악감과 음악적 소양이 없는 사람은 춤을 잘 출 수 없다. 마찬가지로 리듬감이 없는 사람은 〈응고된 음악〉이라 할 수 있는 건축을 감상할 수 없을 뿐만 아니라, 조소·회화·서법·희곡·문학 등에도 높은 수준의 감상력을 가질 수 없다. 때문에 예술교육은 전면적이고 다양하여야 하며 일찍부터 시작되어야 한다.

학교의 체육수업에서 학생들이 건강하고 아름다운 무돈을 감상하고 연습하도록 조직하는 것은, 신체의 민첩과 유인성을 촉건하게 되므로 동작을 조화롭게 하며 행동거지는 우아하게, 신체는 균형이 잡히고 민첩해지게 한다.

일반적인 운동훈련에서 무용연습을 적당하게 배치하면 긴장되고 단조로운 기분을 조절할 수 있고, 운동선수의 영민성을 제고하여 성적을 높이는 데 유리하다. 평분류(평점류)의 종목에서는 무용이 경기와 연기에 침투되어 있으므로 훈련시에 정식내용으로서 안배하여야 한다.

체육과 음악

인류문명사에서 음악은 예로부터 신체운동과 결합되었다. 원시적인 전례의식과 부족무용이 최초의 실례인 것이다.

기원전 396년에 열린 96회 고대 올림픽경기부터 구령전달과 피리불기도 정식 경기종목에 들어가게 되었다. 멀리뛰기 경기에도 플루트 반주가 있었다. 여기에서 볼 수 있듯이 체육과 음악은 이미 깊은 연관성을 가지고 있다.

위에서 말한 구령전달과 피리불기는 우렁찬 목소리와 큰 폐활량을 필요로 하였다. 기록에 의하면, 발레리아누스(Valerianus, Publius Licinius)는 연속 네 차례나 올림픽대회 구령전달 경기에서 우승을 차지하였다. 그외에도 피터크리토스는 올림픽과 이스터미아대회에서 수 차례나 피리불기에서 우승을 했다. 이로 인하여 영광스럽게 여섯 차례나 5종경기의 운동선수가 되어 피리반주를 했다. 사람들은 올림피아에서 이 비범한 피리선수의 조소를 만들어 대회에서 세운 그의 공헌을 기념하고 있다. 물론 헤라트루스는 그보다 훨씬 고명한 피리선수였는데, 그는 올림픽에서 열 차례나 우승을 차지했다.

전하는 바에 의하면, 활에서 숱한 악기들이 파생되었다고 한다. 원시사회의 수렵시기에서 활은 주로 노동에 사용되는 도구였다. 《오월춘추》의 기록에서 황제시대의 시가인 〈탄가彈歌〉에 이 원시적인 생산공구는 체육과 음악예술을 싹틔우고 있었다. 사람들은 한가할 때를 빌어 아이들에게 활쏘기 유희를 가르쳤는데, 이렇듯 엄격한 훈련은 습속이 되어 활이 신체단련의 운동기재가 된 것이다. 사람들은 부락 경축연회에서 활시위를 당기다가 줄의 장단과 팽팽하고 느슨한 정도에 따라 각기 귀에 듣기 좋은 소리가 나는 것을 느꼈고, 여기에서 중국의 거문고 및 서양의 하프 같은 악기가 생겨난 것이다.

음악은 시간상에서 유동하는 음향을 물질수단으로 삼아 인간의 심미감수를 표현한다. 이런 청각예술 또한 예술미를 체육영역으로 옮겨놓았다. 보건체조·매스게임·리듬체조·피겨 스케이팅·수중발레·곡예 등 운동종목의 반주 중에서 제일 먼저 사람들을 예술의 경지로 끌어올리는 것은 음악이다.

가지각색의 체육활동에 직면한 작곡가들은 다음과 같은 문제들을 해결하여야 한다. 어떻게 하면 음악을 완전하고 변화있는 신체동작형상과 결합시켜 조화로운 유기적 통일체를 이룰 것인가. 어떻게 하면 음악반주가 운동의 표현력을 증강시키고, 또 일련의 동작들을 조직하는 데 참여할 것인가. 실제상으로 음악과 무용의 배합에서 이미 무수한 양호한 본보기가 생겨났는데, 이는 음악가와 무용가 들이 장기간에 걸쳐 서로 협력한 결과이다.

당시 사회의 수요는 음악으로 하여금 더욱 많은 운동종목 중에 침투되어 음악의 심미적 교육작용을 충분히 발휘시키고 있다.

운동상의 필요를 위해서, 혹은 전적으로 체육을 위해서 창작되는 음악작품들이 갈수록 많아지고 있다. 이름난 명곡 《운동선수의 행진곡》은 오랜 세월 동안 계속 연주되고 있으며, 체육 이외의 대중집회(환영회·표창식·시상식)에서도 많이 연주되고 있다.

체육미학의 연구는 체육과 음악의 더 나은 결합을 위하여 찬란한 장래를 개척해 놓았다. 예를 들면 국제체조협회와 각국 체조협회는 이런 문제를 토론한 적이 있었다. 구체적으로 그것은 남자 실내연기종목과 여자 평균대동작에 음악을 조화시킬 수 없겠는가? 피아노 반주보다 더욱 이상적인 음악을 설계할 수 없겠는가? 또는 미학의 각도에서 고려할 때 이런 문제들의 해답은 긍정적일 것이다. 여자들의 동작에만 음악을 조화시키고 남자들의 동작에는 음악을 조화시키지 않는다는 것은 충분한 이유가 되지 않는다. 그리고 마루운동·리듬체조 같은 경우에는 피아노로 연주한 경기음악보다도 악곡이 풍부하고도 우미한 교향악을 사용하면 더욱 좋은 효과를 거둘 수 있을 것이다.

오랫동안 많은 체육전문가들은 음악이 모든 체육종목에 뚜렷한 효과가 있다고 인정하고 있다. 체육훈련에 음악을 조화시키면 운동선수들의 재미없고 단조로운 감각을 감소시키고, 대뇌피층의 흥분상태를 지속시켜 잠재력을 격발시키고 동작의 리듬 및 조화를 이루게 하여 좋은 운동성적을 거둘 수 있다. 지금 소련·일본 및 서방국가에서는 훈련에 음악을 조화시켜 피로를 제거하는 데 좋은 효과를 보고 있다. 경기 전에 각국의 운동선수들은 이어폰을 꽂고 음악을 들으면서 대기하고 있는데, 이렇게 하면 긴장감을 없애는 데 좋은 효과를 얻을 수 있기 때문이다.

시대의 발전에 따라 음악가들은 체육영역에 깊이있게 참여하여 운동을 위해 생명력이 풍부한 악곡을 더 많이 제공해야 하며, 미학가치를 지닌 아름다운 음악을 더 많이 창작하여야 한다.

  조소가 지닌 삼차원 공간의 실체성은 기타 예술들이 지니지 못한 특수한 속성이다. 조소는 거기에 쓰이는 물질재료의 특징으로 말미암아 촉각과 연관되는 질감質感과 양감量感을 연계시켜 심미의의를 지니게 되는 것이다. 조소미의 반영에서 촉각은 시각에 종속된다. 시각이 촉각적인 연상을 구성하는 것이다. 감상자가 서로 다른 각도와 서로 다른 거리에서 조소에 접근할 때 서로 다른 감수는 물론 심지어 대립적인 감수를 얻을 수 있다. 조소는 입체적이고 정지적이고 소리가 없으며 영구성이 있는 예술품이다.

  체육과 조소와의 연계를 말하자면, 우리는 또 고대 그리스로 거슬러 올라가야 한다. 고대 그리스의 체육미학사상은 조소 중에 두드러지게 표현되어 있다. 기원전 6세기 펠로폰네소스(Peloponesos)에는 남자 운동선수의 조각상이 나타났다. 우승자를 영원히 기념하기 위하여 고대 그리스의 올림픽위원회는 우승자의 조각상을 만들기로 결정하였다. 물론 연속 세 차례 우승자가 된 운동선수만이 이런 특수한 영예를 지닐 수 있었다. 조각에 드는 비용은 정부 당국이나 우승자 개인이 지불하였다. 조각상의 크기에는 엄격한 규정이 있었는데, 본인의 체격을 초과할 수 없다는 것이었다. 이 규정을 위반한 자는 일단 발견되기만 하면 즉시 올림피아에 들어올려 알페이 강에 처넣었다. 조각상에서 제일 오래된 것은 목조인데 후에 석조나 동상으로 바뀌었다. 현대의 고고학적 발굴에 의하면 각종 조각상은 수만 개를 상회한다.

  우승자를 기념하기 위해 조각하는 예술가들 중에는 고대 그리스의 걸출한 조각가들이 적지 않다. 미론(Myron)·크르네이스·네버스 등의 예술가들은 모두 경기에서의 우승자를 위해 자신의 탁월한 재능을 발휘했다. 예술가들은 심혈을 기울여 운동맹장들의 씩씩한 자태를 예술품으로 창조하였다. 무장한 달리기 우승자인 다마리투스의 조각은 머리에 쓴 철모·손에 든 철창·발에 신은 군화·몸에 걸친 군복하며 모든 것이 완전히 그가 달리는 자세를 그대로 조각에 담은 것이다. 미론이 조각한

달리기 우승자 다라스의 조각상은 정신이 충만되고 행태가 생동하여 조각예술의 진귀품이 되기에 손색이 없는 것이었다.

신화를 제재로 한 적지 않은 작품들도 실제상으로는 경기와 전투에 대한 찬미를 반영한 것이다. 5세기 중엽에 《앙프라의 아폴로》라 불리는 남자 나체조각상이 있었는데, 기록에 의하면 이 예술품이 원래는 연속적으로 세 차례나 복싱시합에서 우승을 획득한 운동선수를 기념하기 위한 조각이었다고 한다. 이름 높은 미론의 《원반 던지는 사나이》라는 조각도 물론 운동선수의 우승을 기념하는 작품이었다. 2천여 년이 지난 오늘날까지 이 예술품은 사람들의 찬탄을 자아내는 예술진품으로 운동경기의 최고 표지로 간주되고 있다.

미론의 작품은 기원전 5세기 조각예술이 성숙기에 들어섰음을 보여주고 있다. 그의 조각은 원반을 들어올리는 절정에 이르렀을 때, 즉 던지기 직전의 순간을 포착한 것으로 소위 〈끌어당겼으나 던지지 않은〉 상태로서 모순에 처한 절정 속에서 더욱 매력을 느끼게 된다. 이런 정지된 조각에서 예술가는 어떤 상태로부터 다른 상태로 넘어가는 매우 중요한 부분을 잘 파악하였기에, 사람들에게 심리상에서 〈운동감〉을 느끼게 하는 것이며, 후대의 예술가를 위한 성공적인 범례를 창조한 것이다. 《원반 던지는 사나이》라는 이 조각은 나체의 운동선수가 앞을 향하여 움직일 때 상체는 앞으로 구부리고 허리는 오른쪽으로 돌리고 오른발은 전신의 지점으로서 각 관절로 하여금 회전하여 최초의 우미한 자태에 이르게 함을 조각했다. 원반을 던지는 사나이의 딱 벌어진 두 어깨는 마치 잡아당긴 활과 같아서 〈발사發射〉의 연상을 증가시킨다. 원반과 머리의 두 개의 원형은 좌우에서 호응되고 있으며, 땅에 디디고 있는 오른발은 마치 하나의 축과 같아서 복잡한 신체로 하여금 안정을 유지하게 한다. 이 모든 것이 상당히 조예가 깊은 예술의 고안을 나타내고 있다. 이 작품은 발달한 근육의 강약의 교차와 웅장한 체구의 평형조화를 교묘하게 그려내므로써 리듬·선율·역량을 유기적인 통일체로 이루어 놓았다. 이 대리석 조각상의 완미함은 지금까지도 여전히 예술가의 본보기가 되고 있다. 고대 그리스 사람들의 인체의 구조·근육·골격과 운동에 대한 이해는 얼마나 투철한가!

주의를 기울여야 할 것은, 만약 현대 운동실천에서 누가 이 조각상을 본보기로 한다면 반드시 실패하고야 말 것이다. 그것은 조각상이 표현한 순간의 동작이 현대체육에서 강조하는 표준자세와 차이가 있기 때문이다. 구체적으로 지적하자면, 그의 신체는 앞으로 기울었으며 옆으로 돌고 오른손은 원반을 들었고 오른쪽 어깨는 뒤로 향하고 있는데, 현대의 원반던지기 기술에 비추어 분석해 보면 이때 경기자의 머리부분은 원반을 따라 움직여야 하는데, 이 조각상은 두부頭部를 아래로 향하고 있으며 눈은 땅을 보고 있다. 동시에 경기자의 다리자세도 부정확하다. 오른손이 원반을 던질 때 왼쪽발은 앞쪽에서 전신을 지탱해야 하고 오른발은 뒤쪽에서 땅에 뻗고 있어야 하며, 앞으로 나아가서 순발력을 이용하여 원반을 던져야 한다. 그러나 조각상의 왼쪽다리는 오히려 오른쪽다리의 뒤에 있으므로 그 지탱능력을 잃어버렸다.

이는 확실히 불합리한 모습이다. 이로 인하여 조각가는 인체의 조형미에 주의를 기울였으나 원반던지기의 표준자세를 정확하게 반영하는 것엔 신경을 쓰지 않았음을 알 수 있다. 이것은 예술의 진실과 생활의 진실, 예술미와 현실미 사이에는 확실한 차이가 있다는 것을 설명한다.

그리스 조각가들의 예술상에서 최대의 성과는 인체미의 발견이다. 그러나 이것 또한 특정한 역사조건하의 산물인 것이다. 『사람들은 먼저 현실을 생각하고, 그 다음에 모방을 생각하며 진실한 육체에 관심을 가진 다음에야 모방해낸 육체에 관심을 갖는다…… 육체적이거나 정신적인 모형은 언제나 표현적인 모형의 작품 앞에 나타난다.』(다나 《예술철학》) 도시국가간의 투쟁과 머나먼 이족異族간의 전투가 빈번했기 때문에 공민들의 우선적인 임무는 나라를 보위하는 것이었다. 또한 건강하고 용감한 전사가 되는 것은 공민으로서의 필수불가결한 자질이었다.

웅건雄健한 체구의 용맹한 정신을 표현하기 위하여 고대 그리스의 조각·공예품·회화 중에는 복싱선수의 형상이 모두 들어있다. 복싱경기에서의 변화무쌍한 동작·몸과 손 및 발걸음의 긴밀한 조화, 경기중에서 표현되는 역량·영민·조화·용맹·완강 등등은 모두 미적 요소를 내포하고 있어 사람들은 참으로 고도의 미감을 이해할 수 있다 이것이 바로 복싱이 건강미를 숭상하던 고대 그리스에서 환영받았던 원인일 것이다.

한 무명의 조각가는 휴식중인 복싱선수의 형상을 세상에 남겨놓았다. 그는 금방 경기장에서 나온 듯이 숨을 헐떡이고 얼굴에는 땀이 비오듯 흘러내리고 있다. 두 손은 무릎에 얹었으며 손에 낀 가죽으로 만든 글러브도 채 벗지 못한 상태이다. 콧등도 깨어지고 매우 피곤한 그였지만 그의 약간 기울어진 목은 오히려 굳센 의기를 나타내고 있으며, 광채를 내뿜는 두 눈은 경기장을 노려보고 있는데 마치 승리의 희열에 젖어있는 듯하며, 격렬한 경기장면을 돌이켜보는 듯하다……. 예술가는 정채로운 순간을 파악하며, 고대 그리스 복싱선수들이 곤란과 위험을 두려워하지 않고 용감히 격투하는 정신을 생생하게 재현하고 있다.

그리스 조각상은 표준적인 운동선수나 전사 들을 모델로 그것을 이상화하므로써 체육단련을 거친 발달된 근육, 탄력있는 아름다운 윤곽, 균형잡힌 팔다리, 손목·발목·허리의 민첩한 반응 등 전신의 구아한 운치를 표현하고 있다. 그러나 현실주의의 사실적 기교技巧로 창작된 프랑스 조각가 로댕의 《청동시대》나 《늙은 기생》에서부터 소련의 조각가 샤달르의 《무산계급의 무기—돌》과 같은 인체 조각상들은 그리스의 조각상과는 큰 차이를 보여주고 있다. 말하자면 샤달르가 조각한 노동자는, 장기간의 힘겨운 노동으로 단련된 근육은 뻣뻣하나 탄력이 없고 관절은 굵직하고 골격은 무겁고, 장기간의 압제를 내포하고 있는 남성의 장미壯美를 가졌지만, 이는 체육단련을 거친 사람의 특유한 건강미가 아니다. 로댕은 이렇게 말하였다. 그리스의 조각상은 인체의 민첩함과 가벼움, 그리고 우아함을 추구했으나 무예부흥시기(미켈란젤로(Michelangelo, Buonarroti)의 조각상과 같은 것들)의 조각상은 산마루에서 굴려도 온전할 정도로 중후하고 견실하다.

현대의 체육조각은 주로 체육장 부근의 장식과 환경미화에 쓰인다. 북경의 노동자 체육장과 같은 체육건축 주위에 조각된 운동선수의 형상은 대중들의 찬사를 받고 있다. 현정황에서 볼 때 중국의 체육조소는 여전히 발전의 여지가 많으며, 응당 사람들의 심미정취審美情趣를 배양하는 데 더욱 큰 작용을 하여야 한다. 우리는 제23회 올림픽 성화가 로스앤젤리스에서 꺼질 때에도 두 개의 거대한 남녀 토르소는 여전히 체육장 입구에 서 있었던 것을 기억한다. 이 머리 없는 조각상(토르소) 은 그렇듯 우뚝 솟아서 영원히 체육의 미를 빛낼 것이다.

체육과 회화

건장한 체구에 약동하는 생기와 왕성한 활력을 불어넣는 것은, 자고 이래로 미술가들이 끊임없이 추구하는 영구한 회화의 주제이다. 따라서 화가들은 운동선수들을 모델로 삼기를 좋아한다. 회화는 색조色調·선線 과 형체形體로서 2차원의 공간 평면에서 현실미를 반영하고, 인간의 심미감수를 표현하는 예술이다. 레오나르도 다 빈치는『야구·테니스· 폴로의 경기는 화가가 선수들의 동작을 관찰할 수 있는 좋은 기회이다』 라고 하였다.《다 빈치 회화론》 앵그르는 말하기를『우리가 체격이 건장한 청년모델을 보기로 들어본다면, 그는 아직 덜 성숙한 젊은 경기자이다. 그의 가슴은 크고 근육과 몸통 부분은 모두가 아주 튼튼하며 팔은 강한 힘이 있으나 관절은 매우 섬세하고 다리 역시 가늘다. 이것은 힘과 민첩 함의 상징인 것이다』라고 했다.《앵그르 회화론》

체육과 회화의 연계성에 대하여 우리는 말라빠진 문자로서 추상적인 서술을 하려는 것이 아니라, 국제적으로 이름있는 운동선수 출신의 체육 화가들을 소개하여 이 연계성을 설명하는 데 도움을 주려고 한다.

1905년 개인의 주관표현을 강조하는 예술가들이 파리에서 작품을 전시 하였는데, 그 중에서도 블라맹크(Vlaminck, Maurice)라는 화가가 사람들 의 이목을 끌었다. 그는 체격이 건장하고 체육을 매우 즐기는 사람으로 서 21세 되던 해에 사이클경기에서 우승을 따낸 적이 있는 우수한 선수 였고, 사지는 발달하였으나 사상적 고뇌에 시달리는 사람이었다. 미술에 종사한 후 그는 말하기를『회화가 아니었다면 나는 충분히 나쁜 사람이 되었을 것이다. 폭파사건으로 판결을 받을 수도 있었다. 나는 이런 충동 을 예술로 승화시켜 회화 속에 표현하였다』라고 하였다. 회화가 그로 하여금 풍부한 체력과 정력을 유익한 곳에 쓰게 했던 것이다.

국제 올림픽위원회에서 발표한 올림픽을 제재로 한 그림 속에는 스위스의 화가 한스 애니의 그림도 들어있다. 그는 예술가일 뿐만 아니라 체육애호가로서 여러 차례나 올림픽경기에 참가하였었다. 그는 경기에 참가할 때나 경기를 관람할 때 각 종목 운동선수들의 동작과 풍모를 세심히 관찰하고, 자신의 풍부한 상상력을 반복적으로 구상하여 열정적으로 화필을 휘둘러 한 폭의 화면을 창조해내곤 하였는데, 그의 작품은 관람자들의 절찬을 받곤 하였다. 국제올림픽위원회 위원장 사마란치(Samaranch, Juan Antonio)는 그의 작품집 서언에서 『예술표현이 체육범주를 넘어섰고, 근육과 지혜의 힘이 조화되고 의미심장한 선에 의하여 남김없는 표현을 가져왔다』고 높이 평가하였으며, 〈국제을림픽센터〉의 건축물 장식도 그의 작품을 채용하기로 결정하였다.

그외에도 《뉴욕시보》 1984년 5월 7일자에 소개한 체육화가 앤 파온스도 운동선수생활을 하다가 화가가 된 사람으로서 로스앤젤리스 올림픽에 정식초청을 받은 체육화가이다. 앤 파온스는 원래 뉴욕의 어느 유력한 축구팀의 수비선수였는데 동료선수의 죽음을 목도하고 스스로 탈퇴하였다. 그리고 그밖의 두 개팀에서 2년간 활약한 후에 그는 능동적으로 미국축구연합회에다 자신을 체육화가로 임명할 것을 요구하여, 즉시 이름을 얻었다. 1984년 하계올림픽은 그에게 운동회의 포스터를 제작할 것을 정식으로 의뢰했다.

앤 파온스의 작품은 보통 사람과 다르기 때문에 볼수록 맛이 난다. 그의 대부분의 작품은 결코 단순 명쾌한 체육제재가 아니지만, 보노라면 오히려 운동선수의 영혼의 깊은 속을 엿보는 듯하다. 그는 운동선수의 얼굴을 두번째로 중요한 지위에 놓고 화면의 초점을 운동선수의 체구를 통해 나타나는 역량에 맞추고 있다. 앤 파온스는 『운동은 바로 생활의 묘사이다』라고 했다. 그의 그림은 그외에도 두 가지 특징이 있다. 하나는 운동선수의 눈은 항상 감은 채이고, 다른 하나는 피부색깔을 분별할 수 없게 하는 것이다. 이것은 평등을 요구하는 그의 정치신앙을 반영한다.

중국의 전통적인 회화 중에도 체육활동을 주제로 한 것이 많다. 하남

밀현의 동한東漢 때의 고분 벽화壁畵에 있는 각저角抵(씨름), 장사 마왕퇴 한묘에서 출토된 백화도인도帛畵導引圖, 섬서 건현 장회태자묘에서 발견된 당대의 마구도馬球圖, 산서 홍동현洪洞縣 광승사수신묘廣勝寺水神廟의 벽화인 추환도搥丸圖와 하기도下棋圖 등등은 모두 체육활동 정경을 그린 것이다. 근대체육이 들어온 후 중국에서는 체육을 제재로 한 회화 중에 좋은 작품이 많지 않다. 이에 체육전선에서 희소식이 빈번히 전해지는 오늘날의 미술계에서는 체육회화에 대하여 관심을 갖기 시작하였다.

1985년 중국의 체육계와 미술계는 처음으로 손을 잡고 중국미술관에서 중국체육미술의 표창과 전람회를 거행하여 체육을 제재로 하는 미술의 창작을 공동으로 촉진하였다. 여기에서 양궁선수를 그린 《위기 일발》과 경보선수를 묘사한 《세계를 향하여》와 같은 우수한 조각상은, 올림픽공원에 보내어 영원히 진열해두기로 하였다. 그외에 일부 우수한 작품은 국제올림픽예술전람회에 출품하였다.

체육과 희곡

희곡은 종합적인 예술로서 언어·미술·무용 등의 각종 예술양식의 요소를 구비하고 있다. 중국의 희곡은 또한 음악·무용 등 예술적인 특징과 요소를 포함하고 있다. 따라서 희극예술은 다양한 심미가치를 지니고 있다.

모든 희극예술 중에서 중국의 희곡은 특수한 지위에 있다. 중국의 희곡은 희극내용과 가무형식을 고도로 결합시킨 특수한 희극종류인 것이다. 중국의 희곡은 희극예술의 일반법칙에 따른 것으로서 연극보다 종합성이 강하다. 희극의 구성과 노래와 무용의 복잡한 결합은, 중국 희곡으로 하여금 독특한 풍격과 일련의 예술적 특징을 갖게 한다. 우리들이 말하는 〈창唱·념念·주做·타打〉 같은 것은 아마도 극소수의 사람들만이 생각할 수 있을 것인데, 이 〈주做와 타打〉 중에 체육과 희곡의 불가분의 관계가 있는 것이다.

중국의 무술연기는 서주西周시대의 〈무무武舞〉에서 이미 그 싹을 볼 수 있다. 한대漢代에 성행한 각저백희角抵百戲는 희곡과 무술의 대혼합이었다. 송대宋代 이후의 무술연기는 도시에서 크게 발전하였는데, 원대元代의 통치자들이 무술을 연마하는 것을 엄금하였기 때문에 무술에서 전형적인 동작들이 희곡 속에 숨어서 전해 내려왔다. 무술의 일부 정수는 이렇게 하여 오늘날까지 전해오는 것이며, 또한 무술이 중국 희곡예술의 중요한 조성 부분이 된 것이다. 그러한 까닭에 어떤 이들은 중국 희곡 중의 고전무용에도 중국의 전통무술을 기초로 삼아야 한다고 여긴다.

　물론 이것은 연극 등의 서양에서 전해져 온 희극이 체육과 무관하다는 말은 결코 아니다. 연극 같은 것도 체육제재를 취급할 수 있다. 그러나 그 자체는 체육과 떨어질 수 있으나, 전통희곡 중의 무술은 결코 체육을 떠날 수 없는 것이다.

체육과 문학

　만일 문학작품 중의 묘사와 기재를 이용하지 않고 체육사를 연구한다면, 아마도 만족할 만한 결과를 얻기가 어려울 것이다. 호메로스의 《일리아스》와 《오딧세이》 같은 서사시는 고대 경기의 웅대한 경기장면을 우리에게 펼쳐보이고 있다. 중국의 《시경詩經》 가운데 있는 『영지유지泳之游之』와 같은 정련된 시구에서도, 우리 고대의 운동의 모형을 엿볼 수 있다.

　중국은 수천 년의 유구한 역사를 지녔다. 고대중국의 오래된 문자는 그 대부분이 인체의 여러 가지 자태에 근거하여 만들어진 것이다. 체육미학사상은 중국 역대의 정치가나 사상가의 말과 무수히 많은 저서에서 반영되고 있는데, 그 자료가 매우 풍부하며 특히 문학작품 속에는 더욱 풍부하게 남아있다고 하겠다.

　『천자의 연輦 앞에는 여관女官이 활을 잡고 있으며, 백마는 황금재갈을 깨물고 있다. 여관이 몸을 뒤틀고 하늘을 향해 활을 쏘자, 화살 한 대에 새 두 마리가 떨어져내린다.』(杜甫 《哀江頭》) 여기에서는 활쏘기를 묘사하고 있다. 『재갈을 당기고 채찍을 내리치니 그림자도 남기지 않고, 한 번 뛰어 천 리를 가니 참으로 용이 나는 듯하다.』(周伯琦 《詐馬行》) 여기는 말경주를 묘사하고 있다. 『허공에 비스듬히 기울여 날랜 제비 같고, 표연히 나아가다 갑자기 그치기도 한다.』(寶竹坡 《偶齋詩草》) 이 시는 얼음지치는 모습을 형용하고 있으니 참으로 신묘하기도 하다. 『한 번 가고 한 번 오니, 공중을 춤추며 나는 나비로다. 쌍쌍이 올라가고 쌍쌍이 내려오니 드넓은 벌판의 무지개로다.』(高無際 《秋千賦》) 이 시는 그네뛰는 모습을 형용하고 있으며 따로이 풍미風味를 지니고 있다. 『새로 닦은 구장球場은 숫돌처럼 평평하고, 위세 드높아 눈에서 광채가 빛난다. 문에 들어서 백배하고 웅장한 기세 우러르니, 삼군의 갈채 땅을 뒤흔든다. 옥굴레 돌릴 때 붉은 땀 적시고, 꽃처럼 달렸다 흩어지는 곳에 붉은 가슴걸이 날린다. 사해에 이어오르는 기운 고요하도록 하니, 막대끝에 가는 먼지조차 이어오르지 못한다.』(楊巨源) 《觀打球有》) 고대 마구馬球경기를 그린 한 폭의 그림이 생동감 있게 우리 눈 앞에서 전개되고 있다. 『공을 차니 당장에 이월 하늘, 향긋한 바람 불어온다. 분바른 얼굴에 땀이 흐르니 꽃에 이슬 머금은 듯, 먼지가 아미를 날리니 버드나무에 아지랑이 이어오르듯…….』(李漁 《美人千態詩》) 이 시는 여자가 족구足球하는 모습을 묘사한 시로 음미하면 할수록 그 맛이 무궁하다. 『빛나기는 예羿가 아홉 해를 쏘아 떨어뜨린 듯하고, 날기는 뭇 제왕의 참용이 비상하는 것과 같다. 오면 우뢰와 벽력이 진노를 거두고, 흩어지면 강과 바다에 푸른 빛이 엉겼다.』(杜甫 《觀公孫大娘舞劍器》) 두보의 시구는 천고의 절창이다.

문학은 일종의 언어예술로서 언어와 그 서면부호인 문자를 물질수단으로 삼아 예술형상을 창조하는 것이다. 따라서 생활을 반영하고 예술가의 심미감수를 나타낸다. 체육영역은 문학의 제재로서 중요한 것이다. 외국의 유명한 체육소설 《멕시코 사람》은 혁명사업을 하기 위하여 복싱경기에 참가하여 온갖 어려움을 무릅쓰고 우승을 쟁취하는 청년의 형상을 그려내고 있다. 《마지막 남은 쇠고기 요리》는 늙은 복싱선수의 비참한 운명을 묘사하고 있으며, 《생명을 건 슛》은 사람들의 심금을 울린다. 근대 올림픽의 창시자인 쿠베르탱의 《체육송가》는 아름답고도 감동적인 한 수의 산문시이다.

중국 당대唐代의 우수한 체육문학 작품으로는 노광魯光의 실화《중국 처녀》, 유심무劉心武의 다큐멘터리 소설《5.19의 필름》 등을 들 수 있다.

언어예술의 물질수단은 예술적 가공을 거친 형상적인 언어이다. 언어 예술로써 표현하는 체육 가운데의 구체적인 동작은 심미적 가치를 드높일 수 있다. 예를 들면 중국의 무술은 동작과 투로套路의 명칭에 있어서도 아주 아름답다. 〈백원출동百猿出洞〉·〈채봉능운彩鳳凌雲〉·〈의마현애意馬懸崖〉·〈쌍봉배일雙峰拜日〉·〈서우망월犀牛望月〉·〈청사탁구靑獅托球〉·〈백조제명百鳥齊鳴〉 등은 중국의 오랜 문화전통을 상징하고 있으며, 사의적 색채가 풍부하여 사람들로 하여금 연상이 떠오르도록 만들고 미감을 불러일으킨다. 그밖에 〈소진배검蘇秦背劍〉·〈무송탈고武松脫銬〉·〈나질탐해哪叱探海〉·〈직녀천준織女穿梭〉·〈회중포월懷中抱月〉·〈대붕전시大鵬展翅〉 등등이 있다. 전아한 명칭은 아름다운 형상을 돋보이게 하며, 그것이 무술동작의 내용과 풍격을 긴밀히 결합하여 더욱 생동감 있고 구체적이며 풍부한 감수력을 증가시킨다. 체육활동의 대부분은 순간적인 것이기 때문에 언어예술의 운용으로써 광활한 세계를 개척하는 것이다.《체육문학》은 반드시 문예의 법칙에 따라 체육사업의 풍부하고 다채로운 떠들썩한 장면을 예술에서 형상적으로 반영해야 한다.

예술 중에서 문학과 체육의 관계는 비교적 특수하다. 문학은 체육활동에서 영양을 섭취하고 창작의 소재를 구하지만, 체육은 거의 문학의 힘을 빌지 않고도 자신을 발전시켜 나간다. 문자는 음악·무용·건축 등과 같이 체육에 직접 침투되어 그것과 유기적인 결합을 이루는 것이 아니라, 체육과 일정한 거리를 유지하여 마치 거울처럼 운동의 찬란한 색채를 반영할 뿐이다. 문학은 시대의 거울이며 생활을 반영하는 것이다. 그것은 생활에 대한 예술의 재창조를 진행시킨다.

체육과 영화

오래 전부터 체육과 촬영은 불가분의 관계에 있어왔다. 체육활동에서

의 순간적인 형상은 촬영에 의지하지 않고서는 진실되게 보존할 방법이 없었다. 촬영도 운동 중에서 소재를 취해 많은 예술작품을 창조해낸다. 거의 모든 체육잡지는 모두가 사진을 사용하므로써 문자묘사의 부족함을 보충하고 있으며, 대부분의 촬영가들은 체육경기를 표현하는 예술작품을 선호하고 있다. 대량의 사진활동이 결코 순수한 예술이 아니기 때문에 사람들은 종종 촬영을 예술부류에서 제외시킨다. 만일 촬영작품이 생활의 진실을 그대로 반영하지 않고 작가의 심미의식의 창작에 치중했다면, 예술촬영 혹은 촬영예술이라고 부를 수 있다. 그런데 그것이 모든 촬영활동에서 차지하는 분량은 매우 적다. 영화예술은 현대 촬영기술을 이용하고 희극과 회화예술을 기초로 여러 가지 예술의 표현방법을 섭취하고 종합하여 발전시킨 새로운 예술종류이다. 체육을 제재로 한 영화는 국제상에서 상당한 중시를 받고 있다. 1982년의 아카데미상을 받은 것은 체육영화 《열화 속의 전차》이다. 그밖에 많은 우수한 체육영화가 있는데, 예를 들면 축구왕 펠레가 배역한 《승리대도망勝利大逃亡》, 그리고 《소림사》를 대표로 한 많은 무공武功 필름 등이 있다.

체육을 제재로 한 기록영화는 긴장되고 격렬한 경기장면을 그대로 살리므로 특수한 흡인력을 갖고 있어 비교적 효과가 좋은 편이다.

현재 중국에는 체육을 제재로 촬영한 영화가 10여 편이 있는데 사람들의 마음과 눈에 비교적 인상적이었고, 또 많은 관중들의 호평을 받은 것들은 50년대의 《여자농구 5호》 등 겨우 2,3편에 불과하다. 이것은 곧 체육을 제재로 취한 영화는 다른 것을 제재로 한 우수한 영화에 비해 수량이 많지 않고, 또 사람들의 마음을 분발케 하는 체육생활의 반영이 현실적인 면에 뒤지고 있어, 질적인 면에서도 비교적 큰 차이가 있다. 그 원인을 찾아보면 대부분이 인물을 묘사하는 데 힘쓰지 않고 실제생활을 탈피하여 소홀한 경향이 있기 때문이다.

헝가리 영화미학가 파라 파라츠는 말하기를 『영화는 일종의 표현하는 것을 볼 수 있는 것으로, 바꾸어 말하자면 신체동작의 예술이기 때문에 체육·경기 혹은 잡기가 영화에서 나타낼 수 있는 작용은 그것들이 기타 어떤 예술에서 나타낼 수 있는 것보다 훨씬 크다』고 했다. 그러나 그는 이어서 말하기를 『뉴스·영화 외에 가령 잡기의 연기라 할지라도 그것이 연극의 줄거리와 서로 결합하면 영화 속의 어떤 사건, 어떤 경우, 혹은 어떤 인물을 설명하는 데 충분히 도움이 되므로 사람들로 하여금 흥미를 갖게 할 수 있다. ……만일 일부 운동선수를 주인공으로 한 예술영화라 할지라도 체육 연기에만 치중하면 흥미를 끌 수 없다』(파라츠 《영화미학》 중국영화출판사, 1979년)고 하였다.

중국의 체육제재의 영화는 집단주의·애국주의·국제주의 정신을 표현하고 앙양하는 시대풍모와 민족정신을 적극적으로 반영하고 있는데, 이것은 당연히 우리의 영화사업이 견지해야 할 확실한 방향인 것이다. 예술영화는 기록영화와는 달리 반드시 긴장된 훈련과 정채로운 경기장면으로 인물형상의 묘사를 약화시켜서는 안 된다. 예전의 경험에 비추어 우리의 영화제작진들은 체육생활의 격류 속에 뛰어들어 체육선수들의 풍부한 사상감정과 성격특징을 이해하여 진정으로 우수한 체육영화를 제작해내야 할 것이다. 물론 최소한 《여자농구 5호》의 수준은 넘어서야 한다.

체육과 텔리비전

텔리비젼은 영화에 비해 훨씬 참신하고 현대화된 예술이다.

과학기술의 발전에 따라 텔리비젼의 응용기술은 더욱 많은 영역에 걸쳐 그 역할을 발휘하고 있다. 일본에서는 일요일 오후의 거의 모든 프로그램이 체육경기로 이루어지고 있다. 그 중에서도 스모(씨름)·야구·골프·마술 및 프로레슬링 경기가 많다. 그밖에 배구·축구·테니스·럭비풋볼 등의 종목도 환영을 받고 있다. 또한 위성중계로 세계 각지에서 진행되는 중요한 국제경기, 예를 들어 월드컵 축구대회·배구·야구·윔블던 테니스 선수권대회 및 올림픽·아시안 게임 등도 많은 비중을 차지하고 있다. 일본의 일부 아마추어 체육운동협회는 체육경기를 조직해 텔리비젼 프로로 방영하여 많은 수입을 얻는데, 이것은 그들의 활동경비의 주요한 출처가 된다. 중국에서는 국제뉴스 가운데의 체육뉴스 외에도 《체육의 대표선집》 및 경기실황방송 등은 모두 환영을 받는 프로그램이다.

텔리비젼에서 항상 방영되고 있는 체육을 제재로 한 드라마와 만화영화는 청소년의 환영과 지지를 받는다. 체육방송프로그램은 많은 사람들을 체육활동으로 끌어들이고 있어 대중적인 체육활동의 전개를 촉진시키고 있다.

텔리비젼의 출현은 영화에 대한 유력한 도전이다. 텔리비젼 프로그램은 제작의 빠름과 시청의 편리함 때문에 바야흐로 영화의 영역을 침식시키고 있다. 영화관중도 차츰 텔리비젼 시청으로 쏠리고 있는 형편이다. 중국에서는 날마다 수천만 명이 영화를 관람하고 있으나 텔리비젼 시청자는 오히려 수억에 달한다.

텔리비젼에서 많은 체육 프로그램을 방영하여 사람들의 문화생활을 풍부하게 할 뿐만 아니라, 텔리비젼 녹화시설은 직접적으로 체육훈련에 사용되므로 현대체육훈련 중에서 필수불가결한 시청각 교육수단이 되었다.

텔리비젼 중계방송은 그의 서술적인 요소(어떻게 공격하고 방어해야 성공할 수 있는가?)·희극적인 요소(경기의 승부가 결정될 때까지의 기복)·기술적인 요소(운동에서 당연히 따라야 하는 기술과 방법)·미학적인 요소(서정과 사람에게 주는 유쾌한 느낌)에 종속되어야 하며, 이렇게 해야만 관중들에게 다양한 감상과 만족을 줄 수 있을 뿐만 아니라 체육활동을 정확하게 평가할 수 있다. 텔리비젼에 나오는 피겨 스케이팅·리듬체조·곡예·다이빙·수중발레 등의 프로그램이나 매회의 올림픽을 실황녹화한 것은, 우리가 체육에 대한 미학을 분석할 때 필요한 우수한 소재이다.

체육영역에서 텔리비젼의 응용은 단지 시작에 불과한 것으로 극대한 발전의 전도를 가지고 있다. 이 점은 우리가 앞으로 체육사업을 해나가는 중에 아주 중요시해야 할 부분이다.

체육과 잡기

잡기는 특수한 예술종류이다. 그러나 이 부분의 예술은 오랫동안 제대

로 연구되지 못했으며, 체육의 어떤 경기종목처럼 기교를 지나치게 강조하기 때문에 〈아예술〉에 속하는 것이다.

중국 한대漢代의 화상전畵像磚에는 많은 잡기의 생생한 형상들이 그려져 있다. 중국 고대의 체육사는 그것들을 중요한 연구대상으로 삼고 있다.

청대에 북방에는 현대체조의 철봉과 유사한 민간체육활등이 유행하였으며, 그밖에 링과 유사한 〈가죽띠〉는 후에 매우 특색있는 잡기가 되어 전통 체육활동인 〈널뛰기〉〈사자춤〉 그리고 어린이의 유희인 〈죽방울〉과 같이 아주 널리 알려져 있었다.

1936년 중국에서는 대표단을 파견하여 베를린에서 거행된 제11회 올림픽대회에 참가하였다. 그런데 기타 종목의 선수들은 여지없이 패했으나 무술연기만은 상당한 인기를 끌었다.

반세기 후 중앙민족악단과 성도잡기단으로 구성된 중국예술단이 처음으로 제23회 올림픽 예술제의 초청을 받았다. 이것은 예술제 조직위원회 위원장이 직접 중국에 와서 잡기연기를 보고 선택한 것이었다. 그는 잡기단의 연기는 무용과 체육을 융합시킨 독특한 풍격을 가진 예술로서 각기 다른 언어, 다른 문화권에 있는 관중들의 환영과 찬사를 받을 것이라고 단언하였다.

첫번째 중국예술단 공연에서 성도잡기단은 여덟 가지 종목을 연기하였다. 어떤 사람이 통계를 낸 자료에 의하면, 여덟 가지 종목에 모두 135번이나 박수갈채를 받았다고 한다. 공연이 끝난 후 대회의 조직자가 무대에 올라와 큰 소리로『중국예술단이 로스앤젤리스에 와서 올림픽예술제에 참가한 것은 우리들의 영광입니다. 당신들의 연기는 대단히 정채롭습니다. 관중들의 반응으로 볼 때 당신들은 이미 예술제의 우승을 획득하였음이 분명합니다』라고 말했다.

지금 잡기종목에는 체조와 마루운동 중의 아름다운 동작조형이 스며들고 있다. 국외의 어떤 잡기단은 마술경기의 우승자가 담당하고 있어 관중들의 인기를 끌고 있다.

창조와 미래

　인류의 객관세계에 대한 그 어떤 개조활동이든지 모두 일정한 심미의식을 표현한다. 마르크스주의는 인간은 미의 법칙에 의해 창조를 진행한다고 인정한다.《1844년 경제학—철학수고》인체를 완미화로 이끄는 미래의 체육은 더욱더 심미의식을 강조하여 표현할 것이며, 미의 법칙에 따라 심신건강에 이로운 운동을 창조할 것이다.

현대 경기종목의 발전을 촉진한다

　인간이 심미대상을 접촉하여 심미의식이 생기는데, 이런 심미의식은 의식에서만 그치는 것이 아니라 대상화(혹은 물태화物態化라고 칭함)된다. 다시 말하자면, 체육활동에서 산생된 심미의식은 체육활동에 작용하여 현대 운동경기의 발전을 촉진시킨다.

　심미의식은 올림픽 성화같이 운동경기의 발전을 이끈다. 근대에 나타난 많은 운동경기는 정도가 다른 심미의식의 영향을 받아서 산생된 것이다. 말하자면, 리듬체조·곡예·마루운동·피겨 스케이팅·수중발레·수상스키·서핑·발레스키·스키의 비약경기 등 예술성이 풍부한 운동종목 같은 것들이다. 예술이 체육에 침투된 후 많은 〈이화異化〉를 산생시켰다. 체육은 이런 〈잡교우세雜交優勢〉를 빌어서 자신의 신속한 발전을 가져왔다.

　소련의 체육미학자 사라프는 체육에서의 미육은 『체육활동의 참가자들에게 목적있고 의식있는 심미능력을 배양하여 그들로 하여금 인체의 여러 가지 미를 체험하고, 이러한 특징을 고도로 중시하게 하여야 할 뿐만 아니라, 완미한 체질 속에 숨어있는 인체미를 창조하게 하는 것이다』라고 인정하고 있다. 그는 또 체육미의 창조는 인간의 심미의식의 수요에 순응한다고 지적하고 있다. 『오늘날 사회상의 심미어호는 신체우세로 우승을 하는 방식에 대하여 싫증을 느끼고 있다. 체육운동은 미감요소와 심미애호로 우승을 쟁취하는 노선을 따라 발전하고 있다.』(《체육운동미학론》《국외사회과학》 1985년 12기)

상대적으로 현대 운동종목의 관중은 비교적 많은 편이다. 이것은 체육의 발전과 창조 속에 경기운동의 감상가치와 예술성·심미성을 충분히 고려하였기 때문이다. 운동 가운데는 운동자의 조형미·자태미·의지개성미·우아미·강건미 등이 있다. 체육은 갈수록 예술과 융합되어 체조가 발전하여 리듬체조와 마루운동이 되었으며, 스케이트가 피겨 스케이팅으로 발전하여 마침내 〈빙상발레〉가 되었으니 예술과 체육은 아주 밀접하게 결합되어 구분이 어려울 정도에 이른 것이다.

인류는 신체단련을 위하여 체육을 발전시키기 시작하였고 심미적 수요를 위해 체육을 예술화시켰다. 이것은 체육발전사상의 일대 비약인 것이다.

많은 전통종목의 발전도 심미의식의 영향을 위반할 수는 없다. 예를 들면 체조는 건강·힘·미가 결합된 운동으로 경기성 체조였는데, 발전하여 오늘에 이르러서는 난이도가 크고 참신할 뿐만 아니라 예술성을 추구하기 때문에 근래에 그것을 국제상에서는 〈리듬체조〉라고 통칭하고 있다. 난이도·새로움·미는 〈리듬체조〉 동작에 필수불가결한 것으로서, 만약 동작의 난이도가 크고 창조력이 있다 할지라도 자태가 아름답지 못하면 역시 좋은 성적을 얻을 수 없는 것이다. 때문에 운동선수들은 형체미와 심미능력의 훈련에 매우 주의를 기울인다. 70년대에는 체조종목에 새로운 동작들이 우후죽순같이 나타났는데, 80년대에는 새로운 동작의 창조가 매우 적었다. 그 대신 새롭게 창조된 동작에 난이도를 추가하는 추세가 생겨났다. 국제적인 체조전문가들은 회전수의 가주수加周數를 최대한으로 증가시키고 있으며, 지력을 총동원하여 난이도가 큰 동작들을 만들어내고 있다. 그러나 이런 것 역시 심미요구에 순응되어야 할 것이다.

1985년부터 효력이 발생되는 국제체조경기에 대한 새로운 규칙 발표는,

인간이 체조의 심미가치에 대한 인식의 새로운 비약을 나타내었다. 국제 여자체조 채점규칙의 서언에는 이렇게 기록되어 있다.『새로운 동작과 동작의 구성이 미증점의 추세로 각종 체조기구에서 창조되고 있고, 복잡하고 아름다운 동작이 기구를 옮겨가며 창조적으로 이식발전되고 있다. 동시에 동작의 구성도 더욱 치밀하게 잘 짜여지고, 동작의 난이도는 기술상에서 더욱 완미하고 조화로운 경지에 이르렀으며 한 걸음 더 나아가 동작의 미학적 요구를 발전시키고 있다. 기술상에서 동작의 완미를 완성하는 것 외에도 동작의 조화와 미적 표현력 및 여자의 아름답고 우아함을 매우 중요시하여야 한다.』남자 채점규칙 제26조에서도 명확히 규정하기를 『운동선수는 자세와 정확한 기술을 가볍게 여기고 단순한 동작의 난이도만을 추구해서는 안 된다. 동작내용은 당연히 운동선수의 능력에 적당한 것이어야 한다. 운동선수는 연기를 할 때 자기의 신체를 충분히 장악해야 한다. 안정·우미·난이도는 동작의 주요한 세 가지 특징이다』라고 하였다. 또한 『연기는 반드시 질이 높고 실수가 없어야 한다. 완전무결한 동작은 반드시 하나의 예술품과 같아야 하며, 체조운동의 미를 중점적으로 강조해야 한다.』(《국제체조 남자 채점규칙》 제26조)

가장 아름다운 운동으로 불리우는 피겨 스케이팅이 근년에 와서 지나치게 기술의 난이도를 추구하여 미감에 영향을 미치는 경향이 나타나 중대한 관심을 불러일으키고 있다. 많은 전문가들의 배격하에서 1984년에 국제 스케이팅연맹에서는 경기규칙을 개정하여 동작의 기술난이도를 제한하고 심미가치를 높이기로 결정하였다.

수중발레는 관상성觀賞性이 강한 운동종목이다. 몇 년 전까지만 해도 어떤 국제경기는 보통 수영장에서 진행되었다. 맑은 물 속에 코스의 조목조목을 표시하는 굵고 검은 라인은 눈에 역력하여 심미효과 및 심판의 채점에 영향을 미친다. 최근에는 경기장소가 개선되었는데 배경이 되고 있는 물 속이 온통 수정처럼 맑다. 만약 연기를 할 때 물 속에 레이저 음악을 배합시킨다면 더 좋은 효과를 볼 수가 있기에 이것 역시 하나의 창조행위가 될 수 있을 것이다.

역도종목에서도 심미의식의 영향을 볼 수 있다. 키가 작고 뚱뚱한 선수는 점차 체격이 균형잡히고 순발력이 강한 선수로 대치되고 있으며, 사람들의 역도선수에 대한 나쁜 인식도 바뀌어지고 있다.

축구에서도 〈예술형경기〉의 축구광들이 늘어가고 있다. 제13회 월드컵경기가 박두해오는 이때 제12회 월드컵 축구경기 우승국인 이탈리아의 코치는 『멕시코 경기장은 브라질식 예술축구의 세상이 될 것이다』라고 예측했다. 국제축구연맹은 심판들에게 엄격한 요구를 제출하여 야만적이고 폭력적인 선수를 지나치게 관용하지 않으므로써 축구가 새로이 정심한 기예의 연기에 이르도록 하였다.

체육문명건설

현대 과학기술의 급속한 발전은 사람들로 하여금 상상하기조차 어렵던 일들을 현실로 만들었다. 『우리는 저능아低能兒를 만들 수 있는 반면에 수리학자數理學者도 만들 수 있다. 마찬가지로 시각이 특별히 좋은 어린아이, 청각이 특별히 발달한 어린아이, 후각이 특별히 민감한 어린아이로부터 근육조직이 특별히 발달하거나 비상한 신체소질을 가진 아이를 배양해낼 수 있다. 우리는 초인간적인 남녀 운동선수를 창조해낼 수 있는 것이다. ……이런 문제는 결코 과학기술의 문제가 아니라 도덕문제이며 정치문제이다.』(앨빈 토플러《미래의 진동》제9장)

미래의 체육에 있어서 인류사회의 근본적 이익을 대표하는 심미이상으로 이끌지 않고 그대로 내버려둔다면 기형적인 발전을 가져와 인류문명의 불행을 낳을 것이다.

먼저 지적해야 할 것은 서양의 프로경기의 폐단이다. 자본주의 생산관계의 부패와 근본적인 무정부상태, 통일된 지도력의 결핍, 자산계급의 생활방식과 도박·폭력·마약·성문란 등은 체육의 건전한 발전를 저해하고 있다. 프로경기는 체육상품화의 산물로써 선수들을 상품화하고 있어 기술의 고저와 그 몸값을 결정한다. 유명한 선수들은 클럽 사이에서 가격이 명시되어 실제 값으로 매매되고 양도된다. 자본주의 사회에서는 물질생산의 고도의 발전·정신생활의 공허·생활방식의 문란으로 사람들의 도덕과 심미감이 날로 저하되어 체육에 미치는 영향이 적지 않다.

체육은 문화활동이지 상품이 아니다. 체육을 상업화해서는 안 된다. 그것은 마치 환경오염이 생태계의 평형을 파괴하는 것처럼, 비록 일시적으로는 이익을 가져온다 할지라도 장기적으로 볼 때 오히려 손해이다.

체육문명을 파괴하는 행위는 체육의 목적을 어기고 신체건강을 해치는 면에서 표현된다.

고대 올림픽경기에는 손에 동으로 된 골무를 끼우고 싸워 머리가 깨지고 피가 흐르는 각력角力 경기가 있었는데, 이는 로마경기장에서 구사일생으로 살아남는 각투사角鬪士들보다는 그나마 문명적인 것이라 할 수 있겠다. 현대의 역도선수들이 등급을 낮추기 위해 단식으로 체중을 줄이는 행위, 농구·축구·럭비풋볼·아이스 하키 등의 경기에서는 고의로 상대방을 상해하므로써 좋은 성적을 취하는 비열한 수단이 경우에 따라서는 상상 외로 일종의 〈전술〉로써 사용되고 있다. 또한 복싱 등의 격렬한 경기에서는 선수들이 사상되는 경우를 흔히 보게 된다. 비록 세계 제일의 운동의학가가 손에 최고의 약물검측기를 들고 엄하게 단속한다 할지라도 운동선수가 흥분제 등의 약물을 복용하여 자격이 취소당하는 스캔들은 빈번히 여기저기서 일어나고 있다.

약물을 남용한 결과 경기는 〈순결한 생명역학〉으로부터 〈추악한 생물화학〉의 경쟁으로 변해가고 있다. 일찍이 60년대에 소련 및 동구권의 선수들이 성적의 제고를 위해 흥분제를 복용하기 시작했다. 70년대 초에는 미국 선수 중에도 약물을 복용한 선수가 있었다. 통계적으로 보면 미국의 우수한 육상선수의 절반 이상이 약물을 복용했는데, 그 중에서도 던지기선수는 대부분이 그랬다. 이외에도 80퍼센트의 미국 선수와 33퍼센트의 영국 선수는 아편을 흡연한 것으로 나타났다.

약물 남용은 건강(남자선수의 뇌하수체억제·전립선 비대증·체액 정체·고혈압·신장 손상·동맥경화·간기능 불량 등)과 신체미(여자선수의 수염과 흉모의 발생·목소리가 거칠고 낮아짐·결후의 돌출·딱딱한 동작 등)에도 막대한 손상을 준다. 더욱 심한 것은 20여 년 이래 소련에 50여

명, 미국에 20여 명의 선수가 약물 남용으로 사망했다는 사실이다. 최근에 일부 운동선수들이 〈피를 증가시키는〉 등의 새로운 수단을 사용하고 있는데, 이런 수단을 검사하는 방법은 아직까지 발견되지 않고 있다.

　체육도덕과 체육문명을 수호하기 위하여 국제올림픽위원회에서는 흥분제와 같은 50여 종의 약품을 금지하고 있다. 많은 선수들이 약물복용으로 인해 참가 불허, 상패의 몰수 등의 처분을 받았고, 세계적인 기록을 세운 선수조차도 종신토록 경기에 참가하는 것이 금지되었다. 나무는 조용히 있고 싶으나 바람이 그치지 않는다는 말이 있다. 제23회 올림픽에서는 9개의 메달을 따낸 미국의 사이클팀은 7명의 선수가 〈피를 더하여〉 경기에 참여한 스캔들이 있었다. 그들은 시합을 며칠 앞두고 자기의 건강한 인체 속에 혈액을 투입시켜(어떤 사람은 몇 주 전에 자기 신체에서 뽑은 선혈에서 적혈구를 추출하여 냉장시켰던 것을 사용했다) 적혈구를 증가시키므로써 체력의 증대를 가져오게 되어 최상의 성적을 얻었던 것이다. 듣건대, 다른 국가의 몇몇 선수들도 이런 종류의 새로운 방법을 사용했다고 한다. 일시에 여론이 시끄러워졌는데 어떤 사람들은 이것이 올림픽 정신을 위반하여 체육문명의 쇠퇴를 가져왔다고 하였으며, 심지어 빛나는 메달에 피로 얼룩진 자국이 있을 정도였다고 한다. 이에 당초에 〈가혈加血〉이론을 제출했던 스웨덴의 의사는 말하기를 『나의 연구는 순전히 의학상의 것이었는데 뜻밖에도 사람들에 의해 이런 불상사가 일어났다』고 하면서, 그는 즉시 〈가혈加血〉 여부를 검사하는 방법을 연구하기로 결심했다.

　경기장에서 부정한 수단으로 이익을 얻는 비겁한 행위는 실제상으로 밝혀내기 어려운 일이다. 1982년의 월드컵 축구경기에서 독일팀과 오스트리아팀은 1:0의 성적으로 알제리팀을 도태시키고 자기들이 이익을 얻었다. 1977년의 월드컵 청년축구경기에서 국제축구연맹의 보고는 이렇게 지적하고 있다. 온두라스 청년팀의 선수들은 나이보다 많이 성숙되어 보이는데 까닭을 알 수가 없었다. 5년 후 이 팀의 일곱 명의 선수가 스페인에서 열린 월드컵 축구경기에 참가했는데, 그들은 거의가 재차 허위로 연령을 보고하는 것을 잊고 사실대로 생년월일을 써냈는데, 이들

대부분이 뜻밖에도 5년 동안 열 살이나 늘어난 것이다. 그야말로 웃을 수도 울 수도 없는 일이 아닌가?

어떤 종목의 전개는 인간의 심미이상을 어기고 있다. 여자경기종목에서 이런 경우가 비교적 두드러진다. 유도와 같이 상대방을 넘어뜨리는 동작에서 넘어지는 사람은 목을 눌려 호흡도 어려우며, 자칫 잘못하면 질식하기 쉽다. 이런 동작은 관중들에게 심리상의 압박을 줄 뿐이지 심미적 감수를 불러일으키지는 못하는 것이다. 여자들인 경우에는 이런 동작은 눈뜨고 보기에도 처참한 광경이다. 복싱경기에 여성이 참가하기 어려운 까닭은 이와 같은 이유에서이다. 서양에서 열리는 등급별의 구분이나 일정한 규칙이 없는 프로레슬링경기에서 여자선수들은 수영복을 입고 쥐어뜯는 바람에 알몸이 되어 관중들을 자극하는가 하면, 또 온몸에 선혈이 낭자하기도 한다. 서방의 여자 힘겨루기 대회는 누워서 밀기·어깨 위에 무거운 것을 지고 일어나기·두 손으로 무거운 것을 끌기, 이 세 가지로 성적을 평가하는데 이 대회에 참가하는 선수들은 체격이 건장하고 허리가 굵고 근육이 너무 발달되어 행동거지가 둔하고 남성화되어 있다.

중국에서는 여자 유도와 여자 역도 등의 종목을 전개하고 있는데, 이런 운동이 건전하게 발전되려면 상당한 노력이 필요하다. 국제경기에서 복싱경기의 메달수가 많긴 하지만 중국에서는 복싱경기를 점차적으로 발전시킬 것을 계획할 뿐 급속한 발전을 요구치 않는다.

체육활동은 인체미와 운동미로서 사람들에게 미적향수를 안겨주어야 한다. 그렇지 않고 여자가 남성화되어 경기에서 머리가 헝클어지고 이빨로 물어뜯고 쥐어뜯어서 얼굴이 퍼렇게 멍이 들고 피와 살을 분간하기 어렵게 된다면, 적어도 심미적인 차원에서는 취할 바가 아닌 것이다.

상해사고가 많이 발생하는 종목에 대해서는 체육계에서 노력을 다하여 개선해 나가고 있다. 다시 말하자면, 늘 사람을 때려죽이는 복싱경기 같은 데서 아마추어 선수의 경기는 이미 보호용 헤드기어를 사용하고 있다. 펜싱 역시 비교적 위험한 운동이다. 1983,4년에 영국과 독일에서 각각 한 사람씩 펜싱경기 도중에 목숨을 잃었다. 이에 국제펜싱협회에서는 안전한 펜싱과 펜싱복을 만들어 야만적인 유혈사건들 방지하기로 결정하였다.

고대 복싱경기에서 마음대로 상대방의 아무곳이나 때릴 수 있었던 것에서 근대로 접어들면서는 흉부 이상과 면부만을 치는 것으로, 그리고 현대에 와서는 헤드기어를 쓰는 것으로 발전하여 왔다. 여자들이 경기에 참가할 수 없던 것에서 참가할 수 있는 것으로, 복장의 스매가 길었던 것에서 짧은 것으로, 운동성적이 남자와 큰 차별이 있던 것에서 점차 작아지는 등등의 이와 같은 모든 것들은 체육문명의 진보를 나타내 주는 것이다.

국제체조연합회에서 공포한 새로운 규정동작의 점수표준어서 〈독특성 · 숙련성 · 위험성〉을 〈독특성 · 숙련성 · 용감성〉으로 고쳐 버린 동시에 선수들이 동작을 취할 때 자신의 신체를 완전히 제어할 수 있어야 된다고 강조하고 있다. 『그 어떤 정황에서든지 용감성은 완미한 완성정황으로 보증이 되어야 한다.』(《국제남자체조평가법칙》 제10장) 이러한 개선은 동작의 위험성만을 추구하는 것을 제한하여 관중들에게 긍포감을 주는 것을 피하겠다는 것을 표현하는 것이고, 〈용감〉을 제창하는 것은 동작의 안정성을 추구하며 난이도와 미관의 조화로운 통일을 강조하는 것이라고 전문가들은 인정하고 있다.

체육운동 중에서 발휘해야 할 것은 엄격한 기술규범의 약속을 받는 고도의 운동기교에 필수적인 창조력이며, 표현되어야 할 것은 자연을 정복하려는 인류의 의지 · 영예감 및 아름다운 정신적 재부들 많이 창조하려는 숭고한 사상감정이어야 한다.

1964년 국제체육문명위원회와 유네스코위원회에서는 공동으로 〈국제체육문명상〉을 설립하였다. 이 상은 1년에 한 번씩 그 해에 개최되었던 체육경기에서 양호한 도덕풍모를 보여준 운동팀과 운동선수에게 수여하기로 되어 있다. 1984년에 이 상을 받은 이집트의 유도선수 모하메드 알리 라흐만은 제23회 올림픽경기에서 상대방의 다리에서 피가 흐를 때 스스로 경기장에서 퇴장하였다. 결과적으로 그는 2등에 머무르고 말았다. 또 한 사람은 폴란드의 역도선수인데 그는 세계청년역도경기에서 동메달을 거절하였다. 그의 설명에 의하면, 그와 성적이 같은 다른 선수의 체중을 잴 때 체중기의 고장으로 자기의 체중이 원래의 체중보다 0.5kg이 줄어들었다는 것이었다.

더욱 넓은 영역에 걸쳐 체육은 문명화된 생활방식을 정립시켜 나가는 데서 중요한 작용과 영향을 일으킬 것이다.

미래의 체육은 과학·문명·건강·아름다운 새생활을 구성하는 데 필수불가결한 요소인 것이다. 앞으로 미래사회에서는 누구든지 체육을 필요로 한다. 앨빈 토플러는 다음과 같이 말하고 있다.『설령 그들이 정보산업에 종사한다 하더라도, 다시 말해서 하나의 추상세계 속에서 일하는 사람일지라도 항상 구체적 실천을 하는 세계에 돌아와야 한다. 이는 사람들과 접촉하고 신체를 보호해야 하고 건강에 유의해야 함을 말하는 것이다. 이상에서 볼 때, 그들도 신체와 감각기관을 통해 주위환경과 접촉해야 하는 것이다. 예를 들면 꽃을 기른다든지, 밥을 짓는다든지, 뱃놀이를 한다든지, 축구를 한다든지, 춤을 추는 등의 체력활동을 해야 하는 것이다.』바로 이러한 미래의 세계는 사람마다 체육을 떠날 수 없기 때문에『우리는 미학에 대하여 연구를 한 사람, 심미적 기능과 체육기능이 있는 사람, 민감한 관리자 및 조직자 들이 필요하다. 이것은 다방면의 재능을 요구하는 것으로써 이미 알고 있는 기술만으로는 부족하기 때문이다.』(앨빈 토플러《예측과 전제》상편)

미래의 체육문명 혹은 문명체육은 체육에서 〈미〉와 같이 우리들의 창조를 기다린다.

창조에서 미래로

예술은 인류가 창조한 것이다.

예술만이 아니라 인류의 모든 문화는 모두 창조를 필요로 하고 갱신을 기다린다. 지구에 사람이 생기면서 동시에 인류사회가 생겨났다. 사람은 일단 사회에서 생산노동에 종사하기 시작하면서 자연적 생물류인 동물과 구별되었다. 사람은 자신의 객관수요에 따라 예정한 목적대로 자각적으

귀신부리는 책
혼백론

인류 최초로 공개되는
혼백론(魂魄論), 귀신론(鬼神論)

만약 귀신(鬼神)이 없었다면, 신(神)이 없었다면 인류 문명은 지금 어떤 모습일까? 귀(鬼)는 무엇이고, 신(神)은 무엇인가? 인간의 정신(精神)은? 그리고 혼백은? 혼(魂)과 백(魄)은 같은가, 다른가? 영혼(靈魂), 혼령(魂靈), 심령(心靈), 정령(精靈)… 다 그게 그건가? 초문명의 시대, 이런 것 하나 제대로 정리도 안해 놓고 천당이니 지옥이니, 윤회니 해탈이니 하면서 무조건 엎드리라고만 하는데 과연 믿어도 될까? 혼백과 귀신을 모르고는 그 어떤 종교도 철학도 진리(지혜)에 이를 수 없다.

인간은 자신을 속이는 유일한 동물이다. 인간에겐 '헛것'이 가장 크고, '없는 것'이 가장 무겁다. 버리기 전에는 절대 못 느낀다. 그렇지만 '있는 것'은 버려도 '없는 것'은 못 버리는 게 인간이다. 수행은 그 '없는 것'을 버리는 일이다.

본서는 특정한 종교나 방술, 신비주의를 선전코자 쓴 책이 아니다. 오로지 건강한 육신에 건강한 영혼이 깃든다는 명제 아래 유사 이래 인간이 궁금해하던 것, 오해하고 있던 오만가지 수수께끼들을 과학적이고 논리적인 관점에서 풀어냈는데, 이미 많은 독자들이 "왜 진즉에 이 생각을 못했을까!"하고 탄식을 하였다. 더하여 수행자는 물론 일반인의 건강과 치매 예방을 위해 사색산책법, 호보(虎步), 축지법(縮地法), 박타법(拍打法) 등 갖가지 무가(武家)와 도가(道家)의 비전 양생법들도 최초로 공개하였다. 이제까지 아무도 말해 주지 않았던 비밀한 이야기들로 한 꼭지 한 꼭지가 수행자나 탐구자들이 일생을 통해 좇아다녀도 얻을 수 있을까말까 하는 산지혜들이다. 문명의 탄생 이래 인류가 감춰야만 했던 엄청 불편한 진실 앞에 '천기누설'이란 단어를 절로 떠올리게 된다.

東 文 選

신성대 지음/ 상·하 각권 19,000원/ 전국서점 판매중

인류의 마지막 수수께끼,
혼백(魂魄)을 풀다!

유사 이래 사람들은 정신이 곧 영혼이라 믿어 왔다. 하지만 그것만으로는 도무지 풀리지 않는 무엇이 있다. 그걸 찾고자 철학자들은 "너 자신을 알라!"며 끝없이 추궁을 해대고, 불교에서는 '참나'를 찾는다고 누천년을 수색해 왔지만 아직도 딱히 명확한 실체를 제시하지 못하고 모호하고 신령스런 어떤 것으로 얼버무리고 있다.

과연 영혼이란 무엇인가? 그리고 마음은 어디에 숨었단 말인가? 죽어서 우리 영혼이 넘어갈 저승 세계는 과연 있기나 한가? '혼백(魂魄)'은 어쩌면 인류가 그토록 찾아 헤매던 판도라의 마지막 상자가 아닐까? 인류 최초, 혼백(魂魄)으로 정신세계와 물질세계를 가른다!

- 산책의 기술, 사색의 비밀
- 걸어야 뇌(腦)가 산다
- 걷기만 잘해도 20년은 더 산다
- 도가비전양생기공 '호보(虎步)'
- 발끝으로 명상한다
- 혼백을 가르면 마음을 본다

- 마음을 알면 지혜의 문이 열린다
- 혼백을 알면 귀신을 본다
- 인류 최초의 야바위 귀신놀음
- 신성한 모든 것은 진실이 아니다
- 혼을 넣고 빼는 비밀
- 귀신을 보고 만들고 부리는 법
- 귀신도 몰랐던 귀신 이야기

신성대(辛成大)

1954년 경남 영산(靈山) 출생으로 16세에 해범 김광석 선생에게서 조선의 국기인 무예 십팔기(十八技)를 익히고, 이후 40여 년 동안 십팔기의 전승과 보급에 힘써 왔다. 현재 (사)전통무예십팔기보존회 회장으로 십팔기와 더불어 수행법, 도인양생공을 지도하고 있다. 저서로는 《무덕(武德)-武의 문화, 武의 정신》《품격경영(상/하)》《자기 가치를 높이는 럭셔리 매너》《나는 대한민국이 아프다》 등이 있다.

로 체육시설과 방법을 창조하여 자신의 체질개선에 큰 영향을 불러일으켰다. 풍부하고 다채로운 운동형식은 신체의 생물학적 의의에서 양호한 변화를 가져왔을 뿐만 아니라, 중요한 문화가치도 산생시켰다.

인류가 사회생활에 종사하는 동기와 효과를 통하여 마르크스·엥겔스는 생존·향수·발전의 3단계 수요의 만족이라고 인정하고 있다. 이런 수요의 추세하에 사람들은 사회실천 중에서 인류의 수요에 만족을 주는 사회활동과 문화현상을 창조하였다. 체육 역시 이렇게 인류가 계획적이며 의도적으로 자신의 생존·향수·발전의 수요를 만족시키려는 사회활동인 것이다.

체질을 증강시키려는 실천활동은 오랜 과정을 거쳐왔으며, 신체발육의 법칙은 날로 사람들에게 이해되고 활용되고 있다. 체육의 방법·효과·과정 등은 날이 감에 따라 인류생활의 다른 부분과도 밀접한 연계를 가지므로써 사회생활의 내용을 갖추어 체육으로 하여금 인류지혜의 결정체가 되게 하였고, 인간의 능동적인 창조를 개괄적으로 표현하게 하였다.

바로 이와 같은 체육활동이 사람들로 하여금 자신의 사회수용에 부합되는 생물적 잠재력과 생존능력을 높이며, 사회문화생활을 풍부히 하여 인간 자체의 체질과 정신의 모든 방면의 발전과 완미화를 촉진하기 때문에 1천백여 년 동안 인간은 체육실천과 탐색을 끊임없이 진행시켜 왔으며, 체육활동 역시 인간의 수요가 발전함에 따라 체육활동의 실천 속에서 점차적으로 자신의 내용과 형식을 변화시키면서 내실을 기해오고 있다. 1896년 제1회 근대올림픽에는 주요 경기종목이 겨우 육상·수영·체조·펜싱·레슬링·역도·테니스·사이클링의 8개 종도 속에 43개의 단일종목이 있었을 뿐이다. 그러나 1984년 제23회 올림픽에서는 21개 주요종목에서 220개의 단일종목으로 늘어났다. 앞으로도 계속 증가할 추세이다. 이는 인류의 창조력이 무한함을 나타내 주고 있다.

체육의 미를 어떻게 이해할 것인가? 그리고 미를 어떻게 표현할 것인가? 또한 어떻게 체육의 미를 창조할 것인가? 이러한 것들은 모두가 체육미학이 해결해야 할 실제적인 문제이다.

현대체육은 과학기술의 창조를 동력으로 삼고 심미창조를 지향점으로 삼아 양자를 긴밀히 결합하여, 체육으로 하여금 이상적인 경지에 이르도록 촉진하고 있다.

미래를 향하고 있는 사람들은 모두가 창조자이다. 그들의 심미감수는 축적·심화와 완미화를 거쳐 목적성을 지닌 심미이상을 형성하며, 그것이 다시 적극적으로 대상화되어 새로운 심미대상을 산생시킨다.

미래의 체육이 미를 창조하는 활동이 될 때 부단히 아름다운 운동을 창조할 것이며, 아름다운 리듬 속에서 신체의 발전뿐만 아니라 정신상·심미능력상의 발전도 촉진될 것이다.

체육미학의 연구는 체육활동에서 새롭고 보다 많은 미를 창조하기 위한 것이다. 사람들의 발전은 끝이 없고 사회생활의 발전도 끝이 없으며, 인간의 심미수요의 발전도 끝이 없다. 따라서 체육의 발전도 끝이 없는 것이다. 칸트와 헤겔은 모방을 경시하고 창조를 찬미했다. 그들은 심지어 창조하려고 하지 않는 사람은 미래가 없다고 말했다.

사람은 객관세계의 거울이 아니라 주관을 지닌 능동적인 인식과 실천의 주체이며, 모든 것을 창조할 수 있는 위대한 역량을 가졌다. 인간은 미의 법칙에 따라 세계를 창조하고 미를 창조한다.『자신에 대해서까지도 자연형태 그대로 두는 것이 아니라, 의식적으로 변화해야 한다.』(헤겔《미학》제1권 39쪽) 체육이 일단 창조를 떠난다면 생명력을 잃을 것이고 아름다움을 잃을 것이며, 발전할 수 없게 될 것이다.

미감이 없는 사람은 미래가 없는 사람이며, 창조가 없는 사람 역시 미래가 없는 사람이다. 우리들은 체육활동에서 이렇게 많은 미를 발견하였다. 그렇지만 여기서 머물러서는 안 될 것이다. 레닌은『사람의 의식은 객관세계를 반영할 뿐만 아니라 객관세계를 창조한다』라고 하였다.(레닌《철학노트》288쪽)

우리는 체육활동에서 얻은 심미의식으로 예술화된 체육을 창조하여 미래의 체육에서 더욱 강렬하고 더욱 집중적으로 미를 표현하여야 한다. 국민들의 생활은 미를 필요로 하고, 이 시대가 미를 필요로 하며, 체육의 미래는 더욱 〈미〉를 필요로 할 것이다. 인류의 지혜가 응집된 미래의 체육은 반드시 더욱 숭고한 심미이상審美理想을 반영할 것이다.

후 기

체육활동에 미가 존재한다는 것을 부인하는 사람은 없다. 그 특수한 심미가치는 다른 것으로 대체할 수 없다는 점도 사실이다. 현대사회는 체육을 과학의 궤도로까지 이끌어 올렸다. 그러나 이상적인 미래로 달리는 과정에서 절박하게 미학을 필요로 한다.

체육활동 가운데서 색채영롱한 미에 대하여 그저 현상면에서의 일반적 묘사에 그친다면, 결코 아무런 문제도 해결할 수가 없다. 다른 일면에서 보면 중국의 많은 학자들은 〈본질〉적인 문제에 대하여 마치 특별한 취미를 갖고 있는 듯한데 그들은 장시간에 걸쳐 아무런 결과도 없는 쟁론에만 열중하고 있다. 본서는 이 방면에 한해서 지나치게 문장을 소모하지 않으면서 사고의 맥락과 하나의 틀을 보여주는 데 그 중점을 두면서, 되도록 진부하고 편협적인 관념을 피하면서 체육사업이 아름다운 미래의 큰 길을 향하여 줄달음치는 가운데서 보다 경쾌하고도 힘있는 템포로 전진하는 데 도움이 되기를 시도하였다.

새로운 물결이 세계를 휩쓰는 이 시대에 그 어떤 새로운 성과이든 거기에는 모두 군체群體의 지혜가 응집되어 있으며, 그것을 저술한 사람은 그 대변인에 불과할 뿐이다. 《체육미학》이 70년대 말기에 조성되고 있을 때 수년을 하루와 같이 열심히 지도해 주셔서 나로 하여금 문예창작 실천에 종사하도록 도와 주신 작가협회 사천회의 천즈광(陳之光) 선생님의 힘을 입었다. 그는 비록 나를 작가로 키우지는 곳했지만, 그의 노력은 나로 하여금 기본적인 문예이론지식과 창작능력을 구비하게 하였다. 1980년 내가 펴낸 《체육미학초탐體育美學初探》은 성도체육학원체육연구소成都體育學院體育研究所의 리슈망(李秀芳) 교수, 둥쓰헝(董時恒) 교수, 저우시콴(周西寬) 교수의 열정에 넘치는 고무와 격려·지지를 받았던 바 그들은 나에게 적절하고도 합당한 의견을 제출해 주었던 것이다. 또 인민체육출판사의 얜웨이런(閻維仁) 선생, 《신체육》 잡지사의 씌위메이(史玉美) 선생의 적극적인 부추김은 내가 계속 글을 쓸 수 있도록 자신감을 심어주었다.

몇 년간의 노력과 몇십 편의 문장을 발표한 기초상에서 나는 이 신흥학과(미학)에 참답게 하나의 기틀을 세워보려는 생각이 움트기 시작하였다. 중국과학원 도서관의 후원칭(胡文琼), 중국과학원 고대사연구소 허중런(何重仁), 중국대백과전서출판사 까오쭝왠(郜宗遠), 서남사범대학역사학부 떵팅량(鄧廷良), 길림체육과학연구소 왕루이(王瑞) 등은 나에게 대량의 중문中文과 외문外文 자료를 제공하여 주었다. 대련의학원의 바이춘위(白春育) 교수와 본원의 얜조루(顏紹淚), 후이추(惠蜀), 바이청썽(白澄聲) 등의 동지들은 내가 국외의 연구동태를 장악하도록 십분 구체적인 도움을 주었고, 나의 연구사업을 위하여 없어서는 안 될 양호한 조건을 창조하여 주었다.

1983년 본원 체조학부의 선생님들도 내가 학생들을 위하여 《체육미학》 강좌를 개설하는 것을 격려해 주셨다. 다음해 장앤(張巖) 등 여러 선생님들의 심사결정을 거쳐 교무처에서는 《체육미학》 시용試用 교재가 인쇄되어 이 학과가 정식으로 체육대학의 새로운 이수과목이 되었다.

나는 미학을 배우는 과정에서 사천대학중문학부 문예미학연구실의 왕쓰더(王世德) 교수께로부터 배운 것이 많다. 그는 전국미학학회이사, 사천성미학학회장의 차원에서 서序를 써주어 미학계의 체육발전에 대한 관심과 지지를 표현하였다. 중화전국체육총회부주석 겸 중국무술연구원장 쉬차이(徐才) 동지도 흔연히 본서를 위하여 서序를 썼는데, 이는 미학이 체육영역에 진입한 데 대한 환영을 표시한 것이다. 나는 여기에 대해 〈감사합니다〉 따위의 말은 하지 않겠다.

1986년 3월 성도체육대학에서　胡 小 明

그림설명

1. 레슬러가 그려진 오스트라콘

석회암. 높이 29cm. 고대 이집트 제19~20왕조.

고대 이집트에서는 파피루스가 너무 비싸기 때문에 예술가들은 오스트라콘 Ostracon(토기 조각이나 석회암 조각)의 평평한 면에 간단한 스케치나 그림을 그렸다.

2. 텀블링 그림의 오스트라콘

석회암. 길이 16.8cm. 고대 이집트. B.C.1180년.

3. 마라토너가 그려진 암포라

도기陶器. 그리스, 기원전 6세기경. 대영박물관 소장.

4. 레슬링선수

청동. 길이 15cm. 로마, 기원전 7~6세기경. 칼리아리 고고학박물관 소장.

뉘어져 있는 선수와 그를 올라타고 있는 승리자의 모습. 둘 다 짧은 튜닉을 입고 있으며, 가슴에 작은 단도가 매어져 있다.

5. 뼈항아리 뚜껑

진흙 도기. 직경 30cm. 그리스 로마시대. 키우지 고고학박물관 소장.

이 뚜껑은 기하학적 형상과 기호·점 들로 장식되어 있다. 뚜껑 꼭대기에 있는 손잡이는 서로 껴안고 있는 벌거벗은 두 사람으로 되어 있다. 이것은 죽은 이를 추모하여 레슬링을 하는 모습으로 해석된다. 왜냐하면 이 뚜껑은 키우지Chiusi의 폿지오 렌쪼 묘지에서 발견된 철기시대의 장례용 항아리의 뚜껑이기 때문이다.

6. 꼴레 무덤의 벽화

기원전 약 475~450년경. 피렌체 고고학박물관 소장.

1833년 키우지에서 발견된 꼴레 무덤의 벽에 그려진 벽화의 사본. 무덤 입구에 있는 방의 벽 반쪽에는 음악을 들으며 하인들의 시중과 함께 손님들과 식사를 하는 장면이 있고, 다른 반쪽에는 장례식 경기의 그림이 있는데, 그 중에 할테레스 Halteres(덤벨의 일종)를 들고 멀리뛰기를 하는 선수·춤추는 사람·플루트를 부는 두 사람 사이로 춤추는 여인·권투선수·경기의장의 관전하에 경기를 벌이는 두 명의 레슬링선수·3대의 전차가 벌이는 경기 등이 그려져 있다.

7. 판크라티움 경기 벽장식

대리석판. 크기 84×85cm. 로마, 체칠리아 메텔라Cecilia Metella의 무덤 근처에서 발굴. 기원전 3세기 중엽.

두 명의 판크라티아스트가 벌거벗은 채 싸우고 있다. 오른쪽엔 글러브로 상대방을 패배시키고 당당히 서있는 벌거벗은 투사가 있다. 넘어진 선수의 조각은 한 다리와 한 팔밖에 남아있지 않다. 이 두 선수 옆으로 제3의 인물의 팔이 보이는데,

아마도 경기를 중단시키려는 심판의 팔일 것이다.

8. 에트루리아의 흑화식 디노스

진흙 도기. 높이 24㎝, 직경 23㎝. 기원전 6세기 말. 아렛쪼 고고학박물관 소장.
밝은 밤색의 진흙 위에 백·적·흑색 물감으로 채색. 마주 보고 있는 두 명의 레슬링 선수의 모습으로, 서로 머리를 맞대고 손으로 상대방의 팔목을 잡으려 하고 있다.

9. 원반 던지는 사람

높이 13.5㎝. 기원전 450～425년경. 피렌체 고고학박물관 소장.
이 작은 상은 기원전 5세기 중엽. 아르고Argo의 폴리클리투스Polycletus에 의해 만들어진 작품의 영향을 받은 것이다. 이러한 유형은 로마시대의 일련의 복제품에 의해 널리 알려졌다.

10. 앗티카의 적화식 킬릭스 세부

직경 18.5㎝. 피렌체 고고학박물관 소장.
그릇의 내부 그림으로, 오른손에 스트리질리스를 들고 머리에는 띠를 두르고 벌거벗은 채 서있는 호플리토드로스의 모습이다. 그의 얼굴은 그에게 투구와 방패를 건네주려고 하는 소년을 향하고 있다.

11. 앗티카의 흑화식 마스토이데

높이 9㎝. 기원전 6세기 말. 피렌체 고고학박물관 소장.
그릇 표면에 연무장 안의 장면이 그려져 있다. 망토를 두른 청년, 운동 경기자, 의자에 앉아있는 한 여자와 서있는 또 다른 여자가 있는데 모두들 손에 한두 개의 창을 들고 있으며, 채찍을 들고 망토를 두르고 있는 감독관인 듯한 청년과 함께 권투시합을 관전하고 있다.

12. 권투선수

대리석. 높이 165㎝. 기원전 5세기 중엽. 나폴리 국립고고학박물관 소장.
머리의 올리브관과 오른팔의 권투 글러브로 미루어보아 승리자의 모습 같다. 오른쪽 발 밑에 조그마한 헤르메스Hermes(신들의 사자)의 전신상이 보인다.

13. 원반 던지는 사나이

대리석. 높이 131㎝. 2세기.
디스코보로스의 작품으로 로마시대의 모각模刻의 하나이다. 원작은 저명한 조각가 미론Myron으로 기원전 450년 무렵에 청동으로 만들어졌다. 1792년 하들리아누스 황제의 디보리 별장에서 발견되어, 골동품 수집가 찰스 타운레에 의해 대영박물관에 보내졌다. 타운레는 형상의 머리 부분을 앞쪽으로 향하도록 고쳤으나 그것은 잘못되었다. 본래는 뒤쪽을 향해 곧바로 원반을 보고 있어야 했다.

14. 앗티카의 적화식 종 모양 술잔

진흙 도기. 높이 30㎝, 직경 34㎝. 기원전 410～400년. 피렌체 고고학박물관 소장.
앞면에는 릴레이 경기에서 우승한 부락의 대표선수에게 상이 수여되고 있다. 옆에 한 사법관이 동반하고 있으며 뒤로 횃불이 보이고 있다.
뒷면에는 횃불로 바톤을 삼은 전차 릴레이 경기의 마지막 장면이 보이는데, 이러한 장면은 기원전 5세기 말에서 4세기 초까지의 앗티카Attica 화병에서 흔히 볼 수 있는 주제이다. 이것은 아마 기원전 421～420년경의 헤파이스테이아Hephaisteia(헤파이토스神을 위한 경기)의 재조정으로 릴레이 경기가 포함된 것과 관계가 있을 것이다.

15. 앗티카의 적화식 히드리아

높이 26.5cm, 직경 22.5cm. 기원전 500년경. 피렌체 고고학박물관 소장.

덤벨을 들고 멀리뛰기를 하는 선수와 원반 던지는 선수, 창을 던지는 선수의 옆모습이 보인다.

16. 앗티카의 흑화식 잔

높이 11cm, 직경 16cm. 기원전 6세기 말.

외투를 걸친 두 관객 사이에서 싸우고 있는 두 레슬링선수.

17. 암포라

높이 51.3cm, 최대직경 31.5cm. 기원전 575~550년. 피렌체 고고학박물관 소장.

헤라클레스의 신화와 테에베를 공격하러 떠나는 아르고스의 왕 안파아라오의 숙명적인 출정 장면. 스포츠 열기가 넘치는 상황을 표현하고 있는 전차경주 장면이 특히 흥미롭다. 경기장의 관중들, 상품을 전시한 삼각대, 목적지로 이동하는 기둥 등이 보인다.

18. 운동선수의 장례식 부조

사암. 높이42cm, 폭 41.5cm. 피렌체 고고학박물관 소장.

망토를 입고 이중피리를 부는 음악가와 벌거벗은 채 양손을 위로 든 운동선수들. 운동경기보다는 장례식의 모습 같다. 다른쪽 면에는 죽은 이의 모습, 슬퍼하는 이들의 모습, 무희들의 춤추는 모습이 부조되어 있다.

19. 앗티카의 적화식 킬릭스

높이 9.5cm, 직경 23.5cm. 기원전 490년경. 피렌체 고고학박물관 소장.

벌거벗은 채 싸우고 있는 레슬링선수의 모습으로 한 사람은 차양 없는 모자를 쓰고 있다. 히마티온을 걸치고 양말을 신은 파이도트리베스가 굽은 지팡이로 두 선수에게 주의를 주면서 연습시키고 있다.

20. 19의 부분도

21. 앗티카의 적화식 킬릭스

높이 9cm, 직경 20cm. 기원전 480년경. 바농비유 소장품.

그릇의 내부 그림으로 활을 쏘고 있는 사수의 오른쪽 옆모습이 보인다. 허리띠로 동여맨 소매 없는 옷을 입고 트라키아식 양말을 신고 있다.

22. 앗티카의 적화식 물병

높이 38cm. 기원전 430~420년경. 아렛쪼 고고학박물관 소장.

높은 깃 장식이 달린 투구를 쓰고 창과 방패를 든 군인이 전차에서 떨어질 듯한 모습을 하고 있고, 그의 앞에는 네 마리의 말이 끄는 전차를 몰고 있는 망토를 입은 청년의 모습이 보인다.

23. 앗티카의 적화식 킬릭스

높이 12cm, 직경 34cm. 기원전 500년경.

그릇 내부의 바닥에 던질 준비를 하고 있는 원반 투수의 그림이 있다. 머리에는 관을 쓰고 있으며 발 옆에 곡괭이와 덤벨이 보인다.

24. 앗티카의 적화식 킬릭스

원의 직경 13cm. 기원전 500년경.

그릇 내부의 바닥에 투창선수였던 아콘티스테스의 벌거벗은 모습이 그려져 있다. 머리에는 관을 쓰고 있으며, 이제 막 창을 던지려 하고 있다.

25. 앗티카의 적화식 킬릭스

높이 8.4cm, 직경 20cm. 기원전 490~480년경. 피렌체 고고학박물관 소장.

그릇의 내부에 무릎을 꿇고 앉아 장갑 끈을 고쳐 매고 있는 권투선수의 모습이 보인다. 위에는 가방과 덤벨이 있고, 뒤에는 긴 막대기가 벽에 기대어져 있다.

26. 육상 경기 부조

사암. 높이 26cm, 넓이 66cm. 기원전 6세기 말~5세기 초. 피렌체 고고학박물관 소장.

상당 부분이 손상된 이 받침대는 키우지Chiusi 지방 특유의 사암으로 된 장례용 기념비의 전형이다.

다섯 명의 선수가 참가한 경주 장면이 부조되어 있으며, 또한 오른편으로는 지팡이에 기대어 있는 두 남자와 의자에 앉아 있는 사람을 볼 수 있는데 이들은 심판관으로 보인다.

27. 우승 메달

청동. 직경 4.2cm. 로마 기원후 1세기경.

종려나무 가지를 들고 사두전차에 타고 있는 승리자의 모습이 새겨져 있다.

28. 검투 장면의 부조

대리석. 높이 75cm, 길이 123cm. 기원전 1세기 후반. 국립고대로마박물관 소장.

두 검투사가 마주 보고 싸우고 있다. 같은 복장을 하고 있는 것으로 보아 둘 다 프로보카토레스 계급에 속하는 검투사임을 알 수 있다. 테두리 등에 씌어진 글로 보아 이 부조는 실제로 행해졌었을 것으로 여겨지며, 어떤 인물의 기념비를 장식토록 만들어진 작품임을 알 수 있다.

29. 에트루리아의 흑화식 물병

높이 27cm. 기원전 6세기 말~ 5세기 초엽. 피렌체 국립고고학박물관 소장.

원반을 던지려고 하는 벌거벗은 원반 투수가 있고, 그 앞에 이중피리를 부는 음악가가 있다. 이 장면은 아마 스포츠 행사에 피리를 불었던 관습을 반영한 것일 터이다.

30. 전사상戰士像

사암. 높이 32cm. 11세기경. 인도 카쥬라호 출토.

이 단편은 카쥬라호의 힌두교 사원을 장식하고 있는 군상 중의 하나이다. 비상 중인 악마와 싸우는 전사를 나타내고 있다.

31. 전국戰國시대의 동호銅壺

높이 40cm, 구경 13.4cm. 중국 사천성 출토.

뚜껑에는 오리 모양의 손잡이 3개가 달려있다. 몸체에는 화려한 연악宴樂 · 궁술연습 · 수륙공전水陸攻戰의 모습이 상감된데다 도금이 되어 있다.

32. 31의 문양 전개도

동호銅壺의 도안 제1층 왼쪽 부분은 궁술弓術을 연습하는 장면이다. 회랑 처마 밑에 두 사람이 활을 쏘고 있다. 그 뒤에 한 사람, 그 아래에 다섯 사람이 있다. 두 사람이 사수 앞쪽에 〈侯〉가 있고, 그 앞에 양손으로 깃발을 들고 칼을 찬 사람이 한 명 있다. 이 사람은 득점을 알려주는 자로 여겨진다.

제2층 오른쪽 부분은 끈이 달린 활을 쏘는 도안과 궁술을 연습하는 장면이 보인다. 지상에서는 몇몇 사수가 끈이 달린 화살로 기러기를 잡고 있다.

33. 전국戰國시대의 동호銅壺

높이 31.6cm, 구경 10.9cm. 하남성 출토.

형태와 상감한 금속 도안은 〈그림 31〉의 동호와 비슷하지만 뚜껑이 없다.

34. 33의 문양 전개도

모두 3층으로 나누어져 있으며, 제1층에 궁술연습 장면이 보이고, 제2층에는 끈 달린 화살을 쏘는 장면이 보인다. 제3층에는 노를 젓고 수영을 하는 장면이 상감되어 있다.

35. 수영을 즐기는 크리슈나

종이. 높이 35.6cm, 길이 45.7cm. 인도. 1820년경.

코피Copy(牛飼女)들과 야무나 강에서 수영을 즐기고 있는 크리슈나.

36. 후한後漢시대의 석각백희도石刻百戲圖

산동성 한묘漢墓 화상석畵像石의 탁본으로 칼춤·줄타기·마술馬術 등 여러 가지 놀이가 보인다.

37. 당唐시대의 상박도相撲圖

감숙성 돈황 막고굴 출토.

농담이 없는 진한 선을 사용하여 서로 엉켜 싸우고 있는 씨름선수의 체격을 훌륭하게 표현해내고 있다.

38. 송宋시대의 상박도相撲圖

산서성 송묘宋墓 벽화를 묘사한 그림이다. 모두 검은 두건을 쓰고 신발을 신고 있다. 가운데 두 사람이 씨름을 하고 있고 좌우 두 사람은 이를 지켜보고 있다.

39. 고구려 무용총舞踊塚의 각저角抵(角力) 벽화

맨발의 두 무사가 서로 마주 보며 겨루고 있다.

40. 고구려 각저총角抵塚의 벽화

두 무사가 커다란 나무 아래에서 샅바를 차고 씨름을 하고 있다. 오른쪽에는 백발에 긴 수염을 한 노인이 지팡이를 짚고서 이를 지켜보고 있다.

41. 전한前漢시대의 화상전畵像磚

높이 11cm, 폭 7cm. 하남성 정주시 출토.

공중의 새를 향해 활을 쏘고 있다.

42. 전국戰國시대의 각저동식角抵銅飾

길이 13.8cm, 폭 7.1cm. 섬서성 장안현 출토. B.C.475~221년.

이 구리 장식은 장안長安 객성장客省莊 제140호묘에서 출토된 것으로, 무덤 임자의 허리 양측에 2개가 끼여 있었던 것으로 보아, 허리띠의 장식물로 생각된다. 두 사람이 말을 뒤에 세워 두고 맞붙어 씨름을 하고 있다.

43. 청淸시대 《새연사사도塞宴四事圖》의 부분

전장 560cm, 폭 320cm

이 두루마리 그림은 건륭황제가 승덕承德의 피서산장에서 군신들을 위로하는 주연 장면을 그린 것이다. 청대의 지배계급은 자신들의 세력을 지키기 위해 무공武功을 중시하였는데, 궁정이나 민간을 막론하고 씨름이 성행하였다. 조정에는 《선박궁善撲宮》이 설치되었고, 팔기八旗 중 씨름에 강한 자를 집증적으로 훈련시켜 연회 때 시합을 즐겼다.

44. 명明시대의 각본刻本《충의수호전전忠義水滸全傳》의 그림
양산박梁山泊에서 연청燕靑과 고태위高太尉가 씨름하는 장면을 적절하게 표현하고 있다.

45. 명明시대의《사녀도仕女圖》의 부분
사녀仕女들이 추환捶丸을 즐기고 있는데 현대의 골프와 너무나 흡사하다.

46. 진秦시대의 나무 빗
호북성 강릉江陵 봉황산鳳凰山에서 출토된, 옻칠로 각저角抵(角力)를 그린 나무로 만든 빗이다.

47. 요遼시대의 진급지陳及之의 두루마리 그림《편교회맹도便橋會盟圖》의 부분
전장 714.9cm, 폭 36.2cm
이 그림은 무덕武德 9년(626) 당태종 이세李世가 돌궐족의 키츠리카칸과 장안성 서쪽에 있는 위수渭水의 편교에서 회합하여 맹약을 맺는 정경을 묘사한 그림의 일부이다. 격구擊毬를 하는 그림으로 서로 공을 빼앗으려고 다투고 있다.

48. 당唐시대의 격구도동경擊毬圖銅鏡
직경 19.7cm.
두 명의 기수가 한 개의 공을 다투고 있는 장면들로 말을 달리며 공을 다루는 주요 동작을 잘 표현하고 있다.

49. 청淸시대의 소림사 백의전白衣殿 벽화
소림사의 승려들이 무술을 연마하는 그림으로 청나라 말기에 그려졌다.

50. 전한前漢시대의 백화도인도帛畵導引圖
호남성 장사長沙 마왕퇴馬王堆 3호묘에서 출토된 그림의 복원도이다. 인물들의 성별·연령·복장·동작이 제각기 다르다. 웃옷을 벗고 맨발인 사람, 여러 가지 색깔의 긴 옷을 입은 사람, 막대기를 든 사람도 있다. 특히 주의해야 할 점은 여성이 그 절반을 차지한다는 것이다. 그림 속의 인물의 높이는 9~12cm인데 각기 다른 인물이다. 이 〈도인도〉는 중국에서 이제까지 발견된 것 중 가장 오래된 건신도健身圖에 해당하는 것으로 중국의 무술사·체육사·의학사에 매우 중대한 자료가 된다.

51. 원元시대의 추환도捶丸圖
산서성 수신묘水神廟 명응왕전明應王殿 벽화.
주황색의 긴 도포를 입은 두 남자가 추환을 하고 있다. 한 사람은 짧은 구장毬杖으로 상반신을 구부려 공을 치는 자세를 하고 있고, 다른 한 사람은 앞쪽의 원에 주의를 기울이고 있다. 두 명의 시종 중 한 명은 공을 치고 있는 사람에게 원의 위치를 가리키고 있다.
추환捶丸은 막대기로 공을 치는 놀이로서 당唐 때의 보타구步打毬(걸으면서 공을 치는 경기)에서 발전된 스포츠이다.

52. 명明시대의 그네뛰기
명대의 각본刻本《삼재도회三才圖會》에 나오는 그네뛰기 그림.

53. 원元시대의《축국도蹴鞠圖》
송宋 말에서 원元 초에 활약한 유명한 화가 전선錢選의 작품. 송나라 태조 조광

윤趙匡胤과 태종 조광의趙匡義가 조보趙普 등 가까운 시종들과 축국을 즐기는 장면을 묘사한 것이다. 그림이 맑고 아담하며 선묘線描가 고풍스럽고 소박하다.

54. 명明시대의 《사녀도仕女圖》의 부분

명대의 화가 두근杜菫이 그린 두루마리 그림의 일부로서 다섯 명의 사녀仕女들이 축국蹴鞠을 즐기고 있다.

55. 송宋시대의 《초음격구도蕉蔭擊毬圖》

비단 그림. 높이 25㎝.

어린아이 두 명이 작은 막대로 공을 치며 놀고 있다.

56. 송宋시대의 《축국도동경蹴鞠圖銅鏡》

구리거울 뒷면의 장식으로 왼쪽에는 여자가 이제 막 공을 차고 있고, 오른쪽의 남자는 자세를 구부려 공을 받으려 하고 있다.

57. 《명헌종원소행락도明憲宗元宵行樂圖》의 부분

폭 36.6㎝ 전장 630.0㎝. 비단 그림.

명대 원소절(음력 정월 보름) 궁중행사를 묘사한 그림. 헌종이 갖가지 곡예를 감상하고 있다.

58. 청淸시대의 《빙희도氷嬉圖》와 그 부분도

비단 그림. 폭 35.2㎝, 길이 358.1㎝.

중국에서는 이제까지 빙상경기에 관한 문헌은 극히 적었다. 청대게 들어와 만주족은 빙상경기를 좋아하여 궁중이나 민간에서 이를 매우 즐겼다.

59. 북위北魏 때의 수영 벽화

감숙성 돈황 막고굴 벽화.

맑고 푸른 연못 물에 4명이 연꽃 주위를 돌며 수영을 즐기고 있다.

体育美學

1992년 8월 25일 초판발행

지은이 ································ 胡　小　明
옮긴이 ································ 閔　永　淑
펴낸이 ································ 辛　成　大
펴낸곳 ································ 東　文　選
제10-64호, 1978. 12. 16 등록

편집설계 ····························· 韓　仁　淑
원색그림/東文選 東洋學資料室 제공

인쇄 ································· 藥業新聞社

ISBN 89-8038-353-3 94690
ISBN 89-8038-000-3(세트 : 문예신서)

【東文選 現代新書】

1 21세기를 위한 새로운 엘리트	FORESEEN 연구소 / 김경현	7,000원
2 의지, 의무, 자유 — 주제별 논술	L. 밀러 / 이대희	6,000원
3 사유의 패배	A. 핑켈크로트 / 주태환	7,000원
4 문학이론	J. 컬러 / 이은경 · 임옥희	7,000원
5 불교란 무엇인가	D. 키언 / 고길환	6,000원
6 유대교란 무엇인가	N. 솔로몬 / 최창모	6,000원
7 20세기 프랑스철학	E. 매슈스 / 김종갑	8,000원
8 강의에 대한 강의	P. 부르디외 / 현택수	6,000원
9 텔레비전에 대하여	P. 부르디외 / 현택수	10,000원
10 고고학이란 무엇인가	P. 반 / 박범수	8,000원
11 우리는 무엇을 아는가	T. 나겔 / 오영미	5,000원
12 에쁘롱—니체의 문체들	J. 데리다 / 김다은	7,000원
13 히스테리 사례분석	S. 프로이트 / 태혜숙	7,000원
14 사랑의 지혜	A. 핑켈크로트 / 권유현	6,000원
15 일반미학	R. 카이유와 / 이경자	6,000원
16 본다는 것의 의미	J. 버거 / 박범수	10,000원
17 일본영화사	M. 테시에 / 최은미	7,000원
18 청소년을 위한 철학교실	A. 자카르 / 장혜영	7,000원
19 미술사학 입문	M. 포인턴 / 박범수	8,000원
20 클래식	M. 비어드 · J. 헨더슨 / 박범수	6,000원
21 정치란 무엇인가	K. 미노그 / 이정철	6,000원
22 이미지의 폭력	O. 몽젱 / 이은민	8,000원
23 청소년을 위한 경제학교실	J. C. 드루엥 / 조은미	6,000원
24 순진함의 유혹〔메디시스賞 수상작〕	P. 브뤼크네르 / 김웅권	9,000원
25 청소년을 위한 이야기 경제학	A. 푸르상 / 이은민	8,000원
26 부르디외 사회학 입문	P. 보네위츠 / 문경자	7,000원
27 돈은 하늘에서 떨어지지 않는다	K. 아른트 / 유영미	6,000원
28 상상력의 세계사	R. 보이아 / 김웅권	9,000원
29 지식을 교환하는 새로운 기술	A. 벵토릴라 外 / 김혜경	6,000원
30 니체 읽기	R. 비어즈워스 / 김웅권	6,000원
31 노동, 교환, 기술 — 주제별 논술	B. 데코사 / 신은영	6,000원
32 미국만들기	R. 로티 / 임옥희	10,000원
33 연극의 이해	A. 쿠프리 / 장혜영	8,000원
34 라틴문학의 이해	J. 가야르 / 김교신	8,000원
35 여성적 가치의 선택	FORESEEN연구소 / 문신원	7,000원
36 동양과 서양 사이	L. 이리가라이 / 이은민	7,000원
37 영화와 문학	R. 리처드슨 / 이형식	8,000원
38 분류하기의 유혹 — 생각하기와 조직하기	G. 비뇨 / 임기대	7,000원
39 사실주의 문학의 이해	G. 라루 / 조성애	8,000원
40 윤리학—악에 대한 의식에 관하여	A. 바디우 / 이종영	7,000원
41 흙과 재〔소설〕	A. 라히미 / 김주경	6,000원

168 세계화의 불안　　　　　　　　　Z. 라이디 / 김종명　　　　　　　8,000원
169 음악이란 무엇인가　　　　　　　N. 쿡 / 장호연　　　　　　　　10,000원
170 사랑과 우연의 장난 〔희곡〕　　마리보 / 박형섭　　　　　　　10,000원
171 사진의 이해　　　　　　　　　　G. 보레 / 박은영　　　　　　　　근간
172 현대인의 사랑과 성　　　　　　현택수　　　　　　　　　　　　9,000원
173 성해방은 진행중인가?　　　　　M. 이아퀴브 / 권은희　　　　　근간
174 교육은 자기 교육이다　　　　　H. -G. 가다머 / 손승남　　　　10,000원
175 밤 끝으로의 여행　　　　　　　L. -F. 쎌린느 / 이형식　　　　19,000원
176 프랑스 지성인들의 '12월'　　　J. 뒤발 外 / 김영모　　　　　　10,000원
177 환대에 대하여　　　　　　　　　J. 데리다 / 남수인　　　　　　13,000원
178 언어철학　　　　　　　　　　　J. P. 레스베베르 / 이경래　　10,000원
300 아이들에게 설명하는 이혼　　　P. 루카스 · S. 르로이 / 이은민　8,000원
301 아이들에게 들려주는 인도주의　　J. 마무 / 이은민　　　　　　근간
302 아이들에게 설명해 주는 죽음　E. 위스망 페렝 / 김미정　　　근간
303 아이들에게 들려주는 선사시대 이야기　　J. 클로드 / 김교신　8,000원
304 아이들에게 들려주는 이슬람 이야기　　T. 벤 젤룬 / 김교신　8,000원

【東文選　文藝新書】
 1 저주받은 詩人들　　　　　　　　A. 뻬이르 / 최수철 · 김종호　　개정근간
 2 민속문화론서설　　　　　　　　　沈雨晟　　　　　　　　　　　40,000원
 3 인형극의 기술　　　　　　　　　A. 훼도토프 / 沈雨晟　　　　　8,000원
 4 전위연극론　　　　　　　　　　　J. 로스 에반스 / 沈雨晟　　　12,000원
 5 남사당패연구　　　　　　　　　　沈雨晟　　　　　　　　　　　19,000원
 6 현대영미희곡선(전4권)　　　　　N. 코워드 外 / 李辰洙　　　　절판
 7 행위예술　　　　　　　　　　　　L. 골드버그 / 沈雨晟　　　　　절판
 8 문예미학　　　　　　　　　　　　蔡 儀 / 姜慶鎬　　　　　　　절판
 9 神의 起源　　　　　　　　　　　何 新 / 洪 熹　　　　　　　16,000원
10 중국예술정신　　　　　　　　　　徐復觀 / 權德周 外　　　　　24,000원
11 中國古代書史　　　　　　　　　　錢存訓 / 金允子　　　　　　14,000원
12 이미지 ― 시각과 미디어　　　　J. 버거 / 편집부　　　　　　　15,000원
13 연극의 역사　　　　　　　　　　P. 하트놀 / 沈雨晟　　　　　　절판
14 詩 論　　　　　　　　　　　　　朱光潛 / 鄭相泓　　　　　　　22,000원
15 탄트라　　　　　　　　　　　　　A. 무케르지 / 金龜山　　　　16,000원
16 조선민족무용기본　　　　　　　　최승희　　　　　　　　　　　15,000원
17 몽고문화사　　　　　　　　　　　D. 마이달 / 金龜山　　　　　8,000원
18 신화 미술 제사　　　　　　　　　張光直 / 李 徹　　　　　　　10,000원
19 아시아 무용의 인류학　　　　　　宮尾慈良 / 沈雨晟　　　　　　20,000원
20 아시아 민족음악순례　　　　　　藤井知昭 / 沈雨晟　　　　　　5,000원
21 華夏美學　　　　　　　　　　　　李澤厚 / 權 瑚　　　　　　　20,000원
22 道　　　　　　　　　　　　　　　張立文 / 權 瑚　　　　　　　18,000원
23 朝鮮의 占卜과 豫言　　　　　　　村山智順 / 金禧慶　　　　　15,000원
24 원시미술　　　　　　　　　　　　L. 아담 / 金仁煥　　　　　　16,000원

25 朝鮮民俗誌	秋葉隆 / 沈雨晟	12,000원
26 神話의 이미지	J. 캠벨 / 扈承喜	근간
27 原始佛敎	中村元 / 鄭泰爀	8,000원
28 朝鮮女俗考	李能和 / 金尙憶	24,000원
29 朝鮮解語花史(조선기생사)	李能和 / 李在崑	25,000원
30 조선창극사	鄭魯湜	17,000원
31 동양회화미학	崔炳植	18,000원
32 性과 결혼의 민족학	和田正平 / 沈雨晟	9,000원
33 農漁俗談辭典	宋在璇	12,000원
34 朝鮮의 鬼神	村山智順 / 金禧慶	12,000원
35 道敎와 中國文化	葛兆光 / 沈揆昊	15,000원
36 禪宗과 中國文化	葛兆光 / 鄭相泓·任炳權	8,000원
37 오페라의 역사	L. 오레이 / 류연희	절판
38 인도종교미술	A. 무케르지 / 崔炳植	14,000원
39 힌두교의 그림언어	안넬리제 外 / 全在星	9,000원
40 중국고대사회	許進雄 / 洪 熹	30,000원
41 중국문화개론	李宗桂 / 李宰碩	23,000원
42 龍鳳文化源流	王大有 / 林東錫	25,000원
43 甲骨學通論	王宇信 / 李宰碩	40,000원
44 朝鮮巫俗考	李能和 / 李在崑	20,000원
45 미술과 페미니즘	N. 부루드 外 / 扈承喜	9,000원
46 아프리카미술	P. 윌레뜨 / 崔炳植	절판
47 美의 歷程	李澤厚 / 尹壽榮	28,000원
48 曼茶羅의 神들	立川武藏 / 金龜山	19,000원
49 朝鮮歲時記	洪錫謨 外/李錫浩	30,000원
50 하 상	蘇曉康 外 / 洪 熹	절판
51 武藝圖譜通志 實技解題	正 祖 / 沈雨晟·金光錫	15,000원
52 古文字學첫걸음	李學勤 / 河永三	14,000원
53 體育美學	胡小明 / 閔永淑	18,000원
54 아시아 美術의 再發見	崔炳植	9,000원
55 曆과 占의 科學	永田久 / 沈雨晟	8,000원
56 中國小學史	胡奇光 / 李宰碩	20,000원
57 中國甲骨學史	吳浩坤 外 / 梁東淑	35,000원
58 꿈의 철학	劉文英 / 河永三	22,000원
59 女神들의 인도	立川武藏 / 金龜山	19,000원
60 性의 역사	J. L. 플랑드렝 / 편집부	18,000원
61 쉬르섹슈얼리티	W. 챠드윅 / 편집부	10,000원
62 여성속담사전	宋在璇	18,000원
63 박재서희곡선	朴栽緒	10,000원
64 東北民族源流	孫進己 / 林東錫	13,000원
65 朝鮮巫俗의 硏究(상·하)	赤松智城·秋葉隆 / 沈雨晟	28,000원
66 中國文學 속의 孤獨感	斯波六郎 / 尹壽榮	8,000원

67 한국사회주의 연극운동사	李康列	8,000원
68 스포츠인류학	K. 블랑챠드 外 / 박기동 外	12,000원
69 리조복식도감	리팔찬	20,000원
70 娼 婦	A. 꼬르벵 / 李宗旼	22,000원
71 조선민요연구	高晶玉	30,000원
72 楚文化史	張正明 / 南宗鎭	26,000원
73 시간, 욕망, 그리고 공포	A. 코르뱅 / 변기찬	18,000원
74 本國劍	金光錫	40,000원
75 노트와 반노트	E. 이오네스코 / 박형섭	20,000원
76 朝鮮美術史研究	尹喜淳	7,000원
77 拳法要訣	金光錫	30,000원
78 艸衣選集	艸衣意恂 / 林鍾旭	20,000원
79 漢語音韻學講義	董少文 / 林東錫	10,000원
80 이오네스코 연극미학	C. 위베르 / 박형섭	9,000원
81 중국문자훈고학사전	全廣鎭 편역	23,000원
82 상말속담사전	宋在璇	10,000원
83 書法論叢	沈尹默 / 郭魯鳳	16,000원
84 침실의 문화사	P. 디비 / 편집부	9,000원
85 禮의 精神	柳 肅 / 洪 熹	20,000원
86 조선공예개관	沈雨晟 편역	30,000원
87 性愛의 社會史	J. 솔레 / 李宗旼	18,000원
88 러시아미술사	A. I. 조토프 / 이건수	22,000원
89 中國書藝論文選	郭魯鳳 選譯	25,000원
90 朝鮮美術史	關野貞 / 沈雨晟	30,000원
91 美術版 탄트라	P. 로슨 / 편집부	8,000원
92 군달리니	A. 무케르지 / 편집부	9,000원
93 카마수트라	바짜야나 / 鄭泰爀	18,000원
94 중국언어학총론	J. 노먼 / 全廣鎭	28,000원
95 運氣學說	任應秋 / 李宰碩	15,000원
96 동물속담사전	宋在璇	20,000원
97 자본주의의 아비투스	P. 부르디외 / 최종철	10,000원
98 宗敎學入門	F. 막스 뮐러 / 金龜山	10,000원
99 변 화	P. 바츨라빅크 外 / 박인철	10,000원
100 우리나라 민속놀이	沈雨晟	15,000원
101 歌訣(중국역대명언경구집)	李宰碩 편역	20,000원
102 아니마와 아니무스	A. 융 / 박해순	8,000원
103 나, 너, 우리	L. 이리가라이 / 박정오	12,000원
104 베케트연극론	M. 푸크레 / 박형섭	8,000원
105 포르노그래피	A. 드워킨 / 유혜련	12,000원
106 셸 링	M. 하이데거 / 최상욱	12,000원
107 프랑수아 비용	宋 勉	18,000원
108 중국서예 80제	郭魯鳳 편역	16,000원

109	性과 미디어	W. B. 키 / 박해순	12,000원
110	中國正史朝鮮列國傳(전2권)	金聲九 편역	120,000원
111	질병의 기원	T. 매큐언 / 서 일 · 박종연	12,000원
112	과학과 젠더	E. F. 켈러 / 민경숙 · 이현주	10,000원
113	물질문명 · 경제 · 자본주의	F. 브로델 / 이문숙 外	절판
114	이탈리아인 태고의 지혜	G. 비코 / 李源斗	8,000원
115	中國武俠史	陳 山 / 姜鳳求	18,000원
116	공포의 권력	J. 크리스테바 / 서민원	23,000원
117	주색잡기속담사전	宋在璇	15,000원
118	죽음 앞에 선 인간(상 · 하)	P. 아리에스 / 劉仙子	각권 8,000원
119	철학에 대하여	L. 알튀세르 / 서관모 · 백승욱	12,000원
120	다른 곳	J. 데리다 / 김다은 · 이혜지	10,000원
121	문학비평방법론	D. 베르제 外 / 민혜숙	12,000원
122	자기의 테크놀로지	M. 푸코 / 이희원	16,000원
123	새로운 학문	G. 비코 / 李源斗	22,000원
124	천재와 광기	P. 브르노 / 김웅권	13,000원
125	중국은사문화	馬 華 · 陳正宏 / 강경범 · 천현경	12,000원
126	푸코와 페미니즘	C. 라마자노글루 外 / 최 영 外	16,000원
127	역사주의	P. 해밀턴 / 임옥희	12,000원
128	中國書藝美學	宋 民 / 郭魯鳳	16,000원
129	죽음의 역사	P. 아리에스 / 이종민	18,000원
130	돈속담사전	宋在璇 편	15,000원
131	동양극장과 연극인들	김영무	15,000원
132	生育神과 性巫術	宋兆麟 / 洪 熹	20,000원
133	미학의 핵심	M. M. 이턴 / 유호전	20,000원
134	전사와 농민	J. 뒤비 / 최생열	18,000원
135	여성의 상태	N. 에니크 / 서민원	22,000원
136	중세의 지식인들	J. 르 고프 / 최애리	18,000원
137	구조주의의 역사(전4권)	F. 도스 / 김웅권 外	I · II · IV 15,000원 / III 18,000원
138	글쓰기의 문제해결전략	L. 플라워 / 원진숙 · 황정현	20,000원
139	음식속담사전	宋在璇 편	16,000원
140	고전수필개론	權 瑚	16,000원
141	예술의 규칙	P. 부르디외 / 하태환	23,000원
142	"사회를 보호해야 한다"	M. 푸코 / 박정자	20,000원
143	페미니즘사전	L. 터틀 / 호승희 · 유혜련	26,000원
144	여성심벌사전	B. G. 워커 / 정소영	근간
145	모데르니테 모데르니테	H. 메쇼닉 / 김다은	20,000원
146	눈물의 역사	A. 벵상뷔포 / 이자경	18,000원
147	모더니티입문	H. 르페브르 / 이종민	24,000원
148	재생산	P. 부르디외 / 이상호	23,000원
149	종교철학의 핵심	W. J. 웨인라이트 / 김희수	18,000원
150	기호와 몽상	A. 시몽 / 박형섭	22,000원

151 융분석비평사전   A. 새뮤얼 外 / 민혜숙   16,000원
152 운보 김기창 예술론연구   최병식   14,000원
153 시적 언어의 혁명   J. 크리스테바 / 김인환   20,000원
154 예술의 위기   Y. 미쇼 / 하태환   15,000원
155 프랑스사회사   G. 뒤프 / 박 단   16,000원
156 중국문예심리학사   劉偉林 / 沈揆昊   30,000원
157 무지카 프라티카   M. 캐넌 / 김혜중   25,000원
158 불교산책   鄭泰爀   20,000원
159 인간과 죽음   E. 모랭 / 김명숙   23,000원
160 地中海(전5권)   F. 브로델 / 李宗旼   근간
161 漢語文字學史   黃德實·陳秉新 / 河永三   24,000원
162 글쓰기와 차이   J. 데리다 / 남수인   28,000원
163 朝鮮神事誌   李能和 / 李在崑   근간
164 영국제국주의   S. C. 스미스 / 이태숙·김종원   16,000원
165 영화서술학   A. 고드로·F. 조스트 / 송지연   17,000원
166 美學辭典   사사키 겐이치 / 민주식   22,000원
167 하나이지 않은 성   L. 이리가라이 / 이은민   18,000원
168 中國歷代書論   郭魯鳳 譯註   25,000원
169 요가수트라   鄭泰爀   15,000원
170 비정상인들   M. 푸코 / 박정자   25,000원
171 미친 진실   J. 크리스테바 外 / 서민원   25,000원
172 디스탱숑(상·하)   P. 부르디외 / 이종민   근간
173 세계의 비참(전3권)   P. 부르디외 外 / 김주경   각권 26,000원
174 수묵의 사상과 역사   崔炳植   근간
175 파스칼적 명상   P. 부르디외 / 김웅권   22,000원
176 지방의 계몽주의   D. 로슈 / 주명철   30,000원
177 이혼의 역사   R. 필립스 / 박범수   25,000원
178 사랑의 단상   R. 바르트 / 김희영   20,000원
179 中國書藝理論體系   熊秉明 / 郭魯鳳   23,000원
180 미술시장과 경영   崔炳植   16,000원
181 카프카—소수적인 문학을 위하여   G. 들뢰즈·F. 가타리 / 이진경   18,000원
182 이미지의 힘—영상과 섹슈얼리티   A. 쿤 / 이형식   13,000원
183 공간의 시학   G. 바슐라르 / 곽광수   23,000원
184 랑데부—이미지와의 만남   J. 버거 / 임옥희·이은경   18,000원
185 푸코와 문학—글쓰기의 계보학을 향하여   S. 듀링 / 오경심·홍유미   26,000원
186 각색, 연극에서 영화로   A. 엘보 / 이선형   16,000원
187 폭력과 여성들   C. 도펭 外 / 이은민   18,000원
188 하드 바디—할리우드 영화에 나타난 남성성   S. 제퍼드 / 이형식   18,000원
189 영화의 환상성   J. -L. 뢰트라 / 김경온·오일환   18,000원
190 번역과 제국   D. 로빈슨 / 정혜욱   16,000원
191 그라마톨로지에 대하여   J. 데리다 / 김웅권   35,000원
192 보건 유토피아   R. 브로만 外 / 서민원   20,000원

【기 타】

東文選 現代新書 130

武士道란 무엇인가
― 일본정신의 뿌리

니토베 이나조 / 심우성 옮김

‘무사도란 무엇인가’로 시작되는 이 책은 그의 근원을 찾아 의(義)·용(勇)·인(仁)·예(禮)·성(誠)을 살피며, 무사는 이를 통하여 무엇을 배우고 연마했는가를 제시하고 있다.

‘사는 용기, 죽는 용기’의 장에서는 할복(割腹)을 의식 전례로 들면서 ‘야마토 다마시[大和魂]’가 바로 일본 민족의 ‘아름다운 이상’임을 강조하고, ‘무사도는 되살아나는가’·‘무사도의 유산에서 무엇을 배워야 할까’로 마무리하고 있다.

이 책은 일본을 전혀 모르고 동양에 대해 무지한 서양인에게 ‘일본의 고상한 정신과 무사도의 짜임새 있는 행동체계’를 성공적으로 전해주는 책이다. 책의 강점은 서양에 대한 이해와 풍부한 상식을 기본으로 일본문화를 깊이있게 알게 한다는 점. 시간을 거슬러 저자 니토베의 작가로서의 역량을 아는 것만으로도 읽을 가치가 있다. 또한 프랑스 인상파 화가들 사이를 풍미했던 ‘일본풍’과 마찬가지로 서구에 일찌감치 줄을 대고, 그 연결을 단단히 했던 일본인들의 적극적인 대 서구전략의 결과를 오늘 확인할 수 있다.

특히 마지막 대목에서 저자 니토베는 일본에 있어 간단 없는 추진력의 바탕은 바로 무사도이며, 그것은 명예와 용기, 그리고 소중한 무덕(武德)의 유산이기에 불멸의 교훈으로 삼아야 함을 강조한다.

불사조는 자기를 태운 재 속에서 되살아나는 것임을 설파하는 가운데 무사도는 불멸의 교훈으로 시공을 넘어 일본 정신으로 이어져 갈 것임도 내다보고 있다.

東文選 文藝新書 74

본국검(本國劍)

海帆 金光錫 著

조선 검법의 이론과 실기의 교과서

본서는 무예의 기본 원리인 〈안법眼法〉·〈수법手法〉·〈신법身法〉·〈보법步法〉은 물론 검법의 기본원리인 〈파법把法〉·〈배수配手〉·〈연법 순서〉·〈격자격세법擊刺格洗法〉·〈육로도법六路刀法〉을 상세히 공개한 국내 최초의 무예서이다.

또한 〈본국검本國劍〉·〈예도銳刀〉·〈쌍수도雙手刀〉·〈제독검提督劍〉·〈쌍검雙劍〉·〈월도月刀〉·〈협도挾刀〉 등의 실기를 동작그림으로 도해하고 있는 바, 《무예도보통지》에 따른 검법劍法과 도법刀法의 이론을 겸한 실기도해實技圖解라는 점에서는 최초의 시도라 할 만하다.

부록에는 〈내장內壯 외용外勇〉·〈무언武諺〉과 참고자료로서 《무예제보武藝諸譜》의 〈검보劍譜〉, 《무비지武備志》의 〈조선세법朝鮮勢法〉 및 《무예도보통지》의 각 〈검법〉의 원보를 그대로 실었다.

〈내장 외용〉은, 검법 연습에 기초가 되는 기본공基本功의 훈련을 내장세內壯勢와 외용세外甬勢로 나누어 순서를 잡아 설명한 것이다.

〈무언〉은 역사적 슬기를 담은 일상생활 속의 속담과 마찬가지로 무예계에 전하고 있는 속어俗語인데, 짧은 어구語句이지만 무예의 기본정신과 나아가서는 수련의 방법까지를 일러 주는 것이니, 무예인 누구나 가까이 좌우명座右銘으로 삼을 만한 것들이다.

무예의 연마는 바로 무한한 자기 수양이요, 나아가서 그러한 과정을 거쳐 터득된 무예는 바로 예술이라 할 수 있다.

기격미技擊美와 기예미技藝美가 조화된 율동미와 자연미는, 강인하면서도 유연한 강유상제剛柔相濟의 고매한 묘를 얻게 되어 끝내는 성품을 닦고 덕성을 기르게 되어 인격도야는 물론이요, 민족정신을 배양하는 첩경이다.

東文選 文藝新書 77

권법요결(拳法要訣)

海帆 金光錫 著

우리 무예의 체통을 찾는 이론적 지침서

본서는 조선 정조의 명으로 편찬된 《무예도보통지武藝圖譜通志》에 실린 18가지 무예, 즉 〈십팔기十八技〉기 중 〈권법拳法〉 항목을 해제하였다.

흔히 중국무술로 오인받고 있는 〈십팔기〉는 조선 무예의 정형으로서 영조 때 사도세자가 섭정할 때 〈본국검本國劍〉·〈월도月刀〉·〈장창長槍〉·〈기창旗槍〉·〈당파鐺鈀〉·〈협도挾刀〉·〈쌍검雙劍〉…… 등 18가지 무예에 붙인 이름으로 나라의 무예로서, 진정한 의미에서의 〈국기國技〉라 할 수 있다. 본서는 그중에서 모든 무예의 기본이 되는 〈권법〉에 대한 이론과 실기를 동작그림과 함께 상세히 설명하고 있다.

주요 내용으로는 〈삼절법三節法〉·〈심법心法〉·〈안법眼法〉·〈수법手法〉·〈신법身法〉·〈보법步法〉·〈오행五行〉·〈경론勁論〉·〈내공內功〉 등에 대한 이론과 수련법이 실려있다.

특히 〈경론勁論〉에서는 〈경勁과 역力의 차이점〉〈경勁의 분류〉〈점경粘勁〉〈화경化勁〉〈나경拿勁〉〈발경發勁〉〈차경借勁〉을 다루고 있는데, 역力과 경勁의 차이점을 들어 연마와 내적 수련의 힘이 어떤 것인가를 설명하고 있다. 무예인들에게는 더할나위 없이 귀중한 이론들이다.

또한 조선시대 기인인 북창北窓 정렴 鄭磏 선생이 남기신 비결서 〈용호비결龍虎秘訣〉의 수행법 전문을 최초로 공개하여 해설하고 있다.

東文選 文藝新書 85

禮의 精神

柳　肅 지음
洪　憙 옮김

　이 책에서 다루고 있는 〈예〉는, 현재 의미상의 문명적인 예의 뿐만 아니라 사회의 도덕가치·민족정신·예술심리·풍속습관 등 여러 방면에 이르는 극히 넓은 문화적 범주를 뜻한다.

　〈예〉는 인류 문명의 자랑할 만한 많은 것들을 창조하였지만, 동시에 후인들로 하여금 지금까지 내던져 버리기 어려운 보따리를 짊어지게 하였다고 전제하고, 어떻게 하면 이 둘 사이에서 적합한 문명 발전의 길을 찾느냐를 모색하고 있다.

　정신문화상으로는 동양의 오랜 문명과 예의를 가지며, 물질문화상으로는 서양의 선진국가를 초월하여 동서양 문화의 성공적인 결합을 이루고자 함에 있어 그 정신을 다시 한번 되짚는다.

　또한 이 책은 〈예〉라는 한 각도에서 그 문화적인 심층구조와 겉으로 드러난 형태 사이의 관계를 논술하면서 통치자인 군주의 도덕윤리적 수양을 비롯하여, 일반 평민의 가족관계를 유지하고 사회의 안정을 유지하는 기초적인 조건에 이르기까지 저마다 자각하고 준수해야 할 도덕규범을 민족정신과 문화현상을 통해 비교분석하고 있다.

　【주요 내용】禮의 기원과 작용 / 예의 제도와 禮樂의 교화 / 예와 중국의 민족정신 / 예악과 중국의 정치 / 국가와 가정 / 예의 권위 / 체제와 직능 / 윤리화된 철학 / 조상 숭배와 천명사상 / 儒學의 연원 / 예의 반란 / 종교감정과 현실이성 / 신화와 전통 / 士官의 문화와 巫祝의 문화 / 美와 善의 합일 / 詩敎와 樂敎 / 예의 형상 표현 / 정치윤리 / 집단주의 / 여성의 예교와 여성의 정치 / 예의의 나라 / 윤리강령의 통속화 / 가족과 정치 / 예악의 문화 분위기 / 민족정신의 확대 / 정치적 곤경